当代齐鲁文库·20世纪"乡村建设运动"文库

The Library of Contemporary Shandong

Selected Works of Rural Construction Campaign of the 20th Century

山东社会科学院　编纂

/23

王鸿一　等著

中国的乡村建设（上）

中国社会科学出版社

图书在版编目(CIP)数据

中国的乡村建设：全二册／王鸿一等著．—北京：中国社会科学出版社，2022.10

（当代齐鲁文库．20世纪"乡村建设运动"文库）

ISBN 978-7-5227-0880-5

Ⅰ.①中… Ⅱ.①王… Ⅲ.①农村—社会主义建设—研究—中国 Ⅳ.①F320.3

中国版本图书馆CIP数据核字（2022）第178908号

出 版 人	赵剑英
责任编辑	冯春凤
责任校对	张爱华
责任印制	张雪娇

出　　版	中国社会科学出版社
社　　址	北京鼓楼西大街甲158号
邮　　编	100720
网　　址	http://www.csspw.cn
发 行 部	010-84083685
门 市 部	010-84029450
经　　销	新华书店及其他书店
印刷装订	北京君升印刷有限公司
版　　次	2022年10月第1版
印　　次	2022年10月第1次印刷
开　　本	710×1000　1/16
印　　张	31.5
插　　页	4
字　　数	517千字
定　　价	168.00元（全二册）

凡购买中国社会科学出版社图书，如有质量问题请与本社营销中心联系调换
电话：010-84083683
版权所有　侵权必究

《当代齐鲁文库》编纂说明

不忘初心、打造学术精品，是推进中国特色社会科学研究和新型智库建设的基础性工程。近年来，山东社会科学院以实施哲学社会科学创新工程为抓手，努力探索智库创新发展之路，不断凝练特色、铸就学术品牌、推出重大精品成果，大型丛书《当代齐鲁文库》就是其中之一。

《当代齐鲁文库》是山东社会科学院立足山东、面向全国、放眼世界倾力打造的齐鲁特色学术品牌。《当代齐鲁文库》由《山东社会科学院文库》《20世纪"乡村建设运动"文库》《中美学者邹平联合调查文库》《山东海外文库》《海外山东文库》等特色文库组成。其中，作为《当代齐鲁文库》之一的《山东社会科学院文库》，历时2年的编纂，已于2016年12月由中国社会科学出版社正式出版发行。《山东社会科学院文库》由34部44本著作组成，约2000万字，收录的内容为山东省社会科学优秀成果奖评选工作开展以来，山东社会科学院获得一等奖及以上奖项的精品成果，涉猎经济学、政治学、法学、哲学、社会学、文学、历史学等领域。该文库的成功出版，是山东社会科学院历代方家的才思凝结，是山东社会科学院智库建设水平、整体科研实力和学术成就的集中展示，一经推出，引起强烈的社会反响，并成为山东社会科学院推进学术创新的重要阵地、引导学风建设的重要航标和参与学术交流的重要桥梁。

以此为契机，作为《当代齐鲁文库》之二的山东社会科学院"创新工程"重大项目《20世纪"乡村建设运动"文库》首批10卷12本著作约400万字，由中国社会科学出版社出版发行，并计划陆续完成约100本著作的编纂出版。

党的十九大报告提出："实施乡村振兴战略，农业农村农民问题是关系国计民生的根本性问题，必须始终把解决好'三农'问题作为全党工作重中

编纂说明

之重。"以史为鉴，置身于中国现代化的百年发展史，通过深入挖掘和研究历史上的乡村建设理论及社会实验，从中汲取仍具时代价值的经验教训，才能更好地理解和把握乡村振兴战略的战略意义、总体布局和实现路径。

20世纪前期，由知识分子主导的乡村建设实验曾影响到山东省的70余县和全国的不少地区。《20世纪"乡村建设运动"文库》旨在通过对从山东到全国的乡村建设珍贵历史文献资料大规模、系统化地挖掘、收集、整理和出版，为乡村振兴战略的实施提供历史借鉴，为"乡村建设运动"的学术研究提供资料支撑。当年一大批知识分子深入民间，投身于乡村建设实践，并通过长期的社会调查，对"百年大变局"中的乡村社会进行全面和系统地研究，留下的宝贵学术遗产，是我们认识传统中国社会的重要基础。虽然那个时代有许多的历史局限性，但是这种注重理论与实践相结合、俯下身子埋头苦干的精神，仍然值得今天的每一位哲学社会科学工作者传承和弘扬。

《20世纪"乡村建设运动"文库》在出版过程中，得到了社会各界尤其是乡村建设运动实践者后人的大力支持。中国社会科学院和中国社会科学出版社的领导对《20世纪"乡村建设运动"文库》给予了高度重视、热情帮助和大力支持，责任编辑冯春凤主任付出了辛勤努力，在此一并表示感谢。

在出版《20世纪"乡村建设运动"文库》的同时，山东社会科学院已经启动《当代齐鲁文库》之三《中美学者邹平联合调查文库》、之四《山东海外文库》、之五《海外山东文库》等特色文库的编纂工作。《当代齐鲁文库》的日臻完善，是山东社会科学院坚持问题导向、成果导向、精品导向，实施创新工程、激发科研活力结出的丰硕成果，是山东社会科学院国内一流新型智库建设不断实现突破的重要标志，也是党的领导下经济社会全面发展、哲学社会科学欣欣向荣繁荣昌盛的体现。由于规模宏大，《当代齐鲁文库》的完成需要一个过程，山东社会科学院会笃定恒心，继续大力推动文库的编纂出版，为进一步繁荣发展哲学社会科学贡献力量。

山东社会科学院
2018年11月17日

编纂委员会

顾　　　问：徐经泽　梁培宽

主　　　任：李培林

编辑委员会：袁红英　韩建文　杨金卫　张少红
　　　　　　张凤莲

学术委员会：（按姓氏笔画排序）
　　　　　　王学典　叶　涛　田毅鹏　刘显世
　　　　　　孙聚友　杜　福　李培林　李善峰
　　　　　　吴重庆　张　翼　张士闪　张清津
　　　　　　林聚任　杨善民　周德禄　宣朝庆
　　　　　　徐秀丽　韩　锋　葛忠明　温铁军
　　　　　　潘家恩

总　主　编：袁红英

主　　　编：李善峰

总　序

从传统乡村社会向现代社会的转型，是世界各国现代化必然经历的历史发展过程。现代化的完成，通常是以实现工业化、城镇化为标志。英国是世界上第一个实现工业化的国家，这个过程从17世纪资产阶级革命算起经历了200多年时间，若从18世纪60年代工业革命算起则经历了100多年的时间。中国自近代以来肇始的工业化、城镇化转型和社会变革，屡遭挫折，步履维艰。乡村建设问题在过去一百多年中，也成为中国最为重要的、反复出现的发展议题。各种思想潮流、各种社会力量、各种政党社团群体，都围绕这个议题展开争论、碰撞、交锋，并在实践中形成不同取向的路径。

把农业、农村和农民问题置于近代以来的"大历史"中审视不难发现，今天的乡村振兴战略，是对一个多世纪以来中国最本质、最重要的发展议题的当代回应，是对解决"三农"问题历史经验的总结和升华，也是对农村发展历史困境的全面超越。它既是一个现实问题，也是一个历史问题。

2017年12月，习近平总书记在中央农村工作会议上的讲话指出，"新中国成立前，一些有识之士开展了乡村建设运动，比较有代表性的是梁漱溟先生搞的山东邹平试验，晏阳初先生搞的河北定县试验"。

"乡村建设运动"是20世纪上半期（1901到1949年间）在中国农村许多地方开展的一场声势浩大的、由知识精英倡导的乡村改良实践探索活动。它希望在维护现存社会制度和秩序的前提下，通过兴办教育、改良农业、流通金融、提倡合作、办理地方自治与自卫、建立公共卫生保健制度和移风易俗等措施，复兴日趋衰弱的农村经济，刷新中国政治，复兴中国文化，实现所谓的"民族再造"或"民族自救"。在政治倾向上，参与"乡村建设运动"的学者，多数是处于共产党与国民党之间的"中间派"，代表着一部分爱国知识分子对中国现代化建设道路的选择与探索。关于"乡村建设运动"

的意义,梁漱溟、晏阳初等乡建派学者曾提的很高,认为这是近代以来,继太平天国运动、戊戌变法运动、辛亥革命运动、五四运动、北伐运动之后的第六次民族自救运动,甚至是"中国民族自救运动之最后觉悟"。[①] 实践证明,这个运动最终以失败告终,但也留下很多弥足珍贵的经验和教训。其留存的大量史料文献,也成为学术研究的宝库。

"乡村建设运动"最早可追溯到米迪刚等人在河北省定县翟城村进行"村治"实验示范,通过开展识字运动、公民教育和地方自治,实施一系列改造地方的举措,直接孕育了随后受到海内外广泛关注、由晏阳初及中华平民教育促进会所主持的"定县试验"。如果说这个起于传统良绅的地方自治与乡村"自救"实践是在村一级展开的,那么清末状元实业家张謇在其家乡南通则进行了引人注目的县一级的探索。

20世纪20年代,余庆棠、陶行知、黄炎培等提倡办学,南北各地闻风而动,纷纷从事"乡村教育""乡村改造""乡村建设",以图实现改造中国的目的。20年代末30年代初,"乡村建设运动"蔚为社会思潮并聚合为社会运动,建构了多种理论与实践的乡村建设实验模式。据南京国民政府实业部的调查,当时全国从事乡村建设工作的团体和机构有600多个,先后设立的各种实验区达1000多处。其中比较著名的有梁漱溟的邹平实验区、陶行知的晓庄实验区、晏阳初的定县实验区、鼓禹廷的宛平实验区、黄炎培的昆山实验区、卢作孚的北碚实验区、江苏省立教育学院的无锡实验区、齐鲁大学的龙山实验区、燕京大学的清河实验区等。梁漱溟、晏阳初、卢作孚、陶行知、黄炎培等一批名家及各自领导的社会团体,使"乡村建设运动"产生了广泛的国内外影响。费正清主编的《剑桥中华民国史》,曾专辟"乡村建设运动"一节,讨论民国时期这一波澜壮阔的社会运动,把当时的乡村建设实践分为西方影响型、本土型、平民型和军事型等六个类型。

1937年7月抗日战争全面爆发后,全国的"乡村建设运动"被迫中止,只有中华平民教育促进会的晏阳初坚持不懈,撤退到抗战的大后方,以重庆璧山为中心,建立了华西实验区,开展了长达10年的平民教育和乡村建设实验,直接影响了后来台湾地区的土地改革,以及菲律宾、加纳、哥伦比亚等国家的乡村改造运动。

---

① 《梁漱溟全集》第五卷,山东人民出版社2005年版,第44页。

"乡村建设运动"不仅在当事者看来"无疑地已经形成了今日社会运动的主潮",[①] 在今天的研究者眼中,它也是中国农村社会发展史上一次十分重要的社会改造活动。尽管"乡村建设运动"的团体和机构,性质不一,情况复杂,诚如梁漱溟所言,"南北各地乡村运动者,各有各的来历,各有各的背景。有的是社会团体,有的是政府机关,有的是教育机关;其思想有的左倾,有的右倾,其主张有的如此,有的如彼"[②]。他们或注重农业技术传播,或致力于地方自治和政权建设,或着力于农民文化教育,或强调经济、政治、道德三者并举。但殊途同归,这些团体和机构都关心乡村,立志救济乡村,以转化传统乡村为现代乡村为目标进行社会"改造",旨在为破败的中国农村寻一条出路。在实践层面,"乡村建设运动"的思想和理论通常与国家建设的战略、政策、措施密切相关。

在知识分子领导的"乡村建设运动"中,影响最大的当属梁漱溟主持的邹平乡村建设实验区和晏阳初主持的定县乡村建设实验区。梁漱溟和晏阳初在从事实际的乡村建设实验前,以及实验过程中,对当时中国社会所存在的问题及其出路都进行了理论探索,形成了比较系统的看法,成为乡村建设实验的理论根据。

梁漱溟曾是民国时期宪政运动的积极参加者和实践者。由于中国宪政运动的失败等原因,致使他对从前的政治主张逐渐产生怀疑,抱着"能替中华民族在政治上经济上开出一条路来"的志向,他开始研究和从事乡村建设的救国运动。在梁漱溟看来,中国原为乡村国家,以乡村为根基与主体,而发育成高度的乡村文明。中国这种乡村文明近代以来受到来自西洋都市文明的挑战。西洋文明逼迫中国往资本主义工商业路上走,然而除了乡村破坏外并未见都市的兴起,只见固有农业衰残而未见新工商业的发达。他的乡村建设运动思想和主张,源于他的哲学思想和对中国的特殊认识。在他看来,与西方"科学技术、团体组织"的社会结构不同,中国的社会结构是"伦理本位、职业分立",不同于"从对方下手,改造客观境地以解决问题而得满足于外者"的西洋文化,也不同于"取消问题为问题之解决,以根本不生要求

[①] 许莹涟、李竞西、段继李编述:《全国乡村建设运动概况》第一辑上册,山东乡村建设研究院1935年出版,编者"自叙"。

[②] 《梁漱溟全集》第二卷,山东人民出版社2005年版,第582页。

为最上之满足"的印度文化，中国文化是"反求诸己，调和融洽于我与对方之间，自适于这种境地为问题之解决而满足于内者"的"中庸"文化。中国问题的根源不在他处，而在"文化失调"，解决之道不是向西方学习，而是"认取自家精神，寻求自家的路走"。乡村建设的最高理想是社会和政治的伦理化，基本工作是建立和维持社会秩序，主要途径是乡村合作化和工业化，推进的手段是"软功夫"的教育工作。在梁漱溟看来，中国建设既不能走发展工商业之路，也不能走苏联的路，只能走乡村建设之路，即在中国传统文化基础上，吸收西方文化的长处，使中西文化得以融通，开创民族复兴的道路。他特别强调，"乡村建设，实非建设乡村，而意在整个中国社会之建设。"① 他将乡村建设提到建国的高度来认识，旨在为中国"重建一新社会组织构造"。他认为，救济乡村只是乡村建设的"第一层意义"，乡村建设的"真意义"在于创造一个新的社会结构，"今日中国问题在其千年相沿袭之社会组织构造既已崩溃，而新者未立；乡村建设运动，实为吾民族社会重建一新组织构造之运动。"② 只有理解和把握了这一点，才能理解和把握"乡村建设运动"的精神和意义。

晏阳初是中国著名的平民教育和乡村建设专家，1926年在河北定县开始乡村平民教育实验，1940—1949年在重庆歇马镇创办中国乡村建设育才院，后改名中国乡村建设学院并任院长，组织开展华西乡村建设实验，传播乡村建设理念。他认为，中国的乡村建设之所以重要，是因为乡村既是中国的经济基础，也是中国的政治基础，同时还是中国人的基础。"我们不愿安居太师椅上，空做误民的计划，才到农民生活里去找问题，去解决问题，抛下东洋眼镜、西洋眼镜、都市眼镜，换上一副农夫眼镜。"③ 乡村建设就是要通过长期的努力，去培养新的生命，振拔新的人格，促成新的团结，从根本上再造一个新的民族。为了实现民族再造和固本宁邦的长远目的，他在做了认真系统的调查研究后，认定中国农村最普遍的问题是农民中存在的"愚贫弱私"四大疾病；根治这四大疾病的良方，就是在乡村普遍进行"四大教育"，即文艺教育以治愚、生计教育以治贫、卫生教育以治弱、公民教育以

---

① 《梁漱溟全集》第二卷，山东人民出版社2005年版，第161页。
② 《梁漱溟全集》第二卷，山东人民出版社2005年版，第161页。
③ 《晏阳初全集》第一卷，天津教育出版社2013年版，第221页。

治私，最终实现政治、教育、经济、自卫、卫生、礼俗"六大建设"。为了实现既定的目标，他坚持四大教育连锁并进，学校教育、社会教育、家庭教育统筹协调。他把定县当作一个"社会实验室"，通过开办平民学校、创建实验农场、建立各种合作组织、推行医疗卫生保健、传授农业基本知识、改良动植物品种、倡办手工业和其他副业、建立和开展农民戏剧、演唱诗歌民谣等积极的活动，从整体上改变乡村面貌，从根本上重建民族精神。

可以说，"乡村建设运动"的出现，不仅是农村落后破败的现实促成的，也是知识界对农村重要性自觉体认的产物，两者的结合，导致了领域广阔、面貌多样、时间持久、影响深远的"乡村建设运动"。而在"乡村建设运动"的高峰时期，各地所开展的乡村建设事业历史有长有短，范围有大有小，工作有繁有易，动机不尽相同，都或多或少地受到了邹平实验区、定县实验区的影响。

20世纪前期中国的乡村建设，除了知识分子领导的"乡村建设运动"，还有1927—1945年南京国民政府推行的农村复兴运动，以及1927—1949年中国共产党领导的革命根据地的乡村建设。

"农村复兴"思潮源起于20世纪二三十年代，大体上与国民政府推动的国民经济建设运动和由社会力量推动的"乡村建设运动"同时并起。南京国民政府为巩固政权，复兴农村，采取了一系列措施：一是先后颁行保甲制度、新县制等一系列地方行政制度，力图将国家政权延伸至乡村社会；二是在经济方面，先后颁布了多部涉农法律，新设多处涉农机构，以拯救处于崩溃边缘的农村经济；三是修建多项大型水利工程等，以改善农业生产环境。1933年5月，国民政府建立隶属于行政院的农村复兴委员会，发动"农村复兴运动"。随着"乡村建设运动"的开展，赞扬、支持、鼓励铺天而来，到几个中心实验区参观学习的人群应接不暇，平教会甚至需要刊登广告限定接待参观的时间，南京国民政府对乡建实验也给予了相当程度的肯定。1932年第二次全国内政工作会议后，建立县政实验县取得了合法性，官方还直接出面建立了江宁、兰溪两个实验县，并把邹平实验区、定县实验区纳入县政实验县。

1925年，成立已经四年的中国共产党，认识到农村对于中国革命的重要性，努力把农民动员成一股新的革命力量，遂发布《告农民书》，开始组织农会，发起农民运动。中国共产党认为中国农村问题的核心是土地问题，乡

总 序

村的衰败是旧的反动统治剥削和压迫的结果,只有打碎旧的反动统治,农民才能获得真正的解放;必须发动农民进行土地革命,实现"耕者有其田",才能解放农村生产力。在地方乡绅和知识分子开展"乡村建设运动"的同时,中国共产党在中央苏区的江西、福建等农村革命根据地,开展了一系列政治、经济、文化等方面的乡村改造和建设运动。它以土地革命为核心,依靠占农村人口绝大多数的贫雇农,以组织合作社、恢复农业生产和发展经济为重要任务,以开办农民学校扫盲识字、开展群众性卫生运动、强健民众身体、改善公共卫生状况、提高妇女地位、改革陋俗文化和社会建设为保障。期间的尝试和举措满足了农民的根本需求,无论是在政治、经济上,还是社会地位上,贫苦农民都获得了翻身解放,因而得到了他们最坚决的支持、拥护和参与,为推进新中国农村建设积累了宝贵经验。与乡建派的乡村建设实践不同的是,中国共产党通过领导广大农民围绕土地所有制的革命性探索,走出了一条彻底改变乡村社会结构的乡村建设之路。中国共产党在农村进行的土地革命,也促使知识分子从不同方面反思中国乡村改良的不同道路。

"乡村建设运动"的理论和实践,说明在当时的现实条件下,改良主义在中国是根本行不通的。在当时国内外学界围绕乡村建设运动的理论和实践,既有高歌赞赏,也有尖锐批评。著名社会学家孙本文的评价,一般认为还算中肯:尽管有诸多不足,至少有两点"值得称述","第一,他们认定农村为我国社会的基本,欲从改进农村下手,以改进整个社会。此种立场,虽未必完全正确;但就我国目前状况言,农村人民占全国人口百分之七十五以上,农业为国民的主要职业;而农产不振,农村生活困苦,潜在表现足为整个社会进步的障碍。故改进农村,至少可为整个社会进步的张本。第二,他们确实在农村中不畏艰苦为农民谋福利。各地农村工作计划虽有优有劣,有完有缺,其效果虽有大有小;而工作人员确脚踏实地在改进农村的总目标下努力工作,其艰苦耐劳的精神,殊足令人起敬。"[①] 乡村建设学派的工作曾引起国际社会的重视,不少国家于二次世界大战后的乡村建设与社区重建中,注重借鉴中国乡村建设学派的一些具体做法。晏阳初 1950 年代以后应邀赴菲律宾、非洲及拉美国家介绍中国的乡村建设工作经验,并从事具体的指导工作。

---

① 孙本文:《现代中国社会问题》第三册,商务印书馆 1944 年版,第 93—94 页。

总起来看，"乡村建设运动"在中国百年的乡村建设历史上具有承上启下、融汇中西的作用，它不仅继承自清末地方自治的政治逻辑，同时通过村治、乡治、乡村建设等诸多实践，为乡村振兴发展做了可贵的探索。同时，"乡村建设运动"是与当时的社会调查运动紧密联系在一起的，大批学贯中西的知识分子走出书斋、走出象牙塔，投身于对中国社会的认识和改造，对乡村建设进行认真而艰苦地研究，并从丰富的调查资料中提出了属于中国的"中国问题"，而不仅是解释由西方学者提出的"中国问题"或把西方的"问题"中国化，一些研究成果达到了那个时期所能达到的巅峰，甚至迄今难以超越。"乡村建设运动"有其独特的学术内涵与时代特征，是我们认识传统中国社会的一个窗口，也是我们今天在新的现实基础上发展中国社会科学不能忽视的学术遗产。

历史文献资料的收集、整理和利用是学术研究的基础，资料的突破往往能带来研究的创新和突破。20世纪前期的图书、期刊和报纸都有大量关于"乡村建设运动"的著作、介绍和研究，但目前还没有"乡村建设运动"的系统史料整理，目前已经出版的文献多为乡建人物、乡村教育、乡村合作等方面的"专题"，大量文献仍然散见于各种民国"老期刊"，尘封在各大图书馆的"特藏部"。本项目通过对"乡村建设运动"历史资料和研究资料的系统收集、整理和出版，力图再现那段久远的、但仍没有中断学术生命的历史。一方面为我国民国史、乡村建设史的研究提供第一手资料，推进对"乡村建设运动"的理论和实践的整体认识，催生出高水平的学术成果；另一方面，为当前我国各级政府在城乡一体化、新型城镇化、乡村教育的发展等提供参考和借鉴，为乡村振兴战略的实施做出应有的贡献。

由于大规模收集、挖掘、整理大型文献的经验不足，同时又受某些实际条件的限制，《20世纪"乡村建设运动"文库》会存在着各种问题和不足，我们期待着各界朋友们的批评指正。

是为序。

2018年11月30日于北京

编辑体例

一、《20世纪"乡村建设运动"文库》收录20世纪前期"乡村建设运动"的著作、论文、实验方案、研究报告等，以及迄今为止的相关研究成果。

二、收录文献以原刊或作者修订、校阅本为底本，参照其他刊本，以正其讹误。

三、收录文献有其不同的文字风格、语言习惯和时代特色，不按现行用法、写法和表现手法改动原文；原文专名如人名、地名、译名、术语等，尽量保持原貌，个别地方按通行的现代汉语和习惯稍作改动；作者笔误、排版错误等，则尽量予以订正。

四、收录文献，原文多为竖排繁体，均改为横排简体，以便阅读；原文无标点或断句处，视情况改为新式标点符号；原文因年代久远而字迹模糊或纸页残缺者，所缺文字用"□"表示，字数难以确定者，用（下缺）表示。

五、收录文献作为历史资料，基本保留了作品的原貌，个别文字做了技术处理。

编者说明

王鸿一是"乡村建设运动"的主要引导者。1936年4月，公葬王鸿一先生办事处印发《王鸿一先生遗文》。本次编辑，以该书作为基础本，以台湾山东文献社1978年出版的褚承志编《王鸿一遗辑》作为对校本，收入《20世纪"乡村建设运动"文库》。

1936年1月，山东乡村建设研究院第一分院印行高赞非等著《地方自治与民众组织》。1936年3月，商务印书馆出版薛建吾著《中国乡村卫生行政》。1936年8月，大众文化出版社出版千家驹著《中国的乡村建设》，作为"大众文化丛书"之一。1936年12月，北新书局印行山东乡村建设研究院编、吕渔溪著《入乡初步》。1939年3月，中华书局出版庄泽宣编《乡村建设与乡村教育》。本次编辑，将以上各书合为一卷，以《中国的乡村建设》为名，收入《20世纪"乡村建设运动"文库》。

总 目 录

上 卷

王鸿一先生遗文 …………………………………… 王鸿一（3）
地方自治与民众组织 ……………………………… 高赞非（55）
乡村建设与乡村教育 ……………………………… 庄泽宣（133）

下 卷

中国的乡村建设 …………………………………… 千家驹（239）
入乡初步 …………………………………………… 吕渔溪（273）
中国乡村卫生行政 ………………………………… 薛建吾（323）

上　　卷

王鸿一先生遗文

王鸿一 著

公葬王鸿一先生办事处

目 录

王鸿一先生传略 ……………………………………（7）
序 …………………………………………王悎吾（9）
三十年来衷怀所志之自剖 …………………………（11）
东西文化及民族出路序言 …………………………（16）
伦理为文化重心案 …………………………………（18）
建设村本政治 ………………………………………（23）
中华民族自救运动之研究 …………………………（29）
民主政治下考试选举两权并用之精神 ……………（35）
青年之出路 …………………………………………（38）
中国民族之精神及今后之出路 ……………………（46）
对时局之意见 ………………………………………（52）
遗 言 ………………………………………………（53）

王鸿一先生传略

公讳朝俊，字鸿一，山东郓城人，少孤，依母乡居，睹贫民饥寒，时感不安，隐抱康济之志，弱冠入邑庠，以高才生选入省城高等学堂，旋留学东渡，入东京宏文学院，及毕业返国，在曹州办理学务，时科举未停，风气闭塞，公力加提倡，继续设立师范中学警察高小等校、复以曹属多匪，创办土匪自新学堂，教以技能，晓以利害，匪多潜移默化，变为良民，当局以公成绩优良，擢为省视学，维时清廷失政，人心瓦解，公乃联合同志，努力革命事业，民国成立，任山东提学使，公将旧日腐化官僚，尽行铲除，选拔各学校最优秀最革命之分子，作极健全极有力之组织，全省教育，焕然一新，乃以袁氏隐蓄异志，仇视民党，当局迫公脱党，并对公用人行政，多所干预，公乃断然挂冠，回曹办学，二次革命军兴，黄兴函公同时起事，公以迫于环境□□运用，乃事为袁氏所闻，电令鲁督就地正法，鲁督周自齐派夏继泉赴曹侦察，出示袁电，公谈笑自若，视死如归，夏大感动，请周力为缓颊，幸获保全，此后公乃专力地方教养事业，一面提倡草帽辫等种种家□业，以裕贫民经济，一面对曹州中学内容，力加整顿，并聘教育专家丛涟珠等主持其事，朴学力行，蔚成风气，二十年来，曹中人才辈出，在社会多所建白，公实植其基也，民五袁氏倾覆，鲁督张怀芝起用公为政务厅长，复拟任公为黄河三游督办，公均荐贤自代，辞不就职，乃偕同省议会议长张介礼等，联合地方知名之士，组织地方政治讨论会，复联合教育实业专门人才，组织教育实业研究会，以地方人士讨论研究之所得，作地方政府采择实施之方案，因之政治蒸蒸日上，矿医各专门学校，农事蚕丝渔业棉业各试验场，均是时成立，民七当选省议会议长，更积极提倡地方事业，如各学校经费之扩充，留学生额数及学生补助费额数之增加，各县劝业所之设立，均次第实现，复以巴黎和会拒签问题，领导全省民众团体及全体学生，作大规模之请愿运动，争国家之主权，作政府之后盾，山东人民爱国之精神，因以宣扬于世界。……。

中国文化，乃本于人类之同情心，以至仁至诚，成己成物产，以所爱及所不爱，以不忍达其所忍，实人类共存共荣之王道文化，欲跻世界于大同，非中国文化不为功。……维时北大教授梁漱溟来鲁，讲演东西文化及其哲学，公一见倾佩，深相交纳，乃商榷昌明中国文化步骤，并认定励行村治，为实行之最有效方法，遂在曹州设重华书院，在北平办中华日报村治月刊，在百泉设村治学院，以为本中国文化精神改造中国政治社会之准备，公复以华北人稠地少，生计艰难，乃建议鲁省府向西北移民，又联合冀豫两省同志，合组西北垦殖公司，并在垦地设置新村，以为实施中国教养政治之试验，虽以兵匪交乘，成效未著，其计划固甚伟也，民十孙中山先生拟出师北伐，公在华北准备响应，孙先生手函奖许，及十三年民党改组，再谋北伐，国民二军进据河南，公乃与同志吕秀文等，在曹州组织国民五军，为河南声援，旋以众寡不敌失败，公乃暂避于北平亚德大楼，然对于华北革命工作，仍无日不在策动之中，十五六年民军光复宁汉，公遂商同同志王金韬在滁州独立，陈以桑在胶州独立，吕秀文率部直蹈陇海，公则来往于太原郑州之间，与华北革命领袖，共商协助民军计划，北伐成功之速，公之勋劳不可没也。惟当时思想庞杂，公乃本其发扬中国文化之主张，在豫陕甘三省建设设计委员会，提出建议中央确定中国文化重心案，认定中国文化根本，在传统之伦理观念，及大学院发表废止祀孔命令，公复致书大学院长蔡元培，将孔子学说与民党主义一贯之旨，反复申辨，以防止国人迷惑，近者政府明令恢复祀孔，国人复提倡建设中国本位文化，弥见公主张之不谬也。十七年北伐完成，公入都访谒各党国领袖，直抒襟抱，乃以积劳过度，婴疾北归，病体续延，久而不愈，虽有时力疾周旋于各党道之间，冀其生平主张万一之实现，然形隔势禁，已不可为矣，民十九年七月，没于北平德国医院，春秋五十有五，海内贤达，当年友好，以公高风亮节，足资模范，且功在国家社会，理宜纪念表扬，乃醵资在济南郭外为公营墓，择于二十五年四月五日举行公葬，从此公之英名，当与佛山明湖，并垂千古也。

序

郓城王先生鸿一毕生瘁力于问题之中，日与问题相奋斗，其感触问题也，敏锐而深刻，其承当问题也，恳挚而彻底，其处理问题也，强毅而奋迈，方其遭遇问题也，则绸缪而不解，缱绻而不忘，如抱殷忧，如荷重负，方其认识问题也，则如鸡伏卵，如龙颔珠，时而博访详征，时而沈思默索，一言一动，不贰不迁，方其解决问题也，则见面盎背，溢乎四体，不知手之舞之，足之蹈之。先生之于问题也，无我无对，无所为而为，但凭一团生气，满腔恻隐，与夫崇高之理想，纯洁之动机，一任不容已不得已之内心的使命，向上奋勉，自强不息，趋赴于深厚壮阔，光明盛大之途，先哲所谓"发愤忘食，乐以忘忧，不知老之将至者"，吾于先生，得见其仿佛矣。先生之所谓问题者，随时地而变迁，因实质而展进，由社会实际问题，而政治制度问题，而学术思想问题，而东西文化问题，程度渐次深入，范围逐步扩大，先生初无意于学问，亦无意于事功，但问题当前，自然反应，迫而入于用思想，发言论，操文墨，并从事社会政治文化各方面之运动，并非一般学者政家明经修士之所为，适如中国先民大智而兼大愚，真儒而兼义侠之精神风度，此先生之所以为伟大欤！

先生有事于著述，始于民国十二年创办中华报，揭橥东方文化，西北移垦，并陆续发表"政教养合一""学教治合一""以村治整理旧农村，以殖边建设新农村"等主张，复裒集"学治主义""村治制度""考绩抡才"等要领，撰为建国□言行于世。嗣于十五六年为某军阀所衔，避居交民巷，潜心于夙所怀抱之社会文化问题，参稽典籍，信念益坚，十七年旅游豫晋间，时值人心浮动，国是纷纭，……先生奋袂而起，大声疾呼，以"伦理为文化中心"之提案，陈诸当局，宣诸社会。及北伐完成，先生邀集南北同志，创办"村治月刊"于旧京，揭载"伦理文化""村本政治"

"考选制度""教育革新""青年出路"及"恢复民族精神民族信力"等有力之言论,并自撰"三十年来衷怀自剖"表明志事于当世,十八九年客太原,著述益勤,急欲完成思想体系,阐明正确主张,乃手拟《东西文化与民族出路》一书,列目二十二,草未及半,抱病而辍,齐志而没,绵绵长恨,可慨也夫!兹辑所选,乃先生十七年以后重要之作,至其遗著全集,须俟异日。

先生生平注意之问题,虽繁博而远大,然考其始末,察其意蕴,则"学治主义"实为其根本问题,中心思想之所在,申言之,即所谓"伦理化的人道,教养化的治道"简言之,即孝道,师道是已。孝道为中国社会组织与伦理文化之核心,师道为民族生存相续,历史进化之动力,师道不立,孝道亦无由而明,孝道不明,则中国民族精神,固有道德,一切失其依据。先生洞属几微,正告当世,时或目为迂远守旧而鲜注意,近年事实推引,潮流激荡,朝野贤豪,救国建国之道,率与先生夙昔主张,大致相符,惟精微之点,尚未为人所彻悟,要之真理不灭,终有辉光灿烂之日也。

先生秉赋素强,老而弗衰,卒以心血过耗,患脑膜炎而没,时民国十九年,享寿五十有五,身后萧条,寄灵旧都,白杨萧寺,雨冷风凄,追怀明德,能勿向往。先生知交素广,门徒尤众,交道宜敦,师道尤不可不崇,爰营公葬,以励末俗,即以先生所施者报先生,想亦为先生所乐受而弗辞欤。同仁等议留纪念,印布特刊,嘱余志其端,余于先生晚年从游南北,常侍左右,声效犹存,音容在目,感念遗型,怒焉神伤,敬承师长友朋之命,略述梗概,聊志颠末云尔。

中华民国二十五年三月下浣
王悝吾谨志

三十年来衷怀所志之自剖

吾平日好谈事实，不好谈思想，恐引起纠纷，反于事实有碍也。同人多谓我为事实派，非思想家，吾亦云然。今为事实所推演，又多牵涉思想问题而入于文化政治范围，非预料所及也。同仁复谓我既无政治热又无事业热，究据何种原动力而不惮烦难若是，吾亦不知其所以然，只求吾心所安而已。所谓文化问题、政治问题，吾尚未暇深求也。兹将吾三十余年之心理及经过约略述之，以供同志之参证。吾幼年每到邻家睹其寒苦状况颇感不安（吾一生之行动无论为政为学皆受此不安之一念所支配），归即代为想法而无可如何。所以当麦秋时遇有偷窃者不肯揭发，辄故作不见以避之，怜其羞且悲其饿也。吾生平不愿呵斥仆人，亦是此种心理。及长，有童年狎友沈某及同学于某皆因为盗丧命，吾心理上复受极大感动。因此推知为盗者多由生计所迫，实可怜悯。而曹属多盗原因并非生性使然也。及详考乡村会议皆是保富政策，又考之县政省政亦大率类此，贫民苦状无过问者，深觉天地间不平之事莫大于此。同时又与韩君季和商量学问，认为后世奴儒讲学，其根本错误之点，即在君臣一伦妄加附会。明明君臣有义，竟解为君臣有忠。明明师统政治，竟解为君统政治。胜者神圣，败而盗贼。春秋大义，荡然无存，致为产生一切不平之总原因。遂感觉政治有改革之必要，此吾加入革命之动机也。

及东渡留学归来，在曹州办学，一面创办普通中学校及土匪自新学堂，一面又创办黄庵工艺局，旋因种种关系失败。同时忽感觉此项实业不能解决多数贫民问题，遂又改而提倡草帽辫。当时单、曹、郓、菏等县均次第设立，不久失败。及辛亥革命成功，任教育厅长职，而心理上仍念念不忘先养后教之问题，遂由议会提案设立"曹州善后局"。本拟试办有效再推及全省，又因款绌及欧战影响复归失败。时袁氏当国，反对民党，吾决然辞去，仍回任六中校长职。在此期间，与校中同人及学生作学术之探讨，乃提出中西学术比较问题，认为欧西学术思想归本于教育实业，中国学术思想归本于教养，两相参证，是欧西学术精神积个人之有余，中国学术精神补众人之不足也。积有余而社会更感不平，补不足而国家乃可言均。至欧西科学精神，当然充分容纳以补我之缺，而政治教育上之原则，尚不如吾国学术含有均平意义也。当时遂认定教养化之政治及教养化之教育，实为先务之急。洪宪倒后，即赴省充当议员，欲本孔孟先养后教之原理，规定议会行政方针，为全省政治之重心也。故一面创设烟台、青州、东昌、济南等处渔业、蚕业、棉业、矿务各项试验厂，一面又由议会制定单行法，各县设立"劝业所"。事未及半，又引起军阀党派之误会，致横生枝节而同时忽感觉资产代议政治不合此种轨道，且更感此项大问题非从文化上不能得根本解决。此在议会不及一年又退作第一中学校长之原因也。

适于此时北大新潮发生，蓬蓬勃勃，大有横扫一切之气势。旧欧化尚未认清，新俄化又席卷而来，致使教育界同人目迷五色，莫知所从。而吾所得一知半解之教养思想，亦遂不敢自信，心理上乃稍稍发生变动，以为只要社会能均平解决，自不必执定一说。新潮流既趋向均平，总认为有商量余地，以其反对资本主义之欧化也。遂约同六中校长丛禾生先生经北大学生徐彦之介绍晤见蔡孑民、李石曾两先生，谈许久不得要领，始知两先生虽居北大中坚地位，其实是莫名其妙。后又谒见胡适之先生，并参读各种新书，始知北大新潮来路是本俄化精神解决均平问题也。不惟国性民情多不适合，而强不均使之均，强不平使之平，结果徒滋纷乱，而均平问题将又更不能解决，乃益觉疑莫能释。适梁漱溟先生到鲁发表东西文化之比较，吾始有进一步之了解矣。在此思想未得解决时期，个人应向何处努力，实为自身极感困难之问题。既不愿走官僚政治路，而教育路又走不通，只好仍在教育范围内择一立脚点，且是贫民生计之一条出路，此西北移垦之动机也。初本为私人集股试办，后又扩到公家移垦之组织，盖欲本孟子政治思想建设理想农村，为融贯新旧学说之实地试验也（规书另详）。又因兵匪天灾及鲁省扣款不发，致不能如愿设施。当时曾到山西参观，晤见阎、赵两先生，知其根据孟子思想，由六政变为村政。及又晤见河北米迪刚先生，知其根据《大学》条目而有翟城村之村治，其表面为政治制度问题，骨子里实含有学术思想问题也。

按吾国三代以上重乡治，实含有民治精神。自秦汉以后重县治，遂造成官治国家，而拜官主义亦深中人心，贻祸无穷。吾国文化之教养大政乃斩焉中断，良可慨也。同仁有见及此，遂认为村治精神，适合教养化之原则，为中国文化之正当出路。吾民族今日最大问题，即在恢复自信力，而吾国之思想界，实不能负此重任，迫不得已，遂一面邀请梁漱溟先生及王平叔先生到曹创办"重化学院"（该院试办已经五年，颇有成绩，另详），又一面在北平组织"中华报社"，标明主义为"东方文化"、"西北移垦"两语，约言之即移垦村治是也。其用意所在为针对今日病源，期将求名于朝之心理，变为立功于野；麇集都会之青年，转为志士筹边而已。本欲引起多数人之研究，乃未几因款绌倒闭。在此一年期间，聚三五同志朝夕讨论，于吾民族精神少有认识。及后避难亚德大楼年余，一面探究文化根本原理，一面详察人类生活状态，更认定吾国伦理信条确为组织社会之基础（秦汉以后流弊滋多，当然要修正，然于伦理本体，毫无影响，另详），而政治学术亦皆以伦理为重心，蔚成吾国文化特色。其运用文化精神者，教养政治是也。扼要言之，即伦理化的人生观为中国文化之体，教养化的政治学，为中国文化之用是也。参证古今，毫无错误。又读三民主义，于孝之美德一再申明，于《大学》八目之政治哲理，谓为欧西政治家尚未见到，与吾辈伦理化、教养化之认识正相符合，遂以此定为治学之标准，吾亦转入个人为学时期矣。

吾因思想不得正当出路，南胡北越，寻师访友，积二十余年之久，始能认出致力方向，吾因此推知疑难烦闷者之大有人在也。其实因时代变迁，思想界不能应机领导，致政治教育皆无轨道可循，酿成今日思想混乱之局，不能谓非学者之责也。所谓旧学人物，各偏于格致诚正之上半截，而新学人物又多偏于治国平天下之下半截。将《大学》八目裂为两截，各是其是，各非其非，日在冲突激荡之中，迄无正当解决。因此更觉明德新民一贯之学，实为救时良药。德何以明？以实践伦理为起点。民何以亲？以推行教养为归宿。事甚简易，本无高深，循序渐进，吾国五千年之老宪法自可整旧如新，开世界大同先路。吾今后所期望者伦理化之政治、伦理化之教育，亦即教养化之政治、教养化之教育是也。吾国三十年来政治教育之方针，完全失却自信力，始而袭欧化皮毛，继而拾口化唾余，近且并欧化、□化而参用之，其实皆独杀人之政治、杀人之教育而已。欧化出发点利用人类利己心，造成间接杀人之利器。独吾国文化之伦理信条、教养精神，是根于人类同情心，而发于生人之政治、生人之教育，不能以秦汉以后之颠倒错误，遂疑文化本身之不当也。至吾何以有此坚决认识，因一方根据三世两性之哲理，一方又针对欧化□化之时弊，确信伦理为体，教养为用，是孔孟学术纲要，实超出欧化俄化之上，为人类生存之正轨，此吾所以有伦理、村治、考绩、学治各项意见之商榷也。至三世两性之根本哲理为改造社会先决问题，自应有彻底研究，不可漠视也。

所谓三世者即过去、现在、将来之三种观念，为人类所独有，亦即为人禽所由分。西人谓我民族富有精神文明者究竟何在？其实根本条件，即一为信仰，一为希望而已，不能仅以物质享受而谓可解决人类生存之大问题也。

所谓两性者，即乾男坤女之两性生活，根据天地自然之原则，本应融化而为一，不应分立而为二，如仅以人权自由等说解决两性问题，是不知人类为有理性之动物也（三世性说另详）。今者醉心欧化之士，误以伦理信条为宗法社会之产物，拼命打击，是未经哲理审判，遽而定案，且强要执行，亦未免太武断矣。吾因苦于无学，枉费半生气力，终无一点是处，且有时心虽知之，而口不能道之，任听邪说横流，青年误入歧途，致陷于悲惨境遇而不知自悔，每一念及，不寒而栗，此后只有勉力为学，以补吾之缺憾而已。

至吾所特别致力之点，即以志帅气是也。吾志为何？即根据文化之伦理、教养两原则恢复民族信力是也。按吾同韩君季和，自幼而壮而老，一生皆致力革命工作，而其根本两观念，即一为解决贫民生计而革命；一为不满秦汉以后奴儒学术及更不满欧化□化而革命是也（今日醉心欧化□化者亦皆奴隶儒之类）。明知狂妄心理说出徒惹人笑，然生平志事确是如此，事实俱在亦无庸讳言者也。

兹经长时间之研究及考察，认为解决贫民生计问题只有内而提倡村治以增加生产（农田、水利、保护、合作等皆属之，再以孝弟勤俭之精神养成村风尤为重要），外而提倡移垦以开发边疆而已。舍此皆是缓不济急，无补于事。至于学术思想，关系尤为重大。而今日各派治学者皆不能满足青年之要求，大可惧也。

按现下治学者可约分三派。一由宋学及佛学演来之玩弄意境派，一由汉学及文学演来之增多技能派，一由哲学及法政学演来之知识专修派，以上三派皆不能解决今后思想问题。因非有为学即是为政、为政即是为学之路子，不能适合现代之思潮也。本此原则，吾认为以伦理为体，以教养为用，学即是行，行即是学，先民所昭示于我者至为正确。伦理教也亦即政也，教养政也亦即学也，皆行也。所谓教养一致、学行一致、治身治世，体用皆备也。吾因感于社会之不均平加入革命，始而为政，继而为学，终致于政教学行合而为一，为非此不能达到均平社会也。吾相信今日青年，其要求均平之心理当更迫切，故特述之以作参政之一的云尔。

民国十八年中秋节前自述于太原客寓

东西文化及民族出路序言

　　太平洋会议提出东西文化问题，日人愿负沟通责任。其实日人所承受之文化，为隋唐时代错误之文化，并非中国文化之真精神。何者？三代以上之文化，师统政治之文化也；秦汉以后之文化，君统政治之文化也。师统政治以道德为重心，君统政治以势力为重心，差之毫厘，谬之千里。中国承三代遗风，仍未改其尊师的国民性。日人袭隋唐错误，适造成其尊君的大和魂。倘日人愿负此责，恐尚须大费考量也。因此提案，吾国文化之价值将更见重于世界。所惜者东西洋哲学家皆未为提纲挈领之研究，而吾国新旧学者亦多忽略实际性，专从书本上讨生活，断章取义，各逞臆说，故只能为枝节的解剖，不能为整个的贡献。因之错中生错，致使世界学者亦皆怀疑吾国文化散漫无条理，不知从何处下手。其实吾国文化为最有条理之文化，最切实用之文化也。不过因一误再误，而降及今日有赖西方文化涤荡而充实之，亦是不可掩的事实。吾敢断言此项问题不得彻底解决，吾国纷乱之状态将愈演而愈烈，终至不可收拾，盖今日国家表面为政治改革问题，骨子里实东西两文化互相冲突之因果也。因感受文化之不同，遂致新旧思想各趋极端，旧者日趋于旧，新者日趋于新，惨杀之机，隐伏无形，瞻念前途，不胜危惧。究之新旧思想，皆有极大错误，不可不知也。旧者何以错？错于专讲格致诚正之上半截；新者何以错？错于专讲治国平天下之下半截。总理所谓《大学》八目之政治哲理为欧西政治家所未能了解者，而吾国新旧学派亦复各持一端，互争长短，是其所是，非其所非，真所谓一人一义、十人十义者也。致全国思想界同陷于烦闷疑难之困境，迄无明白正确之观念，各种事业亦将因纷乱而日趋衰残。且世界断无丧失自信力之民族而可与图存者。吾为此惧，故本民族主义精神提出东西文化融通意见。盖不以固有文化为体，三十年之模仿终归失败；不以西方文化为用，两千年之错误仍难纠正。代表吾民族之文化者，儒学也，是即吾民族之生命也。今则无敢昌言之者，宁非怪事。试考春秋以前，吾民族何以盛，盛于儒学昌明。晋宋以后，吾民族何以衰，衰于儒学错误。即过去盛衰之历史，可推知将来存亡之关键。今敢大声疾呼以正告国人曰：吾民族如不恢复自信力，万无幸存之理。恢复之道维何？阐明儒学正路，采纳欧化精粹，以造成旧道德新科学之国家是也。

伦理为文化重心案
——民国十七年（1928年）在豫陕甘三省
设计委员会提出

中国建国数千年，为世界上开化最早、文明最盛之国家。自前清末业，国势不竞，举国人士，均失却自信力，而崇拜外国之心理，乃日见沸腾，群思仿效列强之文明，跻中国于富庶。因之派遣学子分赴各国留学。其始也，留日学生归来，则思以其所学日本之制度易中国；其继也，留欧美学生归来，则思以其所学欧美之制度易中国；其继也，留欧美学生归来，则思以其所学欧美之制度易中国，众议纷纭，莫衷一是。而墨守一士，又拟保存中国历史之文明以为立国之基础。因之新旧之潮流，自在互相激荡、互相撞突之中，而国是终无确定之一日。先总理中山先生怒然忧之，故于三民主义中极力发扬中国民族固有之美德，综合中国历史的文化精神，与世界科学的学术经验，而成革命的最高指导原则，而改造新中国之方案，乃完全成立。故我中央全会四次会议，重揭先总理指导中国"民族独立、文化复兴、民生发展"之救国运动，发布宣言，昭示国人，意至深言至要也。

中国文化含义广泛，其重心究在何处，实为一亟待研究之问题。近代中外学者，对于中国文化，时加以深切详密之讨论，或列举中西文化种种方面之不同，而表彰中化特殊之精神，如谓西洋重法律，中国重道德；西洋重权利，中国重义务；西洋重个人，中国重家庭；西洋重工商、重科学、重创造、重物质，中国重农、重艺术、重保守、重精神等是也。或综合中西文化根本之差异，而一语标明中化特殊之精神，如谓西化系主动的，中化系主静的；西化偏于自然研究的，中化偏于人事研究的；西化系征服自然的，中化系与自然融合、与自然游乐的；西化系以意欲向前要求为其根本精神的，中化系以意欲自为调和持中为其根本精神的是也。又或因所习所业之不同，生见仁见智之差别，如美术家见中国古代雕刻制造之优美，认为文化特殊之精神；玄学家见五行八卦之玄妙，认为文化特殊之精神是也。然此等对于中化特殊精神之判定，是否正确，其重心究在何处，实吾人亟愿明白认识之问题。夫所谓文化云者，乃一民族生活相续之状况，分析言之，有物质生活、精神生活、社会生活三方面。而因各民族历史、环境、风俗、习惯之不同，各有偏重之发展，如西洋民族以物质生活为优，印度民族以精神生活为优，惟中国则社会生活，朴厚浑融，独得优长之胜利。盖以天赋情感之发达，人事关系之密切，而父子兄弟夫妇之间，遂形成特殊之亲密，而所谓人伦问题者，遂蔚为数千年来国人公认之常经，人人能知，人人能行，即愚夫愚妇不知不觉者，亦日日生活其中，丝毫不假勉强，且不可须臾离者，谓为文化重心，殆不为过。且如先总理所言，中国亲睦宗族乡里之观念，如仁爱信义之美德，如修齐治平之智能，何一不为中国文化之特征。然溯厥本源，胥由人伦观念推演而来，故古人以"孝为百行之原"，又以"孝弟为仁之本"，而孟子论尧舜之道，亦曰"孝弟而已矣"。盖人伦观念，几成历代不易之宪法，社会共守之信条，在中国文化方面，占有极重要极广大之地位，故不得不以重心目之也。

论者谓人伦创于孔子，为儒家一家之学说，所谓君臣父子夫妇之道，及其他关于一般道德之说明，皆孔子精神的真相真意，不得为中国民族文化之重心。殊不知孔子乃祖述尧舜、继承其正统思想而为之集大成者，固述而不作也。自尧亲九族，舜敷五教，夏后殷周设庠序学校以教万民，亦皆以明人伦为惟一之方针。秦汉而下，君主多用愚民政策，以遂其长久专制之私图，然仍假借孝弟之美名，以牢笼社会一般之人心，故汉室君主大率以孝为谥，而抡才取士，亦多以孝为标准，汉文之孝弟力田诏，尤其彰明较著者也。盖中国之人伦观念，完全生于人情之自然，并非一人创造，更非一家学说。试观历代有为之君主，凡能顺此轨道者，虽系假借利用，亦往往能延长数十年或数百年之命运，否则虽英雄盖世，亦无不旋踵而亡。

中国人伦观念，既完全根于人情之自然，非任何人所能创造，故亦非任何人所能打倒。试就中国之人伦观念，与宗教中之教义比较言之。宗教中之教义为教主个人所创造，故经多数哲学家科学家之研究，已渐露失却信仰之形势。中国之人伦观念，并非儒家所创造，不过儒家顺社会自然之趋势，人心自然之倾向，加以修明提倡而已，故人伦观念之深印人心，数千年如一日，绝不以儒家之盛衰而生影响也。然则人伦观念，何以入人心如是之深切而不能移动乎？窃谓厥有两因：（1）人类生活与其他动物不同，其他动物仅有现世观念，人类生活则有三世观念。所谓三世观念者，即过去之信仰、现在之生存、将来之希望是也。中国注重人伦，故过去之信仰父母祖宗，将来之希望在子孙后代，真实自然，与所谓天堂地狱纯涉玄想者，完全不同，故根基巩固，不易变动。（2）西洋之经济重心在工商，中国经济重心在农业。中国者一小农制之农业国也，盖以古代井田阡陌各种制度之推演，蔚成大致均平之农业社会，全国人民，除最少数之大地主，及在都市作工营商者外，十九营乡村之农业生活，故欲谋人民经济巩固，非先谋农业巩固不可。惟农业非一人所能担任，欲谋农业巩固，又非先有极安定极和谐之家庭不可。有安定和谐之家庭，则兄弟互助，夫妇协调，或躬耕南亩，或亲挽鹿车，或守护于场圃，或执爨于灶下，分工合作，同享康乐，其有兄弟众多、子孙满堂者，则半耕半读，因材而笃，或农或商，各尽所能，外出则宣力于社会，旋里则又有极乐之家庭，此农业社会之精神，全赖人伦维系之力。故农业社会根本不变，而人伦观念之变动亦不可能也。

人伦观念，既为不可变动之社会精神，何以近来一般青年，时发打破人伦之妄论乎？推厥原因，颇有可述。盖人伦之精神，原在双方相互之关系，而各尽其道，故曰：父父、子子、兄兄、弟弟、夫夫、妇妇，此人伦之真谛也。自专制君主假借三纲之说，以树其惟我独尊之淫威，只许君不君，不许臣不臣，因之父子夫妇之关系，亦皆成片面之压迫，而为畸形之发展。为子为妻者，完全处于绝对不能自由之地位，在社会上几无独立人格之可言。彼号称理学家者，复造作片面之礼教，以为束缚人心之工具，而误信过深者，往往坠入愚忠、愚孝、愚礼、愚节之苦海，而不克自拔，兼之婚姻制度之不良，女子教育之不振，身遭黑暗恶劣之家庭者，将牺牲毕生之幸福而陷于毫无生趣之境地，此实误解人伦之流毒，而为人群进化之大障碍也。自国体变更，有识之士，咸思解除片面礼教之锢习，增进子与妇在家庭之地位，改善婚姻之制度，以为建立新国家之基础。（略）揭黉文化重心，发扬人伦观念，固为切要之图，然当此世界新潮澎湃之际，亦不能不加以适当之因革损益期于推行而无弊也。夫人伦有五，实造端乎夫妇。自妇女解放之说兴，一般放纵之青年男女，日征逐于自由恋爱之场，并以自由离婚相号召，而夫妇关系遂陷于极不安定之状况。夫以极不安定之夫妇，组织极不安定之家庭，而从事于胼手胝足通力合作之农业社会，如之何其可也。窃谓中国旧日夫妇关系，虽因习俗束缚，未必尽能满其自由之欲望，然其组织之巩固，实为特别之优点。此后夫妇之结合，仍当以巩固安定为原则，以极慎重极严密之结婚程序，冀达偕老之目的。设遇中道必须离异之情事，亦当认为至不得已之举动，至残酷至不幸之遭遇，如是或可挽回轻于离异之颓风，而谋农业社会之巩固也。父子之伦，根于天性，子生三年，然后免于父母之怀，抚恤教养，以至成立，真所谓罔极之恩也。夫报恩为人生最大道德，为西洋学者所公认。设有素无关系之人有德于我，我仍应以德报之，矧父母对于子女之劬劳，非小恩小惠所能比拟，而曰不必言报，或更演出打倒惨杀之恶剧，此等兽性之冲动，揆之天理人情、新旧学说，皆绝对不能通者。故中国数千年特别重孝之美德，实为在世界上最优越最显著之精神。当此邪说横行、是非混淆之时代，有急于剀切申明之必要也。兄弟同气而生，同堂而育，关系至为密切，古人拟兄弟如手足，兄友弟恭，垂训千古，故尧舜之道，孝弟并称，中国史乘，以兄弟辑睦传为美谈者，代不乏人，足征兄弟一伦之修明也。惟中国兄弟多营共同生活，以数世同居为贵。自新潮输入，中国人士，多仿西洋兄弟独立自谋之精神，主张兄弟分居，各组织小家庭之生活。夫形式上之同居分居，固不必强为限制，而精神上则非互相协助、互相扶持不可。盖人类以互助为原则，互助当然自最亲密之兄弟始也。如兄弟同力合作，各尽所能，则所得之功效，必有驾乎独立自谋者。今人泛言爱同胞，若兄弟不相亲爱，尚何同胞之可言。故兄弟一伦，与父子夫妇，同有积极发扬之必要也。人伦之关系家族者，为父子、夫妇、兄弟，已如上述。人伦之在家族外者，为君臣、朋友。君臣一伦，以忠为美德，然当时忠之对象为君，自国体变为民主，忠之对象即为民。先总理常谓"不忠于君，要忠于国，要忠于民，要为四万万人去效忠"，是则忠之美德，以对象之扩充，愈发扬而光大，较之昔日效忠一人，高尚多矣。朋友一伦，以信为主，然旧日朋友之范围太狭，而信实为最重要最应用之美德。由朋友而扩充之，推及邻里乡党，推及社会国家，推及社会人类，无一不以信字作言行之标准，则对于家族以外之人伦，已完全尽之矣！中国人民，果能以人伦之道，完全无缺，先成立健全之家庭，再联合家族宗族，成一极健全极团结之国族，中国之强盛，又何难哉！

发扬人伦标准，已约略言之矣。然则果由何道发扬乎？曰其道有二：一用政治力提倡，一用教育力提倡。则先由中央政府，依照先总理保存忠孝仁爱信义固有道德之精神，阐明人伦之精义，及必须发扬之理由，随时布告，宣示国人。一面将从前片面礼教所产生之流弊，及婚姻丧祭等一切不合时代之锢习，逐渐加以改革。如是则国人皆知所宗，历代相传的美德，亦均有所传承，而国是定矣！再用教育力提倡，凡学校关于修身之学科，及学生平时之训练，咸以默契人伦为指归。其有阅览违背人伦之书籍，或对于人伦有疑义者，教师应加以切实批评与指导，务期学生彻底了解以农业社会著称之中国，绝对不能遗弃数千年相传之人伦观念，而自陷于根本摇动之地位，如是则学生咸可纳入正当轨道之中，而不致误入歧途矣！如上所述，发扬人伦之精神，即揭橥中国之重心也。

建设村本政治

中国变法三十年，所以救危弱、图富强也。而民族日衰，文化日微，民生日蹙，一言以蔽之，袭取列强之皮毛，而无彻底之自觉，有以使之然耳。盖国于天地，必有与立。其道维何？即一民族之特殊精神，所孕育进演，而蔚为文化者是也。倘弃而弗顾，随人步趋，则信力丧失，生机桔亡，民性国魂之无托，将何以图存！方今国民革命，正惩前毖后，革故鼎新，而谋民族独立，文化复兴，民生发展者也。武力的破坏工作，不过一时扫除恶障，不得已而采用之方法，而救国之根本大计，乃在健全适应之政治建设。先总理所遗留之革命最高原理之三民主义，系结合中国历史的文化精神、社会诸家学说的精髓、与世界科学的学术经验而成者也。其中对于忠孝仁爱信义和平固有之美德，特主恢复，而于《大学》八目由内及外、推己及人之政治哲学，尤反复申明，深致赞美，且谆谆告诫国人。中国社会上，风土民情习惯，皆与欧美不同，而管理社会之政治亦非自行创造，不可依样抄袭，完全仿效。故中央全会四次宣言，高揭复兴文化主旨，而国府近又颁发提倡我国文化明令。凡此皆可证见今日政治之建设，必遵照国家之现况，适应时代之要求，而以历史上文化精神、政治原理，及进化原则为重要之根据，始足以挽救时弊，奠定国基也。

吾国自辛亥革命，打破君主传统，采行代议政治，经营缔造，十有余稔，实效殊鲜，流弊滋多。群兴橘变为枳、迁地弗良之叹。逮欧洲大战、俄国革命相继而起，而欧美之政治传统，顿呈根本动摇之象。惟苏俄试行共产，旋又宣布新经济政策，而复归欧美之旧途。乃各国劳工运动，仍日见沸腾，皆欲打破现状，重新建设，是可见旧欧新□，各不自信，而有互为循环、同归于尽之趋势。纵观古今，横览全球，一切政治成规，殆皆濒于破产，正彻底澄清、努力创造之机也。先总理高瞻远瞩，洞察世界大势,深究中国历史与世界诸家学说,而创立民权主义的全民政治之原则,诚吾人所当究其真谛,奉为圭臬,以为进行之标的者也。夫全民政治者,乃政权操之民众,治权握之贤能,而政治之利益,归于全民之谓也。是不惟君主传统,根本与此相违反,即欧美号称民主主义之代议政治,苏俄另称再世界主义之共产政治,亦与此大相径庭。盖欧美之代议政治,实无异资本大王之专制,掌握治权之政党,皆资本家大地主之御用机关,而官吏议员,则皆甘为资本家大地主效犬马作爪牙者也。其行政也,无非压迫劳工过量生产,以填其主人翁之欲壑,而助其作威作福而已。……故欧美之代议政治,实则有产阶级之则阀专制;皆不足与于全民政治之列也。独吾国萌芽于三代、中断于秦汉之教养政治,实满具全民之精神。政者何?民事是也,要之不外精神生活、物质生活、社会生活种种日用行常之问题而已。治者何?即所以解决此种种问题,而使之各得其适者也。教以明人伦、济民物,养以厚民生、兴民利,所以补不足,非以积有余。以平民为对象,平均为原则,无阶级之殊,有互助之益,使人人亲其亲、长其长、安其居、乐其业,生活问题,各得解决,国家社会,自臻上理,治平之道,蔑以过矣。礼运大同,乃吾国之最高政治原理,其言曰"天下为公,选贤与能,讲信修睦,使人不独亲其亲,不独子其子,使老有所终,壮有所用,幼有所长,鳏寡孤独废疾者皆有所养,男有分,女有归,货恶其弃于地也,不必存于己,力恶其不出于身也,不必为己"。政权公诸天下,治权付之贤能,一切措施,无非解决人类生活各种必要之问题,以求平民之安宁与福利,全民政治,非此莫属矣。孟子集历代政治思想之大成,其答梁惠、齐宣、滕文之问,无非申明制产明伦之旨,以立先养后教之政。五亩宅,百亩田,鸡、豚、狗、彘所以制民产也。谨庠序,申孝弟,所以明人伦也。要之无非解决平民仰事俯畜、养生丧死种种必要之问题而已。是为政教养原则之全民政治,亦登进大同必由之路径也。然则西洋政治上,亦以教育实业为极主要、极重大之事业,何以彼则酿成阶级斗争、资产万恶之结果乎?盖以教育事业,皆为资本阶级所垄断,而以集中生产为目的者也。与吾国教养原则之普及平民、享受平均者,迥异其趋。其发展实业者,所以积聚生产也;其扩充教育者,所以发展实业也。要之无非操纵智识阶级,榨取劳工血汗,以聚为大公司托拉斯之生产机关,而达其资本大王之雄图。为富不仁,以身发财,教育实业之谓也,可胜慨哉!

夫全民主义、世界主义，乃西洋政治学上共悬之鹄的。而竟演为特殊阶级之专制，背道而驰，迷途莫返，其故何欤？考其致误之由，不在目的与希望，而在态度与动机，是不仅政治本身之问题，实亦学术思想、文化精神之问题也。物竞天择，优胜劣败，其进化学上公认之原则也。情遂欲达，自求乐利，其人生学上共守之信条也。占有的冲动，欲求的本能，其心理学上所指示之生活源泉也。由此种种学术思想，造成欲障货利之人生观，惟利是趋，不夺不餍，霸道主义，于以演成。政治者，乃其主义之表现，生活之方法，内而压迫民众，外而侵略弱小，争斗残杀，势有必然者也。旧欧沙俄，同一窠臼，出此入彼，沉溺莫拔。白象入淖，转陷愈深，根本一差，千途皆谬，虽曰以全民政治相号召，吾未见其有济也。至若我国之教养政治，并非悬想之民主制度，乃本人类恻怛内动、纲缊不解忱，推恩尽性，以求其心之所要而已。亲其亲，长其长，老吾老以及人之老，幼吾幼以及人之幼，济贫弱，抚孤独，恤鳏寡，制豪强，抑兼并，顺人类之本性，立政治之规则，根本上乃道德之推广，而非权利之攫取，所谓王道文化者是也。先总理有云："人人当以服务为目的，而不以夺取为目的"善哉言乎！西洋之霸道主义，以夺取为目的者也。以夺取为目的，欲行王道之法度而不可得。以服务为目的，而无实施之途径，则王道仍无由明。故西洋虽有民主之制度，而无亲民爱人之精神，终至徒法不能以自行。吾国旧有政治之原理，而无详密确当之法度，终至徒善不足为政。惩二者之失，应时代之要求，根据教养原则，实现全民主义，舍建设村本政治，其道无由，可断言也。

三代之世，设乡职，重乡治，散见官礼，可资复按。老子曰："修之于乡，其德乃长。"孔子曰："吾观于乡，而知王道易易。"孟子曰："死徙无出乡，乡田同井，出入相友，守望相助，疾病相扶持。"皆可为古代注重乡治之明证也。惟乡治成规，无可详考，且时移世易，未可强同，而重乡之事实，与治乡之遗意，正有古今同然者也。盖我国以农业立国，数千年于此矣。由农业生活及家族制度二者相互之关系，递经演进，形成十姓百家、组织巩固、生活亲密之农村团体。全国人民，十九皆在农村，而城市区域，不过因经济政治之关系，构成临时聚合之团体，其居民十九来自田间，虽市居仍村民也。是则城市者，亦不过变相的农村而已。故以地域之区划，与人民之集合，而天然形成政治基础者，农村是也。家族之内,惟重孝友,崇感情而非政治,国省道县,有政治而范围广泛。惟农村既有人群共同之关系,复为切身生活之根据,则以之为政治基础,谁曰不宜?就政而言,村内之治安、风化、生计,以及一切生活问题,皆国家之根本大政也。政者民事而已,岂可忽乎?如以之为不急之务,则一切法度典章,莫非具文而已、桎梏而已、假面具而已,宁有存在之值价也哉!就治而言,家庭孝友而外,首当推恩及于乡里,治术之根据在此,学术之发端亦在此,孟子所谓善推其所为者是也。处邻里乡党而不推恩,遇切近问题而不解决,将何所施其治术,并何以善其学术耶?治一村,犹之治一县一省一国也,皆不外推恩尽性,解决人民之生活问题而已矣。倘以一乡为不足治,而竟言治国,是自欺欺人之妄夫也。倘以治乡为卑职,而以治国为向上,是富贵利达之贱夫也。人之才德容有仅能治一乡而不足以治一国者矣,未有不能治一乡而能治一国者也,亦未有能治一国而未能治一乡者也。治乡治国,固皆为知识阶级之本分,惟乡为亲者近者,国为疏者远者,其所亲近者薄,而其所疏远者厚,未之有也。秦汉以后,学术思想日趋空疏,训古也,性理也,各有专家,而于孟子推恩之精义,阙焉不讲,致学术日晦,治术日污,清流权贵之争,适成历代亡国之导线,良可慨也。国家根本大致在农村,治道之正当起点也在农村,则村本政治,乃为真正之全民政治,更何疑乎?此就原理方面言,固如是也。再就事实方面言,益可知民治之基础,民权之保证,舍村本政治,更无所属矣!何则?选举权,乃民主政治生死攸关之条件,而欧美号称民治国家,其选举权几沦为资本家大地主把持治权压迫工农惟一之武器,民治生命,陷于绝境。先总理察其症状,斟酌损益,于是就治权中创设考试原则以济选举之穷。然而欧美文化,根本以竞争利己为精神,其政治上之把持垄断,偏私不平,乃其文化精神自然之表现,而考试选举之制度,究竟能否解救其困难,维持其生命,洵属疑问也。惟村本政治,一切权利,根本在民,政权操于民众,治权始于乡村,权力无由而集,阶级无由而生,全国农村组织划一,权虽分而仍无害于统一,村之治权,则由村民直接选举本村贤良以治本村,并得直接参加。在选举者方面,则辨择有素,易得真才;在被选者方面,则休戚相关,治绩必美。村以上之区县道省,一切主要官吏及议员,更可遵照先总理考试原则,变通古代考绩宾兴之典,而创为考绩选举之制,由服务村治人员累升递进。考绩者验其学于平日,纪其绩于素行,较之科举论文，仅凭一日之长，一艺之美，其为公允确当也多矣。考绩之后，服务地方，成绩素优者，其诚信必服，资望必著，真才自可膺选，伪士断难幸进。且治才起自田野，深知民间疾苦，任官吏必能关心民瘼，充议员必可代表民隐，是则民主政治主要条件之选举、考试两种，必于村本政治中，方可确实适用而无弊。换言之，惟村本政治，始可运用选举考试两种，以为选材之方法而谋治权之公开，民治基础，民权保障，胥是赖焉。然后知必确实建设村本政治，而后政治之利益，始可分散于田野，普及于民众，而免除君主专制、贵族专制、有产阶级专制、一切偏私不平之弊害，政权实有真实之意义，治权始有正当之轨道。亦必如此，而后国家始得真才，治道始可清明。且知识阶级麇集国门，逐鹿政海，奔竞钻营，夤缘昏暮之污浊现象，亦或因此而稍得洗涤救正矣乎！是不惟政治问题得一根本之解决，而伦常重心之文化，政教一贯之学术，亦皆得其正当之表现，则村本政治之建设，讵非当今之急务哉！

建设村本政治之缘由，已约略言之矣。而制度之规定，果何如乎！兹举其纲要：曰村制，曰村政。至其详细条目，非兹所及。村制者，规划农村组织及市区办法，制定村民行使四权规条及村市中一切规约是也。村政者，村市中一切设施是也。举其要：曰保持秩序，如保卫息讼等；曰增进生产，如农田、水利、森林及各种合作组织；曰培养村风，如孝弟、勤俭、互助等；曰开通民智，如国家观念、世界大势、民族思想、民权使用等是也，统兹诸端，晋省现行条例，及河北翟城村单行办法，皆可供参考之资也。

民国十余年来，举国扰攘，有破坏而少有建设，致国家根本大法，迄未成立，遑言其他。独山西及河北翟城村，于纷纭变乱中，根据中国学术思想，参酌日本分村组织，从事建设事业，绍教养原则之遗绪，开村本政治之先声，在今日政治建设上，洵为极有关系之实例也。按晋省行政，系根据孟子学术思想及周官遗意，始而施为六政，继则摄为村政，近复证诸三民主义真谛、五权宪法精神，均相吻合。试行以来，人民利之，全省人民、各有相当生业，故匪盗绝踪，穷乞罕见，社会秩序为各省所不及。他如狱讼不繁，交通便利，亦为极卓著之成效，此皆人所共见者也。翟城村之自治事业，由于村民米君迪刚素服膺《大学》明德亲民之教。而入目由内及外。由亲及疏之推进程序，家国之间，相距悬远，米君深疑治乡一目，为伪儒迎合君主集权意旨，而遂其富贵利达之私所割弃。为纠正秦汉以后学术思想之谬误，应补入乡治一项，而修学立教为政之本量，方为圆满，方可蹈实。本其信仰，见诸实行，始有翟城村自治之历史。试办以来，大著成效。村中生产，较前倍有增加。全村人民，皆受相当教育，故颇引起国人之注意。北京清华学校，假该村为农事试验场，北京平教总会，以该村为方试办平民教育第一区。而该村田井之水利，尤为各处所注意。每年前往参观者，不乏其人。据此二例，吾国学术上、政治上、教养精神势力之伟大，概可见矣。以晋省及翟城村局部之实施，尚可收极大之成效，倘定为国家政策，则其利泽之溥，更可逆睹矣。故今后建设之方针，应确定一面由学术上阐发教养精神，而使学者憬然于推恩尽性，服务乡里之本分。一面由政治上积极实施教养原则，痛革中国专制传统、西洋阶级传统之积弊，而使政权操于民众，治权始于乡村。合学术思想政治制度二者，共同归宿于教养，植基于村本。由上移下，由末返本，由集中而均平，由利己而爱他，先总理所谓王道文化者此也，吾国所亟应复兴之文化亦此也。征之学术，验之事实，则村本政治之建设，当为国人所公认而无疑也。

中华民族自救运动之研究
——在民国大学讲演

中国现在有一种很好的现象，就是民族自救运动。我回想三十年前，清季时代，一般士大夫，人人心目中只知道读书，来应科举、奔官场、猎取富贵功名。今则一般青年和思想界，无论站在什么立场，都在那里做民族自救工作，所以才有这样民族自救运动洋洋盈耳之声。就如今日眼前同堂的许多青年，大都是抱有民族自救的思想。我拿我本人少年时代的头脑来一想，觉得非常钦慕，觉得非常乐观。不过是在这种乐观之下，同时又令人发生一种很悲观的反应。因为想到近年来为民族自救运动而牺牲生命的青年，不知凡几，坐在监狱的，又不知若干，为弱小民族问题和违禁刊物而挂累、为思想烦闷走投无路而受无形的种种痛苦，真是举目皆是。而最可令人注目者，尤在以如此的大好青年，受了如此的惨报，而社会一般人并不加以怜惜。不但不怜惜，反而把莘莘学子，视为危险物，比之如洪水猛兽。这样恶感的现象，无论在都市乡村上，一般里谈巷议，都可以随在证明的。似此矛盾现象，岂不可怪。但是我们再一平心研究起来，其中也未始没个道理。简单地说，就是自救运动的方法错误。因为他们的运动方法，都只是听"洋圣人"的一句话，并未将我们的事实考查清楚。究之"洋圣人"的话，或好或坏，另属一问题，总之，他的话是对他的民族说的，并不是对我们的民族说的。我们找救我们民族的方法，还是得向我们民族本身上着想。

一　恢复民族自信力

自信力，是民族自救运动的发动机，譬如自鸣钟的发条，自鸣钟没有发条，就会停摆，倘是再拿"他力"去拨动，一定是乱动，乱动必损坏机件，乱动就是危险现象。现时一般社会心理上视青年为危险物，也就是因它系由"他力"即听"洋圣人"的话而运动的缘故。如今欲免除这危险，就是恢复民族自信力。个人没有自信力，尚且不能图生活于社会，一个偌大的民族没有自信力，还能存在于世界吗？要知道世界各民族能自强不息、进化不断的原因，也就是因它先有自信力。中国民族，近年来对于固有文化，不问好坏，一概不信。中国人说的不听，中国的书更是不读，一切文物制度都是请教"洋圣人"。是我们的信力，全握在"洋圣人"的掌心，你想多么危险。现在说到要恢复的自信力，还得先明了我们到底是什么民族，是否可以把他人的东西硬来个活剥生吞削足适履的仿效呢。

二　中国是伦理化的民族

从物质观点上看，也可说是农业化的民族，这一层后面另说，先从精神的观点来说。大家试问自己本身对于眼前交朋结友的选择标准，是不是注重他的人格上的信义。假使他对于家庭有凉薄行为，或者对于社会国家有若何不忠实的表现，我自问对他是不是要发生一种失望心或戒心？再把上层下层社会生活全部，细一根究他的出发点，是不是如磁铁相吸，如电网相连，全是建设在伦理化的组织基础上面。我听说像这样醇醪固结的伦理化的社会，在畸形发展的西洋，还没进化到这一步。所以前十几年天天想瓜分中国的觇国者，往往预料中国每经一次大改变，必会演成不可收拾之局，乃不旋踵而回复旧观，深相惊诧。他不知中国社会伦理化的"化"字的潜势力，竟有这样的维系力量。这种力量，从纵的方向看来，尚有二十四史伦理化的政治的来源，所谓"敬敷五教"，"教以人伦"，所以历史上的政治，实可谓之曰"教治"。不过三代以前，是真教治；秦汉以后，是假教治，就是假借名教来维系一代的民心，也可以证明中国民族的伦理化，是关系特殊地域、特殊历史，由先天上风俗上一贯到底来的，确是民族的第二生命。直到今日，不但西洋人不能了解，就是本国染了欧化的文人学士，戴上着色眼镜，也是看不明了这伦理化的民族真现象。关于这个问题的理论甚多，现在且从哲理上选出两个要点来解答。（甲）三世问题，即现在、过去、未来的三世。世界上除动物不求三世的安慰，凡是人类，或一民族，要是没有三世观念的，必定灭亡。所以支配世界各民族之儒释回耶四教，都各有满足三世观念的说法。除释回二教甚弱，可以不提，单拿现代最相冲突的儒耶两教来讨论。耶教的过去是上帝，未来是天堂，全是虚的。儒教的过去是祖宗父母，未来是子孙，全是实的。所以中国民族精神生活的条件，和儒学上的伦理信条，推至一切礼乐法则，都是和三世观念一贯来的，并且不是迷信。所以儒教不能绝对说他是宗教。还有可以证明一点，外国人当痛苦时，是呼上帝。中国人当痛苦时则呼父母。我们很可以拿这一点表现，窥见伦理化民族的全部哲理了。（乙）两性问题，中国古语常说"君子之道，造端夫妇"，就是人类两性的原则。在中国的两性是融合为一，西洋是把两性分离为二。两性分离为二的理解，是始于人权自由论。两性融合为一的理解，是本于阴阳合德、万物化醇的原理。如今且从形而下的事迹来证验，西洋画穷形尽态，然不如中国画淡淡几笔而神气十足。又如中国瓷器和雕刻，都是浑然天成，西洋科学有至今不能明其构造者。他如中国饭馆各有风味，绝不是大餐按照食谱，可以刻板文章做成的。中国戏含有可歌可泣的伦理浓厚成分，虽看到数十年还觉有味。而西洋戏或电影片或小说，看至二三次，则味同嚼蜡。这全是一个"化"和"不化"的缘故。所以中国夫妇见面，脉脉无言，在西洋就要发生离婚问题了。以外如父子兄弟朋友团结，都是有融和的精神。朋友要是到彼此不拘形迹，连送迎的仪式都不讲了，才算至交。因为中国人的一切精神生活，都能超出物质以外，并有化合物质而成的效能。讲医学则讲气化，讲学术则讲教化，讲政治则讲风化。而在西洋呢？无论如何好的主义学说，总是教一个物质生活梗住他的出路。由此可见中国伦理化的信条，能永存而不灭。所以西洋有一班受不了枯燥无味物质生活的人，近正在研求中国文化去解救他们呢。

三　中国是农业化的民族

农业化是和伦理化相为因果，中国"孝弟力田"的格言即指此。农业化是建设一切工商物质文明的基地，也不可倒果为因的，像现在中国一般人，拿农业化的收入，供应工商化的支出。这不但是不知道中国是农业化的民族，并且不知道发展工商业要如何着手。果然是真知道的话，断不会于未生利之先，倒把工商国的分利的花头全学会了，大餐哪，洋房哪，一切奢华舶来品哪，问他生利的专门本领，是丝毫没有，却先把农业收入用空吃空，本枯源竭。再看政治上一切人才，也是取之租界、归之租界。倘将来要达到取之田间、归之田间的时候，或可说他是认清中国是农业化的民族的了。

四　中国民族盛衰之原因

上面讲的民族特征是直线的，是数千年如一日的。现在再说民族进化过程上的盛衰，这却是曲线的，是临时变迁的，也是各民族进化公律。我们也犯不着自馁，却是不可不明了他的原因，才好定自救运动的方法。中国民族在春秋以前，是强盛的时代，到唐宋以前，就衰败得不堪，以致被野蛮民族的辽金宰割。当初为什么盛，是盛于学术昌明，盛于以学统政，盛于师统政治。后来为什么衰，是衰于学术颓惰，衰于以政治钳制学术，衰于君统政治。以君统政，认为一国文化的出发点，是秦汉以来直到今日的根本错误，师统政治，本诸"作之君作之师"，是伦理化的民族"合理化"的政治，是以孝为中心——。君统政治，偏要把忠字抬在孝字之上，生出忠孝的定名。又把对国家对社会的性分中之忠，变成臣民对君主专用的片面的愚忠。把君臣有义，变成君有无限的权力，臣是无条件的服从。师统政治本以正义定是非、行赏罚。而君统政治，则以势力定是非，行赏罚。自秦汉后，用愚民政策，学者汩没于策论诗赋，无维持正义的学者来做领导，故胜者王而败者寇，造成势力万能的政治中心。辽金初本为民族之奴，竟可一跃为国君来奴使全民族，学术昌明或颓惰的关系有如此重大。辛亥革命当然是中山先生的首功，但民族自救思想，实启于清初顾、黄、王、李的学说所倡导，这些人都痛心历代为异族的奴隶，欲以学说来冲破以前受压迫的奴隶性的思想。日本人前在太平洋会议时，谓日本应当负沟通中西文化的责任，他这话我们实不敢领教，因为日本的国民性是尊君的，他是在隋唐时候节取了中国错误的一般文化去养成的。譬如"聘书"一物，本是伦理化的民族，尽天职的人生观的意义，不像欧化宪法规定拿做官当权利的，可以把人格除外来命令士林，日本他就不懂，西洋更是不懂，这也是师统政治和君统政治在历史上的大冲突，也是将来自救运动的焦点。

五　中国民族是害贵病

中国民族害贵病和西洋民族害富病不同，所以他的一切学说是治富病的，而不是治贵病的。富病是利心，贵病是名心。利心是攫利肥己，名心是攫名希贵。结果，西洋的教育实业造成托辣斯的文化，中国的教养也变成了假教养的病态文化。论中国的真教养，表面上仿佛同西洋的教育事业是一样，实则教养真义是补众人之不足，教育实业是吸众人之有余。教养是将知识阶级的知识，分到平民饭碗上去。像同堂诸君千余人，都能知道这病的治法，都能负起责任来，可断言几年后全国平民就有饭吃。秦汉后种下这贵病的病根，形成这现在的（一）思想错误，（二）制度引诱，才合成一个拜官主义。还有一说，中国是出名的东亚病夫，但细一考查，农工商是没病的，有病都在士的身上。例如农人终日劳动，养自身，养一家的父母妻子，还要出租税捐款，和一切食物原料，来养我们所谓士的一般高等流氓，所以我常感到我不如农人的人格的清高，还发生了一个动机，要改名为"亚农"，表示我的公道主张。再看华工在欧美的名誉，威尔逊还指称他们"劳力大而希望小，可见中国民族不可侮"的唯一例证。却不闻有人赞到留学生，和一般劳力小而希望大的士大夫。敢说现在的中华民国或中华党国，实际只是中华官国，只是一团病态作用，民族的真灵魂，早被洋圣人系住了。

六　村本政治

民族的特质和他的盛衰病态，都看清楚了，即当施以相当的自救运动方法。村本政治和师统政治，就是对病之药。村本政治是先养后教，谋物质生活和精神生活同时解决的。关于此点，有杨先生、吴先生、尹先生等在校随时可讲，可以省略。

七　师统政治

近代师统失掉，致使一班讲人格尽天职可宝贵的青年，都没个正当出路，须找人情写荐信，介绍于大人先生之门，奔走夤缘，才能走到工作，像这样的摧残青年，于心何忍。我主张在下层社会的，应当使有力者得各尽其力；在上层社会的，应当使有才的各尽其才；养成一种健全人格的民族。你看中国古书所记载的政治清明事迹，大都是在出处进退争人格一类的事。概括地说，今当以教养真义，纠正国人过去思想的错误。在制度上当以考绩聘请的方法来开辟人才的正路，唤起以学统政的国魂。那么中国的政治才有希望，自救运动才能得到社会的欢迎。

八　生人的运动

自救运动除上面所说之外，我们起眼看见现在国际间军事经济的趋向，都是一些杀人运动，不是我们所要的生人运动。中国最好只有实行"到乡村去"、"到边疆去"这两句口号，才是生人的自救。自从秦筑了长城，早把一般思想界的思想圈住了，我们要冲破他这个圈子，所以上面两个口号，是我多年一贯的精神。从民国十二年（1923年）办"中华"（即"中华报"）鼓吹起，就是拿它做正鹄，所以我个人始终不息的志愿，总想到我开垦过的包头或河套地方去，报效终了我这一生，更希望大家努力把现在的大炮都换成犁头，枪杆都化成锄钩，这样生人运动，才是民族的出路。

民主政治下考试选举两权并用之精神

国家治乱，政治清浊，胥视人才为转移，而人才之得失，则视选才制度之适当与否以为断，故中外政治史上皆以抡才制度为组织国家措施政治之基本。中国三代时之乡举里选，隋唐后之科举抡文，西洋近代之间接选举，皆昭然可致者也。此一切制度之本身初无绝对之善恶，惟视其能否适应当时之需要以为去取之标准而已。考科举抡文之考试制度，曾为中国君主政治千余年不拔之根，而代表投票之选举制度，乃酿成资产专政阶级斗争之险祸。今后政治之思潮，世界人类之需要，俱集中于全民政治之建设。科举抡文既不适，代表投票复失败，非因穷思变创立适当之法度不为功。先总理洞察世事，斟酌古今，标立选举考试两权合用之原则，先考试后选举，藉考试限选举之滥，藉选举济考试之穷，意善法良，可为民治之圭臬，然民权主义五权宪法所诏示于吾人者只此简单之原则，并无详密之规定，今为组织全民政治完成革命建设起见，实有根据考选两权真谛，确立选才标准之必要。

夫国家选才所以为政也，则政为何政，才为何才，实为选才制度先决之问题。吾国秦汉以后之君主传统政治，乃一姓一家之私事，其所需要之模范治才，乃以"臣罪当诛""天王圣明"为信条者也，故其考试抡文之选才制度，无非利用知识阶级之拜官心理，以文艺词章悬一富贵利达之标，而笼络天下士子入其彀中而已。西洋近代之资产主义的代议政治，乃豪富阶级垄断之阴谋，其所需要之治才，乃为特殊阶级资以侵吞敲剥之爪牙，故其选才制度，虽名为人民选举，实则富豪包办金钱支配之选举而已。由是知人才之标准，选才之制度，皆随政体为转移者也。今后之革命建设，以全民政治为第一义。政者民众之事也，非一姓一家一阶级之私事也。治者管理民事也，民众之先知先觉者也，有才能道德者也，全民之公仆也，非一姓之家臣一阶级之爪牙也。先总理常言，人人当以服务为目的，而不以夺取为目的，聪明才力愈大者，当尽其力而服千万人之务，造千万人之福；聪明才力略小者，当尽其力而服十百人之务，造十百人之福，所谓巧者拙之奴是也。政体既建立于全民，治才复确定为服务，选才之标准，自当循此二者以为明确之规定，选举之两种选才主义，在精神上实质上自亦不得不有彻底之改革，此就治道原理言，选才标准必注重新建立者一也。

吾国自满清变法维新以来，科举余毒之拜官思想，既已深入人心而莫拔，而西洋金钱万能之拜金主义，又复乘机侵入而渐炽，于是军阀、财阀、官僚、政客，充斥全国，甚至各种机关，尽同官府，一切公职，尽同官差。以官发财，以财发官，殆成为社会上普遍心理，良滋悚惧。选举之制，学自西洋，贿选公开，变本加厉。而官场之内，姻缘联翩，冗员充斥，敲剥朘削，饕餮不已。议员流为猪子，官僚列于强盗，民命国脉遂形暗淡，士多则天下乱，殆谓此欤！更经迭次改变，而租界外洋竟演成官僚政客出没之场所，所谓逋逃之渊薮。所谓国家之治才，乃来自租界，归去租界；来自外洋，归去外洋；其政治尚堪问乎？彼老朽昏庸之腐化分子，固不足论矣，而一般新知识阶级之青年人物，亦复官差情浓，逐鹿政海，麇集国门，夤缘错暮，尤属污浊危险之现象。三二有志之士，倡言社会政治之改造，亦往往不识国情，不察实际，本其平日优裕之享受，训致崇拜物质，竞尚生活提高，于其父兄之辛劳，邻里之疾苦，皆漠然而不之恤，而望其为民族国家前途肇造福利，亦犹求岐黄于庸医耳。官方之败坏，士风之污下，以至于此，非确定选才标准，以开转移之机，政治前途，尚复何望？此就政治实况言选才标准之必须重建者又一也。

选才原则，既当由考试选举两权合用，而今日本此原则见诸实施，必须避免以往之失败，期望全民之建设，惟有确定选才标准之一道。其道惟何？除有特别情况者外，一切主治官吏及议员，皆以服务地方直接亲民为正途出身。易言之，求才于野，识贤能于乡鄙是也。治才以管理民事，筹谋全民利益为职责，而全民事业之基层，不在城市官府，而在乡村社会，故治才之正途出身，当自基层为点，而考试选举两权之运用，始有确实之着落。就考试言，以文艺词章取才，每易失之虚伪浮华，考行以观其贤，考绩以验其能，实为至不可少之手续。行绩两者，非就其服务地方，直接亲民之事实情况以察之，固无由而知也。考试权之建设，乃总理五权宪法真精神之所在，而考试权之行使，以完密适当选拔真才为标的，是则考"学"之后，继之以考"行"考"绩"，而一人之才识能力德行皆可昭析无疑矣！必如此方可完成总理创立考试权之遗意，为吾人所极应留意者也。就选举言，为治才者，以服务地方直接亲民为起点，则其是非善恶，昭然而不可掩，真才自可膺选，伪士断难幸进。较之仅以虚声取人，而无由考试其实际者，其所得也亦多矣！然则服务地方直接亲民，果有何具体办法乎？余意村本政治，颇为适当之原则。盖村本政治已成为各省共同承认之民治原则，势必普行全国。服务村治人员，当然为服务地方直接亲民之主要部分，其他自动的社会事业，如兴学校，垦荒地，修道路，开工厂，筹划贫民生计，增进社会生产之类，与夫慈善事业，如养老、恤孤、育婴、拯救鳏寡废疾之类，皆道德行为真实能力之表现，极高尚可贵者也。值此政本未固，宜加以特别提倡，为民治之基础。持此以往，一般士子求名于朝之心理，将可变而为求名于野之兴趣。基础渐固，全民利益可望获得，则真正治才有出身之途，全民政治有建设之望，农工出其血汗以养士，始有相当之代价。君子学道以爱人，始有实际之表现，修己安人之学术，教养精神之治术，将由此而益彰，是选才制度乃学术治术二者间之链索，其所关讵不大哉！至于选才制度之详细规定，如考试法之考学、考行、考绩各法，选举法之官吏及议员各种选举法，均须俟诸法制会议之核定，庸当专篇讨论，此特揭其原则而已。

青年之出路
——在山西商业专门学校讲词

第一讲

前几天赵校长要兄弟来讲演,我当时就答应了,我向来是个从事教育事业的人,很喜欢和学生们谈话,今天所讲的题目,就是"青年之出路"。

现在中国最大的危险,就是青年没有正当的出路,青年对于个人的人生观,对于国家,对于社会,全没有正当的分析,这是很危险的一件事!按青年本身说,是应该为社会所欢迎,因为青年是国家的基础,社会的中坚,将来国家的前途,完全以青年是赖。但是现在的青年,竟不为社会所欢迎,而且又找不到正当的出路,这种原因,是我们应该研究的。关于这种问题,简单地说来,可分以下三点:

第一,从思想方面求正当之出路。近十余年来,青年的思想,非常混乱,这个混乱的来源,一层是由于历史上的封建思想的错误而来,一层是由于西洋思想上的错误而来,更由这新旧两点的错误构成了以下的三点:第一拜官心理之错误,第二拜金心理之错误,第三盲目崇拜新潮之错误。现在把它分开来说明。

一、拜官心理之错误。中国人的拜官思想,这种病害得最深,而且病的来源,又是很多。但是能了解这种病的人,是很少的。诸君要知道凡是一种看得出来的错误,并不算大错误,只有这种错误埋在里面,而又看不出错误的所在,那才是一种大错,才是一种真错,它的为害就更深了。为什么中国有拜官思想呢?本来中国的政治,就是"师统政治",到了秦汉以后,盗贼为政,就把以前的"师统政治"分为"政统"、"师统"两部分,在师统里面,就是历代的一般学者,如汉之太学,明之东林……等是，至于政统，则全由盗贼操纵，而不容学者染指，那些盗贼，对于人材，用钓誉的法子，以功名富贵收罗天下的学者，而当时的学者，竟亦自愿奉宾为主，被其收买，浸渐而拜官思想，深中人心，人人以读书为做官的途径，而且视为当然，从此就铸成大错了。

中国的学术，本来是"治统"，不是"道统"，后来道贼为政，把一班学者放入了"道统"，在汉有太学，晋有太学国子，唐有国子太学，明清以八股取士，都是那班盗贼愚弄学者的法子。一般学者，经过这种催眠而后，于是都变成了"奴仔"，完全受了盗贼的支配，因为照着他的法子去研究学问，就能够做官，从此拜官思想愈趋愈深，牢不可破。到了现在，一般学生，仍旧照着以往的错误，到外国去学"洋八股，"在西洋的好比从前的进士，东洋便是举人，这种"洋官"越多，我们人民受的痛苦越大，因为他们回国以后，每月一人总得几百元薪金，可是这薪金的来源，还不是我们老百姓的血汗吗？所以这种旧腐化的病症——拜官思想——一日不除，中国的民族地位，永没有翻身的一日。

二、拜金心理之错误。拜金主义，是从西洋来的，这种主义一到中国而后，一般人都想做资本家，甚至连所谓大政治家、大经济家、大哲学家……都是以私利为前提，都是吃饭的恶魔。西洋人在欧战前，注意的是教育实业，战后不多几年，社会上产生了许多的托拉斯，同时，那些煤油大王、钢铁大王，就也因之而生了，于是把一般平民弄得欲死不得，欲生不能，真是可怜到极点了，西洋人才知道以前的做法，完全是错了。我们中国完全是以"教养为重"，什么是"教养呢"？就是看见人民不明白的道理，设法子使他明白，人民没有饭吃，想法子给他饭吃，但西洋是"积个人之有余"，而中国则是补众人之不足，"积个人之有余"，结果是把社会弄成不均的状态——资本集中——而形成今天的资本家，中国对于西洋这种办法，枉学了二十多年，才知道是大错，所以到了现在，民生问题仍是没法解决。在这个时候，又来了一个——新思潮。

三、新潮之解决。中国的思想界有了拜官和拜金两种错误的心理，大家不问是非。只要是外国的，便盲目的信仰，才是更加糟了。新潮的错误处，可以分做两层说：一是文化与道德方面，二是社会经济方面。在第一个错误里，中国人觉得自己什么都不对，连固有文化道德都是错误的。不知民族的生命，是由文化而来的，这是世界学者所公认的学理。但是中国现在，一般所谓科学家、哲学家的学说，说的是中国是什么义务国，西洋是权利国；中国的文化是静的，西洋文化是动的；种种论调，不一而足。但是究竟中国的文化是什么？任他们那些科学家、哲学家……无论如何的深思考虑，总不能把它弄清楚。结果，他们所研究的成绩，恐怕是只有他们少数研究的人清楚，至于平民，是一点也不懂得，这样文化还有什么价值呢？我认为"文化"就是用一句简单的话，就可以使一般平民都能够明白，而且认为天经地义，终身由之而不爽，这才是真正的文化呢！中国的文化，便是"孝弟"二字，但是西洋学者，把我们固有的文化，固有的道德，认作封建社会的东西，于是一般糊涂的青年，不顾是非，附会盲从，所以打了十年多仗，直到十六年（1927）武汉那次混战之后，中国的一般思想界，才晓得以前取法西洋的思潮完全是错误的。

中国的道德和西洋不同，从细微处可以看出，西洋人到痛苦临头的时候是喊"上帝"，中国人到痛苦临头的时候喊"爹娘"。西洋人何以要喊上帝，因为他们的道德观念，是以上帝为信条；中国人何以喊"爹娘"，因为中国的道德观念，是以"孝弟"为中心。按中国以前的政治，不是政治，是"教治"，到盗贼成为了君主，便有假"教治"然而他们就拿这种假"教治"，还能造成几百年的基业，不过中国民族，实在是大上其当，其间经过了五胡十六国……种种的摧残，到底没有打破了中国的这种伦理观念。孙中山先生对于这个道理，看得十分清楚，所以他主张要以家族做单位，而扩大成民族团结，再发扬固有的文化和道德，以恢复民族的精神，这真是针锋相对丝毫不爽的理论。

至于说到社会经济方面，则西洋和中国，又纯乎不同。西洋是以工商为重，中国是以农业为重；西洋是以个人为单位，中国是以家族为单位；所以完全想靠西洋的科学哲学来解决中国的问题，是绝对不可能的！我说这种话，似乎有点武断，但是也有学理的证明，因为时间关系，只好从略。

青年思想的错误，有以上三点，但是青年每经一次的破坏，都有一种好现象发生，这种好现象，就是向上的动机。譬如在前清科举时代，秀才举人的念头，就深中人心，但是现在青年，对于这种念头，恐怕是没有了。还有一种最要紧的事，就是要有自信力。一般青年，以为本国固有的文化和道德及一切一切，都是不对的，若说到西洋方面，就是胡说也是对的，这种没有自信力的青年，在社会上一定站不住。推而言之，一个民族要失掉了自信力，也就一定会灭亡的。

讲到佛教，它在世界亦灭了两个半国了，一个是印度，一个是蒙古，半个是中国。近年以来，在我们中国，又有什么"同善社"宣传玄而又玄的心性学说，都是表现出我们民族自信力的薄弱，西洋是注重科学，而我们反讲空想，结果非糟不可，现在最好的是恢复民族自信力，本着固有的文化和道德，再加以科学的研究，发扬而光大之，才是正当的办法。

兄弟二十年来，对于这个问题，专心研究，看看中国的民族到底能不能永久生存于世，所得的结论，是能的。但是我们青年须要确定个人的人生观，凡是一个青年的自修，只要本着伦理的信条做去，无论对父母、对兄弟、对朋友、对夫妇，都是没有错的，再说到为国家服务方面，只要本着"教养"二字，人民不明白道理，而教之以道，人民没有饭吃，而予以饭吃，这样的切实干下去，才是我们青年正当的出路呢！

第二讲

贵校请兄弟讲演，两次因事未到，实在抱歉，前次所讲的青年之出路，还只讲了"从思想方面求正当之出路"，今天接着讲下去。

今日应当讲前次所指出的第二点，从社会方面求正当之出路：现在社会上无论男女学生，对于社会，都不忠实。诸位想想，将来国家的大事要青年担负，而青年对于社会不忠实，这是多么危险呢？就青年本身说，大半是受过教育的，应该如何为国家服务？如何为民族造福？如何能引起社会上一种观感和信仰？才是青年天职。现在青年为什么不忠实呢？因为数十年前，在专制君主制度之下，一般青年，都为君主的"荣誉"、"利禄"的法宝所诱，而走向拜官拜金……种种错误道路上去，所以社会一提起学生，就厌得非常，譬如女学生受过教育，应该受社会欢迎，然而现在的家庭，每每不敢娶她们来管理家务，这是什么缘故呢？因为她们所学的不是家庭需要的东西，如果一用她们往往会闹出错误。社会上的病，本来非常之多，青年对社会，不但不能治病，而且又由他们添了许多新病态，就是为父兄的，也以为非要子弟去升官发财是找不到出路的。这是什么缘因呢？都因为没有认清中国社会的需要，所以养成人才对于社会，都不适合。因而青年时常受社会的非难，舆论的攻击，自己又无可如何。现在要除掉这种病症，第一应该从自己社会上求正当的出路，不是要从人家的社会上去找得自己的出路。近数年来，青年没管这事儿，因为他们对于社会没有实际的调查和充分的研究。青年认不清社会的需要，将来的前途，真是不得了！现在把应该注意的几点分述如下：

一、认清中国是重孝重农的民族性。中国的社会，是"伦理化"的社会、"农业化"的社会，因为中国民族以伦理为第二天性，本来中国政治，就是"教治"，不过三代以前是"真教治"，三代以下便是"假教治"，诸位试看一部二十四史，便可以知道中国的政治是"伦理化"的政治，学术是"伦理化"的学术，而代表中国文化的就是儒学，这是从事实上可以断言的。中国向来并没有森严的法律，而人民彼此相安无事，这是西人视为惊讶不可思议的一件事情，因为他们不知道这种相安无事的原因，就是以伦理信条来维系的。西洋只到现在，还没有到这程度。所以孙中山先生说："中国政治的进步，是早过欧洲"的。实在说，究竟是讲孝讲弟于社会有益呢？还是不讲孝不讲弟于社会有益呢？这是很明白的道理，一定是讲孝讲弟于社会才有益的。中国两千年来的"假伦理、假教治"，并不是伦理的信条不对，实在是运用的非法。譬如今日所谓"自由结婚""自由恋爱"……种种新名词，如果仔细研究起来，总有些"不甚以为然"，为什么呢？用简单比喻来说，中国人画的画，不如西洋人画的逼真，但是西洋的不值钱，中国画是非常值钱的，这是因为中国画，是画外有画，是有意味的。再如西洋的瓷器，做的是精巧绝伦，而不值钱，中国的瓷器，虽则粗糙而又值钱。又如中国的菜馆和西洋的菜馆又是不同，中国的菜馆都有各个的艺术风味，西洋的菜馆，缺乏这种风味。所以中国菜馆，不但在中国打不倒，就是欧美各国也是很欢迎的。因为中国数千年来，是讲意味的民族，古人说："父子有亲，夫妇有别，长幼有序，朋友有信"，这都是讲究意味的，和菜馆讲究风味是一样道理。于此可证明西洋是权力支配的社会，中国的社会是讲究意味而以"义"字为重的。并且中国民族，是一个讲"化"字的民族，所以一切社会组织，都跟化字来的，一部《易经》，上边的卦，都是阴阳调和而化成的。中国的政治哲学，西洋人都不懂闹的是什么事儿。我们的自修，能本着伦理的信条，自然是没错的，因为伦理是我民族的精神文明，说到物质方面，便是农业，中国自古以农立国，地大物博，都是外人所觊觎的，现在只要把农具改良，生产增加，强国富民，自然是一件很容易的事。

二、认清士的地位及天职。士为四民之首，应该用自己的能力，以补众人之不足，不是要去升官发财的，像从前那样拜官拜金……种种错误，便是失掉了为士的资格，抛弃了为士的天职，我们应该认清这一点。

三、到乡村去。中国自今以后，政治的中心，教育的中心，经济的中心，文化的中心，都在农村。中国以后的新政治和全世界不同的地方也在此点，大家略留心一下，便可以知道，因为这是事实。中国三代以上重"乡治"——就是民治，秦汉以来重县治——就是官治。今天以后社会上的一切问题，也都趋重于农村，如果农村一不生产，学校就得塌台，政府更是不用说了。现在的青年要明白中国今后的政治经济文化的重心所在，就应该到乡村去。因为我们站在上面是不对的，应该打定主意，到乡村去，使农村生产增加，村风改良，组织完整；只要能照这样做去，将来就可以在政治上经济上占一个相当的地位，这是敢断言的。

四、到边疆去。兄弟自民国十一年（1923年）以来，就在包头、五原一带，从事开垦。新疆、青海、西藏还没有去过。大概我的意思，无论如何，总要去一趟。那里就是汉时所谓西域三十六国的地方，土地肥沃，物产富饶，不言可知。余近数年来，就在包头、临河一带，开垦荒地千余亩，移民几百人，因为那里物产富饶，实在比内地好得多，麦长的同人一样高，萝卜十多斤重一个，其他白菜、葱、韭各种蔬菜，都是格外的多，近来我有好几个朋友，专在那边经营，每年赚钱，非常容易。至于说到商业，更是容易，兄弟在那里开办一个面粉公司，每年盈余十数万元，后因军事影响，损失七八万元，因为那里办理顺当，现在仍然办立起来了。那里生产羊毛、骆驼毛，运到天津，经人洗净，一举手之劳，便可获利百万，但是那里无人办理此事，甚为可惜。兄弟所云种种，都是我亲身经历，千真万确，决非虚构，诸君如有机会，可以到那边一看，便知道这个事情了。诸君试想，那里物产，有那么丰富，人口又那么稀少，而我们内地争城争地，杀人放火，闹个不停，都是因为找不到饭吃的缘故，这是何等痛心呢？现在兄弟预备纠合直鲁豫各省有力量的人，设法提倡，一边从政治方面进行，使国家把开边问题，定为重要政策；一边再从社会方面极力鼓吹，劝导有钱的人，向边疆投资，那么民生问题，才可以解决，长年的内乱，也可因而停止了。所以大家听我一句口号——到边疆去！

第三，从政治上求正当之出路。一、旧派势力万能之错误。青年去管理政治是可以的，但是对于政治，是要弄清楚的。政治与社会，本来是一件事，不能分成两方面。按现在形势说，所有的政治，都是摧残青年的政治；把青年向上的精神，用作求人找事的卑鄙勾当，真是可怜呵！中国两千年来，青年都没有独立的人格，都是依赖他人生活的，现在为要找寻青年正当的出路，则非保持青年向上的朝气不为功。中国向来无论什么人，只要有兵，就能霸占政治中心，立刻虎威起来，所谓"势力万能"，就是这个意思。但是这种办法，全是错误的，我们要改良政治，非铲除这种病态不可。

二、新派模仿万能之错误：中国新派人物对于政治，尽量模仿西洋，不论是非好坏，拿来便用；弄得中国政治，没法解决。我们要使中国的政治清明，则非打破这种错误不可。

三、中国今后应本固有文化精神，造成人格化之公开政治，及教养化之贤能政治。总理以推行"教养"为行政之要图，就中国古书说："昔者文王之治岐也，……老而无妻曰鳏，老而无夫曰寡，老而无子曰独，幼而无父曰孤，此四者天下之穷民而无告者，文王发政施仁，必先斯四者。"看了这段话，便可以知道古代政治，是先管最穷最苦的人。等到三代以下，便把本末倒置，所有的政治，都是保富保官的政治，对于穷苦的百姓，早已置若罔闻。现在我们要铲除此种积弊，本着"教养"的精神，造成清明廉洁的政治，这才是青年正当的出路呢。

四、人才出身，应严定考试及聘请两途，杜绝函荐请托陋习，并厉行政绩于野之制度，将求名于朝的腐化心理，变为立功于野。我们一提到做官，总觉得人格上有点差池，因为中国历代的官，多是些下流人去当，那时政学分开，学者站在清高地位，政者站在污浊地位，现在要政治清明，非把政学弄成一家不可，从前以政治支配学者，我们要改良政治，就得以学者支配政治，因为中国是师统政治，民族是师性心理。照这样说法，那么模仿西洋政治，何以不能解决中国问题呢？这是因为模仿的东西，不适合于中国的缘故。政治上的人才好坏，关系政治非常重大，所以要使政治清明，对于人手问题，第一应该考试，不管有无势力，总以真才为准。第二层应该考试之外，聘请高才之士，因为他们不屑于应征，不屑于考试，国家为用人起见，所以只好聘请有道德有学问的人，让他们来处理政治。此外还有一层，就是函荐或请托，因为这种人们，多是些庸碌之辈，所以才要函荐或请托的。还有一层顶重要的，就是考绩制度。因为既考其学识的好坏，尤当考其成绩的优劣。服务过村政的人，然后才能服务县政；服务过县政的人，然后才能服务省政；服务过省政的人，才能服务国政。这样办法，方能造成真正民权政治，而一般投机者流，也可从而敛迹了。现在我们随便几时到栈房内，总可以看见许多找差事的人，这种毛病，究竟是谁的过失呢？怨青年学生吗？还是怨官呢？我以为怨谁也不对，因为制度错误，所以才有这种毛病发生。现在要避免这种毛病，当先改良制度，然后才能求得良好的政治，也才是我们的正当的出路。

中国民族之精神及今后之出路
——十九年五月十四日在河南省政府区长训练所讲词

讲到村治，是中国民族自救的唯一出路。村治实施方法，梁式堂先生和彭禹廷先生都是很有经验的；讲学的，则有梁漱溟先生，是村治大家。至于我呢，不过和大家研究一下——可以说我对于村治，什么也知道一点，什么也不知道，不过本着我的经验，与诸位谈谈。

我这一次从北平到新乡，随同阎、冯两先生到百泉参观河南村治学院。阎、冯两先生当这军事旁午的时间，肯到百泉，并且做了很长篇的讲演，可见村治的重要，与他们两先生的注意了。我们见面的时候，他俩告诉我道："这一次作战的目的，如果只在打倒一个人，是没什么价值的，为的是要给中华民族找一条出路。打仗是不能成什么功的；打仗是万不得已的事情。"一班新旧军阀，总不了解这种意思，一味仗恃武力。他们二位是要为中华民族找一条出路，战事过后，便要从村治上着手，为人民谋切身利益——这就是他们二位这次出来的真正意义。不然，我与梁先生都是五十多岁的人了，又何苦来奔走其间呢？

前年李济深、戴季陶等到北平，经朋友介绍，他们和我认识。我听见李济深在北平演讲说："中国将来要找出路，非从村治上着手不可"；戴季陶也说："中国人只有村治这条出路。"阎、冯两先生平常也说："中国内乱，不外这个打倒那个，那个打倒这个，闹得社会永不平安。"前年冯先生在南京致电豫陕甘各省，办理"村治保甲"。那时邓哲熙代理河南省政府主席，请梁式堂来商办村治学院，就设在百泉。百泉是清初孙夏峰先生讲学的地方，宋邵康节先生等名人，也曾在此讲学，所以在百泉设立村治学院是很适宜的。学院成立的时候，即请梁漱溟先生担任教授。梁先生曾在广东担任村治的功课,后来感觉到在直鲁豫等省施行村治,方为合适,就打算在北方谋划村治;所以来河南村治学院担任教授。学院又请一位科学家冯梯霞先生担任农场长;他对于农业,是具有专门学识的。这是我对于河南村治学院所知道的情形。今李筱兰先生对于办理区治十分注意,区治和村治,也可以说是一件事;所以特请我们来此讲演。——以上是报告我来此的经过。

村治的学理,自有梁漱溟先生在《村治月刊》上介绍,大家都可以见到;关于实行方面,有梁式堂先生和彭禹廷先生实在的经验贡献给诸位。梁式堂先生注重实行,不肯多讲话;我只得出来先说。

我们的民族如今是到了万分危险的情状,不得了啦!现在一般人,谁都找不到出路。一般青年,都走的死路;南京杀了多少,北京捕了多少,想起来真是寒心!青年求学之不易,家庭供给之艰难,一个学生,费了千辛万苦,而竟走上死路,究竟为什么呢?他们也是为救国家,救社会,不幸误认了路途,以至于白牺牲性命,还不能博得民众的同情;可见"得人心者昌,不得人心者亡",这是最确定不易的道理。青年人只为找不到出路,以至误入迷途;男学生受了社会的排斥!女学生闹得没人敢同她结婚,甚至把性命牺牲了也没人怜恤。总而言之,都是不知道国民心理;换言之,就是不明白中国民族文化的精神。我们中华民族从西方渐渐到黄河流域,经过了长时间发展,有一种文化,是我们独有的特殊文化;我们民族的发展,完全靠这种特殊文化的维系。试看长城外的蒙古人,五六百年前是何等强悍!那时候的人口,不下两千万;现在只剩下几十万人。所以然者,因为他们没有文化;没有文化,便要自趋散亡。文化维系民族的力量,是何等重大!

文化的意义,有许多哲学家解说;我以为"文化"二字内含着许多成文的不成文的种种条件,而能支配整个民族的精神生活,无论文人学士,贩夫走卒,全体皆与具化,不教而知,不学而能,简言之,就是"整个民族公共信条的精神"。东方文化和西方文化根本不同:东方文化是静的,西方文化是动的;东方文化是精神的,西方文化是物质的;东方文化重义务,西方文化重权利:这是许多哲学家讲东西文化的大别。今天不暇讨论学理,只能略说这几句,要大家对于我们民族文化上注意。

前年冯先生为豫陕甘政治问题,邀我和王铁珊先生、谷九峰先生共同讨论。我们第一个提议，便是"揭橥中国文化重心"。中国文化重心是"人伦"；人伦的纲领是"孝弟"。《孟子》上说："尧舜之道，孝弟而已矣"，"三代之学，皆以明人伦也"；按哲理来说，人比什么动物都高，其所以超越一切动物之上者，即在有"三世观念"，也可以说"精神生活"。人不是专讲"物质生活"就够了；必须将精神安顿住，然后生活才能满足。人的精神寄托在过去、现在、未来三点上；安顿精神的方法，佛回耶儒四教各有其不同之点，各有其相同之点。佛教回教暂且不谈，专就儒耶两教，举例来说：耶教的精神安顿法，过去的信仰在上帝，未来的希望在天堂，现下都被科学打倒了，什么都科学化了。但在报纸上看到太平洋会议中，除军事军备外，忽然又谈到"东西文化沟通问题"，可见文化问题的重要了。西洋人自科学战胜耶教以后，只有现在的物质生活，过去未来，精神上都无所安顿；所以西洋现在是闹"教荒"，中国现在却是闹"政荒"。中国民族精神生活，五千年来完全受"伦理"的支配。中国"伦理"，由于何人创造，总是找不出来：孔子述而不作；其他圣人，也没有自作聪明的；可见"伦理"完全是社会共同进化的结晶。像"三纲"这个名词，是汉人创造的，便有毛病。中国的伦理是我民族天性的流露，儒家圣贤据此立教，不过加以说明而已。伦理上的"三世观念"，过去是父母，未来是儿童，现在是自己本身生活。西洋人到了极痛苦的时候，便要呼"上帝"；中国人到了极痛苦的时候，便要呼"父母"——中国人的伦理观念，以孝弟为出发点，都从这种动机演绎出来。所以中国社会上以"家族"为单位，西洋社会是以"个人"为单位；中国政教的对象，是要发展家族生活；西洋政教的对象，只是保障个人自由。中国人重家族，是要求"物质生活"与"精神生活"同时获得；西洋人重个人，所以专一在"物质生活"内打滚。

中国人的精神生活，在政治上举一个例说说："聘书"与"委任状"有何区别，不但西洋人不懂，连日本人也不懂；外国人只争钱的多少，便不理会这种精神上的待遇。再说社交上举一个例：比方猜拳行令，输者饮酒，西洋人更是莫名其妙；他们认为竞争赢了的人，应该享物质上之权利，若把酒让输者饮了，则赢者赢得何物？殊不知这正是吾人生活上物质与精神调和的意味；假若赢拳者饮酒，输者瞪眼坐视，这种席面，还有什么意味呢？但生活于物质文化内的西洋人，便不会有此种观念。

中国政治的起源,只是维持伦理;巢燧羲农,直到三代之初,都是人格上能为人师者,才能够为人君,——可以说是"师统政治",也可以说是"人格政治"。三代有所谓"乡饮酒礼","宾兴大典",可见中国古来"人格政治"的盛况。所谓"春秋大义",便是以扶持这种"人格政治"为主,主张正义,不问其他。为正义而争,虽败犹荣;违反正义,虽胜亦辱;孔子作春秋,而乱臣贼子惧,正是为此。到了秦皇汉武等一班强盗,就把这种"人格政治",变成了"势力政治";社会的文化,就变成了"君统政治的文化",造成大官僚化的政治了。由魏晋至于宋元明清,更是变本加厉,社会心理,制成奴性,完全受势力支配,"胜者王侯败者贼",正义灭绝,真理扫地,所以引起五胡之扰,五代之乱,以至蒙满少数民族,凭着武力,做了汉族君主,主持汉族的政教文化,这真是中国民族人格上的大耻辱!

辛亥以前,我们的民族革命运动,就是不承认武力来支配文化,不甘心把数千年有文化历史的民族,让少数无文化的民族的武力压迫。这种革命,实在是全民族"精神生活"的必要,所以中国在辛亥革命以前,政府拿住革命党,如若把他杀掉,社会上的人心,非常感动,民气立即沸腾起来。现在呢?政府捕拿学生,动辄数十人,社会上毫不感动,这是为了什么呢?就因为他们革命的动机,是动于一种"新奴性",是受了新势力之支配,一味看着洋大人眼色行事,丧失了我们民族人格,违反了社会心理,一他们虽然很热烈地喊着革命,很勇猛地要为民族求出路,可惜见地错误,以至于白白牺牲了性命。

三代以上的师统政治,以伦理为原则,是"教治";秦汉以下的君统政治,虽然是用势力支配的,但也必须以伦理为号召。例如举孝廉,重耆老,也还有实践伦理的表现——可以说是假教治。汉唐假装得像样些,便统治中国数百年;五代公然不要伦理,所以亡而旋踵;可见得我们民族精神是"伦理化"的。儒家重伦理,儒教是我们民族文化的精神,中国的学术是"伦理化"的学术,中国的社会,就是这种精神所团结。外国人对于中国的社会很惊讶;他们惊讶中国内乱无论怎样,人民都能自治,社会的根基,总不摇动。不知这也就是中国的"社会伦理化"中国的人格,也可以拿一句话来断定,就是"伦理化的人格",从我们中国过去的历史上，通统可以找出证据来。现在一般青年人硬讲新学术，拉几个新名词，骂得自己祖宗狗血喷头；什么"吃人的礼教"，"虚伪的道德"，"打倒廉耻"，"万恶孝为先"，种种怪异的口号，无奇不有。尧舜禹汤，都算作理想的人物；文武周公孔孟，句句话都不对；只有西洋人句句话是天经地义。中国思想界的源泉，如今完全在西洋了。全世界各民族，各有其自信力；可怜中国民族的新青年，完全没有自信力，承认自己是无文化的民族，承认自己的祖宗全是混蛋，承认自己民族历史上没有一个好人。所有历史上称为先知先觉的圣人，全是引导民族去钻牛角。我们民族自尧舜禹汤以来就钻进了牛角——果然如此，我们的民族，要算是下等了，老早就该灭了！何以我们民族由黄河流域蔓延到扬子江珠江各流域，居然延到了五千余年的历史，发达到了四五万万人呢？可见得我们民族的文化是不坏，我们先代圣贤领导的道路是不错，新青年们不可失了民族自信力，不可一味以骂自己祖宗为能事了。一般青年们"新奴性"的养成，只因感到中国近数十年外交失败和经济的落后，所以弄得眼花缭乱，自己精神上便立脚不住。殊不知中国近年外交失败和经济落后，全是"政荒"的结果；至于"政荒"的原因，正由于秦汉以来"势力政治"所造成。因为政治被势力支配，政治成了君统势力的护卫，同时就成了摧残民族人格的工具。做政治生活的人，只要升官发财，对内可以卖法，对外可以卖国；社会上希图接近政治的人，也是只知有做官的权利，不知有做官的义务。拿这种政治去对外，岂能不失败？但这种"政荒"的失败，只是物质文化的失败；至于超政的"教治"——所谓"精神文化"，所谓"民族人格"，却还不断的在我们民族历史上活跃，例如汉之节义，唐之清流，宋之理学，明之东林，清末之革命党，都是我们民族精神文化的产儿。

西洋的"教荒"，只因他们的物质文化和耶教绝不相容；耶教被打倒以后，正苦于精神生活无所依托，因此物质方面，也感到生产剩余，分配不均，引起"经济革命"的恐慌。中国儒教是调和"精神生活"与"物质生活"的最好方剂。最近太平洋会议的"东西文化沟通问题"，或者要借助我们的儒教去解决西洋的"教荒"也在意中。我国新青年不知发扬我们的民族文化，以"人格政治"救国内的"政荒"，以"精神生活"救世界的"教荒"，反去羡慕西洋人物质发达、生产过剩的病象，打算推翻自己民族文化的重心，唱什么"经济革命"，好比自己中了寒病，却把邻家犯热病的药取来乱吃，结果岂不是自杀么？

中国在三代以上重"乡治"，是为人民谋教养；秦以后重"县治"，是为国家谋统一。汉文帝"孝弟力田"之诏，是教养政策的最好条件；可惜"乡治"制度既废，以刺史县令为亲民之官，官吏阶级和人民距离太远，并且君统以下的"势力政治"将"教治"的根本摧残殆尽，社会上流的士人首受其病，农工商人失却伦理上的领导，只凭着三代流传的风范，相维相系。——精神生活，至今不绝，已经是很危险了，还经得起再加打击么？

今天讲的"村治"就古代是"乡治"的遗意。村治的中心人物是士，一村之士，应负一村教养的责任；一区之士，应负一区教养的责任；村区之内，一人不孝弟，一人没饭吃，便是一村区内士的责任未尽到。诸位将来都要当区长，应该知道推行"村治"，推行"教养"，可不要把升县长、升省长，作为当区长的目的。

西洋人中了富病，人人想发财；我国人害的是贵病，人人想做官；害的病不一样，就不能拿一样药来治。不是说我们不能做官；我们要为义务去做官，为推行"教养"去做官。如今不是"君统政治"的黑暗时代了，大家不要再存着"县治"的观念。中国是亟需要"村治"的；"村治"是救中国"政荒"的好方法，是中国民族的出路。首先打开这条出路的大责任，都在诸位身上。

对时局之意见
——十九年四月七日对新闻界谈话

本人于民国十年之顷，感觉当时政治军事以至教育，莫不走上杀人之路，故颇思从事生人之事业，以为救济，乃于十二年就绥远实行移民垦荒，因冯玉祥曾任西北边防督办。其后情势变动，绥远又改隶山西势力范围，故先后与冯、阎发生私谊关系。近来时局变化，本人初未参与其事，及去冬孙、宋由洛阳撤兵以后，始承阎锡山嘱托，迭在建安村与冯晤谈。本人以为中国北方人迷信势力万能，南方人迷信模仿万能，均属错误，欲求适宜解决，非注意中国固有之伦理与道德不可，而尤要者，为以让止争，不以争止争。同时，梁漱溟氏亦在建安村，主张现在有实力及参加时局之各派，均应退让，国家为听取若辈之意见起见，可设机枢院或元老院以罗网之，但不令直接参加用人行政，此为阎锡山蒸电及复三院长电立意之所在。蒋氏对于蒸电如何理解，自不必论，不料胡汉民、戴季陶等平时对政治及民族性较有研究者，亦未加以考虑，以致促成必战之局，至为可惜。现在最要者为真干与真不干，勿以环境情势而变更。于国家有利之事，虽汤火在前必干，与蒋合作，加入政府则决不干。冯阎真意，简单言之，如此而已。本人今后仍拟从事开垦，力谋生人。

（十九年四月八日《天津大公报》）

遗 言

余病殆将不起！回想平生奔走奋斗，阅二十五六年，无非起于不安之一念。初感乡间民生穷蹙，而念君主私天下实为一切不平等之总因；故从事革命，时时求所以解决贫民生计问题者，自创办黄庵工艺局，以讫西北移垦，虽多所兴举，而心长力短，成效甚微，为余深憾！自民国六年，谋从政治上施设各种实业，而加入议会，触处扞格，多生枝节，乃悟一切西洋实业教育政治，殆皆非其道。此中实有东西文化之根本问题；故近十年来，无日不在文化问题上奋斗。而最近五年，饱经世变，益觉悟，深信吾民族之所以能维持其生存者，则在能保持文化重心之伦理观念。设并此而消失之，则吾民族之澌灭，必无幸免。乃国内一部分青年，初受欧风之波荡，复重以□化之麻醉，竟失其自信力，不惮自毁根本，自促沦丧，此为余刻骨痛心之事！不惜病躯，仆仆各方，哓哓喑音，以恢复民族自信力，及发扬伦理思想，遍号于国人，其入手拟注全力于村治，以期政教之合一，以学统政，俾政治、经济、文化三大问题，整个解决，而为目前开生人之路。更愿努力开边事业，完吾初志。今吾无所为力矣，惟望当世贤达，青年志士，察纳愚言，挽回民族颓运，死亦瞑目也！

余向不知治生产，家仅薄田数十亩，别无积蓄矣。去年吾一弟死，今余又死，所悬念者，余之老母，年已七十有二，今后尚虑不免冻馁；此余疚心之事，然临终撒手，亦无可如何也已！

七月二十二日迄二十五日，友人朱五丹陆续笔录

地方自治与民众组织

高赞非　著

山东乡村建设研究院第一分院

目 录

序 …………………………………………………（59）
地方自治与民众组织 ……………………………（60）
乡村运动中之儿童问题 …………………………（96）
乡村文化与都市文化的意义 ……………………（105）
乡农学校的渗透运动 ……………………………（111）
中国合作实施问题 ………………………………（118）

序

　　此册所集各文,为余自十九年至二十四年所作者。各文虽陈义多简略未详,然尚均称心而发,未敢以浮辞敷陈篇章。又论述各义,亦多为乡村建设之主要问题,爰汇集成册,为本院诸同学服务之佐助,并以就正于诸师长友好。各篇排列,俱准诸论述时序,先及近作,次及旧著,庶览者可知各篇思理演进之迹焉。

　　　　　　　民国二十五年一月高赞非序于菏泽研究分院

地方自治与民众组织
（为民众与教育月刊作）

一　地方自治与民众组织的关系

地方自治，在中国虽也算是老的名词了，可是他的意义却还是很新鲜。因为中国二十余年来，虽然也推行过好多次的自治，可是始终也没有见出成效，这似乎指出所谓地方自治，还有重新研究的必要，他的真确的意义，还有待于吾人之重新估定。我想先提出一个基本概念，请大家认识，就是：

"所谓地方自治，就中国社会实际的情形说，他与民众组织，实为一事之两面。"

其实，这也不是多新的意思，在梁漱溟先生之敢告今之言地方自治者（见中国民族自救运动之最后觉悟），与中国地方自治问题（见乡村建设论文集）两文中，已正确的指明这个意义之重要了。不过为了明晰起见，我想再根据梁先生的意思，指出下列三点：

第一，一般所谓地方自治，是对国家之行政而言，国家让出一部的权，使地方自己去作自己的事情，中国则不是这样。梁先生说：

"中国现在完全不是这样的情形，中国的地方自治，不但不由国家演出，而倒要先从小范围开手来建设国家。普通先有国家，后有地方自治，中国恰好是倒转过来，先从小范围组织，慢慢联合扩大，最后成功一个国家。……所以中国的地方自治，不是地方自治，而是地方自救。"

第二，惟其中国的地方自治，是从下往上生长的，故地方自治，实际是一个团体组织，梁先生说：

"所谓地方自治，必须本身是一个团体组织，如一个村庄是一个自然形成的团体，而且是有'自己'的团体组织，若自上面分范围，名为乡党……，那是编制，而非组织。组织是'主动'的，有'自己'的，编制是'被动'的，'属于人的'。地方自治，就国家往下说，是一个编制，而就其本身说，则为一团体组织，实具有两面的性质。"

所谓从下往上生长的是什么？便是这个"团体组织"。

第三，团体组织之成分，实即一般所称之民众，所以说与民众组织仍是一样。以此，我们将地方自治与民众组织，看作一事之两面，实为当然之理。于此可以说，地方自治之内容，便是民众组织，民众组织之表现，亦即地方自治。

由这三个基本点，以下的讨论，便可专及于民众组织的问题，因为地方自治的内容，实亦不外于这些问题的。

民众组织的意义，在近十几年来，原是逐渐引起国人的注意。从过去国民党领导之下的农民运动，到现在之各色各样的社会改造的活动，他们中心的目标，似乎可以说都离不开这一件事。不过从中国社会全盘的问题上着眼，而视此为解决中国问题之关键者，一般说来，还是最近的觉悟。这自然一方由于国难的日趋严重，使大家都感到组织的切要，以为救亡图存，不能不赖于民众之组织团结，一方也是由于近数年来，中国社会使一般人越觉得走投无路，而不能不把一切不合事实之社会改造的种种空想，放置一旁，而重新注意这个社会的基本问题。所以从历史演进上说，这比着民国以来的盲目的谈自治，是进步得多。据实言之，实是一种新觉悟。

不过说到组织，却是最艰难的事，从什么样的人下手领导？用什么方法去领导？这实是社会运动者所不应放松的问题。

二 民众组织对象之分析

上面说，中国的地方自治，是要从下往上生长的，这所谓"下"，自是指中国社会基础之乡村而言，同样，所谓"民众"，也无疑义的，是指着这些大量的农民。把民众与农民看为有同样的涵义，这是近年国人所普遍承认的结论，问题自然不是指着这个来说。问题是，就组织的目标上说，能把农民视为整体，而不分别其利害关系吗？譬如千家驹先生，在其《中国之歧途》一文中，便有这样一段话：

"但是乡民是不是整个的呢？乡民内部是不是真没严重问题呢？如果有问题，这会不会影响到他们的合作与团结呢？要是他们的利害不一致时，应该谁迁就了谁呢？"（见《中国农村》一卷七期）

这便是对于本问题的一种看法，并且也是比较流行的看法。本来表面上看来，农民似乎是整个的，但分析起来，却又似有好多层次或阶级，如地主、自耕农、半自耕农、佃农、贫农等。这各层各级之间，为了利害的不同，似乎不能不有其冲突敌对之点，既然有冲突敌对之点，如何能视为整个的呢？又如何能混杂在一块，都同样视为组织的对象呢？这并不单是理论问题，事实上凡是参加民众运动的，当都可以感到一个最困难的事情，便是乡间的豪绅之难以对付。他们似乎与一般农民之利害关系恰相敌对的，你的事很难得他们的同情，即或同情了，做事时也将要受许多的牵掣。这还是和平一点的现象，厉害的时候，或还要受土豪劣绅的欺侮与陷害。大概这一种味道，参加于社会运动的人，都可或多或少的尝受过。这明明是一个严重的问题。

其次，再换一方面看，则乡村间又有许多陷于贫穷线以下的农民，他们好像是与地主豪绅之利害关系，也恰相冲突的，他们仿佛觉得，乡村里任什么事，都与他们自己是不相干的，你向他们谈什么组织，什么改良进步，都入不进他们心里去。对于他们，似乎很难有办法领导。这又是社会运动者所踌躇的事。

这相反的事实告诉我们，把农民看作整体的，而等量齐观，都当为组织的对象，似乎是不可通的，所以民众组织问题，是不能不以这个对象问题为基本的。如果我们看清楚了农民的各层，是没方法合作的，则要组织的是什么人？如果农民的各层，不是绝对不能合作的，则其相互的关系又是怎么样？这些是不能不先弄清楚的。因为如果不然，则一切办法上的问题，是没有方法谈的。

这个事实之正确的理解，在于合理之观察方法。社会的诸种现象，常是关联于多方面的，绝没有孤立的。如果离开了各方面的关系，而单纯的看一个现象时，则便易为片面的情形所蔽，而不易了解其事态的真实性。中国乡村的农民，由其土地的分配上，自然也可以分为地主、自耕农、佃农等，这些层的农民，也好像是不一致的，然而即能从此断定其绝对冲突而不能合作吗？土豪劣绅，诚然有碍于社会改造的进行，然而即能由此断定他们是乡间绝对的压迫的力量吗？这不能只看片面的事实，必须就农民生活之全部着眼，始能得其理解的。

第一，要明白中国自来的土地所有权，是最富流动性的。这个情形，现在虽然有变化，但还不很大。大概中国从周末以后，土地私有制正式成立，这种现象便开始了。这种情形下的农民，谁能努力，谁便可以得到土地，谁不务正干，谁也便可以失掉土地，土地在社会里，并不固定属于那些人，因此，社会内的贫富也至不一定。这个事实，便使着大多数的农民，各人皆可以创造自己的命运，而不致彼此妨碍。因此其利害相冲突的地方，（如地主之与佃农）虽然也有，但又因为各人的命运，随时皆可以转变，昨天的佃农，今天也许成了地主，反之，昨天的地主，今天也许变成了佃农，故其冲突也不是绝对的，社会的沧桑，可以使各人不必在冲突之本身上想办法，而很可以从自己的追求上找出路的。

第二，单是土地的自由买卖，也许在某种时机之下，如水旱之类的天灾，兵凶战危的人祸，以及其他的情势，一部分有财势者，可以大量收买土地，而逐渐造成兼并的趋势，但又因为中国特有家族制度，土地须为家庭分子所共有，一个大家庭的产业，等到一分家时，便马上成为中小的农家了，这个制度，恰恰可以抵消了土地集中的趋势，而使土地永远在大多数的农民手里来回荡动着。

第三，因为前两种原因，所以自来在中国的农村里，便产不出来基础于生产条件之上的，如欧洲中古时代之封建的剥削关系。农民的利害，大体相差不远，同样要受自然的威胁，同样要完政府的粮税。这里便要知道，土劣豪绅诚然为乡间的盘剥者，诚然有他把持的权力，然而这终不是生产关系决定了的。事实上地多钱多的大户，固易作土豪劣绅，可是土豪劣绅，不一定都是地主，有许多是破落的大户，借着他们祖先的余势而作威作福的，也有许多毫无生产根据，专凭着跑衙门，说官司，而欺侮乡里的，这种人等而愈下，便成了一般所说的地痞流氓，他们与土豪劣绅并无多大的不同，不过土豪劣绅，对农民是"有身份的"欺侮，他们是不管身份，什么事都可作罢了。他们的存在，实不是有一定的物质基础，而乃是存在于一般农民之安分守己忍耐退缩的诸种主观的习惯中。中国一般农民，是最不愿意多管事的，除去他个人的身家产业以外，他们什么事也不愿问。"各人自扫门前雪，莫管他人瓦上霜"，这两句话，几乎成了中国人的处世哲学。这种心习，一直到现在还没有多少变化。他不但不愿管事，并且还深恐怕公众的事累着他，一般的情形，是避公事如蛇蝎。作者自己，在鲁西的乡间，曾作过较长时间的事，和地方上的乡长村长，是时时接触的。他们有些就常向我诉述问公事的不易，说赔钱又不落人，（意为不得大家称誉）不干又不行，如果有谁愿意接替的时候，自己愿意向大家磕头请客。还有虽不是自己看见的，也是很直接听见的，就是有两个诚实农民，因为本村里举他作村长，一个用刀子刺肚子，一个便悬梁自尽，像这类的事，中国南北各处的乡间，不知出了多少？一般人既然这样怕事，于是有手腕有机诈的人，便自然要出头露面。一般人不能问的事他能问，一般人不敢问的事他敢问，这样他便可以渐渐成为一村或一乡的支配者。因为一有了问公事的权力，别人不愿管他，也不敢管他，焉能禁止他作恶？从而欺侮盘剥的事，便慢慢出来了，我们固然不能说，土豪劣绅完全是这样创起去的，可是大部分是这样成的。大概乡村间土匪多的时候，过军队的时候，是成就土豪劣绅最好的机会。其实，土豪劣绅也不定都是能干的人，有些是好说大话的，也可以把乡间人欺负下去。有一处的一个劣绅，他对乡间人，常常吹他是能够出入衙门（县政府），县长是如何如何恭敬他，常同县长在一块吃饭。于是乡间人便都怕他，因而挑拨诉讼，欺侮良民，大干起来。乡间人有事托他见县长说情，他也真是到衙门里面去，不过进到衙门里的时候，他并不是见县长，却从县府的旁边一个小门出来，在外面待一会，再从小门进来，顺大门出去，这便是他见县长的经过。然而这套把戏，却有谁替乡下人戳穿呢？如果我们不真是到乡下去作过一回事，便想也想不到乡间人易于欺负到了什么程度。土豪劣绅的成因，便是基础于这种易于欺侮的事实上，再明白的说，不是因为土豪劣绅的力量太大太强，乃是由于一般农民的力量太小太弱。所以土豪劣绅之所以成，并不是他自己本身，有可成的根据，而是乡村社会让他成。这样土豪劣绅在乡村里，事实上便不是绝对的力量，如果农民也明白一点，不那么怕事了，土豪劣绅的势力，马上便要减少，甚而就至消灭。

从上面的分析，可以得到三点结论：

一、中国自来的农民，由其生产关系不固定，所以其利害虽有不同，但大体上说，却相差不远。这样社会的农民，虽不能说是整体的，可也不是互相冲突的，他们不合作，不是由于某种固定的生产关系，使之不能合，主要的，乃是由多方面的原因，影响他而成功的主观方面之自私自了的习气而形成的不合，他们诚然不是整体，但也不是不能团结，因为客观上没有团结的障碍。他们的病是太散，可是唯甚太散，也便能合，你只要真有办法，改变他们的生活习惯，他们便可往合里走。

二、土豪劣绅虽然有势力，但却非绝对的力量，他要视一般民众自身之有无力量，而得势或者失势的。

三、自来贫农的生活，虽然困难，但因为土地的占有不固定，他自身仍可有得到土地的机会，所以虽然是难以组合。然却也非与其他农人站在敌对的地位，他们的利害关系，与一般农人也不是相互冲突的。

所以我们可以肯定，中国一向的农村社会，是没有多深的矛盾在的。自然，现在的农村，不能和从前的农村比了，譬如贫农便不易再过好了，可是要明白，这并不是生产关系有了什么转变，而是中国整个社会之崩溃所致，其基本的社会关系，如前所述者，并没有多少改变。中国从帝国主义的经济势力进来了以后，经济机构虽然也随着世界潮流而有所转变，资本主义虽然也有某种程度的发展，可是因为国际势力的压迫，以及政治不定的种种原因，中国资本主义的发展，却受了严酷的束缚。时至今日，各产业部门，是只有衰退，看不见进步。在这过程中的农业，自然也多少染上了资本主义经济的颜色，可是因为诸种束缚的势力，新的经济机构，始终开展不出来，只有把原来的生产力，更加摧残，使农民的生活能力，更形减少而已，可是也正因为新的经济机构没有开展，农民间的社会关系，还没有什么改变。现在农村里有的变化，是整个社会的崩溃沉沦，在这崩溃沉沦中间，原是充满了矛盾，然而这一些矛盾，却不是农村里自身的现象，而是整个的农民，没有办法适应这个新局面而来的种种矛盾。由于他们缺乏新的生产技术，便更抵抗不了外来经济势力的侵略，由于他们不知道团结，便更增加了历年以来兵匪苛杂，以及自然灾害的摧残。大地主变成了小地主，小地主是变成贫农了，贫农是越流离失所了！即如鲁西今年的惨重的水灾之下，有许多中产以上的农家，都变成了灾民而逃荒出去了。中国近数十年来的农村社会，直是一幅流民图，整个的农民，只有幻灭的悲哀，他们唯一的出路，只有共同合起来，去改进当前的环境。社会运动者，正要明白，现在农民所受的压迫剥削，不是别的，乃是社会秩序崩溃解体之下，产出来的诸种畸形现象的摧残，这即是那些匪患，兵灾，苛政，乘势而来的帝国主义之侵略，以及人造的天灾等。解放压迫，只有培养起农村自身的力量，从组织方面去用功夫，想办法。然而却偏偏有许多文人名士，卖弄他一套幼稚可怜的阶级公式，抄些虚玄粗滥的统计材料，分别农村里的地主有多少，佃农有多少，贫农有多少，遂而下断语说，农民间的斗争形势是如何严重，他们既不了解过去，更不了解现在，这样的研究，除了更教人糊涂，更教社会混乱以外，还有什么结果呢？

所以，就我们的研究来说，农民向来的问题，是散漫而不是彼此间的相互冲突。我们要教他们不散，教他们进于组织，便只有从全体上着眼。组织的对象，不是某部分的，是散漫的全体农民。社会运动者伟大的工作，便是给与启迪这些散漫的农民，以组织的训练与组织的能力，使着他们在这风云激变的世界上，知道怎样去适应，怎样去过新的生活，怎样在这中国社会之激剧的转变中，艰苦地渡过最后的难关。这惟有就全体上想办法，才能找出办法来。要在基本的组织原则之下，提高一般人的知识能力，使一般人只向团结里去走，由团结的努力，融化现在乡村间之无根的不平，这才能成为真正的组织。如果对农民一想加以分化，便要离开了题目，对不着问题，这一个重要关键，是我们必须紧紧把握住的。

三　民众组织之方法问题（上）

什么是组织？就社会来说，便是各个分子之有机的联合。这个联合，是自发的，生长的，分开来，便有三个主要的意义：

一是有机的。这是说各个分子必须是彼此有关系的，如细胞之与细胞，是在息息相关之下，彼此协调，向一个方向去进展。石头木块放在一起，不能谓之组织，同样，社会的联合，也必须是各成员，彼此有亲切关系而有的团结，才能谓之为组织。

二是自发的。惟其是生机的发展，便也必是自发的；各个分子在其自觉的需要上，大家联合起来，便构成了团体，故是自发的，而非外铄的。

三是生长的。有机的组织，其分子的生命，是不息的活动，故其组织，也就不息的变化，不息的生长，除非是组织破坏了，他便不停止。

真正的组织，是必定合于这三个要件的，即或不能全合，亦必相近，才能说得上组织。要想教农民进于组织，是不能不按着这三个标准去走的。

可是这就难了！中国的农民，想教他成为真正的组织，如前三条所说明者，这几乎是违背历史的事实。因为中国在他过去的经济上，政治上，乃至社会上的一切生活，简直可以说是没有一点组织的经验，家族的连结，乡土的系属，（如一村一乡的连属）仿佛也是组织，可是这完全是血统上地域上之自然的关系，并不是有意识的联合，所以说不上组织。由他们几千年留下来的自生自养的习惯，想着骤然走上现代意义的组织，虽非绝不可能，也是极端困难的事。近年关于民众组织办法的实验，实不为不多，除了浮动一时的农民运动以外，有的已经成为大家所通用的方法了，有的则方在实验中。过去那种农民运动，大家已经知道是无补于实际了，可是其他各种办法，究竟能不能解决这个最困难的问题呢？这还有待于综合的估定。如果是有了，则是否可以整个的采用？如果还未有，则又当如何去找？这实在到了我们社会改造之最中心的问题了。

这里自然不能详细的再来叙述各种办法的内容，关于这一些，各种介绍的记载，已经很多了，我们只能概括的寻出其主要的方向来。大概综合起来，可以归为两个大的系统，每个系统里面，又有其不同的几个主要方向。

第一个系统，可以说为私人及各种社会的机关团体所主持的，或统名之为社会的系统。这里面包含下列几个主要的方向：

一、从农民之知识开益处着手者——如各处举办之民众学校、民众茶园、民众教育馆等。

二、从农民生计之改革上着手者——如各处举办之合作社互助社等。

三、从乡村领袖的联络上着手者——如各处举办之乡村改进会，及类似这一类的组织是。

四、从自卫之组织上着手者——如河南镇平内乡各县之农民自卫的办法是。

第二个系统，可以说为政府所主持的系统，其主要的方向则为：

五、由自治制度之改革上着手者——如南北各处编改区乡闾邻等办法是。

六、由农民普通之军事训练上着手者——如广西之民团办法是。

七、由普遍之特殊教育着手者——如广西近年推行的"国民基础教育"及赣闽皖鄂豫五省的"特种教育"是。

八、由引发农民自力参与公共事业之活动上着手者——如山东乡村建设研究院指导下之"乡农学校"的办法是。

在这两大系统的各种办法内，我们很难下一断定，说哪种办法合适，哪种不合适，大概每一种的办法里面，都有他特别的甘苦，而且这也不能单从片时的表现上，断定其成绩之好坏的，眼光深远一点的人，便都知道，这一个极艰巨的事业，绝不能在急切之间，得到什么显著的成效的，如果要看成效，也只有在民众生活的倾向之间，观察他们之有否组织的端可见。门面的装潢，已经成为过去的嗜好了，真正的社会运动者，现在已经不是那样浅薄了，大家差不多都觉得要真刀真枪的干了，所以现在的观察，当然也要随之而深刻。如果从此生活之倾向上来看时，则只能说哪一种办法可以促进农民自身之组织倾向的，便是合适的办法，不然，则虽然外表好看，亦只有算门面的装潢，说不上什么办法。

所以正确的估定各种办法之价值，是不能从枝节处立论的，势必须从问题之基本的地方去考察。组织的倾向怎样看？只有自这问题的根本处，才看得清楚，这个基本问题就是：

一、是否能切实地转移了农民生活之习惯，由散漫的，走向组织

二、是否能真确地鼓动了农民生活之向上的动力，自觉的进于组织的生活？

本来一说组织，也就是指着此种习惯的养成。我们大概都觉得，如果农民有了组织习惯时，组织的功效便算完成了。可是习惯的养成，并不是容易的事，因为人类的习惯，是存在于主观的倾向与客观的环境之间的，他是精神与物质关系的交叉点，他的形成，主要的是环境刺激之反复，是必须经过相当历史的。所以已经陶铸成功的习惯，要转变而培养成另一种新的习惯，实在并不是容易的事。个人方面是如此，至于社会，则也有许多社会的习惯，而惟其是社会的，他的根便更深。因为社会的生命也最长，历史上所陶铸成功的社会的倾向，便愈牢固。可以说社会的历史有多长，他的习惯便有多深，这样要想使他有所转变，比着转变个人的习惯，更不知要难到多少倍？我们要的组织习惯，不是某个人的，乃是社会的，这简直是历史的改造！可是也惟有在习惯上有了根据，这样的改造才是真的。所以对于组织方法之观察，第一不能不先及于习惯的问题，以旧的散

漫的习惯之能否消退，新的组织的习惯之能否养成，为评定方法之衡度。

可是单从习惯上观察还不够，因为习惯常是不自觉的。人类常是无意识的养成了许多习惯，所以习惯便常是带有机械的倾向。生命的本身是不机械的，可是习惯的部分便机械了。人生也许必须要有许多机械的习惯，因为这样，生活才方便，才不至于要时时刻刻牵动了生命的注意，使生命得腾出空来，有更需要的或更高的发展。所以我们可以说，习惯便是机械化了的生命；惟其是机械化的，便常是不自觉的，惟其是不自觉的，于是其表现乃常是无力的，露不出来生命奋进之倾向的。所以习惯对人生的帮助有多么大，他对于人生的滞碍也便有多么大。中国社会固是需要组织，可是尤其需要运用组织解决问题的能力，因为中国是要从组织上来开展出一个整个的新的社会的，这样便不是单纯的要民众只有了这机械的组织习惯，而必须更要使民众能会用心思，知道怎样去运用组织的力量，对付当前种种严重的问题。如此则必须能荡动了农民心意之深处，有所鼓舞于其隐藏于生命下层之向上的意志，始能走上这条道路。这便是农民活力的启发，这与习惯的培养，也原可并行而不悖，相互影响，而愈益增进了组织的效力，可是看不清楚这一点是不行的，看不清楚，便易把组织看成了机械的事，而引不上这个更高的阶段。

如果我们对于民众组织是如何关系于中国社会的改造，以及这些涵育于中国这套悠远深厚的文化之下的农民之如何不应轻视，有了深刻的认识时，则对于组织方法的探求，便不能不从这两个根本处去着眼的。现在试从这两个基本点来讨论上述诸种办法的价值。

讨论的次序是，先来分别观察诸种办法之当否，找出适当的方式，然后再及于两个系统的本身，分析究竟应该靠哪一个系统（社会的抑或政治的）来完成这一件事。

第一，先来看从知识开益处着手的办法，这本来是一种狭义的民众教育，其最初的目的，原不即是对着组织问题，多是注重于知识文字的补充，以后由于社会潮流的推动，遂而也多转向于组织的促进，这种办法，对于组织问题之难以有多大的功效，是无容多说的，大概凡是亲身作过这种工作的，都很清楚。本志沙居易先生之《一个新的乡村教育系统的实验》一文（六卷一期），可供参考。该文内曾举出作者自己以民校为推动乡村中心组织之失败的经过，叙述殊为平实，不过该文还只就民众学校而论，其实凡是相类的办法（如民众茶园等）都很难通。因为，一，单纯从知识上下手，是难以打动了农民之注意的；二，知识也不一定是切近于农民的需要的，即如识字，农民实在感觉不到有什么用处；三，即使切近于农民的需要，可是离组织问题还很远，因为你很难从知识的理解上，使他发动为组织的生活。从知识到他们的现实生活的改变，这段路程还是很远很远，然而这种办法上，却不是以现实生活之指导目的的，如何能有实效？所以到了现在，许多社会运动者，多觉察此种方式之不合实际，有的加以改变了，有的是采用他以辅助另一种基本的方式。因此，这种办法似乎用不着多加讨论了。

其次，再看由生计问题着手的办法。这自然远非前一种办法之所能比，他是切实得多，中肯得多，从中国社会之全盘问题上来看，是非经济问题有了解决，开不出社会的出路的，即单从民众之组织上看，亦非经济问题有了办法不行。这有两层原因：一，必须经济问题有了办法，组织才有内容，组织不能是空的，空的组织即使能成，也决不能永久。譬如教农民组织什么"崇俭会""进修会"这便是空的，因为太不易有着落了，这样的组织，除非使他与实际生活有了某种联系，便极难有什么效果，如何才能不空？就是组织里面有了具体的事，目的很明显，对生活的关系很密切，这样便不是空的，经济问题的解决，这便是具体的事，并且还是最切近的事。一切生物皆离不开两个基本问题，一是个体的生存，一是种族的绵续，而后一问题又必以前一问题的有所解决为条件，这样便可说，个体的生存为生物最基本的要求，人类在这一点上也不能例外。所以如何维系生命，便成了人类最切近的问题。要在这个问题有所解决，便构成了人类种种的经济行为。所以如果能在这经济方面有所指引，则对于人生是没有再比这更切近的了。由经济引导于组织，这个组织，便有了极充实的内容，一点一滴的功夫，都可渗入于农民生活之内部。所以普通的经验，都觉得农民好利，都觉得由利的问题上指引组织最容易，遂而对于合作社一类的组织，异常的重视，其基本的道理便在这里。二，必须经济问题上有了办法，组织才有基础，这是更进一层的看法。前面说，组织必须是在农民习惯上有根据才行，可是习惯不能是无根而成的，他必须有一定的环境，相当的客观条件，才能成功。我们说习惯是存于主观与客观之间的，即是说他必须依靠着环境。所以看某人的习惯，常不必看他自己，只看他的环境，便可推知了。同样，看社会的习惯，也不必就一个一个的人来看，只把这社会由时间空间所造成的环境（历史上所遗留之全般的文化，及当前的物质与社会的生活），加以分析，便可以了。这样，则可知道，组织习惯之养成，主要的关键，是存在于与此相适合之环境中，必须有了这样的环境，组织才算有了根基，才能生长。不过这样的环境，却不是容易造成的，不从农民生活最切近处去着手，便难有效，不是农民最切近的生活，与农民的关系便浅，即有什么改变，与农民的影响也少，便不易成为新的环境。新的环境，是必须具有普遍的使农民非去参加不可的形势，这样的形势，只有从经济方面着手，才能构成。因为经济是人生最切近的活动，惟有在这里指引，才能造成了新的环境，使农民于不知不觉中，陶铸成组织的习惯，而使组织有了坚实的基础。即如合作社的组织，其目的是经济问题的解决，而其本身则是一种组织，这种组织，其构成越合理，其对经济的救助便越大，对经济的救助愈大，农民之进于组织的习惯便越容易。天下事情，最平常的地方，常常是最吃紧的地方，吃饭是最平常的事情，可是却为人生最有关系的事，从这里训练组织而养成的习惯，便是最切实的习惯。法国的合作家季特氏曾说过，消费合作社，可以使社员一面吃饭，一面盖房子，我们也可以说，合作社可以使农民一面吃饭，一面学会了组织。

这两层是第二种办法在组织问题中最大的优点，他之所以能够得一般人之重视，其要因盖不外此两层。并且这已经有充分的证明，在丹麦、美国、法国以及日本的农村里，不是已经由合作社的举办，而许多农民得到好的组织训练了吗？即在我国，虽然合作还没有健全的发展，可是大家不是也都称赞华洋义赈会指导之下的合作社，有些已经表现出好的效果了吗？

如此说来，这种办法就是最标准的方式了吗？又有不然！在别的国家，也许只从各种合作的进行，可以把农民提进于组织，可是在中国则不够，这有三点原因：

一、单纯从这里下手，不易及于其他普遍的问题。经济问题，固是最基本的，可是关系于这个问题的事，又复杂很多。即如治安问题，这便是与生计很有关系的，治安没有办法，经济是没法谈的，其他有关系的事，也还不少。而单由这个办法，则事实上不能都有所照顾，这样则经济组织的进行，必受很大的阻碍，甚或由意外的灾害（如匪祸），而被破坏。这是很清楚的缺点。

二、单纯从这里下手，不易及于多数的民众。固然合作的最终目的，是要及于农民整个的福利，可是终是以中小农家为对象，并且又是有特定的经济目的，所以感觉需要而加入的，终不能普遍。固然上来要想教农民普遍怎么样，太不容易，可是终得有一种办法有这样的趋向始行。就中小农家划出一部分，与以组织的训练，慢慢往外扩充，路线未尝不稳当，可是终非圆满的办法。因为眼前中国的需要，是民众整体的组织，必须有这样的组织，才能应付这个最危难的时势，这虽然不能一趋而至，但终须赶着这个方向走，而这一个办法，对此似未能有所解决，不能不说是一个缺点。不过这两点还不是最大的缺点，最大的乃在第三点，即是不易鼓动了农民真正的活力。农民好利是不错的，可是这完全属于个人与社会之习气的部分，这与"自私""苟且"等陋习，是一样的性质，都是这个古老的社会，所遗留之社会的习气，是偏于精神方面的习惯，他的本身多是盲目之冲动，是一种惰性的倾向，从这里是开不出真正之活力的。不惟如此，并且这些习气之发动，实复带有反组织的趋势。开明的好利心，固然也可以使人走上组织，西洋之个人资本主义下的联结，便是如此，可是自利而不能开明时，便要反于组织了。中国农民，知识程度的幼稚，是谁也知道的，所以他们的自利，常常是与愚昧相联的，这样的自利，便是固执的自利，狭小的自利，是难以走上组织的。我们大概都知道，乡间人是最好小利的，并且还常是好眼前最近的利，大一点的利，便看不见了。譬如当我们在鲁西指导农民防御"黄灾"时，便时时遇到一些令人啼笑皆非的事。有极大数量的村庄，是在黄水泛滥的范围内，如果能打上一条堤，便可避免了很多的灾害，可是这就是最难的事，黄水不到他们的村庄，他们是极不愿意打这条公堤的，他们深恐耽搁了自己"收庄稼"的功夫，并且还恐怕挖了自己的地，至于水来以后怎么样，他便不管了，这些情形，真是又可怜，又可叹。他们当然不是不怕水灾，而是由于为眼前一时的小利所蔽，而看不到这个大灾害与自己的关系，即或看到，也觉得关系不甚亲切，这便是知识问题，是心思够不到大处的原因，他是局于眼前这一小点范围的利益，而不知道必须阔大一步，才能保住得这点小利益的。组织当然要以团体福利为前提的，为团体的福利，便不能不有所牺牲于个人一时狭小的利益。即如办信用合作社，要想办得好，则必须社员能按时储蓄，照一定的规则借款，借了款不能乱用，尤其不能再用高利转贷给别人，办运销合作社，则必须提供纯粹的生产品，不为商人所引诱，而把生产品自行脱卖出去，这些都是与农民眼前的利益不相合的，看不见大处，都是办不到的。这从表面上看，似乎完全是道德问题，其实还只是一个知识问题。固然真正为了组织而愿意牺牲自己一时的小利，其他各国的农民，也未见得都能做得好，比如季特氏在他的《农业合作》一书里，便很俏皮的指出法国农民之好小利的弱点，然这终还比不上中国农民之自私自利的程度。这样的农民，你不从更根本的地方培养他的活力，而只从利益上提示他，教他怎么样能走入正常的组织之轨道呢？

也许有人说：愚昧的自利心，固是不能要，可是"开明的自利心"，不是很有帮助于组织的目的吗？我们只从大的利益方面，开发引导，使农民化好小利的心理，为好大利的要求，以团体的利益，来实现个人的利益，这样不也行吗？从这样走，由经济着手的办法，又有什么缺欠可指呢？

我则答复：开明的自利心，固然不是不可开导，可是只去开导开明的自利心，是终难以达到组织之目的的。前面曾经指出，自利这一类的心习，原是盲目的冲动，他的动力，是惰性的动，仿佛是有一定方向的动，这个方向，即是个体的利益。虽然在合于利益的目的上，也可有相当的组织，如资本主义社会下之一切的营利的组织，可是他一面有组织，一面便仍是反组织，反于他们利益范围以外的其他的组织。资本主义的社会，为什么要发生独占及其他畸形的现象？（如劳资冲突等）这即是些反组织的表现。开明的自利心下的利益的范围，是扩大了，但同时他却又阻碍别人的利益，从这里发展出的组织，起始也能是社会的，可是越走便越离叛了社会，而造成了社会的矛盾，这是个人主义所给我们的最大教训，也是资本主义之最大的病态。所以从这里开导，是不够的。单从这里引，也许农民原来没有什么不可合的，这样一来，反而不能合了。譬如你使中产的农民组织成了合作社，他们为着共同的利益，也许就根本不愿意贫农或较小的农民进来了，（我听见有些地方的合作社，就有这样的情形。）也许少数人就借着合作社的办法，来剥削更苦的农民了。（如现在各处的信用合作社，就有好些为有力者所把持，向外借款，更以高利转借于农民者，恕我不能列举地名,他日常为专文论合作问题。)这些都是指明了问题的真相。其实农民这样作,已经是顶难得的了,怕的是大多数连这一点还作不到,现在的农民,他受了历史上因袭的熏染,以及多年以来的种种天灾人祸惨酷的刺激,已经把前进的活力,消灭殆尽。他们仿佛受病已深的人,只有在呻吟状态之下,希望着苟延残喘,更生不出奋发的勇气来,大多数的情形,是得过且过,生活的经过越悲惨,敷衍苟生的心理,便越深沉,对于这样生活的农民,你开手便给他这一套经济的办法,简直动不起他的劲来。由某一种引诱的手段,譬如你从银行里借款给他们,或者你替他们把粮食卖得好的价钱,他也可以动一动,也可凑几个人作为社员,分一分钱,集一集粮食,可是大多数的情形,这样便算到了家了,合作社便算组织起来了,钱一分到手,或者粮食你替他们一卖完了,便好像没有事了,合作便丢到一边了,仍然回过头来,各人顾各人的事,谁也不管谁。你希望他们,能继续自动地循着合作的办法往前走,几乎是梦想。打开天窗说亮话,有多少合作社不是这样的情形呢?有几个是离开了外诱,而是真正的合作社呢?可见现在的农民,他们的精神方面,已经是消沉萎靡到了最深的程度,不单是自己走不上合作组织,即是你竭力拉他往前走,他也不易随着你动,不要说真正好的合作社不易得,(就我们所知,似乎还只有河北省义赈会指导之下的几处合作社,是说得上健全的。)就是为社员所把持组织的,也不很多,这似乎是连这点开明的自利的要求,他们也难以发动了。

所以就我们的观察,由经济引导于组织,这固然是很基本的办法,可是单是这样却不够,还须再进一步,作一种更基本的功夫,即是农民活力之启发。用这步功夫来帮助合作的进行,这才能真正的走上组织。实在说,要中国农民进于组织,固然必须如此,即在外国,也不见得就不要这样。丹麦合作的发展,我们已经知道是"国民高等学校"的力量,而国民高等学校的主要功课,乃并不是实际之技术与方法,而却为陶冶品性之历史与诗歌等,这些功课,如果说他与农民有效力的话,则不是活力的荡动是什么?这种丹麦式的学校,北欧各国已是不胫而走,这中间的原因,便可深思。即在日本,"全村学校的"勃兴,也不能不说是有类于丹麦农民教育之目的,这是事实上极好的证明。(参阅《教育杂志》复刊第二期,及二十五卷一号,论日本全村学校文字。)不过中国农民的活力,怎样才能唤醒起来？是不是也要学丹麦或日本的办法？这在未观察其他各种方法之前，是还不能找出这个结论来的。然则其他的办法又怎样？

第三种从乡村领袖人物着手的办法，很明显的，是可有补于第二种办法的缺欠。这种办法，是较后起的，是经过一番辛苦的经验而得出来的，通常多是以由乡村领袖组成的乡村改进会一类的组织，作一切乡村改进的发端。这种组织，或是由社会运动者直接联络领袖人物而构成，或是先经过一种民众选举的形式而构成，其必以领袖之联络为中心点则一。组织成立后，凡是改进会所及的区域，一切应行改进的事业，多是由该会作发动的力量，合作的推行，自然也包括在内。单就经济方面说，他是把经济组织纳入于这个系统之内的，前面说的经济组织之两大好处，他统可有，可是这比单纯由经济下手，仿佛是进步得多了。因为：

第一，他是一切乡村事业发动之机关，是以乡村间所有的问题为对象的，经济问题固然要注意，其他各项要解决的问题，也随时注意解决，这仿佛是乡村间的发动机，又好像是乡村间的脑筋，对于组织的进行，可以有了多方面的注意，效力自然比较大得多。

第二，由此他便能拖着乡村往前进，一般农民，固是没有知识，没有前进的要求，而乡村领袖人物则不然，他们多是较有知识较有头脑的，对于问题自然比较容易感觉，因此自比农民容易向进步的地方动。他们只要愿意动，农民自然也可以随着走，因为一般农民的心理与行动，是常随着乡村的领袖人物为转移的，他们虽不愿多事，可是等着别人也都那样做了，他们便也随和着那样去作。"人家怎样咱怎样"，这是北方乡村间流行的谚语，在农民不能自动谋进步以前，未始不可利用农民这样的心理往前引，比着单是由经济的利益作引导，在组织的进行上，自然也快得多。

以上这两点，都正能补救第二种办法的缺欠，这实在是社会运动者重大的贡献。不过不圆满的地方，是还没有好的办法，去鼓动起一般农民之活力。农民走是走了，可仍是附随的走，由其机械的习惯而不得不走，而不是有所觉悟于组织的需要，而不能不走。这仿佛把改进会作为脑筋，而农民作为四肢，很容易的把农民降为工具地位，而难以使其变为事业的动力。一般农民，过的还是老的生活，而并没有真进于组织。这样，在改进会有朝气的时候，固然可以办很多的事，但假如精神一有懈弛，或是领袖一有变动，一切事情，恐怕将要随而停顿。此点虽似过虑，但就事实上说，似乎不是没有这种可能，怎样再进一步的修正，使着对这个更根本的地方有了办法，实是社会运动者所应该再加注意的。

第四与第六两种办法，是可以放在一起看的，虽然一个是地方自身的力量，一个是政府的办法，而其方式，则很相近。第四种办法，为了要达到自卫的目的，便不能不自行训练民团，这种训练，原即是军事训练。第六种办法，则在广西虽直接目的不是自卫，而是想着严密的组织下层的民众，以推倒上层的政治，（参阅廿三年十一月五日《北平晨报农村研究》副刊中之《广西的民团》一文）而其用的办法，则也是军事训练。两种办法都有一个中心的企求，就是想着用严格的军事纪律之训练，使农民进于组织，以解决主持者所认为最重要的问题，所以放在一块看，是很可以的。

这是一套色彩鲜明的办法，不单镇平内乡广西一带采用他，其他各省也有很多的地方采用的。尤以政府主持的民众训练用得最普遍。这是近年流行的风气，这自然表示出此种办法的重要性，并且这也好像是世界共同的趋向。"军国民教育"，在过去固是盛极一时，可是现在世界各国的军事教育，似乎又更开展了一步，譬如苏俄、意大利等国，连初学的幼儿，也都加以很认真的军事训练，这样积极的态度，实还为前此所未有。中国近年来，对于军事训练的注重，也不能说不是受了其他国家的影响。这实在成了世界的潮流，从这里，我们更可看出这种办法之不能轻视。

表面上看，军事训练，仿佛只是军事知识与技能的传习，然其实际则决不止如此，他还含有更伟大的效用，不明白这一点，便不能深知今世各国之所以这样的看重军事训练，而军事训练究竟有什么价值，也根本不能了解。

这个效用是什么？即是他能由严格的方式，锻炼各分子的"集体意志"，向一个总目标去注意，去活动，这个总目标，即是"团体纪律"。

这不是技术的果实，而是精神的收获。军事训练是建筑在严格的纪律上，被训练者的一切生活，在最大的范围之内，皆须遵守纪律。从各种辛勤的操作上，使各分子的生活与纪律融为一事，从形式上，到精神上，逐渐锻炼，使各分子，在不知不觉中间，走上了集体的路程。要以团体的意志，为自己的意志，在大的集体中间，忘了自己，勇敢的，坚忍的，冲向于团体的活动。从这里，可以学会了服从，学会了牺牲，学会了冒险机警，以及应付危急之方法，这即是集体意志锻炼的结果，也便是军事训练最伟大的效用。真正的军事训练，其基本的目的，实不在技术上，而即在这种集体意志的锻炼上，惟其有了集体意志，各分子才能构成了严密的团体，才能运用军事的技术，以应付非常的事变，现在世界各国，对于军事训练，为什么这样的重视？真正的原因是在这里。

于此，我们便可知道军事训练是如何有助于组织之目的了。集体的意志是精神上之组织的倾向，是最适合于团体生活之心理的习惯，是组织习惯最重要的根据，军事教育，是把一种人造的特殊环境（即纪律生活），严厉的鞭策着各个分子，教他们不能不走上这样的心习。从习惯的观点上看，这实在是其他任何方法所难及的。受惯了军事教育的人，便常常觉着惟有这样的纪律生活才安适，用惯了军事训练的人，便常常觉得惟有这种方式，对于团体的训练才方便，才有效力，就是从这样的原因来的。不单对于成人，并且对于儿童，这种方式的训练，也可收到意外的效果。作者在前年，曾经用这个办法，在菏泽的一个乡农学校里面，训练菏泽县二百多个被水灾的儿童。一切生活皆使之成为纪律的，并且普通的军事操作，都教他们作，无论吃饭睡觉等事，凡可能的，都使之成为纪律的活动，在另一方面，并且还指导以合作的组织。当时便感到一个奇异的发现，就是儿童那么样的易于有秩序。普通儿童在一块吃饭睡觉，大概是最易闹乱子，最麻烦的事，可是行了这样的办法以后，使他们的领袖层层相约，秩序便不成问题，他们因为有了这样的生活，因而对于其他功课，如唱歌识字听故事等，都很起劲，仿佛力量是用得专了，并且同教师们的感情还很好。当着我每逢看见他们整齐的步伐，听着他们生动的歌声，未尝不深深的感动着，相信他们每一个人，都可以担当社会很大的责任。训练结束以后，他们的合作社还照常存在，并还规定每一个月仍要到乡农学校里去集合会操，如此绵续到现在，虽然以后会操不能照常举行了，可是当年的一段精神，依然还在。曾经有外来的参观者，看见了他们的会操，自己说当时感动得曾掉下泪来。我之真正认识军事训练，是从那时候起。不过后来却逐渐觉悟，觉得教育儿童，终不能靠着这个办法，这个办法虽易收效，可是终究有碍于儿童活泼的生机，现在已完全不再那样主张了。不过这总是一个很好的例证，可以帮助我们了解军事训练对于组织的功效。成人虽不及儿童易于变化，可是集体意志之陶炼，军事训练的方式，终是可收到最大之效果的。这个效果不是别的，是可以给予农民以组织的能力。有了这个能力，再去作组织的生活，便容易得多了。这好像在农民的现实生活与组织生活之间，搭上一座渡桥，农民经过了这座渡桥，组织生活便易得到了。

原来中国农民之难于组织，有时并不在于方法上的问题，而是根本抓不住农民，他们老是在你的方法以外去躲闪，根本难以同他们发生什么密切的关系。你虽然觉得有好法给他们，很热情地帮助他们，可是他们却时刻躲在一边，不愿受你的帮助。他们对于你们，只是怀疑、厌恶，怕麻烦着他，任你说得再好，他们总像是漠不关心，无论什么事情，不是根本不理，便是不闻不问的，随波逐流地往前瞎走。他们根本缺乏活力，只是敷衍度日，这是在前面批判头三种办法时，所指明的最难办的问题。可是在军事训练的方式中，对于这个难题，却似乎有了解决的路径。因为军事训练的施行，无论主体是地方，是政府，总带有很重的强迫性。该受训练的农民，普遍都是一定要参加训练的，对于这一点，一般的办法，都有很详细的规定，以防备农民雇人顶换，要在详密的规定中，使应该受训练的农民，必须参加训练。即如镇平当年的民团召集办法，每期皆有修订；广西民团训练的章则，也经四五次的改革，其他各地进行这种训练的，也多半都很注意这个受训者的问题。召集的办法既如此重视，则普遍应该受训的农民，便不能不来，这仿佛是强迫的军事义务教育，也可说是征兵制度的复活，在这样的办法底下，农民无论愿意不愿意受军事训练，皆须来受，这便能打破了农民躲闪不来的第一个难关。这好像是严厉的先生，对于一般顽皮的学生，不管学生喜欢念书不喜欢，反正把你先关在屋子里再说。农民来了，这便好办了，有的是一套严格的纪律训练，硬硬的把他们装在这里，一天两天虽然过不惯，或者还想跑，但是日子多了，对于这个异样的环境，也便能勉强适应，好像很顽皮的学生，关在屋里，别的没有办法，也只好念书。一旦农民能适应这个新环境时，便是他们的集体意志开始萌芽的时候，也即是组织习惯开始生长的时候。等到训练的时间终结了，生活的习惯也便变得不少了，这样轮流往下训练，对于组织能力的培养，实在可以收到很大的效果。这无论是为着治安的防卫，或是根本教农民进于组织的生活，似乎皆可以从这套办法去着手的。

然则问题便可以这样解决了吗？从对前面三种办法的批判来看，便知道也决不能如此简单。这只能说对于组织是有力的帮助，可是也决不能由此就可以完成组织之目的，这有四点重要的根据：

第一，这个办法，只可说是能开出组织的可能，使农民可以有了组织的基础条件，——即是集体的意志，可是还缺乏充实的内容，如果只加以这样训练便完了，则只是给予农民以空洞的组织格式，而实在的组织还生不出来。前面说过，组织必须有具体的事作内容才行，即使能把训练的农民，与以军事的编制，仍只算是形式的安排，农民散归田园以后，为现实生活一牵掣，编制也便成了空的，不易继续向组织的目标去活动。如果只以自卫问题作组织的目标时，则自卫是有时间性的，土匪一旦不成问题了，目标又没了，组织仍然是空的，空的组织便不能继续，这样仍然是走不上真正的组织生活。

第二，被训练的农民，即使普遍，可终是农民的一部分，是农村青年的一部分，年老的人，或者无合格受训练者之有力的富户，还包括不进来。而这些人，却常居于乡间领袖的地位。对于他们，单由这个办法，自然不能有多大的影响。虽然农村青年是社会改造最有力的份子，可是忽略了站在乡村领袖地位的人，对于组织的进行上，终是要受到妨碍的。

第三，军事训练固然能启发农民之集体的意志。可是也极易有流弊，农民受了这种训练，好像有了一把锋利的刀，这把刀固然可以杀土匪，可是也会砍自己的，指导一个不得法，也许就会为乡间的土豪劣绅所利用，而走上把持争斗，扰害乡间的局面。过去几年四川的"团阀"，河南的"天门会"，便是由军事的组织造成的势力。一则是鱼肉乡里，无所不为，一则是抢劫掳掠，俨然官匪。即在广西，也听说有民团反抗官府的事。（这是前广西主席伍廷飏先生当面和我谈的，伍先生视为很严重的问题）。一般人好讲民众武力，不知道武力是不易运用的，所以单纯的军事训练，流弊是很容易发生的。

第四，集体的意志，固很有助于组织，可是终还是一种有力的心习，还不是农民真正自觉的活力，这只是严格的纪律生活，造成的心意之自然的倾向，还不是从自觉自救的要求上焕发出来的深愿；这似乎还不能达到真正组织之目标。

所以，军事训练诚然是最易收效的方法，可还说不上是完全的，还有待于大的补充，似乎还须有一个更基本的方式，来运用他，才能稳妥的发展其优长之点，而免除了他易有的欠缺。

从上面的各种分析来看，则第五种方式，即是由自治制度之改革上着手的方式，其无所解决于组织问题，也可以很清楚的知道了。我们前面说过，中国的自治，实即是民众组织的表现，组织问题没有办法，自治是无从谈起的。多年来，中国的地方自治，闹来闹去，为什么没有结果？便是由于民众组织之没有办法，并不只是自治制度的不合适。自治制度，是要从民众组织里生出来的，这是组织的果，如今不从组织上想法解决，还只从自治制度上去变革，并且还想由这种改革，教民众能组织起来，这简直是倒果为因了！从前几年的区乡间邻等区划，再变成一个新区划，再安上几个什么局，什么所，民众便能自治了吗？便能组织起来了吗？这样顶多只能作到形式的编制，于民众的实际生活，根本没有什么改变，并且甚则还以强硬的编制，更加扰害了民众的安宁，这种方式之运用，多是由于官厅求效太急的结果，其无当于事实，正也没有费辞的必要了。

四　民众组织之方法问题（下）

最后我们也把第七、第八两种方式，放在一起来看。前者是由普遍之特殊教育着手的方式，后者是由引发农民自力，参与公共事业之活动的着手方式，办法虽然不同，可是放一起看是很可以的，这因为：

一、两种方式，用的皆是教育的办法，而这种教育，却非单是民众教育，而是以学校所在区域内之儿童成人等之普遍的大众为对象之教育。

二、两种方式，在教育的活动上，都不是偏重于知识或生计之某一方面的，而是以受教者的全部生活，为教育的目标。如赣闽皖鄂豫五省之"特种教育"，是以"教""养""卫"为教育的重心，广西的"国民基础教育"，则目的是教民"有勇知方，公而忘私"，（见雷宝南先生《广西普及国民基础教育法案导论》）山东的"乡农学校"，则是以"推动社会组织乡村"为目标，其包含的教育意义，更多更广，这都是显然与一般民众教育，或其他教育不同的地方。

三、两种方式，皆是由政治上作倡导，以政府所设立之学术机关，来研究设计，并训练服务人才去办理。此项学术与训练机关，在江西则为"民众教育师资训练所"，在广西则为"国民基础教育研究院"，"国民基础师范学校"，在山东则为"乡村建设研究院"。

当然这两种方式不同的地方还很多，并且也许不同得很大，譬如：

一、国民基础教育，与特种教育，其本身只为一教育机关，而山东的乡农学校，则不只为一教育机关，并且于其最初构成的安排上，还即使之具有乡村组织之雏形，由此往外扩展，即是未来的乡村组织，就此意义上说，乡农学校，同时亦即为一乡村组织。（参阅梁漱溟先生论乡农学校及乡学村学各文）

二、国民基础教育，与特种教育，虽然教育的范围也很广，可是还是偏于人的训练上，山东的乡农学校，因为其本身即是一乡村组织，所以除了人的训练以外，还要实际的，解决农民现实生活之一切问题。从这一点上说，他又与前述第二种乡村改进会的性质，有点接近。

其他，则如对于训练农民的方法上，对于组织引导之态度上等等，比较起来，自然还有很多的不同。可是无论如何，却无碍于将他们相提并论，因为前面所举的三点，实在表现出了很大的共同的倾向，并且同以上各种办法比较起来，这两种方式，实亦显示着一种极有意义的、综合的趋势，这样，我们略去其不同，而只就这一个主要的同点来论，是很可以的了。我们即把这两种方式，合并起来，统名之为"综合的方式"。

似乎凡是一种社会运动，最初多是部分的枝节的活动，等到经过长期的酝酿试验以后，一种综合的，全体的形式，便出现了。如果我们把民众组织，作为中国近十余年来社会运动之一种中心的要求时，则其对于这个问题所生的办法之演变，是很可以用这个眼光来看的，在前面各种方式中，除了直接从自治制度上改革的办法以外，我们都可看出，皆或多或少的有助于组织的目的。由失败而修正，由浮泛而深刻，如果从其发展的顺序上加以观察，则很可看出其渐次进步的痕迹，譬如广西，则是先由民团的训练，而后来才走上这个方式的。这种方式的优点，便在前面各种有意义的办法，皆能包含在内。他是以教育为体，以农民生活之全部的指导为用，无论知识的、经济的、军事的、指导或训练，这种方式都要进行，同时他并且可以调整各种办法的步伐，使之协和的，向一个共同的组织目标去进展。所以就这一个重要的变迁上，我们视之为综合的方式，似乎不是过分的称誉，就其教育注意的普遍来说，他很有点像日本的全村学校，就其为民众生活改进之引导来说，他又很含有丹麦国民高等学校的意义，但却是中国特殊的产物。因为他们教育的目标，放得很普遍，这样便能审察出随时随地所应该有的活动，来促进组织的滋长。经济问题要注意，自卫及其他问题也要注意，这样则不致为一个局部的目标所约束，而得总揽了乡村全部的情势，这仿佛可以有很多自由的余地，来选择决定所应有的活动。从这里便可得到很大的解放，而同时便可有了很大的成功之可能。

不过要注意的是，这种方式还是近数年来产生的，现在还在试验中，并且分别观察起来，究竟是否都能合适，也正有很多的问题。即在各处所试验之办法的内容上看，也还未能达到完全统一的步骤，如山东的乡农学校，大家都知道有邹平与菏泽的两种形式在分别试验，也许在不久的将来，各处会更现出一种愈进步的形式。可是无论如何，在目前所有的试验上，这种综合的优势，是存在着的。并且即使再进步，也必是更能发展这种优势的，更高的综合的形式。所以我们离开了具体的各处所有之详细的办法，而只就这个综合的优势上看，是没有什么可以非议的。这个优势，亦即是其成功之可能，分析起来，更可有下列几点：

第一，组织之头一个要件，是习惯的养成，在这个方式里面，达到此项目的之可能，是很充分的，在经济方面，可以由合作的指导，充实组织的内容，巩固组织的基础，并可以军事的训练，以及其他的教育方法，来帮助组织能力的培养。这样则可相辅相引，而使农民的组织习惯，逐渐养成而不觉。

第二，社会是全体的，在社会中，人与人是互相影响的，没有一个人不受别人之教育的。若是想要农民整个的进于组织，则单注意某一部分的人是不够的，必须在广大的农村社会中，造成组织的空气与环境，这样农民进于组织，始能成为继续的，生长的形势。如此，则不惟要注意于成人方面组织之引导，儿童也要使之在这样的形式底下来活动。这种综合的形式中，是把儿童也放在教育的对象中的，这样则在组织的指导上，儿童也很可以不至于忽略了的。如果儿童也能进步于组织的生活，则乡村间组织的空气，便浓厚了，环境的基础便算有了。这样人人生活在这组织的环境中间，耳闻目睹，皆是组织的生活，现实即是组织，组织即是现实，乡村真正的组织，是不愁实现不了的。

第三，这样的方式，又是极富于弹性的，他随时可以注意乡村社会的问题，调节解除乡村随时的矛盾，到一个近于圆满的阶段的。譬如土豪劣绅的垄断把持，是可以由多方面引导农民组织的力量上，来融化这个不平的局势的；即或农民间有了冲突，是可以用伟大的群众组织之形势来解除的。由此，可以使农民愈益成为整体，而共奔赴于团体互助之生活。

第四，组织的第二个要件，是要能引发农民的活力，这是一切单纯的办法中所难作到的，在这样的方式之下，便有了大的可能。因为他本身是一个教育组织，由现实生活的指导上，由团体集合的训练上，随时随地，都可以点醒了农民自身的问题，教他们振作向上，知道不能再苟且因循，应该改造自身及社会一切的不合，这在大的组织形势之下，用这一种提撕警觉的功夫，是比着空洞的教训，来得有效得多，即只由现实生活的努力，也能时时觉醒于向上之必要。这样则组织越走越可成为自觉的，对于未来社会之光明的路径，是逐渐可以清醒于农民之意识中的。

这一些推断，虽似乎太理想了，然却皆有根据。一切自然与社会现象的结果，皆是包涵于最初之可能的形势中，这种方式之最有把握的地方，便在他具有了这种可能的形势。一个细胞，最初是很微小的，然而一个最复杂的生机体，其一切构造，皆在此微小之细胞内包涵着的。就这一个细胞来说，则他所有的，只是一个发展的可能。同样，像这种社会改造的方式，也许最初是顶简单的，然而复杂的社会之展露，便要在这顶简单的方式内包涵着。因此，综合的意义，并不在他内容的繁杂，而是在他能具有一个包容的形势，含有开发未来社会之一切的可能。

不过天下的事，也绝没有容易的，可能是有了，然而如何能实现这个可能，却存在于一种更大的努力。方法究竟是容易生的，到了相当的时机，人人都能看到这里，所难的，就是运用方法去发挥方法内所能有的成功。这一类的综合的方式，实在也是中国近来南北各处共有的发现，从政治上，到社会上，似乎都有这样的新觉悟。"政教富卫"合一的信念，不是很代表国人之普遍的意向吗？可是究竟能否由此而解决了民众组织的问题，还要待于此后更辛勤的试验。在这里，我还要提出两个更根本的问题，请大家注意：

第一是，就组织的本身上看，须是怎么样的组织，才能是中国乡村的，才能陶铸为农民之合理的新习惯？

第二是，就运用组织之活力来看，须是怎样提发，才能鼓荡出来？

在前面，我们曾说到组织的三个意义，可是要知道，那乃是组织之最基本的原则，从这基本原则，到具体的实际的组织，却还可以有许多不同的形式。同是组织，美国可以有美国式的，日本可有日本式的，皆有他明显的特别点。自最高的政治组织，到最下层的社会团体，各社会各民族间皆有其自成的形式。这些自成的形式，皆是从各社会民族间的历史习惯沿下来的。每一社会的某种组织，决不是偶然的，必定有他历史的，以及其他的种种条件，使他必然具有那种形式。所以观察社会间的各种组织，最要留意各种组织的特别点，从每一社会某种组织的特别点上，便很可推断其历史及其民族间的一切特质，反之，从一社会之历史或民族间的一切特质，也可推断此一社会中某种组织的特别点。这实不是什么高深的学理，而是普通的常识。中国民族，我们皆已知道，在其过去的历史，几乎看不见一点组织的生活，可是如果他要有新组织时，则也决不能是偶然的无根的组织。他有悠久的历史，也有深厚的文化，在每一个中国人的身上，实都具有他民族的特点。这样便决不能产生一种违背于他们的历史与文化的组织，如果他要有组织，则便是中国自己的，决不能是美国或日本的，必须是中国自己的组织，这种组织，才是有机的，才是自发的，也才是生长的。必须这样，才能真正成功为组织的习惯，而不是一时的外表的形式。谁不深明白这一点，谁不能谈组织，也决不能指导组织。可是近数年来，从开始中国有觉悟的人，感觉组织的需要时，一直到现在，我们还只看见大家光愁着没有组织，用什么方法去组织，却还很少看见有人认真注意探求中国人要的是什么样的组织。谈自治的，固然根本没用过这番心。即是真正关心于民众运动的人，也似乎没有真想过这个问题。我们只看见今天一个办法，明天一个办法，这里一个什么社，那里一个什么会，什么团，新鲜花样，层出不穷，仿佛把中国农民看成了百事通，什么皆可以作，什么法他都能行，你也来试验，我也来试验，而并不先细细的考虑一下，究竟这些办法，有没有社会的根据，能不能教农民照着走。时至今日，各种花样，已玩得不少了，而农民们怎么样？不还是五十年或一百年以前的生活习惯吗？结果不是农民根本烦了，就是生办法的人够了，从此不声不响，销声匿迹，便也不愿再运动了。性气小的人，叹一口气，性气大的，还要大发牢骚，大骂农民顽固。我们试平心想想，这不是二十年来民众运动的写照吗？这不是大家忽略这个根本问题的表征吗？

当然，每一种社会运动，错误是不能免的，并且越是错误的次数多，越表示出这种运动价值之伟大，不过屡经错误之后，总要有一番觉悟了，要能知道更进一步的认识问题的真际了。现在要明白，组织本身问题如果不去注意，不但没有好的推进方法民众组织不起来，即使有了好的推进方法，也还一样没有效果，甚而还更因为推进方法的有力，反而越发加重乡村的破坏。关于组织之方法问题，已经过多少年的试验与修正，而今算是得到一个最进步的综合形式了，现在我们便应该在这进步的形式之下，仔细留心纠正已往轻浮的错误，要深深的用番研究功夫，去寻求中国社会之正确的组织形式，使能从此把心力用在正当的方向之下，大踏步的向前走，所以这个组织本身的问题，是不能不特别注意的。

其次，前面又曾郑重提到活力问题，在此综合的方式里面，我们已肯定其有提发活力之可能，在这里，便要注意要怎样去引发活力，去实现这个可能。前面只是从形势去指点，这里便要进一步去注意实际的办法。

从表面上看中国农民的生活，使我简直难以相信，他们还有向上的活力。我们曾指出，现在的农民，是在过度的刺激压迫之下，苟偷的往前敷衍，似乎说到活力的提发，只是寄于渺茫的希望之间，可是从前面推断这个综合方式的效用里面，我们又似乎已经承认了农民活力之能以提发。则这个承认是怎样来的？又怎样去从那些概括的判断里面，找出实际的引发之办法，以解决民众组织之更根本的问题？这又是一个顶重要的工作。

所以在探求方法之后，来更进一步的，究讨这两个极有关系的问题，是最为必要的。不过这两个问题，却皆不是简单的，是关涉于全部中国历史与文化的问题，在我们这样的讨论中，是不能允许如此扩大来分析的，我们只能从较具体的原则上，指明应该注意的几个重要意义。

关于组织方式问题，要指明的是四个要点：

第一点是，中国社会与西洋近代的社会，有一个根本不同之点，即是西洋在近代的前半段，是偏重了个人，后半段又是偏重了社会，由其偏重个人，乃表现而为个人主义，由其偏重社会，乃表现而为社会主义，中国社会则全然两样，其社会自来的重心是家族，文化上，习俗上，乃无在而不以家庭为基点。一切人与人的关系，仿佛皆是化家庭而扩大之，只重各方面情谊的连锁，而不倚重个人与社会之任何一点。这样以情谊为主的生活，便产出了义务的崇尚，就此以重视情谊与义务之点来说，我们便可名之为"伦理的社会"。从政治以至社会下层之不像组织的组织，如乡间的各种会社，皆充满了此伦理的精神。近数十年来，虽然为外面的世界潮流所激荡，社会的种种习俗都逐渐破坏了，但中国人生活的深根仍在这里，尤其是乡村社会表现得特别清楚。如果要想使农人进于组织，则始终不能不从这个基本点上去想办法。中国不有组织则已，有组织则也必是以情谊与义务关系作基础的组织。因为中国人生活的根在这里，离开这里，中国人便没着落。所以从此点意义说，中国将来的组织形式，不是别的，便是伦理范围的扩大；是建筑在这个社会几千年来文化之基点上的新的联合。

第二点是，唯其是伦理范围的扩大，所以组织的初步，便不能是普遍的联合，如西洋社会之阶级的各种组织，而天然是要从各个人关系较密的地方，如邻里亲党之间联合起，依次向外扩大。如果构成的关系一广泛，便难成功，不要说东村与西村，不能马上有了组织，就是在一个村庄里面，也须是这样一步一步的联结起，由一个一个关系密切之小的单位，再逐渐沟通结聚成较大的单位，这样的组织，才算自然，从中国人的特点上说，他们的组织，很自然的要落于这样的方式。曾见某君一个提案，建议中国乡间合作社的组织，要应用"分组制"，将一个合作社的社员，分成几组，由各组的健全组织，去完成全社的组织，这个意义很中肯，大概中国社会任何的组织，都不能不从这样的办法去开路。组织的指导者，应该深深的明白这一点，从种种方面来辅助这个组织的发展。一样可以行集体的训练（如军事教育），一样可以行各种广泛的团体指导，（如讲习的，观摩的，研究的，劝勉的，种种集会）。一样可以行种种适应特殊环境的，临时的或固定的编制；（如自卫上的联络）可是要紧的是，不要忘了这个基本组织，要把这一切当为培养帮助这个基本组织的功夫，而不要认为即是组织的本身，这样才能看清真正的组织，而不以一时形式上的表现自喜自满。

第三点是，唯其是伦理意义的联合，所以组织也便不能从个人权利的对待上去倡导，而亦必然的要从彼此尊重爱护的意义上去指引。在中国社会，一讲权利，便是分离之势，唯有在彼此敬重爱护之间去用力，团结才能坚固。"一辈同窗三辈亲"，"不愿同日生，但愿同日死"，是中国社会自古以来对于人生结合的信念，新组织必定含有这套精神，始能牢稳。比如合作社的组织，如果只是教农民彼此泛泛然以社员的名义，对等的去构成这个团体，则决不如教农民相亲为朋友为兄弟结合成的，来得实在坚固。合作社如此，其他组织，又何不然？因为唯有相亲为朋友或兄弟，中国人方感觉关系亲切，才觉得是一家人，这是从他伦理生活里，培养成的民族心理。他决不会在泛然的关系下，有了坚固的结合，有则必是伦理的。这样的联合，我们可谓之为"朋友式"或"兄弟式"的组织，以别于西洋在分子的权利计较的规定上构成的组织。

我尝想，要想找出来正确的组织形式，则所有中国散在乡村间，从历史上留下来的各色各样的结社，是不能不加以充分之注意的，这些结社，有的类似合作社的性质，（如各种"合会"）有的又类似宗教的团体，（如各种"帮""道"的秘密结社）这一些，虽然其结合有的很散漫，有的更很无意义，说不到是近代意义的组织，在自来的社会里，他们多是不能登大雅之堂，不为知识人物所屑道的，可是他们却是自然产生出来的，是从中国社会的根底下长出来的，虽然不成为真正的组织，可是很明显的，是带着组织之色调的。他们是散在中国南北各处，深入于社会之下层的。我们用了种种方法去引导，而乡间人还不理的组织（如合作社），他们的雏形，却正很鲜明的存在于社会的内部。我们要的是组织，而这些很带组织色调的结社，我真不明白，为什么社会运动者不去注意，而偏要从美国、德国乃至俄国，东拉西扯的，抄人家的办法？我们明明的知道。组织不是容易的事，而这些社会自然生长的结社，为什么就不去考虑一下，他们究竟是怎样结合而得存在的？我们自然不是主张不分青红皂白的，把这些结社一律提倡起来，有判断力的人，自然知道我们的意思，完全不是这样。我们是要点醒大家，注意这些结社的特点，从他们的特点上，来决定新组织应有的方式。只要明白社会事态不是无根而生的，便可知道从历史上演变出来的结社，他是含着历史的深因的。从他们最普遍的特点上，经过一番切实的判断，找出他们最重要最有意义的倾向，以运用于新组织之中，是一点没有疑问的，我很知道，这是一个繁重的工作，需要经过缜密的考察和研究，可是一个概括的判断，我是很自信的可以先提出来请大家注意的，这就是，所有这些结社，他们无不是在伦理的情调，而其表现出来的，无不是朋友的兄弟的形式，他们无不是从分子间的情义上，谋连结之密切的，在这些结社下，各分子大都是相视为朋友兄弟，而构成了团体之关系的，他们也有自定的规条，而这些规条，主要的乃是维持分子间的情谊。他们的联系，是情谊的联系，而绝非法律的联系，即如现在社会下层流行的"清帮"或"三番子",各会员彼此还是按着辈数排下来,相呼为兄弟的,这可说是标准的结社方式。从这一点上看,便知道上面对于组织方式原则的决定,要各分子相视为朋友或兄弟的意思,不是随便提出的了。

第四点是,唯其为伦理的组织,则此组织,自然也必是尊重领袖的组织,自然是能带领起大家的人,由大家推戴着他而有的组织,中国社会,一切皆离不了领袖,这个领袖却不是把持势力的领袖,而是在各分子的心意上,大家愿意相信他的领袖。中国社会自来的各种结社或联合,只有"头"或"长"的名词,这个头与长,仿佛是家庭的家长,是情谊上,大家愿意遵服他的命令,愿意受他的约束的人。旧的结社是如此,新的组织也不能外乎这个方式,不过要紧是点醒各个分子,教他们在自觉的意识上,推戴他们所相信的人,不要是无意识的盲从而已。在朋友或兄弟的关系上,大家觉得谁可以教导大家,谁可以监督大家,便可推戴谁为团体的领袖。中国乡间,自来是重齿尊长,这是从伦理生活的自然生出来的习惯,新组织仍然要从这种习惯上,打下根基。

本来一切社会的组织,都离不了领袖,不过在中国乡村组织的领袖,却更为重要,而其意义,又更有不同。就是中国乡村的领袖,不仅是能办事的,并且还要能在行为上领导大家。因为他在团体组织中,是要受大家的爱护与敬重的,他的被团体的爱敬,一部分固在能力上,重要的还在德行上。在这个意义下的领袖,他必定要从自己的行为,表率大家,教大家彼此间的情感,更能敦笃,相亲相敬,而趋于完全一体的境界。他要留意团体分子间彼此的态度,注意他们有没有意气,有没有不能相通的心理,诚恳地加以疏通和劝勉,因为这样的组织,是完全站在情谊之上的,情谊不合了,组织的精神便失掉了,虽然还有好的形式,也不能再往前进了。这样的领袖,自然是极难作的,并且不是现在乡村间都能有的,可是真正中国的组织,便必须有这样的领袖,这是从伦理精神自然归结的事实。社会运动者,便要深知这一点,一面要发现并护持乡村现有的自然领袖,一面又要用种种方法,培养未来的新领袖。一面要对全体的组织分子,勤加教导,教他们更能适合于组织,一面更要在领袖身上,多用提挈的功夫,教他们更能自振自励,以担负指导团体的责任。在这一点上,社会运动者,要拿得稳,要咬定了乡村组织的重要关键,竭力从彼此相信相爱的精

地方自治与民众组织

神上促进这个组织，要认识乡村的组织，唯有在浓厚的无所计较的感情之下，才能结合得巩固，才能往上滋长。千万不要从权利的分别上，随便应用那些牵制监察的把戏，以致失掉组织的粘力，减杀领袖的信仰，致使组织失掉了根据。有眼光的社会运动者，对此不能不有一番深刻之理会的。

上面是说组织本身的问题，现在再来谈启发活力的办法，这个问题，要指明的，则又有两个重要点：

第一点是，活力的观察，不能从农民生活的表面来决定，要从农民生活之特殊的倾向上来理解。活力是什么？从前面的解释来看，即是自觉向上的一点意识或要求。从表面上看农民的生活，是太萎靡了，太因循了，完全是为惰性的习气所包围，只是苟且敷衍，绝少生发之意。可是要明白，这样的现象，不是随便来的，也是从历史上逐渐演变下来的。中国社会，在很早的时间，已经脱离了阶级与宗教的束缚，而走上完全靠礼俗力量而活动的阶段，一般人民，在其社会的伦理关系中，由礼俗的指示，很自然的走上了自生自养的路，在这样的社会里，国家几乎成了虚设的，社会是自有其轨道可走，更用不着政治的帮助。陶冶于这种社会的农民，其一般的生活，便很明显的有两点特殊的倾向：一点是，因为靠礼俗，而礼俗又是社会里自然产出来的，是一种生活之原则的指导，（如孝亲睦邻等）为着适合礼俗，乃时时不能不有一种自觉的判断。（如如何孝亲睦邻等）一点是，因为靠礼俗，而生活很自然，各人可有各人的道，外面没有强力的压抑（阶级的或宗教的），用不着用多大的力量对付外面，所以生活乃就表现不出力量，而很自然的，是走上因循妥协的状态，而不易振作，这两种倾向，似乎是相反的，而实则是相连的，都是从依靠礼俗而来的结果。不过因循与妥协这一类的倾向，却常是缺乏自觉的，是富于惰性的心习，他是与自私贪求等同是农人生活中不自觉的习气，因为是惰性的，所以乃妨碍了进取。通常我们对于农人，大概都看见了这一面，所以感觉对他们难有办法，其实在惰性的背后，他还存在着一点自觉的意识，不过不易观察罢了。

虽然在近数十年来，农人经过残酷的遭遇，越发加重了惰性的倾向，由因循妥协，而变成敷衍苟生，可是这一点自觉的意识，终还没有消灭。乡间人为什么许多对于社会风气的变化，提起就叹气？为什么老是拒绝政治上一切新的设施？一部分固然由于习惯的不合，一部分则很表现出他们内心的不安。他们仿佛觉得，现在是一切都不如从前了，现在是什么都不行了，这一种对于现社会不满的心情，请你不要忽视，这即是他们由自觉的判断而来之一个很微细的向上的不安，这就很可看得出来，他们还仍然有自觉的意识在。这种自觉的意识（或判断）不是别的，即是活力的端倪，是一切皆硬固了的一点微小的生机。他们虽然是不愿动了，可是如果能点醒了他们这点自觉，使之由微弱而逐渐强大，由隐晦而逐渐明显，则对于环境改造的要求，未始不可热烈起来，我们所以承认农民还有活力存在，其根据便在这里。

第二点是，活力虽还存在，可是想着引发，却是最困难的事，因为中国农民的活力，不是存在于易见的行动中，乃隐伏于各种固习的背后。他不像新兴民族，活泼泼地，处处表现出飞跃的神态，他们是饱经忧患的人类，仿佛世间一切事变，他们都看穿了，对于什么事都不易起劲，这比组织的习惯还难用力，因为组织的指导，不论成效大小，总还可有点形式的表现，而这个活力，则是精神的自觉，是存在于无形的心理上，摸不着，看不见的，想用力也不好用，这真是极难的事，可是也正因为难，才表现出这个事业的伟大。想着进行这个伟大的事业，便不能不从事实的根源上想办法，如此则只有靠组织指导者的眼光与热力，从农民生活的各方面，去注意这个问题的基本，决定自身的态度，似乎很难找出一个一致的具体的办法大家都能运用。可是具体的办法虽然难找，而概括的方向却可以决定的。从中国农民之特质上看，就我们所见，则这个方向，没有别的，只有是教育的，然而却非普通的教育，是能深入农民意识深处的教育，是能透过了种种陋习，而荡动了生命里层的教育，是从形式到内容之"内外交养"的教育，是不离于现实生活指导的教育。分析起来，这种教育的要点又有三个：

一点是必须从"向上学好"的意义上，点醒农民的注意，因为农民那点自觉的意识，是从伦理生活下，经过礼俗的锻炼培养出来的，这里面便很带有向上学好的意向。中国一般（注意此两字）的礼俗，有一个特点，即是以对别人尽责任为对，譬如一个人，如果弃家不顾，或是富贵而忘其妻子，便常为社会所不齿。这固然是唯有如此，才能愈加增进了伦理的连锁，巩固了社会的基础，然也同时更指点了一个向上的人生，使人不敢不努力学好，以求对得住他的家庭戚友。除了少数之少数的人，谁也不愿意叫自己身败名裂，辱及亲友，这即是中国人一般的自觉的意识，也是中国人生活之基本的源泉。这样，如果教农民的活力荡动起来，便不能不从这个根上下手，要在这是非标准完全混乱之下的苦闷空气里面，点醒他们重新认识这条向上学好的道路，指点他们怎样敬长慈幼，怎样敦睦乡里，这样才能真正打进了农民心意之深处，而得逐渐引发出生机来。

再一点是这种指点，不能是空的，必须落在现实生活里面，具体的说，就是必须落在组织生活的里面，才有实效，因为人的生活，是不离于实际的，向上学好是生活的基本的原则，而向上学好之道，则又随着社会的变迁而有转移。譬如在从前没有团体生活时，开会商量事情的秩序，也许不必要，而新的组织生活，则不能不重视这件事了，这样则必在开会的秩序上，有所尽心，始能算新社会底下的向上学好，开会如此，其他关系于团体生活的事，也都需要如此。教育便要从这些地方去指点，这便是内外交养的教育。必须如此，教育才不致落空，而组织才不至于成为机械的习惯，而得跃动起来，成为活的生活。

三一点是，指导者必须有活的态度，始能增强了教育的力量。这一点便可以答复了国人对于民众组织的引导是应该急进或缓进的纷辩，只要知道民众组织是要针射着习惯与活力两个目标时，则态度的决定，是不成问题的。我们很清楚，组织习惯的培养，是可以从经济上缓缓的引导，使之得到合作的训练，而同时也可以用急进的军事教育，以锻炼集体的意志的，同样，活力的启发，也可分别用这两种态度去指导，而收到相辅相助的效用，在基本上，固然必须用缓的教育方式，逐渐引导，以收潜移默化之效，在着手时，也许必须用一种急进的严格之教育方法，例如军事的训练，恶劣风气（如吸食毒品赌博斗殴之类）的制裁等，转移社会的目标与空气，使着造成一种振作严肃的风气，以夹持一般民众，不能不向一个新的目标去注意。这仿佛对于一个沉堕已深的人，要想使之有所觉悟，实不能不与之以"当头一棒"的。不过要紧的是，指导者必须认准了大的方向，以及自家所有的指导的凭借，看看有没有这样充实的力量，以随时决定应有的态度；这样才不致因为态度过缓，而把组织事业，作成不生不死的局面，也不致因为态度过激，而生出僵固硬化的流弊。

最后，我们再来讨论推进民众组织的系统问题，要看一看完成这一件事（民众组织），究竟应该靠社会，抑是靠政府？

从综合方式的决定上看，似乎已经表明了，必须政治的系统，才能运用这个方式，民众组织的推进，似乎也只有这一个系统，始能完成，这个问题，似乎已经不用再加讨论了。可是事情也决没有这样简单：

第一，从上面的各种分析来看，组织的两面（习惯的培养与活力的启发），天然是需要极深刻的教育功夫，始能推进，然而这种功夫，如果完全靠政府来作，则不易见功。因为政府作事，是不能不讲形式的，不能不求一律的，而教育这件事，却必须是活动的，要随时随地因应外界事物的需要，而有所变化的。如果处处求形式的一致，规条的一律，则这个活的效用，便不易得到。任何人都知道，政府作事，是不大讲内容的，一纸公文，规定怎样作，便得怎样作，至于做到什么样，有什么结果，便不大管了。所以政治的设施，自来便很少带有教育性（真正政教合一的政治在外），这并不是政府都想这样，而是由于政治的事情，是带来了这样硬固的性质。况且从政的人，也不一定是懂得民众组织的，即是想着用教育功夫，有时也不知道怎样用，勉强用，也许用错了，遗误更大。所以如果把民众组织的推进，完全由政府来作，则任何好的方法，也都慢慢要变成机械的，僵固的，假使到了这样的地步，民众组织还有什么前途！

第二，在第一段内，讨论地方自治与民众组织的关系时，我们就已指明，中国现在，正是要从下层的组织，慢慢扩大，逐渐长成一个国家，这就是说，中国的政治本身，还没有轨道，还须由民众组织来培植出一个政治体系。现在我们反而要使这没有轨道的政治，来作这个培植政治自身的事，从道理上说，是自相矛盾，从事实上说，也显然难通，姑不论政府能不能作这一件事，即使能作，又哪能使各处政府都来作这件事情呢？

从这两点来看，似乎由政府来作民众组织推进的事，又是完全不可行的，然则这个问题，究竟应该如果解答呢？

这个问题的解答，还要从事实的沿进上看，从事实的沿进，我们看见了极明显的两个动态：一是民众组织运动的本身，越往前走，便越离不开政治，一是政治本身，因为民众组织运动潮流的鼓荡，越往前走，便越离不开民众组织。这两个动态，便可给予我们对这个问题的确定的答案。

何以说民众组织，越走越离不开政治呢？原来民众组织的运动，在开始时，自无疑的多是纯粹的社会运动。就理论上说，政治没有办法，不能不从民众组织下手，在事实上，政治最初也不注意这个问题，不能不由社

地方自治与民众组织

会运动者自己来作。中国十余年来的民众运动，在最初的时候，无论是哪种的形态，差不多都是社会下层的活动，并且在最初的形态。如单纯注意知能开益的民众学校，以及经济上的合作组织等，也不太关涉于政治，很可以在纯社会的范围内来活动。可是随着事实的进展，摆在社会运动者面前的问题，便越问越多，越问越深。想着解决经济问题，便不能不顾及治安，想着解决治安问题，便不能不希望实行普遍的军事训练，而普遍的军事训练，没有政治凭借，却是办不到的。这样随着问题注意的开展，事实上便自然要及于政治问题，便自然要同政治发生关系。自卫如此，其他事情也莫不有这个趋势。除非事情是停止不进的，只要往前走，将没有不同政治发生关系的。这是自然的形势，谁也不能止得住的。所以说，民众组织运动，越往前走，便越离不开政治。

其次，再来看政治方面的情势。任何时代的政治，皆不能离开社会而独立，政治原是社会事实表现的形态，时时皆要受社会事实所决定的。封建制度的社会，便有封建形态的政治，资本主义的社会，便有资本主义的政治，原是不可易的定理。中国政治之所以没有轨道，是社会本身组织构造崩溃下必然的结果，可是如果社会一步一步有了组织的要求与事实时，政治便也不能不随着有所转变，民众组织的运动，从种种方面看，都有他深厚的社会根据，开始大家虽然不注意，可是随着社会事实的推移，大家便也逐渐注意了。这样，在社会上，是必然的可以逐渐构成为有力的潮流或趋势，而在这样潮流或趋势之下存在的政治，便很自然的，也要转向于民众组织之一途。为什么近年南北各省的政府，要督促民众，办民团，办联庄会，乃至提倡合作社，办理各种训练民众的机关学校？这皆是受社会潮流的鼓荡，不知不觉的走上这条道路。这条路现在还算才开始，如果社会的组织运动，还是继长增高时，则政治的设施，便更不能不合于这个趋势，更不能不走向民众组织的促进。所以说政治本身，也越走越离不开民众组织。

这两个事态的动荡，实能与我们以很大的启发，使我们可以看出，在最近的未来，社会运动的潮流，与政治的方向，将逐渐融合为一，而共同促进了社会的进步。这是事实的必然，也是中国社会转变的重要关键。在这样的事实下，社会运动者可以逐渐得到政府的同情与辅助，而愈益增加了事业的效果，政治方面则可以逐渐接受了社会的意志，而逐渐走上正常的轨道。这个路程,也许还须经过较长的时期,可是趋势是显出了的。从这里,我们便可相信,以前的民众组织运动,虽然可以为纯社会的,今后将绝不能如此,将要步步与政治的意向相谐调,这一个大的事业,将要由社会与政治的共同努力,而走向一个比较今日更圆满的阶段。

所以从这里看,单从理论上探究民众组织的推进,是应该归于社会,抑归于政府,是没有多大意义的。社会与政治力量的合流,已成为不可遏阻的事实,今后的问题,将不在此推进的从属是应该在谁手里,而在如何把握此趋势,指引此趋势,教他能在完全合理的轨道之下,正确的谋民众组织的开展。

在今后的问题,最重要的当不外如何使政治对于组织问题,得避免了前述的缺欠,而能稳妥地辅助这个运动的进行。社会运动者最应努力的,大概要在这里。从原则上,我们可以指出社会与政府两方应持的基本态度,作这个系统问题讨论的答案:

一、社会运动者,应紧紧把握住组织的根本目标,不要离开了教育,在适当的凭借之下,运用政治的助力,由综合的方式,作组织的推进。

二、政府的主持者,要明白,民众组织是社会的基础事业,如果想来推进,则最好不直接办理,完全信托社会运动者,由社会运动的团体,直接来办,自己居于间接辅助的地位,以避免僵固硬化之倾向。

这样往前进,则虽然是社会与政府合作来完成这一件事,而事情的重心还是在社会手里。在社会手里,则方法上自容易有所改进,生机还是继续的,而崭新的社会构造之形态,将可由社会与政治的共同努力,得以逐渐显露出来。

五　结论

上面对于民众组织的对象与方法,大体都已讨论完竣,现在再进而推断民众组织如何表现为地方自治,作本文的结束。

本来地方自治,就其涵义来说,即是一区域内的民众,能共同商量办自己的事。这好像须先来构成了一个组织体,始能办到这一步:其实,组织体生长的时候,便自然而然的要商量办事,所以组织与自治,还是一回事,不过可以从其内容上说为组织,从形式上说为自治而已,这个自治的表现或进行，在中国社会之自然顺序上，大概可以有这几步：

第一步是，民众完全不感觉到组织的需要，由指导者的努力，而慢慢形成为组织体，有了组织的意识。

第二步是，由组织意识的发动，而逐渐觉察于团体以内的事，大家应该共同努力，而慢慢能够商量。

第三步是，由组织意识之充分开展，而团体以内的事情，各个分子，皆愿意过问，也皆能过问。

大概到了第三步的情形，便是团体组织完成的时候，也是自治形式圆满的表现的时候。一村一乡以内的事情，如经济的组织，礼俗的整顿，卫生的设施，公安的维持，纠纷的调解，将要很自然的，落于这个自治体内，而得达到一种很有秩序的生活。这样，将由小范围（如一村一乡）的自治，而逐渐联合成为一更大范围（如一县）的自治，而同时上层的政治，将也因为地方自治的进步，而逐渐改变其形态，成为有秩序的政治，适合于社会的政治。这样前进的路程，便是"由小范围来着手以建设国家"，这是中国社会进展的自然程序，也是人类历史上，还未开发过的自觉的社会改造。

二十四年十二月廿七日稿成

乡村运动中之儿童问题

一

在任何时代的社会中，儿童都是很重要的，因为他们是社会未来的主人，不过在古昔时代，由于社会传统的观念，常把儿童视为成人附属的分子，以为无足轻重，于是在教育上，主要的目的，乃为使儿童接受成人的思想，摹仿成人的举动，而儿童本身活泼的生机，遂乃常被压抑，可是时代的转变，终于把这个社会的偏见逐渐纠正过来了。在教育上，儿童本位，儿童中心的呼声，早已轰动一时的耳目了。并且这种态度，已很快地转到社会问题上，许多社会问题研究者，已感觉到儿童对于社会关系的重大。近世的女诗人爱伦凯曾说："二十世纪是儿童的世纪"，这一个震动一时的口号，现在已将成为社会事实的描写，尤其是转变期中的社会，更充分地表现出这种事态的推移。譬如苏俄，他正在用极大的力量注意这个儿童的教养，使儿童积极的成为社会组织之健全分子。其他的国家，也无不以其一部分的力量，来对待这个问题。所以，"儿童的世纪"，现在诚可当之而无愧了。

这种事态的转变，其最初的原因，当不外是对于儿童心理认识的转变。自从卢骚爆发了注意儿童自动的火花，许多聪明的教育家，便都往这条路赶上来。不过从社会问题上正式看重了儿童，这还是最近数十年的事。这大概由于最近这一段时间，是社会问题最紧张的时代，大家都觉得要想使社会适应这个时代，势非社会内各个分子了解这个时代，参加这个时代不行，于是这个幼小的分子，便自然为一般人们所重视。这告诉我们，儿童在现代，已经不能只看作是未来的主人，还应看作是当前社会的重要之一员了。

这实在是时代的新贡献，这里可以看出对于社会之新的认识。本来社会的改进，原要靠着成人的努力，然而这些天真活泼的儿童，他们正具有强盛的生命力，在他们接触的社会，从家庭学校以及于他们自己的伙伴，都是在在与全体社会密切相关。如果对他们有了相当的指引，教他们也能发展其才能，用在社会改造，或与社会改造有关之生活上，则其对于社会，正有很大的帮助。所以对于儿童的重视，正是社会合理的趋向。

乡村运动，原是整个的民族自救运动，他是指示出这个社会正在一个大转变期，这个运动的主要分子，自然是在一般农民的身上，然而向深处看，正也如同一般的社会，必然要看重了儿童。并且因为这个社会的转变，还特别复杂深微，所以更应该注意于儿童的引导，使儿童也能参加这个运动，成为改造社会的新分子。这在乡村运动的实行者，大概都可以迫切的感到，观于各处乡村运动团体，对于儿童教育的努力，便很可以看出这种情形。不过这里却有一个要紧的问题，就是我们应该怎样领导儿童才能合于以上的目的？一种事情，如果处理的不得其当，也许只能得到反面的结果。所以我们对于这个问题，须要加一番冷静的考虑，应该把他当作新兴的运动，要谨慎的探求其前进的路径。

二

对于儿童最普遍的指导，当无过于各处的乡村小学了。因为一个乡村小学，实足为一个村庄以上的教育中心，所以许多乡村运动者，都要把小学作为改造乡村的发动机。诚然，这种小学校，如果能努力于乡村改造的事业，定能得到相当的结果，何况他还是以指导儿童为职志呢？不过虽然如此，事实上却很有困难。一般乡村小学的教师，其地位的清苦，环境的僻陋，实处处都使他们难以担负了这番责任，他们常常为了这一些而不愿或不能向上求进，于是就只有敷衍于讲授的呆板方式之下，而不能有新的创造。这种现象，只能证明现在教育制度的不合理，实不能单纯的责备这些清苦的小学教师。

除了这些大多数的小学以外，少数的乡村小学，他们也想企求一种新的教育试验，而想着从传统的教育方式打出来，对于儿童有一种活的指导。譬如流行的生产教育的口号，现在也已由城市而波及到乡村，有些乡村小学，也来做这一种试验，可是这一类的事，还只是教育方法的改善，这一类的方法是否即完全合宜，还有问题，即使完全合宜，而又怎样能影响到社会？他们的乡村，又怎样能由此而得进步？这实在还存着一个基本的问题。

从社会方面来探求儿童的引导，便不能不注意于现在正为国人所重视的童子军运动了。这种运动，他不但可以及于学校以内的儿童，并且可以吸收学校以外的儿童。他是以全社会的儿童为训练的对象，他的目的，是养成儿童的共同生活之习惯，在共同生活中，培养其组织能力，及其他的善良的品格。这种指导，本来是很有他的效用，欧美各国，原是用了很大的力量加以提倡，在中国，似乎也同样有其需要，不过这里却又要看清楚一个重要的事实，就是这种运动，原是欧美社会的产物，他们有其资产阶级的儿童，有其集中于都市的生活习惯，在这些条件之下，童子军自然能得继续发展，在中国，则全然不是这样的情形。乡间的儿童，他们生活的贫困，已随着农村破产的趋势愈益增进。他们大多数只能上得起不要学费的乡村小学，并且还要以大部的时间，帮着他们的家庭作事，他们时时是要受生活的压迫。这样的儿童，想着教他们学童子军常识，穿童子的服装，组织童子军的团体，参加童子军的集会，这实在是难乎其难，能参加的也不过是乡间较有资产的儿童，大部分的儿童，却要被摈于这种运动之外。所以这种运动，在中国都市的地方虽有其相当的地位，乡村间却没有他发展的机会。所以虽然他的内面含有不可轻视的效用，然而我们却不敢承认他是乡村社会的儿童引导之完善的方式。

在上两种方式之外，最近两三年来，国内又有一种新兴的儿童运动。这是一种很新鲜的试验，许多人都同情于这种运动，这即是陶知行先生等所倡导的"工学团"。关于工学团的办法，有陶先生所主办的《生活教育周刊》，及其他各种有关系的书籍可作参考，这里不必多加叙述。这种运动，原是希望彻底发挥所谓生活教育之意义，而打算"将工场、学校、社会，打成一片，产生一个改造乡村的富有生活力的新细胞。"这本来是包括儿童及青年的活动；关于儿童方面，是同对青年一样，要用"即知即传人"的方法，使之一面学，一面教。并且不但儿童教儿童，也去教成人。这样的儿童，他们不叫作学生，而叫作"小先生"。陶先生以为小先生的制度，是普及教育最好的方法，他曾拟定宝山县普及教育的方案，以为如能使小先生参加义务教育的推行，则全县的文字教育，只消一年便可以宣告普及。这实在是很特别的办法，比着前两种形式，都来得巧妙，这里面至少有下列几个优点：

第一是可以充分发展儿童的天才，因为这种办法，是以儿童的自动为原则，儿童一点也不受拘束，具有天才的儿童，因为要作好的小先生，便可以努力发展自己的天才，多学多教。第二，并且还能使儿童与社会连接起来，他能使儿童周围的世界，可以受到儿童的影响，间接的也就是受了指导者的影响。第三，这种办法，用费可以节省到最小限度，一个乡村小学的用费，实可以办两个以上的儿童工学团，在这穷苦的乡村社会里，是最能适应。第四，这个办法，又是儿童自己的组织，所谓团，便是团结的意思，儿童生活于这样的团体里面，能使他们觉察出自己的责任，也更能觉察出来团体的力量，对于他们以后的生活，实可与以不少的影响。第五，单从教育上来说，则这种办法，在教育方法上，又占一个重要的位置，他能使传统的教育习惯完全废除，而得尽量的从生活上求教育的进展，这又实在是教学方法上之一个大胆的试验。

这五点可以说是工学团运动之最重要的贡献。也许在实行的人，还可以发现其他的收获，但也总不能出乎这五点意义之外。从这里我们当可以知道这种运动为什么能很快地发展了。

不过这种办法的长处固多，却也有他的缺欠，并且这个缺欠，关系并不很小。首先，我们应该知道，工学团固然能使儿童有相当的组织，可是他这个组织，却并没有他们生活之最切近的基础。只使儿童为了当小先生而能有团体生活的努力，这种努力实在很难靠得住。儿童之所以喜欢当小先生，不外由于兴趣的鼓动，可是这种兴趣便是不可靠的东西。一般乡村的儿童，他们还有各人最切近的生活问题，他们固然可以一时的兴趣，来作小先生，可是生活的问题逼迫着他，他的兴趣究竟能维持多久，正是谁也不能断定。如果只是鼓动其一时的兴趣，教他们有所努力，而不能在其生活最迫切的地方，有所解决，则这个团体的组织，便极难永久。一般乡村小学的学生，在其求学时间，各个人也都能彼此相熟，可是一旦毕业，则常各分散而漠不相关。这因为什么？不过由于儿童彼此之间没有生活上必要的连锁而已。工学团如果只是凭借着儿童充当小先生的兴趣，来作其连锁的关键，则这个连锁，便脆弱得可怜。事实限制着他们，一个工学团参加的儿童，在某一时期，必定也要退出来作他们生活所必需的事，离开了工学团的儿童，则又怎样能维持他们的兴趣，能教他们长期的团结起来呢？如果儿童的团结，只限于共同工学的时间，则也与一般的小学，相差不远。所以就儿童本身来说，这未尝不是一个显著的缺点。

其次，就着社会方面说，工学团的方式也有问题。这个办法，儿童与社会之联系，完全立足于小先生的制度。现在姑不论在这种富于保守的乡村社会，使儿童来教成人，究竟能否作得通，即作得通，可是如上所说，这个小先生的办法，原没有儿童生活的基础，一旦儿童离开了工学团，失掉其充当小先生的兴趣时，他们对社会原来的连锁，便将中断。这样他也便逐渐同化于社会，而不能继续为社会改造之新因子。

再进一层看，则这个办法背后之生活态度，也很有问题。我们已经知道小先生之运用，其立足点是在儿童的兴趣，可是这种兴趣，分析其来源，又不外是一种虚荣心理的表现。工学团的指导者，曾规定一种标志的方法，即是用红布符号标志金星以代表其教学的代数。这个固然能鼓励儿童争胜的意思，但是同时却又能增长儿童虚骄的心理。不错，我们应当使儿童发生责任的感觉，使之知道要为社会来服务，然而如何引导他这种责任的感觉，正不是随便的事。一个儿童，如果使他日日自视为小先生，而要在其朋辈以及年长的成人中，寻求其被教的学生时，则任是怎样天真的儿童，不能不逐渐为自是骄傲的心理所侵占。本来人的生活是最需要指导的，在儿童时代尤应该谨慎的指导他使有好的基础，如果开始便使其精神充满了虚骄的观念，则一切正确的指导，恐将被此种观念所障弊。合理的人生，应该是感觉自家的不足，即便对人有所教导，也应该从爱人助人的意思出发，而不该由为自己的虚荣出发。固然这种生活是不易作到，但是总不能不往这里努力。儿童时期，正是人生最富于感受的时期，你指引他要爱人助人，即不能够作到，至少他总可以得到这种正确的观念。你如果从头就指引他为虚荣而努力，这便无异在他的生活上种下错误的因素，向下便将愈走愈难转变，如果我们关心儿童的生活时，则便不能忽略这个类似轻微而实至为重要的问题。

三

然则儿童运动的路径，究竟应该怎样找呢？从开始所说的话，我们便是站在社会问题上来看这个问题的。这样则自然不是单找一个教育的见解，而是要找一个一般儿童之合理的运动。上面的批判，所本的态度原是这样，则新的研究自然也要根据着这个态度，我们必先明白这个社会所最需要的是什么，要把他向那里引导，然后儿童在这个社会内所应该走的方向，才可以找到。

现在的乡村，从任何方面看，实都可以看见其最缺欠的是组织。一切问题的解决，都要从这里生办法。所谓乡村运动，其实不外是组织乡村的运动。从这个意思出发，则可见到，要想使儿童也能促进这个社会的改造，则最要紧的是也能抓住这个核心问题，促进乡村的组织，而想着促进乡村的组织，则又必须使儿童自己能够构成一个组织体。儿童必须能够构成组织，他才能有力量可以发挥，而在乡村的地位才能增长。如此则又怎样组织呢？

一个极易蹈入的观念，我们必须避免的，就是不要把儿童看作能独立而不受社会之影响的。许多人好这样来看，所以教育上的主张，常常是单单幻想一个儿童的福地，而不顾及儿童的环境。如果我们明白儿童是社会的儿童，则这种观念便可不致发生了。我们要来组织儿童，先要明了儿童是离不开成人的，至少中国社会的普通情形是这样。儿童的生活，处处离不开成人，他只能算是家庭间之幼小的分子，他本身一切都不能自主，都要受父兄的扶助。在这种情形之下，要来使他们有组织，则必须使儿童的父兄，也能辅助这个组织，最好还是能加入于这个组织。如果能这样，则这个组织便不是虚飘的，便有了他家庭的基础。假使单纯的来组织儿童，则在特殊的环境之下，如学校或工学团一类的社会，固然也可以办到，可是一离开那种环境，则这个组织便没有掩护者，他便不易继续存在。儿童的知识，儿童的生活能力，都使他不能自己单独的有所活动，所以对于儿童的环境（按实说来，即是儿童的家庭），不能不有充分的注意。

其次我们又要追求儿童组织之永久的条件，家庭的连结，只能算是儿童组织之基本条件，但还不是永久的条件，因为即使能这样，这个组织也不一定能永久的。当然，所谓永久，原是比较的，而非绝对的，可是如果他本身能带来了可以永久的条件，则也便可说是能永久的了。这个永久的条件应该怎样找？这仍没有什么奇的办法，仍只有从儿童生活最切近处来寻求。所谓生活的切近处，当不外是衣食问题，换言之，亦即其经济的条件。一般的乡村组织，大家都可知道必须以经济的内容来充实，儿童的组织也不能例外。假如我们能使儿童的组织也成为经济的组织时，则儿童及其家庭与此组织的关系便愈密切，而此组织，也便可以比较的永久。

还有一点要切实注意的，就是这种组织，必须以儿童生活之向上为目的。要使儿童于组织中，能学得作人的正常态度与工具。他要使儿童能发展其才能，而却又要不违背了合理的人生。他不要如小先生的方式，带有虚骄轻浮的倾向，而要带有活泼敦厚的情调，使儿童能潜移默化于无形。他要使儿童知道自助助人，并且还使之能够有担当社会前途的自觉。经过这样熏陶的儿童，才能为社会改造之新分子，也才能为社会未来之真正的主人。

四

上面的话，实可谓儿童运动的原则。从这几点来寻求儿童运动之具体方法时，当可不致漫无归宿。现在我们便根据这条原则，拟订一种具体办法，作热心服务于乡村者的参考。

这个办法，是把儿童组成一个合作的团体。以儿童为"直接团员"，以儿童的家长为"监护"，在某种合作的形式之下，导之共谋生活的向上。这样组织成功的团体，我们可称之为"少年团"或"儿童合作团"。

这是简括的说明，现在再分条解释于下：

一、团的主体——这样的团体，必须有一个引导的"主体"。这个主体，须是能长久存在于儿童居住的区域之内，这不论是邹平菏泽形式的乡学村学，与普通的乡村小学，以及新试验的各种较有永久性的乡村教育机关，都可以充任，来加以试验。

二、团员——团员即是主体机关所教育的儿童。这又可因其与主体的关系，分为"固定团员"与"流动团员"。固定团员即是现在主体以内求学或作事的儿童。流动团员是已经离开了主体，而在家服务或作其他生活的儿童。

三、入团与出团——凡是与主体有关系的儿童而没有特殊恶劣的行为时，皆得为团员，所以入团的手续很简单。但是主体的导师，须注意指导，使各团员都成为健全的分子。团员的年龄，暂定从九岁起，至二十岁止。如超过二十岁时，即可出团而为"监护"。

四、监护——团员的家长及达于团员的最高年龄的团员，皆得为监护。监护的责任在监督团员，并帮助主体的导师教导团员。出团的监护，其充团员时的任务，须请求主体的导师，交给其被指定的团员。

五、导师——主体机关担任指导之责者为导师。导师须具有温和的性格，服务的热诚，以身作则的指导团员，并且还须指导监护，使其能参加本团的活动，教导其充当团员的子弟。导师不定一人，但必须深明了本团办理之意义者，始能胜任。

六、合作——这是团的永久条件，必须深加注意。导师须按当前环境之可能条件，引导团员成立某种形式的合作组织。如果能有法筹出相当的基金，作此项组织的基础更好，如不能，则只有从头慢慢的蓄积。不过无论办什么形式的合作，最好使之带有信用合作的职能，因为这种合作，是最能养成儿童储蓄的习惯，是训练合作意识之最好的形式。再则是导师必须使团内的监护参加，从开始便要使他们成为合作的间接社员，要教他们同情于此组织，并且教他们尽量同合作社发生关系。如是信用合作，则最好是以监护为借款者，由其指定的团员作代表以举行借款，这样则便可使团员的家长与团之间，发生了亲密的关系。主体的导师如果能积极紧结这个关系时，则便是为了少年团树立了坚固的基础。

七、组织——团的组织。要充分涵着中国社会所优越的爱人敬人的精神，最高组织，不能是儿童自身的，而应是导师与监护所组织的"辅导委员会"。这个会的人数不必很多，除导师外再加监护两人便够了。这两位监护，当然是要由导师约请监护推举出来的。辅导会的主席或主任，自然是导师，如导师有更换时，即以新导师接充。这样则辅导会便可永远是继续的，并且还永远是教育性质的。

团的本身组织，因为团员不是同时与主体发生关系的，则可以一期为一单位，各成一个分的组织，名曰第一第二等分团。每分团可置正副团长各一人，由导师指定团员中可任团领袖者去充任。分团之下，则又可按团员住址的远近，分成队或组，各期总团长，须能提挈全团，亦要由导师指定，团的日常事务之执行，如合作管理等，导师可指导团员分股担任。

八、集会——要想促进团体的力量，则集会是必须重视的。因为除了固定团员之外，其他团员大都散处乡间，平常不易接近，最好是每月有一次总集会，以沟通声气，并由导师与以诚恳的指导，这样则团员的教育，便可继续不断。

关于监护，则也须有集会的时间。不过因为监护们生活忙迫，这种会当然不易召集，导师要斟酌情形相机举行。在这种集会里，导师要指导监护，注意团的问题，商议团务的改进；如此则团的精神，便可愈益充足。

九、活动——除了集会以外，导师还应指导团员，作相当的社会活动，这对于团员，尤为有益。活动的事项，不必一定，最好以事实的需要情形来规定。譬如规劝村人不要赌博，帮助别人识字等，都是很好的活动。导师应于每次集会时，宣告团员以应作的活动，下次集会，便要加以检查，以定其工作的成绩，并与以相当的鼓励。

少年团的办法，大概是这个样子，这样的组织，始能说是社会的，因为他不是儿童孤立的暂时的联合，而是连结了成人以及经济条件之深切的组织，这种组织，在开始时，他便是抓住了社会的中心问题，在连结的关系下，领导社会向一新的方向进展。他既不同于一般学校只注意儿童的自身，他不像童子军之浮游于社会的表面，而工学团之轻浮的倾向，也可以避免，在这样组织下的儿童，他才真正的参加了社会。我们不要轻视了儿童，他们将要在这种组织内发展他们的天才，推动社会的齿轮向前动转。

也许有人以为这个办法太难，不容易作到，可是真正的社会运动，实在也没有容易的，作者曾经对这个办法加以相当的试验，很感到儿童力量之伟大。不过上面所订的办法，却也非固定的，实行的时候，指导者很可加以变通，可是前面的原则，却须扼住不要放松，因为如不从这样的原则去作，则便将失去少年团之根本意义，这一点又是必须注意的。

二十三年十二月三十一日

乡村文化与都市文化的意义
——质陈序经先生

独立评论一二六号，有陈序经先生乡村文化与都市文化一篇文字，主要的意义，是否认梁漱溟先生以西文化是都市文化，中国文化是乡村文化；而归结的意思，则是下面的一段话：

"总而言之，梁先生和我们的异点：是他要把固有的乡村来融和于西洋或西化的都市，而成为一种新文化，我们却要把中国的乡村西化起来，使能调和于西洋或西化的都市，而成为彻底与全盘的西化的文化。这是从目的方面来说。若从手段或方法来说，乡村西化固是要从乡村本身上着手，然而我们也要知道科学化的试验工作，未必一定是要在乡村的。……这样看起来，都市固不只不会像梁先生所谓是压迫乡村的仇敌，而是帮助乡村的好友了。"

就上面的话来看，则陈先生的意思，却很应该加以斟酌。我愿本我所知，和陈先生作一度的讨论。不过上面的话，是陈先生的结论。要想讨论，却须先来商量都市文化与乡村文化所代表的意义。

陈先生否认用都市文化来概括西洋文化，用乡村文化来代表中国文化，主要的论点是："文化可以概括都市与乡村，而都市与乡村却不能概括文化"这个意思，就表面来看，似乎没有什么不妥，不过按实来说，却很有疑问。原来文化一词，所包括的现象，自然不只是经济的一方面，然而文化的倾向或其发展的形式，却大体要受经济条件的影响。（我们还不愿用决定两个字）则将经济条件看作文化的核心，自然是理所当然。其实这种眼光，自经唯物史观发挥以来，现在已经成了极普通的常识了。严格说来，这种眼光，自然未免粗糙，然而这中间却有一部分不易的真理。陈先生当不至于忽略了这个社会学上几乎常识化了的理论吧？如果陈先生不至于忽略，则以都市与乡村代表文化的特征，用以概括某种社会的文化，那还有什么可疑呢？要知道在现代的术语内，所谓都市，已经不只是人口集中地点或行政中心地的意义，而最根本的却是机械工业的代表地。同样，所谓乡村，也不是单指非都市的地点，而是代表以农业为基础的社会，这又是明白的事，在现在，我们原常用资本主义的字样以代表欧美各国的文化，资本主义原是近代工商业的表征，能用资本主义来表示西洋文化，则用都市来表示，不也是一样的无疑问吗？同样，我们以乡村文化概括这个以农业为基础的中国社会的文化，又是自然的逻辑。

陈先生在这一点最可注意的意思，是说有农业的社会，未必一定以乡村作基础，同样，有工业的地方，未必一定有都市。因而说都市与乡村概括不了文化，反是文化发展较高的社会，或是某种特殊文化的社会里，乡村与都市才能发生或发展。这个意思，实在也不正确。一切社会现象，都是进化的，乡村自亦如此，有农业的地方不一定有乡村，那种社会，原是陈先生所说的南方的苗黎，与南洋土人一类的种族。那些原是未开的民族。他们一样有农业，一样凭着种族的经验，可以有相当的经营技术，然而却只能说是初期农业社会的形式。他们的生活固然未形成文明人的乡村，但却不能不说他们的生活已有乡村的端倪。就一般社会的通例来说，我们可断定他们的文明假如增高，他们的乡村亦必是发达的，以此可见乡村与农业，他们的关系原是离不开的。如果以未开化的民族初期农业的现象，而认为农业社会可以不以乡村为基础，这实在是很大的粗忽。至于说有工业的地方，未必一定有都市，这也是一样的不正确。要知道现在我们所说的工业，原不是指手工业而言。工业的意义，自从产业革命以后，已是转变成机械的资本主义的生产方法了，惟有这种工业发展的集中地，才能说得上都市。都市所代表的工业，是这种形式的工业，他是与近代的都市联带而进展的；他们（工业与都市）实是一事的两面。如果把美洲的土人所制作的土器，非洲的土人所铸造的铁具，苗人的刺绣等，都与资本主义下的工业一样来看，则必陷于绝大的乖谬。

因为陈先生有上面的疏忽，所以他底下对于西洋与中国文化的观察，便都陷于偏执。关于西洋文化的性质，他说了三点意思：第一点说一八〇〇年以前西洋的人民，差不多百分之九十都在乡村过着他们的生活，而这时已老早进入现代的文化时期，所以西洋文化不只是都市文化。第二点说近百余年以来,西洋都市固是发展得很快,而乡村亦是同时进展。第三点说科学及民治不只对都市有帮助,对于乡村也很有益。这三点还是一点意思,不过是说西洋文化是包括有都市与乡村两面在内,不能以都市文化概括一切。在这里,我盼望陈先生注意一个基本的意义,就是观察社会的文化,最要紧的是看文化的动态,看一般的趋势,看中心的现象。任何时代,任何社会的文化,都有其多方面之发展,我们一方面固然要深透于诸般现象之里层,而求有普遍的理解,一方面又要超出于一般的现象,而把握其中心的现象,即其文化的倾向或趋势。这样才不至于为个别的事实所拘泥,而昧于文化的主要性质。西洋近代的都市,诚然是由乡村进展成功的,近代的乡村,诚然是亦有相当的进步,然而这仍无碍于我们把西洋文化看成都市文化,并且愈是这样,我们才愈能认识清楚这个判断的真确。

要知道我们说西洋文化,所指的原非古代希腊罗马的文化,以及中古时期的文化,而很明白的是指着西洋近代这一段的历史。西洋到了近代,具体的说,即是从文艺复兴以后,才急剧的进步而形成我们所感受的这一套色彩鲜明的文化。虽然其文化发展的渊源,皆有其历史的根据,然而我们却很有理由,把近代的西洋文化单提出来,以作西洋的代表,这在文化问题上,已是大家公认的事实。如果陈先生也承认这一个主要的事实,则请注意西洋文化是什么性质。近代的西洋文化,虽然是变化纷繁,然而其主要的现象,却是以资本主义之发展作其中心的倾向。在这种现象里面,虽然开始的时节,大量的人口也在乡村内,(如一八〇〇年以前的情形)乡村也随着文化的激变,有了相当的进步,如陈先生所说的第二第三两点的情形,然而这终不过是都市发展的潮流所随带的浪花。陈先生当可知道工业资本主义越发展的社会,其乡村越变成都市的附庸,其乡村的财富人口越为都市所吸收。换句话说,即是农业越被工业所压抑。自然,在这个转变中,农业也为工业所刺激,而有相当的进步,如新式技术的应用,生产量的增加等。然而这点进步,却远抵不住怒涛般的工业潮流之袭击。他使农业逐渐为他自己所吸收,所宰制。这种情形,越是老的资本主义的国家,也越显著,而较为新兴的资本主义的国家,还比较的好一点。前者的例子是英国,次之是德国,后者的例子是丹麦、比利时、意大利、美国,以及加拿大、澳洲、亚尔然丁等。我们用不着看别的现象,只看农业人口在各国所占的全人口的百分比,便充分的可以看出来这种情势了。在一九一一年，丹麦农业人口的百分比是四二・七，大不列颠及爱尔兰则是一一・九，苏格兰则是一一・八，英格兰及威尔斯则仅占八・五。现在的情形，当更有激变。此种事实告诉我们，乡村受都市的利益是暂时的，而破坏却是继续的。我们绝不能由新兴的资本主义国家农业一时的进步，而以为乡村与都市是友好的兄弟，实际上都市乃为乡村的摧残者。乡村一时的进步，实乃是疲弊凋枯的先声。这种情势，遂乃使全世界的经济学者不能不注意，而在开世界经济会议的时候，不能不用很大的力量来讨论救济农业的办法。不要远说，近东的日本，不已是大声呼喊农村救济的问题了吗？因此，近代的西洋文化，我们可以一点不犹疑的视之为工业的文化，或都市的文化，这与说他是资本主义的文化，实在是一样的无有疑问。

陈先生因为忽略了文化的意义，忽略了工业的性质，忽略了近代西洋文化的主要倾向，遂而看不清楚西洋文化的性质。同样，由于忽略了中国历史所表现的特色，亦更看不清楚中国文化的性质，遂而说中国文化也不只是乡村文化。他以为中国在历史上也有"日中为市"，"野与市争"，以及"春夏出田，秋冬入城郭"的诸种成语，而古代也有些大的城市，遂而肯定了都市在中国文化的位置的重要。陈先生如果明白中国古代的城市，不过是地主商人和手工业者集中的地方，则便不致以那种现象为有都市文化了。中国这样的城市，就经济的意义说，他根本还是立足于农业之上。除了政治的中心，如南京北京这一类的地方，带有政治的色彩以外，其余并没有什么和乡村性质不同的地方。他们和纽约、伦敦以及上海等近代形式的都市，能一样看待吗？在这样的社会内，而说已经发展了都市文化，则真不知都市文化将作何解了！

陈先生又接着否认梁先生的"中国成为高度文化，是以乡村为主体为根据"的论断，随而指出中国社会保守因袭复古等现象，认为是乡村制度的遗毒，这里要请陈先生注意的是，中国文化的性质是一回事，中国文化的价值判断又是一回事，两者不能混杂着说。中国文化，就其全盘的性质说，是以乡村为根据，是谁也不能否认的事，因为就过去的中国社会来看，中国社会的基础是乡村，中国人生长的地方是乡村，中国人日常生活，实处处离不开乡村的影响。因而其文化的表现，乃无不关系于乡村。以故说他的文化是以乡村为主体为根据，正绝无犹疑。在这样一个社会里面，产生了农业的出产，产生了宗族制度，也产生了陈先生所说的保守因袭与复古，但同时他又产生了对于人心深刻的体会，对于生命幽微的了悟，对于社会关系上人与人之间重情尚义的勖勉，对于人类现实生活之敦笃的指点。这一些，实皆是中国文化对世界对人类极重要极伟大的贡献。如果大家能免除成见，平心静气来观察中国社会，当可看到这些现象的重要，他（中国社会）诚然是"科学不振"，诚然是"智识闭塞"，然而却不能由此就否认了他过去的文化，以为是不值一提。文化原是多方面的，原不能执着某一种现象来评断。中国固然历史的缺欠很多，然而却总有他的成就，不过这种成就，即非粗心浮气的态度所易接受所易了解的罢了。数十年来，原尝以西洋文化的刺激，而使国人盲目的否认过去的一切。以为中国社会是什么也提不上的。可是经过多少年事实的转变，我们也应该冷静点深刻点用番心思了。我们固要明白自己少什么，却也要看清楚了自己有什么，如此则这个以乡村为根据的中国文化，又何能这样随便加以菲薄呢？

陈先生为了引申他上面的话，遂而又说"事实上我们相信新文化的创造，与其说是依赖于乡村，不若说是依赖于都市"，而以为"中国都市的发展，固然比不上西洋，可是中国而真有了高度文化，那么这些高度文化，也是都市文化"。陈先生要注意，中国新文化的创造是一事，原有文化的性质又是一事。后者上面已经加以评判，关于前者，即是新文化的创造，却要更加一番注意。要知所谓乡村建设，原不过表示中国新文化之创造，仍是要以乡村为主体为根据。因为历史的条件，客观的事实，皆决定了中国不能摹仿西洋工业文明而得成功，他天然是要走乡村的路，从乡村以开辟新的文明。既然是新文明的创造，则自然要尽量吸收新的材料。这不要说农业必须尽量利用科学以求其改良进步，就是其他的改进，如交通建筑以及卫生设施等，也必然的是尽量利用科学的成就，自然，所有的成就，都是来源于西洋，而乡村则间接取之于都市。然而无论如何，仍无碍于说这种文化的改进，乃是乡村建设。因为其社会改进的主体或根据，原是乡村而非都市；原是求乡村之发展以繁荣都市，并非求都市之繁荣以摧抑乡村。在改造的过程内，自然离不开都市，并且无论是技术上，经济上，眼前都处处要依赖于都市。然而虽然如此，却仍然要说乡村建设，因为我们的社会改进，其着手与归宿，皆是以乡村为目啊！

于此，我们乃可进而讨论到陈先生的结论了，要知道这种社会改造，却绝不是要盲目的将乡村西化起来。所谓西化，本来是一个很笼统的名词。这里面包括了科学，包括了民治主义，包括了资本主义的社会组织，也更包括法西斯以及布尔什维克的政治。信如陈先生所说，要把乡村西化起来，要他成为一种彻底的全盘的西洋文化，则试问这个西化的结果又是什么呢？目的又是什么呢？这诸般的现象，原是以工业生产或都市为中心，我们是不是又要回过来教中国社会再去摹仿西洋工业文明呢？这一个显著的混乱，何以陈先生竟未加一点思考？我们现在正要警醒于以前的盲目，而要自觉来选择的我们所需要的西洋文明，更不能无意识的摹仿，就我们所观察的，则中国社会其最缺乏的，乃为人的组织习惯，与物的科学成就，乡村建设之内容，常以此两事为中心问题。不错，组织与科学，诚然是西洋的两大成功，然而因为资本主义发展的结果，他们的组织与科学，反而成了侵略的工具，杀人的武器。则我们来吸收，正不是也要中国去侵略，去杀人，而是要在一个合理的态度下，去培养，去运用，这样，我们便不是以西化为目的，而是以选择的吸收西化为目的。这样我们才能把文化的方向扭转过来，把握着组织与科学，教他成为人类的滋养，而不成为人类的毒害。在这样的路径之下，都市自然不为乡村的仇敌，而将为乡村好友，这一种文化的发展，正是人类还未开辟的途径。在这文化的创造之开始，最重要的是，我们要怎样去生长组织，去运用科学，这不是小的问题，必须对于中国过去的社会，加以分析的研究，深深的明了了他的特性，然后才能确实认清楚了他的转变之方向，也才能深彻的认识乡村建设的意义。也必如此，才能明了我们为什么不要乡村盲目的西化，而要说是融和西洋的文明。我想陈先生如果加一番深沉的考虑时，当不至于随便下那样的结论了吧？

二十三年十一月廿六日

乡农学校的渗透运动
——告菏泽在乡服务诸同学并以就正于诸同仁

在开始，我愿意大家再注意一番这个问题：就是我们这里的乡农学校，何以不只用教育力而要带有这样的政治性？我们要想深入于乡农学校的本质里去，这个问题实不能不有充分之理解的。这实在是老而仍新的问题。简单的答复这句话，便是，乡校要想尽其推进社会之能事，非有政治性是难以负此使命的。因为从一般事实上看，乡村社会（亦可说是整个的中国社会）数十年来是逐渐向下沉沦，而愈到最近，其沉沦的速度亦是愈行增加。这无论是从乡村经济方面，乡村风气方面看，都是充分的表露着的。在这种加速度的沉沦趋势底下，欲只以柔和的，平易的，教育之力来转移此倾向，虽非绝不可能，但也是极艰难极迂缓的事。因为教育方面所用的力量，当然是正面的，建设的，而乡村自身的倾向，却是负面的，破坏的。这个负面的，破坏的力量，（如毒品，不良的风俗，穷与紊乱都是）现在正如燎原之火，方兴未艾。正面的建设的力量，不要说培养不起来，即能培养起一点，将也禁不住后一种力量暴烈的摧残。这种情形，大概是诸同学们都可以切实感到的。如果我们不是把乡村运动当作了社会上点缀的事业，而视之为民族运动之根本方向时，则对于这种情形，便不能不加以深刻的注意，同时亦不能不想一种方法来抵抗这种负面的破坏的力量。我们试想：什么能够抵抗这种破坏的力量呢？没有别的，有效的，便利的，只有是能以制裁的权力，即是政治力。政治力恰如一具锋利的薄刃，在可能的范围以内，他可以消除一切负面的，破坏的力量，而掩护着正面的建设的力量使之增长。所以从此处看，乡农学校既然要他担负那种伟大的推动社会之责任，则势不能不使之具有政治性。于此，我们何以开始即将乡农学校亦当作是行政的机关，大家对之当不难了解其真实的原因了。

我们在乡农学校的组织大纲上，对于乡校的性质，增加了如下的说明：

"乡校宗旨，在根据政教富卫合一之原则，助佐县府，处理其乡区内一切行政事宜，并就其所在乡区内之文化、自治、经济各项问题，用教学的方式，谋合理的解决，以期达到推进社会完成县治之企图，故不止为一教育机关，实为一乡区内一切事业之整个推动机关。"

我们的乡农学校，是本着这样的宗旨去作的，在这将近一年期间的试验，大家都已真切感到了这种办法的适宜，我们对于乡间所尽的力量，也逐渐能得到乡人的同情和尊敬，这实在是可以使我们对于乡校的前途，具有极大的信心。可是我们却又不能有一点满足的意思，以为这样便已尽乡农学校之能事了。我们要知道本县现在的乡农学校，不过只具有乡校的轮廓，现在所做的事，只算是乡校的一部分，而此一部分又几乎都是偏于行政方面的事，至于真正乡校要做的，那基础的、教育的事业，现在才算刚在萌芽。如果我们以为乡校只是这样了，那便是自塞其前进之路。真正圆满的乡农学校，是要在能启发出乡间自身的力量，而能做到乡间一切事业推动之中心的。我们虽然与乡校以政治力，但却要知这是为着掩护教育，其本身只是手段而非目的。如果我们刻刻怀着这个意思，则对乡校现时的情况，当不能有一毫满足的意思。不惟如此，并且还应时时战战兢兢不要使我们错走了路。不过这是很不容易的事，在现在政治多于教育的乡校环境之内，显在当前的，几乎只是权力。一不谨慎，我们便易蹈于偏失而不自知，这易蹈的偏失，我不能不提出来请大家加以注意。因为如果我们不用力去矫正，也许开头是偏失，而结果却成了乡校之致命伤的。这个偏失，分析起来，重要的便有下列三点：

一是图省事——因为我们有权力，所以有时对于乡间的事情，本来应该费事下功夫的，却图省事而不费这种功夫了。比如对于各种不良的风气，如聚赌，如斗殴，如争讼，如果纯是教育的机关，对于这种事件，要想禁止，便只有走劝导的路，要劝导当然不是容易的，这自然要费许多的功夫，要生许多的方法，才能发生效果。然而乡农学校因为有权力，遇着这种事情，便很易使人不走这种迂缓的路，而常即直接以权力去制裁。这虽亦甚能收效，而却终非根本的。因为这样去做，将要使所做的事情，徒具形式而没有生命，当然这并不是否认制裁的价值，有许多事情是必须凭借这个办法的。然而我们却要知道类似制裁的强硬的办法，是不能随便用的，因为强迫的事情是极难有内容的。真正有生命的事业，不论是消极的除弊，或是积极的兴利，是要参加于此事业的人，感觉其需要，或是明了其利害，才能发生出来的。其本身必须是生长的，而非强迫的，才算有生命，才能持久。这样单单恃着强硬的权力是不行，必须有深长的教育之力才能做到。然而运用教育之力，却是一种迂缓的烦琐的工作，是要费相当之时间与精神的，而人却极好走简便的路，这便使乡农学校的活动者，不知不觉中堕入于省事的路径内，而不知时时看着根本的教育的功夫。这种倾向，实是一个最明显的流弊。

二是求痛快——因为有权力，所以有时对事又极易求痛快。从这里便也极容易发生如前所说的结果。因为由求痛快的心理，也自然的容易忽略了教育。譬如对于乡间所谓莠民之流的人，也许因为他对于善良的农民任意欺侮，也许因为他来阻碍乡校某种进行的事务，你为着义愤，为着乡校的前途，便很容易用一种强硬的办法加以惩治，这在表面似乎也为着事业，而内心里实有一种"出气"的意思鼓荡着自己。求出气，换言之亦即是求痛快。这当然并不能说是多么严重的过错，然而如果这种心意成了习惯，遇事便求痛快，这样你的心内便有一种东西作你的障蔽，而遇事便不易平心静气加以审察了。同时，一种迂曲的柔和的教育办法，你将也因为有这种倾向而不加注意了，这实又是一种明显的偏失。

三是喜近切——任何人作事，多是喜有表现，喜有功绩的。青年人尤其如此，我们试想：当我们初到乡间时，不是都有一种热烈的要求，愿意很快的作起来一切事吗？可是要知道乡间一切事业，都不能是无根而生的。真正的乡村事业，是生长的，是由乡村自身的力量发出来的，而决非外□的。我们只能以外面的力量帮助他生长，而不能把外面的力量即当作他自身的力量。可是因为我们都好急功，尤其是好求近功，这便又易使对于许多事情，用强迫的权力，使之具有形式而没有内容。

上面的分析，我想凡是服务于乡校的同仁及同学，都可以感到的。我之发现这三种情形，其来源乃不是由于观察而由于自省，因为在我自家的经验上，我是极容易走入这三种倾向之任何一种的。我复由此观察一般的乡校，乃看出一般的通病都是如此。我觉得如果我们不想办法加以补救，则乡农学校的前途，便含有绝大的危机，这个危机不是别的，乃是将使乡校逐渐硬固而成为纯政治的机关，而乡村自身的力量，一点提发不起来。

如果乡校不幸而落到这种地步，我们便是乡村运动的摧残者，便是乡村运动的罪人。所以为了乡校的前途，乃至为了整个乡村运动的前途，我们不能不时时有一种反省与警惕。我们要在现实的环境内两眼看着将来，我们要时时机警着尽力避免上面所举的危险的倾向，以寻求乡校光明的道路。可是我们现在将用什么方法来对治呢？没有别的，便是少用政治，多用教育，或是说把政治的事涵融于教育之内。我们要把政治力放在背后，除非到了必要时，我们才使，而显在乡人面前的，是充分的教育的力量，我们时时记住，要把政治力作为教育的掩护者，为阻止教育的障碍，为促进教育的实效，在适当的范围内，可以巧妙的运用政治之权力，但是这种权力，只能视为辅助的力量，而要把教育力作为中心事业之源泉。一切事件发生时，在可能的范围内，尽量运用教育，把教育的地位竭力提高，使我们服务者各人心内所占据的，不是政治而是教育，时时反省，是不是多用政治，少用了教育？时时反省，是不是蹈入于上面的三种倾向里面去？这样庶几可以避免上面的偏失而不致走入硬固的陷阱。

可是，在没有多少固定的事业之前，我们要教育些什么呢？怎么教育呢？对于头一句话，我不能再多用话去解释，因为只要是略略明了乡村建设的意义时，便可知道乡村建设途程内一切事业，无一非教育的对象。自治的促进，礼俗的改善，经济的组织，整个乡村社会的问题，我们是要因时因地而加以教导的。不过在这一切事件中，我们却要以促成组织习惯为此运动的中心运动。同样，我们也要以组织教育为中心教育，我们的着眼点是组织，而把一切文化自治经济各方面的问题，涵括于此组织问题之内。所以要教育的事件虽然多，然而未尝不可以组织两字尽之。以此，如果要问，我们要教育些什么？我便答复，教组织！我们的乡村运动，是组织乡村的运动，我们乡农学校的教育，也便是组织乡村的教育。

不过，现在要紧的问题，却不在原理方面，而在实行此原理之办法方面。原理我是不能不假定大家都已经知道了的，我们现在的问题，乃在如何运用此原理。这即是说，现在重要的问话，不是头一句教什么，而是第二句怎么教了。为要答复这个问题，我不能不提出一个鲜明的口号，请大家注意，就是：要用教育，其方法没有别的，惟有尽力实行本文标题所标明的"渗透运动"！——这便到了要向大家说的，正面的重要的意思了。

什么是渗透运动？简单的说，便是："目标在将教育的力量渗透于乡村的底层，其方法乃在以重要的各种问题为活动的中心，而随时吸收其有关系的材料以组成大单元之'单元活动'"。

现在先说第一层关于目标的意思。我们要知道，教育的力量要使之伸张，当然必须使之及于农民身上。要想这样，则急切之间是难以收效的，势必把教育的力量，使之逐渐下降，以得逐渐接触于乡间的底层，始能收效。所以目标是渗透。再说第二层何以要实行单元活动。我们又要知道，一想用渗透的功夫，便将遇到两种相反的困难：一种是乡间问题方面太多，不易兼顾。虽然我们的目标是整个的，然而着手却不能就着具体的个别的事件上下功夫。但这样一注意，便将感觉到应注意的事情太多。如说应提倡的事情，则几一切事俱应提倡；因为乡村现实的文化是过于低落的。如说禁止的事情，则几一切事又俱应禁止；因为历史遗留于乡村的迷信，以及传统的偏执的习惯多得是不可胜计的。在这样繁杂的环境之下，我们究应从什么地方下手呢？这是说应作的事太多。再从反面来看，则我们又将感觉到可以运用的机会太少。因为乡村社会原是平静的，散漫的，自生自养，他根本不愿政治管他的事。你虽然想接近他，可是他却不想且亦不知道接近你，所以我们一到乡间住，除了盗匪多的地方以外，你将觉得乡村简直寂静得可异。在这寂静的社会内，我们有什么机会可以运用去加以教育呢？这两种情形，外貌似乎相反，而其来源则一致。仔细审看，将见得这不过是文化偏畸的征候。于此我们想施用教育可就难了。为解决这个难题，我们便不能不实行这种单元活动。要知道这两种困难固是的确的，可也并不是没有办法的。乡村问题虽然复杂，然而却未尝不可抽出其几种重要的问题来渗透而逐渐向旁边扩张。根本我们要知道社会原是一个有机体，各种事件都是息息相关的。每一种事件，他的背后都有其全体的社会背景。任从那一个问题看，你都可以看出他是社会全体之一部。同样，任从那一个问题下功夫，走上前去，便也能及于其他的问题。部分与全体，原不是如无机物之不相关联，乃是如有机物细胞之与整个的机体。因为社会的性质是这样，所以在渗透之开始，我们便不必因为问题的复杂而纷乱自己的精神，我们很可以冷静的观察那几种问题最要紧，而把握住去作一种中心而向下活动。所以从此处看，第一种困难便可以解除。至于第二种困难，则亦不是没有办法的。教育的机会固少，而却非没有机会，只是开头看着少而已。每一个乡区内，必有显明的与农民有关的几种事件，就本县现在的情形来说，则各乡一致的都有自卫训练班，都有小学校，都有造林的组织，其他各乡自己特有的重要事件，则亦很有几种。不说其他的事，只就这三种事来说，便已很可以作我们渗透的机会了。因为每一种事件以内，是一定有许多与之有关的农民的。我们即以此数事作为活动的中心，而尽量与有关之农民发生关系，不是便可以作到渗透的功夫了吗？比如乡间的小学校，如果你能够把他当作很重要的机会，则很可以加以充分的运用。在我与各同学在平陵乡，对于小学机会的运用，是这样去作的：即是，专有一位同学来作社会活动的工作，他除了有特殊的事件发生以外，平常大部分的时间，是轮流在各小学内视察的。这种视察，是包含有查视及指导两种意义。在这种情形内，全乡的小学教师，是可以逐渐感觉到与乡校的精神是一体的。与小学有关系的人，一是学生，二是教师，三是学生的家长，四是学校所在的村庄之村长。我便把这一切人俱涵括于此小学中心之内为一个单元的组成者。为促动这一单元内各分子的生气，则对于教师，有教育改进会，对于学生，则时时去视察奖劝，对于学生的家长，则有在指导之下分别在各校开的恳亲会，以加鼓励；对于此单元内全体分子生气之鼓荡，则有定期的全乡小学成绩观摩会。在这种情形之下，原来似乎无关系的农民，现在便可由此诸种活动而与之有关系了。其他只要是重要的有继续性的事，无论是校内或校外的，都未尝不可以相机用这类的方法去作，所以由之而第二种困难也可以免除了。这种办法，我们即谓为单元活动。要想作渗透的功夫，是惟有单元活动才能达到目的的。但这还是概括的说明，如果再加分析，则这种活动又有下列诸要点：

一是要尽量运用原有的机会——我们要在原有的机会中选择哪几件事可以作为一个单元的，向下活动，这点意思上面已经说过。在这里要注意的是，够一个单元之条件的，不论其是校内的事（如自卫班），或校外的事（如造林），必须其本身富有弹性，并且可以向下绵延的，始可当选。其他固定的，一时的事，则可以归并到别的单元之下来活动。如夜班是有时间性的，而小学校则比较少时间性，两者同是教育，而主办夜班者又常是小学教师，则未尝不可把夜班归到小学一单元内，以小学作主要活动。其他类此之事，亦俱可如此办理。

二要尽量吸收新材料——每个单元，要紧的是不要视之为固定的，呆板的事件，而要视之为活泼的，生长的，有生命的机体，乡校自身，要时刻伸张他的触须，注意新的材料，遇有新的材料，即斟酌可以归到那一个单元的范围内，而即灵敏的抓住他供给那一个单元，作为那一个单元的养料。如本县此次从省府领下来发给自卫班学生的子弹，这便一个新材料，我们很可使自卫班学生于领子弹时，会一次操，打一次靶，或者再扩大开一次全乡的联庄大会，来参观此打靶的练习。如此则发子弹这个新的材料，便叫自卫班这一个单元吸收进去了。一个单元成功时，便是一部分的渗透工作开始时。单元活动的范围愈大，教育的功夫便愈易施行。所以我们必须注意于单元生命之开展，使其内容愈久愈丰富。这样的单元活动，恰又好像儿童的滚雪球，由一小团而可愈滚愈大，单元的内容愈增长。乡村业的提倡，而不要偏于消极方面制裁的活动。因为制裁虽是必要的，而非根本的。积极方面的事业增加了，消极方面的缺欠自然可以减少的，第二是不轻易举动，要看清问题然后再动，不要只图增加单元而任意活动，致蹈于琐碎。第三，当活动时，固然要因事而活动，但却不要忘记了总的目的。我们总的目的是组织，我们要近处看见了现实问题，远处看着组织，这才能得心应手而不致有散漫无所归之病。

乡农学校有前途吗？没有了！如果你只用政治力而忽略了教育。乡农学校没有前途吗？有！绝对有！如果你能以教育涵融了政治而去实行渗透运动。

二十二年五月十七日

中国合作实施问题

一

现因国内提倡合作的空气，不为不浓厚了。然而在这浓厚的空气里面，我们却不能不感着一点深深的隐忧。就是我们觉得，大家对于合作，一向多半只是注意于合作本身的各种问题，如合作的理论，合作的历史，合作的经营等，而很少人能够在这些问题里面打出来。看见这个重大的，最根本的，合作实施的问题，这实在是中国合作运动的暗礁，因为我们的提倡合作，无疑的不是想着只作学术的探讨，而是想着推行于中国社会内的。如此，则如何才能真正把合作推行于中国社会内，而毫不空虚飘浮，这岂非极重大的问题？对于这个问题不加研究，则提倡合作，将是盲目的提倡，而合作运动的本身，将以此而没有前途，这岂不是极可忧虑的事！

就着事实来看，则现在的合作运动，的确已有这种情形。现在各处办的合作社，数目的进展，也不能谓为不快，然而究竟有几个是成功的呢？有几个不是有名无实的呢？非惟如此，有些地方的合作社，不惟不能有益于民众，反而有害于民众，（参阅《村治》一卷三期之《江浙乡村运动通讯》）这几乎要使我们怀疑于合作的本身了。我们明明知道，全世界几无一国没有合作的踪迹，然而为什么在中国，便是这种情形呢？这岂是中国的民族根本不能合作吗？如果我们真正了解合作之本质，只是一种人类生活方法的合理的运用时，则我们当然不这样想。我们当然可以看见这个事实最普遍的原因，完全是实施合作不得当的关系。如此，我们又何能不对这个问题即刻加以注意？

现在我们想着对于这个问题贡献一点所知，希望能引起大家的注意，不过这个问题，却不简单，分析来看，他里面实又含着这样的三个问题：

一是中国适宜于办哪种合作社？

一是中国的合作社应该怎样办法？

一是中国的合作社怎样才能提倡起来？

我们以下想着逐题加以讨论。

二

现在先讨论第一个问题。

究竟中国适宜于办哪种合作社呢？决定这一个问题，我们还要分几个步骤：第一先来问中国经济的根本问题是什么？第二再问合作能否解决这个根本问题？最后再问哪种合作能够解决这个根本问题？知道哪种合作能够解决经济的根本问题，则中国适宜于办哪种合作社的问题便可决定了。

只要是稍稍留心观察中国经济现象的人，便可知道中国经济的根本问题不是别的，而是如何挽救农业衰颓趋势的问题。因为中国现在是工业极幼稚的国家，工业本身被了内力和外力的压迫，直成不能抬头之势，是无可讳言的。因此，经济惟一的出路只有农业。说起农业，则中国百分之八十以上的人口是业农的，在中国几千年来社会的基础是农业。因此而就其本身言，则他不单为全国食料的来源，并且亦为国家税收的基础；就其影响言，则政治的形式，民族的习惯，文化的方向，无不受其深刻的影响。因此而农业在中国，不单是谋经济的出路要靠着他，即是谋政治与文化的出路，亦非注意及他不可，则农业的重要，可想而知。然而再看农业现在的情况如何呢？则实令人不敢想象，现在正是形着剧烈的破坏，这就着食粮进口和荒地的增加，农村人口的减少，以及农人生活日即于贫困的各种调查的材料，可以充分的看出来，这是何等可怕的现象？所以现在少有点心的人，都觉得如何挽救这个衰颓的趋势而使其进步向上，乃是经济最根本的问题。

中国经济的根本问题既在农业，则合作能否解决农业的问题呢？我们要知道，现在关于中国农业的问题的言论很多，戴着"西方化"眼镜的人，便觉得中国农村阶级的分裂，现在已经深刻得很，非农民起来暴动没有办法，又有的主张本部的土地不够用，非移垦不可，又有的主张非是用科学方法增加生产不可，种种主张，不一而足。我们现在又提出合作的办法来，究竟我们有什么根据呢？是否他们的主张都是错误，惟有这样的主张才算对呢？要知端的，则且更一看农业衰颓的原因何在，——这恰如治病要知道病源以后才能开药方一样。

我们也知道，中国农业衰颓到这般地步，决非简单的原因。资本主义的侵略，战争的蹂躏，匪盗的扰乱，天灾的摧残，无一不是使农业日即于衰颓的原因。这几种原因，如果只有一两种加于农业之上，则农业也不致衰颓到这个样子，惟其交汇齐来，而后农业始日即衰颓而不止。这是极易见的道理，且为一般人所常谈的，但除此各种原因以外，还有一个较深隐的原因，则多为一般人所忽视，以我们所见，则惟此才是农业衰颓最根本的原因。

这个根本的原因，是什么呢？便是农人对于农业组织之缺乏。假如有组织，则我们可以断定农业决不致有今日现象。我们固亦承认，帝国主义与军阀天灾等，是摧残农业主要的原因，但假如中国的农人自来是有组织的，则其所受之摧残决不如今日之甚，而却自有其抵御此等摧残开辟新局面的力量，则可断言，譬如帝国主义，诚如一般人所说，他是摧残农业之恶魔，因为他破坏了我们农业的自足经济，而使农人的副业，逐渐的与农人游离，于是农人遂逐渐贫困，这诚然不错。本来一个农业国家，所有的副产物，当然不能同工业国家的产品争衡于交换市场之上，人人都愿用洋油点灯而不愿用豆油，人人都愿穿洋布洋袜而不愿穿土布土袜。机器的产品，当然是要压倒手工产品，这是无容议的事，然而即便我们的副产品不能与人家争衡，主要的食粮我们未尝不可多多生产，以补此损失，又何况轻工业如洋布之类，小机器织出来的，亦未尝远逊于大机器之产品，则以小机器的织布机代替从前之笨织布机，固甚可使生活改进向上，此俱不能，果谁之过？说增加生产，则必须作改良土地，改良种子等事，始可达到目的，然如个人独作，则匪惟无此知识，且经济力量亦不够。如欲达此目的，则必待成一个有组织之团体始可。此事如此，改良机织，又何不然？而中国农人对此则绝无办法，一任自然之趋势，是非由无组织而然？又如天灾，有些如风雹之类，固不易预防。然如旱灾，则甚可用人力免除，多掘井，多挖渠，旱总可不致为灾。然而掘井挖渠，一人之力亦不够，亦须有待于组织。中国多少年来所谓天灾，多半是旱灾，地下明明有水而不知用，只甘坐以待毙，是果又能咎之于天？旱灾如此，水灾又何不然？像这类的事例，直不可胜举。假如农人是自来有组织的，则帝国主义又何能为害？或者且将以受新的刺激而有一个飞跃的进步亦未可知；而战争匪患天灾等，亦必大减少其摧残的力量，可以断言。（根本说来，军阀与土匪亦多系为农人纵容而成者）惟其自来没有组织，且此无组织之习惯，又几乎是先天的，在闭关时代，或以战乱，或以年荒，农业一时受了破坏，休息几时，便又可恢复了生机，更无继续衰颓的趋势；而一旦遇见了帝国主义这个硬的压力，更加战争匪祸，继续不断，农人除了束手就缚以外，实更无挣扎的力量，于是而农业乃竟不得不即日于衰颓，而成今日的面局。以此而吾人才敢断言农人无组织是农业衰颓根本的原因。明了了这个，然后才可以继续谈到办法问题。

关于办法问题，有的人以为非鼓吹农民革命没别的办法，此其错误，本为极易知的事。因为中国的农村，自耕农实居大多数，其各人之经济地位亦不固定，即主佃之间，亦多有感情之结合，而无彼此斗争之势。在这种社会里，一定要说非行社会革命不可，真不知从何处说起。更看其他的主张，如移垦，自然不能说不重要，然而移垦了，农人的生产便可增加，生活便可改善了吗？至于科学方法，这自然非使之加入于农业不可；但如何能使贫困固陋的农人得到运用？这又极成问题，事实明明摆在那里，他的根本病症不除，不能使其由无组织变成有组织，便一切都谈不到；一切问题，非待能解决了这个组织问题，方能得到解决。无论是移垦或利用科学，必待对于这个问题有办法，才能得到效果。我们现所急须努力的，便是如何能使农人有组织。

如此，则可见得，惟有合作才是救治农业最根本的方法了。合作不过只是一种合理的组织，他是把人类极普遍的生活方法，引申于经济生产之上，而得其合理运用的组织，他不单是组织而已，并且还合理。他能使一般人所见不到的利益，由他而发现出来，这是我们看了各种合作社的内容而知道的。他对于世界每一个民族，都曾有相当的帮助。我们要想使中国的农业，一方止其衰颓的趋势，一方更有其新的进步，则惟有施行合作之一途，惟有合作，才是中国农业的救星。

然则哪种形式的合作社能担负这个使命呢？消费合作社呢？信用合作社呢？还是利用运销这种种的合作社呢？

在近数年来，国内提倡合作的人，有许多以为非从消费合作社办起不可。这是一种很有力的言论。这些人所以如此主张，可以说大部分的原因是受了正统派合作理论的影响。究竟事实是否可以如此，我们必须加以审量。

稍加审量，则将可以看出，这实在是盲目的主张。很奇怪，在今日的言论界上，这未见有人将此问题提出来作一番精密讨论的。仅见邵履均氏于其中国合作运动先决问题一文中（见《村治月刊》一卷一期），对彼等之错误，略加批评，此文虽使吾人对之直有空谷足音之感，然彼所论，乃是只就农人的消费少不需要（非当务之急）一点而言（可参看原文），则吾人仍觉其尚未深中彼等错误之根源。我们的意思，消费合作社之不适宜于现在的中国，并不只因为农人消费少的关系，要知道即是消费多也不行，根本上实在因为消费合作无法开出农业的路子。

原来消费合作，惟有在工业的社会里始能显其功用，愈是先进的工业国家，其效用亦愈大。消费合作发源于英国，亦繁荣于英国，而英国却正是老的工业国家。这是为了什么原因而如此呢？大体是这样：近代工业的趋向，本是趋于大规模的组织的，大规模的组织，非使工人分离于生产手段不可。愈是老的工业国家，工人分离于生产手段亦愈深刻，愈普遍。在这样的社会里面，工人是没有经济的信用的，是没有生产组织的可能的，（虽今日亦有几个生产合作社，而与工人的全体比例看来，其数值等于零）。而他们同时却是社会上最大量的消费者，他们除了从他的消费行为下手谋生活的改善，实更无他途，但从消费方面生办法，也的确有办法。此办法为何？即是组织消费合作社。因为消费合作社恰恰能解决工人的问题，而渐能将经济偏畸的组织，使其趋于不偏畸，所以愈是老的工业国家，消费合作社亦愈发达，更以在工业社会内，工人是社会内最大多数的人物，正统派又把经济的支柱视为消费非生产，而工人恰又是最大多数的消费者，所以彼等想改良整个的经济组织，非从消费合作社入手不可，但要知道他们只是看了事实的一方面，另一面却又有农业的社会，农业根本便不是工业那样的情形。因为农业的趋势，并不如工业那样趋于大规模的组织，生产手段惟一的土地，即是佃农，在他的租种期内，他也是可以自由经营的。假如社会尚未进于资本主义的组织，则农人的生活几乎是可以完全自足的。几十年前的中国，其乡村尚是这样：农人除了经营土地以外，并且还营织布养猪打油等副业，这些多是一部分用以交换，而一部留

地方自治与民众组织

为自用，这样他们的消费差不多于自己的小团体——家庭——内，得到了满足，更用不着谁来解决他的消费问题。现在虽是农业也受到了资本主义的沾染，而一切也逐渐商业化了，副业大半为工业套去了，他们消费的东西亦渐须由交换而得来了，而消费合作仍旧解决不了他们的问题。因为他们主要的问题实不在消费而在生产，他们非从生产里找出路不可。在工业社会里，工人虽作得是生产的事，而因为工业组织的规模限制着他，成了生产工具的附属物，而不能单是一个生产者，与生产事业几乎没有关系。在农业社会里，农人除了极少数是脱离生产手段的雇工以外，其余则尽是自由的生产者，这样他不从其主要的生产事业里找出路，更待何求？以此，虽然他们亦须消费，消费合作亦能替他们尽一点力，但这终是有限度的，绝不能像在工业社会里那样由消费合作可以开出广远的路子，这并非不愿如此，实在是因为他们更有一条光明的路子摆在那里的关系，所以正统派消费朝统的主张，只可说是站在工业社会的立场上来讲的，根本不能适用于农业社会里面，这是极明白的道理，于此而国内一般提倡消费合作的论调，其错误的根源所在，当亦可以明白了。

既知消费合作是根本不适宜于农业社会，则哪种合作才适宜于中国的问题，当亦可从此而得解决了，这当然是各种农业的合作才适宜，农业的合作，不外信用利用运销购买等，这些合作，无一种不是中国农人所切要的，要想为农业找出路，非赶快施行这些合作不可，即就前文所引天灾一事而言：天灾中最常有且最苦农民者，莫如旱灾。连年陕甘两省之灾况，可作一证。抵抗旱灾之法，当然就是兴水利。但无论凿井掘泉开渠，以及工程用具的设备，庳水动力之装置，俱非贫困的农夫所能办到的，即使力能办到，这种建设的独立经营，亦非经济原则所允许的，此除了用利用合作办法来办，实更无他道。又如每逢新粮食下来，农人以急于用钱，便急于卖。而商人却在此时以低价购入，待善价而沽之，农人此时吃亏太大。假如能组织运销合作，则一转瞬之间，便可得到很大的利益，即就此一事而言，运销合作，亦是重要已极。而要想办这些合作，则必须有资本，但在今日金融缺乏停滞已极的农村，资本的来源困难已极，几办任何事都无从办起，于是而使金融增进和流通的信用合作，实又为急需倡办的事。总之，根本我们要认清，合作只是一种组织的方法，什么信用运销等合作社，这不过是在为达到某一种目的的而运用这个方法，以成了某一种的形式罢了。因此实直无所往不可以应用合作的方法来办,不过我们着眼的方面则是农业,而农业的合作社,大体说来,则又不外是信用利用运销购买等几种重要的形式而已。

三

现在再来讨论第二个问题。究竟我们的合作社,应该怎样办呢?

在近日各国所办的各种合作社,其详细组织虽不甚相同,而却有其一致的地方,这便是每一个合作社,一定是有一个理事会,一个监事会,这都是由社员大会选举出来的,理事会是管着业务方面筹划及进行的事宜,监事会则是执行监督理事会的账目与计划之错误与否等的事宜,理事会之下,复设各部或各员,如营业部或出纳员,以管理业务各方面的事。我们的合作社是否也要这样的办呢?这个问题看似平常,而实极要紧,合作之办通办不通,大部出是要看这个问题的解决与否而决定的,先说出几点这样办的困难:

一、乡村生活之无组织,已经成了根深蒂固的习惯,你骤然想组织起来,正是谈何容易?农人终日忙于耕种的问题,你要他们聚在一起开会选举,他们且直不知开会选举为何事。岂但选举,又什么理事会监事会,在他们简直未听过这些名字,这些与他们原有的习惯,相去不知多少里,你骤然要他们这样作,他们只有望而却步!

二、即使你可以训练指导他们来开会选举,然而他们又很少人很认得字,连要选举的那个人的名字都不会写,章程细则更无法明白。假如你是指导者,你可以写选举票,替他们读章程吗?如果是这样,那么合作社干脆不要办好了,因为顽固的乡人们,将觉得你玩是的花样把戏,他们将退避三舍,毫不上前。

三、中国农民多是讲情谊的,你叫他们选举几个人作监事,他们将不知如何应用其职权。你说叫他们看见人家有错误提出来弹劾他,同是本乡的熟人,农人自己断作不到,假如他作得到,却已非中国的农人了。

以上是随便想起的困难,再说还有,要知这实非那种办法之本身有缺点,乃是因其本身不合于中国农人之习惯罢了。如果引申来说这个问题,则将及于中西社会异同的比较,但在此处不必去说。那种办法行于西洋或日本社会，实既通且顺，行于中国社会，尤其是农村里面，则直格格不相容。假如你硬这样去办，则只有失败而已。

我们要知道，合作他的本身只是一种合理的组织，其办法固可随环境不同而生变化的。在中国这样一个有特殊情形的社会里面，当然也须有他特殊的办法，在这里我们当然不能将每一种的合作办法都提出来，只能概括的指出几个原则如下：

第一，要知道中国农民几千年来过的都是无组织的生活，而施行于西洋或日本的合作办法，则是由其有组织的社会自然生长出来的。那种合作社的办法，原是一种分工与牵制的组织，此不止合作社的这样，在西洋或日本，可说是无论什么集会团体，都有此种精神在里面的。在他们的社会里面，这种精神是一贯的。如合作社，各部有各部的事，而统辖于理事会，此即分工的精神。又恐理事会有毛病，又设监事会以监督之，此即牵制的精神，合此两种精神，而组织始称严密。此种组织恰如一个机器，一处动即无不动，而又有力以牵制之，故其动又甚有规律，这种组织的精神，原是西洋的产品，日本不过取法之而已。在中国，则一向无组织的习惯，若把这种产生于有严密组织的西洋社会中的办法拿来用，尤其是拿到乡间来用，则扞格不通，亦理所当然。所以我们要认清，组织是我们必要的，但上来却不能即求其严密。我们要由简单的办法办起，使之渐进于复杂，这是第一个应遵守的原则。

这条原则，其道理看似平常，实不平常，根本要知道，由无组织的社会而使之变成有组织的社会，这原是养成新习惯的事。习惯原非是一日可以养成的，当着旧习惯根深蒂固的时候，骤然想养成新习惯，这是绝对不可能的事。又习惯本是互相牵连的，因为中国农人一向过的是无组织的生活，所以他们思想自然锢蔽。文字自然不多认得，因为文字本是心意交通的工具，无组织则心意交通的时间与要求亦少，文字当然亦感不着需要而不愿学，即学了亦是无使用之处，所以识字的自然少。这样你骤然要叫他们选举看章程作这些观念的活动，自然不行。如果是知道这个原则，因其势而加以指导，则职员不能选举，亦未始不可用推举的办法，章则条目极简单的立几条，即不识字亦可以记住。如此办下去，当可不致有何种障碍发生，而一切识字的要求，开会讨论的习惯，便可以在这简单组织的之中，慢慢的养出来。这样慢慢过渡到较复杂的组织，而后这个组织，始是真的，始是能永久的。

第二，又要知道西洋合作社的办法，不只其严密的程度，不合于中国农人的习惯，就是其组织的"倾向"，亦是不适合于中国农人的性质的。西洋合作组织的程度，本是根据于西洋整个的社会组织而来，西洋合作组织的倾向，亦是根据于西洋整个社会组织的倾向而来。这个倾向是什么？便是处处要靠着各方面牵制联系的力。前面曾比之为机器，实一点不错。故我们又可说这是"机械的倾向"。这种倾向，能把各方面的力支配得平衡，而又无过不及之弊。如政治制度，近世各国，多是立法司法行政三权分立，此三权各有各的权限，而又互相牵制，不使超越其权限，于是而各方面之功用乃显。这种倾向，在西洋的社会里面，可说无一种组织不表现出来，而合作社的组织，亦充分表现此点。此义前段亦曾言及，不过前段所谓不合，是就由此倾向而产出之严密组织，其严密程度不合于中国农人之习惯，今此则谓即此倾向之本身，亦不合中国农人之习惯而已。要知在中国社会里，维持其平衡的力量，原不是靠此种牵制的力量而多是靠传统的习惯和是非的观念。牵制原靠力量之互相接触，而中国人则力量却多往内用，而少向外用。言人之短与好管闲事，最为乡人所不喜，即自己喜欢作，亦多知其为不应当，你如要他们监察别人，他们真将不知将如何监察，又一方面，则如处理一事，要时时受人监察，亦最为中国人所不喜，因为不受人相信，受人猜疑，这是最叫中国人难堪的事。这种习惯，普通人都有，而尤甚于乡间人，你给他牵制的办法，他真不知道将如何应用，强拿来用，则定出毛病。故就此方面说，则是不可能，夫岂只不可能而已，而且我们亦不当使之有此种倾向。因为这种倾向，骨子里是防人作恶，可说是完全注意于人类精神的坏的方面，是把人的精神都看成低下的表示，故其意味亦甚低下。我们固然要组织，然而这种意味低下的组织，则甚不当要。我们不惟要组织，并且还要含的高尚意味的组织，这就是我们办合作社的第二个原则。至于具体的办法，究竟如何始能各适，则尚有待于实验。以我们所见，则不要监事会，而于理事会之上，复举一会首，以司督促劝勉指导各理事之责，如此似觉甚合于乡民之习惯，而其意味亦绝不同于一般监事会之意味，以其中乃含有所谓劝善规过的意味也。最好是以乡村间为众人所推戴之有齿有听者充任会首，而理事则以年轻有才干者任之。如此其意味乃更觉深长。但这却是很细的问题，详细讨论则有待于专文，现在只能提出大概的办法如此，敢为大家介绍试验。

第三，简单的合作形式的组织，在中国原未尝没有，而尤以乡间为多，如"摇会""十老会"等，正不一而足。不过目的太小，力量太弱，故与农业直无关系。但却多含有一种很高的价值在。此价值为何？即是其内容多除为经济的利益以外，乃更含有娱乐与道德的劝勉之意味。这一点精神，我们必须保留而更使之发展，本来各国的合作社，亦有把道德的意味加入其中者，如雷式信用合作社，社员不分红利而共负无限之责任，即表现此意味甚清楚。不过其所谓道德意味，乃是宗教的信念，则为吾人所不取。但无论如何，此种意味我们是必要的。要知道经济的组织，本是关于生活方法的事，而我们却要在生活方法中来求生活本身的对。我们不单是要有饭吃，还要求精神的向上，故以我们所见，则我们的合作社，必须保留旧日那种结社的意味，而更加以开展。要使合作社不惟是解决经济问题的机关，且又为提发精神的凭借，这样的合作社，才是我们中国的合作社。这是我们必须注意的第三个原则。

第四，乡村生活本是简单的，故合作的机关，亦愈少愈好。此则最好是取兼营的办法，一个合作社，可以达到两种以上的目的，则其收效亦愈大。如日本乡村中的合作社，三目的兼营和四目的兼营的合作社，很多很多。明是一个合作社，而却把信用购买运销利用各方面的事都作到了，这真是最好的办法，这个办法尤其适用于中国的乡村，这可作我们办合作社所必须遵循的第四个原则。

四

现在还剩下第三个问题要问，这个问题，就是"合作社怎样才能提倡起来"？这也是极有关系于合作运动之前途的一个重大的问题。

首先我们应该知道，合作虽是中国经济惟一的路子，然而要想得其真正的效用，则却非使之真正能植根于乡村间，而毫不空虚飘浮不可，这样，则倡办起来的合作社，至少不能违犯了这个条件：即是其成功必须不是由于外铄的。这就是说，真正的合作社，必须是社员自己的组织，这是绝不能否认的，然而要想达到这个目的，却很不容易，因为农人们现在这样的锢蔽愚陋，要叫他们自己感着合作的需要，而起来组织，真大有问题。不要说是中国的农民，即在外国，也有很多的困难。如查理季特记叙法国农民的情况，便有这样的一段话：

"我并不是有意来侮辱农人，他们由他们的村庄载了满车的蔬菜家禽牛油番薯之类走向市场去，才到半途，就有顾客跑到车前，故意出任便什么价钱来买取他们全盘的货物，农人对于愿出高价的顾客们，是不是也有时肯作正直人，说一句'给我的价钱太高了，我的良心不能让我把货物卖得这个价钱'呢？不会的。从此你们知道在这种情形之下，是没有我说的任何方式的合作社，可以引起农人的一盼的。信用合作社吗？要他干吗？大战以后他们的老债已经偿清，再也没有抵押的债务了，如果和他说：你们应得结合起来，以便借贷，他们答得你理中有理：为什么你要我借债呢？我有的是钱，你要时我还可以借给你，不要吗？我去买国防券好了。贩卖合作社吗？我才说过，农人还不等跑到市场以前，就有人以高价给他们买了，那么为什么再要加入会社，去找更好的贩卖方法呢？其他的会社之不能得农人之一顾，理由亦正相同。"

这段话把法国农人的态度，可谓形容得淋漓尽致。法国农人之不能合作，因为其有办法，中国农人之不能合作，则是以其根本不知合作为何物。故想叫中国的农人组织起来，其困难实远甚于法国的农人，如何才能免去此种困难，而使合作社真能成为农民自己的组织，则方法实有讲求的必要。

在今日一般气浮的青年，则必将以为非先从事于宣传不可，而不知锢蔽甚深的农人，言语决不能打动他，即能使之有一时之高兴，过去也就完了，况且你们的宣传，农人们早已听厌了，他们根本便不愿听，这还能有什么效力？

以此我们不可不细心搜求适当的方法，细心搜求，则自然可以归到这个结论，就是以为最好是先从事实作起，以刺激农人麻痹的心理，使他们自己感觉出合作的需要，和合作的意义，而自己起来组织。这实可看出有两个具体的办法，可以达到这个目的：

一是利用乡间旧有的具有合作雏形的组织，如钱会之类，重新提议组织，而逐渐导之渗入真正合作之精神，逐渐坚固其组织，扩展其目标，以使能达到真正合作的形式。如此，一方面有实效可见，农民将易于由此感到需要；一方面则由作此种组织之时，农民可以逐渐得到组织之训练，就

地方自治与民众组织

是等于实地受了合作的教育，自易发生合作之兴趣，然后逐渐使其完全成为农人自己的组织，庶乎可能，而且亦可以永久。

一是看着某处必须某种合作，始可以解决某处最切要的问题时，则即可导之组织此种合作，以为倡导，如某处正在患旱，掘井是农人们唯一的救星，而此则非组织合作社来办不可，此则为事实之急需，我们就可从这件事来领导作起，凡事只怕不感着需要，感着需要了，自然易于作成，这件事如果能以合作的方法作成了，则亦无异是把合作的利益与办法教给农民，如此来引申此种组织及于别的事业，农人自可高兴自动来作，而不至永远成为被动的，这也是一个办法。

这两个办法，俱是从事实里面给农民以训练的，根本可以说是一种因势利导的办法。如果是这样办法指导成功了一个合作社，则这个合作社决不至于空虚飘浮，而能真成为农民自己的合作社，可无疑问。这种因势利导的办法，实在不能不说是一条极稳善的路子。这不但倡导农人组织合作社要用这个办法，无论哪一种事情，要想使其真正入于乡村内部里去，恐怕都非这样办不可的。

但是这样，问题仍然不能算是已经解决，因为我们还应该问，这样的办法，将是谁来作才适宜？个人来作呢？还是待于某种团体或机关来作呢？

如果是个人来作，则恐怕非本村的人作不起来。因为唯有本村的人，才能对于本村里一切问题，知道清楚，亦唯有本村的人，才能随时对农民加以指导，不致合作社走到错误的路子上，如果有热心之士能这样办，自然是极好的事。不过我们却又要想到：乡村是亟待组织的，合作是急待推行的。但要使合作推行得开，成为风气，则却非使合作的重要普及农人心目中不可。个人的力量当然不过及于所在的村庄，或附近的村庄，其他的地方便很不易受到影响。尤其是个人在某一个地方是有时间性的，如果因事他去，或竟不在世间了，则其本村的合作社，能否继续办理，不致落于人亡政息的局面，实在很成问题。再则是要想合作真正能够有所成功，非对现在一般农人自私的心理与习惯，有所改变不可，这样则必借教育之力才行。但这样的事，个人的力量亦难办到，即能办到，亦难普及其村中的每一个农人。况且与合作有连带关系的农业上各种的问题，亦必须加以指导，而这些事个人绝对不能都知道的，但真正想合作在乡村间有广大的效用，这类事又是非办不可的。以此个人作合作倡导的事，实在是大有问题在。

再来看团体或机关的力量。团体或机关，此较不至于因个人的去留存在而受影响，或者其力量亦来得此较个人的大。但用这一种力量来提倡合作，问题亦不少，最明显的是这种团体或机关，还是何种形式呢？是谁来组织呢？政府呢？抑是农民自己呢？政府来组织，则或可如农事试验场的办法，在各乡村里，设立类似于此的机关，以为推进合作的动力，但我们要知道，农人对于政府的机关，历来是以另一种眼光来看的，他们常是一味躲避，因为他们是受够了骗了。以此，这种组织，无论如何，终难与农民真正的力量相接触的。想着凭借着他指导农民组织合作，使之成为农人自己的组织，真是极难的事。政府的机关既有困难，农民自己的团体当可以行了，但这又将采取何种形式呢？又将如何才能达到真正的目的呢？也是不易解决的问题。

总之，以个人作动力，问题固然多，以团体或机关作动力问题也不少。事实上究竟如何始能达到完善的地步呢？比较来说，团体或机关的力量，要来得大些，是可以无疑的。因此，寻求的方向，恐怕亦非在这一面着眼不可了。

现在我们应该先定出几个寻求的标准，我们以为要想组织一个有效的机关或团体（以下只称机关即可），则这个组织必须合于下面的几个条件：

一则须是乡村自己的力量

一则须是乡村领导的力量

一则须是乡村永久的力量

普通政治机关之不能深入于乡村，其原因虽多，而最大者，恐是由于不是乡村自己的力量所致。现在我们应该先去掉这个弊病，要叫这个机关成为农人自己的机关，乡村自己的力量。但问题仍要问回来，如此将采取何种形式的组织始能同时合于其他的两个条件呢？

从各方面来研求，则这个机关，似乎是取一种民众学校的形式来组织为宜。因为要想使农人普遍受合作的训练，则非是一种学校的办法，不能达到这个目的，而这种学校，未始不可各村联合来办，则开合作的风气亦较容易，但这个学校，即绝不能同于一般的民众学校，必须是各乡村间德望素孚的真正的乡村领导者所倡办的，因为唯有这些人，才是乡村的头脑，这些人来倡办这个学校，则乡村的头脑既在，自然能成为乡村自己的力量。同时这个学校即当以本处的各种问题，为研究训导的材料，乡村间各方面新的知能与方法，是要生产于这个学校里面的，以此又可为乡村间领导的力量。又因为是一个学校，故亦自易继续下去，不致只成为一时的力量。

以这样的一个学校来因势利导的提倡合作，则自较个人提倡之力大得多多，而庶亦不致走到一个虚空飘浮的路子上去。这样的一个学校，我们可以名之为"乡农学校"，他与丹麦的国民高等学校之意味颇相同，而办法则相异，他不但只是可以推动乡村间合作社组织，实更有改进整个乡村生活的功能。现在只极简单的提出其办法的纲领如此，世之热心乡村运动者，其望能加以注意试验。

十九年十月

乡村建设与乡村教育

庄泽宣 编

中华书局

目　录

第一章　绪论 …………………………………………（137）
第二章　乡村社会的过去与现状 ……………………（142）
第三章　中国的乡村问题与乡建运动 ………………（156）
第四章　中外的乡村教育运动 ………………………（170）
第五章　乡村教育概观 ………………………………（181）
第六章　乡村小学 ……………………………………（201）
第七章　结论 …………………………………………（222）
附　录 …………………………………………………（231）

第一章 绪论

第一节 乡村社会的特征

乡村社会并不是绝对独立不同的社会，不过因为地域的不同，受着农业经济的支配，于是有地域的特性，经济的特性，人口的特性，心理的特性和文化的特性等等。惟虽有此等特性，却不能说它与都市社会是根本不同，犹之人与人之间有身材的大小肥瘦不同，心智聪明愚鲁的差异，但决不像人与禽兽截然分开那样。

地域性 在地域方面，乡村社会的环境或为农田、或为水乡、或为山林、或为牧场等等，所以有农村、渔村、山村、牧村等等名称。不过无论是种植、钓饵、柴樵、畜牧等等，广义的说，都是农业的一部分，所以乡村与农村在靠地吃饭的意义上是可以互换的名称；虽则乡村像是对都市，而农村像是对工商社会的名称。乡村社会最显著的特点，就是天然的环境和直接受天然力的支配。换句话说，在乡村中自然力要大于人力。乡村人民靠农谋生，而农业任何部门归根要依赖土地，所以乡村社会的地域性十分重要。

经济性 在经济方面，因为农业是原始的生产事业，又相对受着土地报酬递减律的限制，其经营之资本多不甚大，而生产的劳动多是体力。农业所占的土地既广，工作和收获又受着气候与季节的支配，所以乡下人真是靠天吃饭，而以农为主要生产国家的国民也是靠天吃饭。农业生产的成果多为原料品，往往要运到别地去销售，而日用制造品，却又须取给于别处；若交通不便，金融不流通，乡村社会的经济不能不受他人的操纵与剥削。

人口性 在人口方面，就量来说，人口密度较低，到了人口过剩的时候，因生产不足，不成饿莩，便须向外移殖；不过乡村人民以家乡为重，非万不得已时不愿外出，即不得不外出，一有机会多愿回家，所以量的流动性也较低。就质来说，因环境和工作关系，身体天然抵抗力较强，但卫生不讲，营养不良，以致疾病丛生，仍不觉影响于身体。且在交通不便、文化落后的乡村中，本不需十分用脑的农民，智力遂愈趋低下。

心理性　在心理方面，有下列特征。因为生活多受天然力支配，所以对自然现象常生怕惧迷信的心理。因为人口固定、地域限制，就有很深的地方观念。同一村中或为本族或为亲属，血缘关系既深，家族主义根深蒂固，祖先崇拜视为重要，而迷信更深。一切态度行为，不免为风俗习惯和成训的势力所左右，保守心大于进取心，而对于外界社会的变动少加注意，政府的法律命令也不甚重视。不过在交通工具促进、教育程度加高之后，这种心理也自然有所改变。

文化性　在文化方面，如乡村社会犹未脱离氏族社会的阶段，当然社会组织以家族为中心。因着迷信之深、保守之重，听天由命，宗教信仰势力甚大；所以一切庆典除宗教上的意义外，成为乡村唯一的娱乐机会。甚且因文化落后，风俗萎靡，烟赌流行，至多以吃茶谈天为消磨光阴的方法。在交通不便的乡村，杂志报章输入少而迟，一切传达报告多以语言而不以文字，外界变动十分隔膜。

人口限度　上面所列是任何乡村所具的特征，虽则未必所述的特征皆具。至于地域的广度，人口的密度，则各村差异颇大。依照法令规定，美国以不满二千五百人的地方为乡村，不论其为小市镇或村落；德国则以不满五千人者为乡村，而一八八七年万国统计会议则以二千人以内者为乡村。我国从前湖南省所议定的宪法，规定人口不及五千人者为乡，浙江则规定人口一万以下的为乡，但均未遵照施行。

乡村种类　以种植为主的乡村，不论其所种植的为稻、麦、园艺或蚕桑，大都人口较密，土地较聚，各家集为村落。以渔樵畜牧为主的乡村，则人口较疏，土地较散，各家亦多分处居住。此外又以血缘来分，有单姓与复姓村的区别。

第二节　乡村教育的特征

基于乡村社会的特征，乡村的教育自与都市社会的教育有差异之处，不过所差异者亦仅程度的不同而不是种类的不同。

在人口密集、交通便利的乡村中，其教育设施可说是与市镇中的教育设施无大区别，但在人口愈疏、交通愈难的乡村中，其教育设施与市镇中的差异也愈大。

因为人口稀少，交通不便，文化易于低落，求知能见闻的需要也更不急迫，似乎教育并没有设施的必要；即使要设施，大家分散，漫无组织，召集讨论尚且不易，筹措经费更感困难。当地人才既感缺乏，到外面去聘请教师也多不愿来就。这种现象虽因人口愈密、交通愈便而减少，但比之市镇仍有所不及，因此乡村教育总不免有下列特征。

经费困难　第一，乡村教育经费筹措不易。留居乡村的人，大都是自耕农或佃农，终年劳动至多不致冻馁，除了衣食住的开销外余钱甚少，所以在乡村筹措教育经费是一件极困难的事。关于经费的筹措，以后再详加讨论；在此地，我们只说经费困难的结果。因着经费困难，校舍设备不能不简陋，师资较好的不易聘到，这样乡村教育根本就不易办好。

不感需要　第二，乡下人不易感到教育的需要。乡民职业多为世袭，而在靠天力、靠人工、不用机器来耕种的乡村中人，不论种植、渔樵、畜牧，大都不必受正式特殊的教育，而只须年少者跟着年长的人去学，便可获得所需技能，所以不感到教育的需要。靠语言传达消息的社会，更不感到要学习文字，与外界社会生活隔绝的乡村，既毋须乎看报纸，也少要与外界通信，文字的需要可说是减到最低限度，正式教育的需要当然感不到。

乡村的女子虽有与男子同样操作，或竟代男子操作的，但下意识里，总以女子地位低于男子，而教育需要的感到也不及男子。所以在乡村中女子受教育的特别少，即使有受教育的，开始比男子迟而辍学比男子早。

家塾与族塾　第三，在家族制度发达，尤其是单姓的乡村中，如族中有公产公款，想子弟求学的，往往办有家塾或族塾，虽则其名称或已改为学校。家塾、族塾或一姓办的学校，地址大都设在本族的宗祠或族产房舍内，对于本族的子弟求学或免费、或减费，不过多以男子为限。本族子弟入学视为一种权利，一种享受，高兴便去，不高兴便在家。族中长老督责严的尚有相当成绩，否则徒挂招牌，耗经费。

教师敷衍　第四，乡村学校因经费困难，薪水不高，愿往乡村中任教的教师往往是市镇所淘汰，没有人请的教师。这类教师为生活所驱迫，到不愿去而又不得不去的乡村中任教，不过把教书来换饭吃，根本没有专业的精神，当然谈不到任教前有专业的训练，任教时再求进修，更说不上改良乡村教育、促进乡村生活，只求敷衍了事，除教书外至多代乡下人写写春联、书启、契约之类而已。

其实，乡村在许多国家中是各种社会中重要的一环，在以农业为主要生产的国家，更是各种社会的基础，所以最值得有为青年去服务、去努力。人生服务本不专为金钱的报酬，工作价值当以服务的效力来衡量，不当以薪水高低来衡量。关于乡村社会的重要性以及改进的运动我们下面再加讨论，乡村教育既为乡村改进中的主要工作，单就乡村教育本身工作言，已应引起许多以服务为怀的同志去埋头苦干，何况乡村教育经费不难增加，物质上的报酬不难丰裕呢？

我们在下面先提一提乡教实施的原则，然后分章讨论乡村社会的过去与现状，中国的乡村建设运动，中外乡村教育运动，乡村教育概观，乡村小学的设施，最后谈及乡村调查的重要与乡村学校的新使命。

第三节　乡教实施的原则

根据上面所讲的乡村社会与乡村教育的特征，我们可以说在乡村实施教育的时候应注意到下列原则。

唤起需要　处于今日的世界中，任何社会不能独立，更不能孤立。我们不管人家的事，人家要来管我们的事。即使在乡村中过着极简单的生活，也不能关起门来对于外界的社会不闻不问；况且乡村文化落后，若不急起直追，势必坐视别人的进步一日千里，文化程度愈差愈远，所以在乡村中办教育第一要义在唤起民众，使大家感到教育的需要。

对症下药　但是唤起了大家的注意以后，必须教育设施对于乡村社会确有实惠，使多受一分教育的乡村，即多得一分的利益。因此乡村教育应以整个施教的乡村为对象，不分男女老少；施教的范围，不限于文字或书本的知识，视该地的需要，或侧重生产技能，或提倡合作事业，或增强自卫力量，或加固团体组织，或推动地方自治。负乡村教育责任的人，目光要远大，对于世界大势本国潮流所趋要能看得清、抓得住，同时对于所施教的乡村社会也要洞悉其优点与缺点，然后因势利导，事半功倍。

小处下手 办乡村教育的人目光虽要远大，不过要大处着眼，小处着手；尤其在初办的时候，不可操切从事，更不可小看了施教的乡村社会。乡村社会组织虽不健全，但自有其立足基础；所具的生产技能虽墨守陈法，亦必有其经久不变的理由；就是风俗习惯，在乡村中保守心重，也必根深蒂固；贸然施以改革或竟下手铲除，势必引起极大反感，必致令乡人对教育信仰发生动摇，甚或发生反信仰，不但不感教育的需要，反以为教育有害。所以在乡村中办教育，宜从小处着手，而且初行时采用缓进步骤。等到乡人对于教育确实信仰之后，推动自易，进步自快。

无从抄袭 今日中国采用的教育制度，不幸是间接或直接的采自西洋工商社会极发达的国家，其中设施大都是需要大量经费，适合大规模的社会组织和富于进取心、耽于物质生活的民族性的。这种制度在比较工商化的中国都市中推行已百弊丛生，在乡村社会中推行更是如方木塞在圆孔中格格不入。因此中国乡村教育的设施，有待于创造之处甚多。我们在下面将追述中国乡村教育运动的历史，但这段历史为期甚短，虽则前人已在创造方面下了不少的力量，而所成就者甚少，有待于创造者尚十分的多。所以在乡村办教育的人万不可抄袭西洋成规。即在中国，各地情形迥不相同，即使有的办法在甲村办得有效的，在乙村就未必有效。所以办乡村教育的人连中国其他乡村已行之有效的方法制度，在推行的时候也不能不采取试验的态度，常常准备改变以适合当地的情况与需要。

用款经济 在下面我们可以看出中国的乡村已经崩溃到几乎不堪救药，然而同时又看到乡村建设在中国民族复兴的过程中是占到最重要的地位，而乡村教育又是乡村建设最基本的工作，因此办乡村教育的人要认清所负责任的重大，毅然以建国基础自负，创立继往开来的大业。在这次抗战中大家已更看清乡村力量的伟大，今后乡建工作必更为上下朝野所重视，乡村教育的经费必日见增加，乡村教育设施的范围必日见扩大，负乡村教育责任的同志必日见增多。但是我们不要以为经费多便可以滥用，而应当反过来把一文钱当三文钱用。如何使乡村教育经济化，是最值得努力研究试验的。在经济优裕的乡村中固应不乱花钱，在经济困难的乡村中更应重视用款效率。许多经济的办法已为各地采用，这些办法是否适用于当地，应充分予以试验的机会，未为他地采用的方法也不妨试用。

第二章　乡村社会的过去与现状

第一节　乡村社会的起源

　　农业生产与农业社会的起源　乡村社会是以农业生产为基础的社会，所以要研究乡村社会的起源，必先研究农业生产的起源。

　　据专家的研究，农业生产起源于偶然的事实。即是：原始人类有时遗弃果实于地上，过了些时候，便发芽而生长了；这种现象多次续现的结果，使人类发现其间的关系，于是农业生产便发轫了。这样发生了农业生产之后，乡村社会便于其上开始形成。

　　但是乡村社会究竟在什么时候开始形成呢？在旧石器时代以前，人类的生活与禽兽的无大异；在旧石器时代人类始知用火烧动物为食；到了新石器时代继发明弓箭，会狩猎动物，后来又知畜养动物，但直到新石器时代的末期方略知耕种的道理；又因人口密度渐渐增加，大约每方哩之地，可容住二三十以至五六十人。往后人口越加繁殖，天然产物越加不能供给，于是发生当时所谓人口问题。而解决当时的人口问题的唯一方法，便是发达农产物。一方面因为农业越发达，人口越加多；他方面因为人口越加多，为满足人口的需要起见，农业生产不得不越加发达。于是农业与人口交相向前推进。农业与人口交相向前推进的结果，便形成了建筑在农业基础生产上的乡村社会。

　　生产工具与社会组织　乡村社会固然以农业生产为基础，而农业生产情形则又随其生产工具而不同。生产工具越优越，则社会组织越复杂；生产工具越幼稚，则社会组织越简陋。所以乡村社会组织的发展便由农业生产工具发展的程度而决定。据专家的研究，农业生产工具的发展可分为下列四个时期：一、耙耕时期；二、犁耕时期；三、园艺时期；四、商耕时期。在这四个时期之内，循序地发达了农业生产及其社会的组织。

所谓耙耕，是用一根削尖的木棍，耙锄地面，以散布种子的耕种法。此种农耕法是极幼稚和简陋的，且为最原始的一种农耕法。运用此种幼稚和简陋的农耕法，其所生产的农产物的分量当然有限；平均计算，大约一方哩之地所生产的农产物可供二三十人以至五六十人的需要。所以当时一方哩之地，只能容住二三十人以至五六十人。但温带地方农产物较为发达，平均计算，大约每方哩之地可容住七十人左右。

这时期的社会是以血族为单位的氏族社会，起初是由氏族到宗族，后来乃由宗族到部落。在氏族社会之内，有族长和成员之分。族长为组织劳动者，成员为实行劳动者，但前者有命令后者的权力。

这时期的社会，在经济上开始了巧取豪夺的萌芽，在意识上发生了哲学和个人主义的萌芽；私有财产观念发生于此时期；自然崇拜和祖先崇拜亦盛行于此时期。如今的美洲印第安人、大洋洲人与非洲人尚属于这个时期。

所谓犁耕，是用牛或马拉犁掀动地面，以散布种子的农耕法，这种农耕法，有四个重要的形式。一、烧田法：即燃烧森林或草原以为耕地的方法；二、分田或三田法：即将可耕的地方分为三块，一块休息，一块春耕，一块秋耕的方法。三、牧耕法：即将可耕的土地种植数年以后，复改为牧场以休养土地的方法。四、轮耕法：即将养地力与吸地力的植物，定期轮流种植的方法。运用此四种方法耕种土地，其所产生的生产物当然要比较以前为多，所以此时期的人口密度要比以前增加些，社会结合的范围要比以前扩大些。这种农耕法又可适用于小规模的生产；所以此时期的家族获得了独立权，且从氏族的共产社会分裂开来了。当时土地如可分配的，则分配于各家族；其不能分配的，则仍为家族间所共有。在此时期，发生了工匠，实为近代工业的萌芽。在此时期，发生了经济的结合以代替过去的血族的结合，在此时期，发生了私有土地制度，故经济上发生了不平等的现象。

大凡经济力优越的首领，容易获得较高的权力；至于大家族，亦容易获得优越的地位。若经济力又优越、家族又大的首领，则容易成为世袭。——若军权在握、而家族又大的首领，则容易获得大宗土地。封建领主，便在这个优越的地位上产生了。

封建领主在犁耕社会为其上层阶级，其下层阶级是领民。最大的封建领主拥有最多的土地；这个人便是国王或君主。国王或君主为最大的封建领主，诸侯为小的封建领主。

封建领主专管军事组织。至家族团体间的活动以及其一般的统驭，则归于族长的后继者——那就是在西洋所谓僧侣，在中国所谓士大夫——的手里。僧侣或士大夫具有特殊的智识和读书的能力。在西洋，僧侣组织模仿俗界的封建组织；在中国，士大夫则倚赖封建领主以为生。

犁耕时期的社会是这样的社会。通常所称封建时代的社会，大抵即指此犁耕社会而言。

所谓园艺亦名铲耕法，乃是犁耕以后的一种进步的耕种法。古代秘鲁与墨西哥、现代日本与中国都采用此种耕作法，而以中国为最著名。

西门（G. E. Simon）描写中国的园艺耕种法的社会颇称恰当。他以王木集为模范的农村来描写。他假定该村里有七八百户人家，各分散于田园相间的地方。全村约有一万人，占地近二万亩。他们的生活既不枯燥，也不喧嚣。各家都是大家庭：三代同居，祖与孙，或祖母与孙媳，常泄泄融融，同居一室。家产并不分析，家中各员常自由做其有益的工作。凡十余人的家庭，大约有三十余亩田园即为够用。水、肥料与工作是他们的三个重要的耕种方法。水是用人工导引的；肥料的大部分是人粪；日出而作，日入而息，以在肥沃的土地上耕作为娱乐。在那三十余亩的田园中，可以种稻、茶、甘蔗、橘、麦、玉蜀黍、有油植物、荞麦、淡巴菰、棉、桑、芋、薯、白菜、豆，以及其他多种蔬菜与果实等。他们常只用一个锄挖，一个水桶，一个耙，一个木犁，尤其是一个铁铲。其食品以植物为主。各家差不多都可以自给。西门又说中国的几百万家都过这样的生活；中国人都这样地过度他们的和平与幸福的生活；中国国家是靠着这样知足安乐的人民以维持的。这是中国园艺社会的描写。可是，现在已迥然不同了。

所谓商耕，是代替犁耕而起的又一种进步的耕种法。因其为一种资本企业，且为满足外间的需要而生产，故名此种农业生产的方法为商耕法。

商耕有以下五个特征。第一个特征是：在欧洲，因为犁耕的发展，渐与资本的发展相适应，尤其近来自由耕种制按市场的需要以生产，所以耕种亦成为商业的企业。如果以前的耙耕、犁耕、园艺可称为个人的生产，则现在的商耕可称为商业的生产。第二个特征是：无论耕田、收获和制造原料，都应用农业机器以代替人的腕力。我们知道：机械越完备，就越省人工，因而按所费的力其所得到的利益也就越大；重心越是由劳力移到资本。第三个特征是：应用科学发达了，致影响于食物的生产。比如用人工肥料与选种的方法以改良动植物的种类，以及应用科学的计划于全部农业等，就是例子。这是中国园艺耕种的技巧与经济所办不到的。第四个特征是：利用人的劳力达于极点。这点与中国人之利用土壤的生产力达于极点者，大有区别。我们知道：中国人口的活动，吸收在土壤上；欧洲人按全体人口计算，从事生产食物的人日见减少，大部分的人都从事于生产食物以外的职业。所以，商耕可谓为近代工业发达的先声。第五个特征是：调剂各地方的生产盈亏，并将各地方的利益调和分配。比如，商耕制下之欧洲人的食品，常由全世界供给；犁耕与园艺制下之中国与印度常有某地方食物充足而邻近反感觉困难；至欧洲则久不闻饥馑的灾害，凡此五个特征，实为商耕社会组织的优点。

总括来说，耙耕社会为农业的原始社会，适存于半开化时代的晚期；犁耕、园艺与商耕社会为农业的进步的社会，适存于文明时代——犁耕适存于封建社会，商耕适存于商业资本主义社会，园艺介于封建与商业资本主义二者之间或兼二者而有之。农业生产发生了这样的社会组织，这就是乡村社会的历史的演进。

第二节　中国农民现状

园艺与商耕同为犁耕后的一种进步的耕种法，但是何以中国乡村社会进于园艺而西洋的乡村社会则进于商耕呢？这个问题曾经多人研究，确不容易答复。比较的满意的答复要算陈啸江氏的说法。商耕是由犁耕跨上商业资本社会的一个阶段，商业资本社会的发达必须有赖于商业产品有出路，即上面所说的按市场的需要以生产，必须有市场销流才有需要。但是中国为环境所限，东南有大海，西北有高山，且非富庶之地，都不能作中国商业资本排泄的尾闾。以前汉、唐、明、清各代都曾努力开辟疆土，可惜都不能销流中国的过剩产品，以致不能扩大生产，使中国乡村社会只能由犁耕踏上园艺耕种的一条路。直到最近帝国主义冲破中国的闭关政策，以前中国的乡村大都努力于自足自给，而中国的政府也始终采取父老政策，对于乡村的发展不采取干涉的途径，但求家给人足，便可太平无事。

中国乡村社会在此次抗战以前的现状，略如下述。

人口数量　据战前邮政局的统计，我国人口总数为四万二千六百万。其分布状况约如下列：

（一）居于城市者二千五百万人，占全人口百分之六强。

（二）居于小村落者三万万人，占全人口百分之七十弱。

（三）居于未成市集之乡村及已有市集之乡村者一万零一百万人，占全人口百分之二十五强。

又据民国三年农商部的调查，我国农户有五千九百余万户（贵州绥远蒙古西藏等地不在内）。依民国十一年至十四年四年中金陵大学的调查，我国六省十三处二三七〇农家，每家人口平均为五·七人，乔启明氏于民国十三至十四年内调查四省十一处四二一六农家，平均每家人口为五·二六人，此外其他地方农家的调查，每家平均人口有多至六·五人的，也有少至四·〇六人的，大约以每户五口半计则全国农民有三万万以上，居住乡村的非农民尚不在内，不过为数甚少。

又有人估计中国人口的分布如下：

（一）住在人口二千五百以下的农村的约三万万人。

（二）住在人口二千五百至一万的市镇的约一万万人弱。

（三）住在人口一万至五万的小都会的约二千三百万。

（四）住在人口五万以上的大都会的约二千三百万。

性比例　中国乡村人口的性比例虽无全国调查，但男多于女，大约是通例。李景汉氏在北平郊外与河北定县的调查，前者性比例为一〇〇对一一四·八，（即每女子一百有男子一百十四·八人）后者为一〇〇对一〇六。乔启明氏调查四省八处二九二七农家，性比例为一〇〇对一一三。卜凯氏调查芜湖附近一〇二农家，性比例为一〇〇对一二三·三。克伯氏调查广东凤凰村，性比例为一〇〇对一〇八·三。

年龄分配　中国乡村人口的年龄分配也有几处调查。如李景汉氏的调查，北平郊外一百家四〇六人中，五岁以下的百分之八·六，五岁至十四岁百分之一八·五，十五至廿四岁百分之一八·〇，廿五至卅四岁百分之一五·七，卅五至四十四岁百分之一三·一，四十五至五十四岁百分之一二·三，五十五至六十四岁百分之七·四。六十五至七十四岁百分之五·

二，七十五至八十四岁百分之一·〇，八十五岁以上百分之〇·二。乔启明氏的调查，四二一六家中一岁以下的百分之三·三，一至十九岁百分之三七·七四，二十至三十九岁百分之三一·九，四十至五十九岁百分之二〇·六三，六十岁以上百分之六·六二。

生育与死亡　中国乡村每千人的生育率与死亡率，依照乔启明氏的调查，四二一六农家中一年内计生育率平均为四二·二，最低二〇·三，最高为七〇·五；死亡率平均为二七·九，最低六·二，最高六五·四。克伯氏的调查，生育率为三四，死亡率亦为三四。卜凯氏调查河北盐山县附近一三三农家，计六八七人，生育率为五八·四，死亡率为三七·一。

婚姻状况　中国乡村人口的婚姻状况依照乔启明氏的调查，四二一六农家中每千人的婚嫁率平均为一三·七。克伯氏的调查，六五〇人中有婚嫁资格的（即十六至七十五岁）占百分之七十，其中已婚者百分之八二，未婚者百分之二，寡妇百分之一五，鳏夫百分之一。李景汉氏在定县的调查，五一五农家中男子不满十九岁结婚者占结婚男子总数百分之七十，其中五分之三是在十三至十五岁之间的。女子出嫁者则十三十四岁的占百分之一二，十五至十七岁的百分之四六，十九至廿一岁的百分之三十四，廿一岁以上的百分之八。初婚夫妇中女长于男的百分之七一，男长于女的百分之二三，年龄相同的百分之六。有妾的家庭占家庭总数百分之一。迪金生氏民国十三年调查河北武靖县甄家营八十二农村中，一百个男子在十一岁结婚的三人，十五岁以下的二十五人，十六十七岁的二十六人，十七至二十岁的二十九人，二十至廿四岁的二十人；一百个女子中，十一至十四岁出嫁的二十二，十五至十六岁的四十三，十七至二十岁的三十三，廿一至廿四岁的一人。

子女数　关于中国农民已婚者的子女数只有两个调查：一在南通，一在宿县。计南通的自耕农子女数平均为二·四，半自耕农为三·二，佃农为四·九；宿县自耕农亦为二·四，半自耕农亦为三·二，而佃农则为四·二。

耕地面积　据民国七年农商部的统计表所发表，每一农家的耕地面积不满十亩者占百分之四二·七，十亩至三十亩者二六·二，三十至五十亩的一六·〇，五十至一百亩的九·七，百亩以上的五·二。又据华洋义赈会调查鄞县、仪征、江阴、吴江、宿县、沾化、遵化、唐县、邯郸等处共

七、〇九七农家，其中无田地的一、〇一七家；有田可耕的计三亩以下的占百分之一〇·三，三至五亩的二一·二，六至十亩的二五·二，十一至廿五亩的二四·一，廿六至五十亩的九·六，五十一至一百亩的五·〇，一〇一至二百亩的二·六，二〇一至五百亩的〇·九，五〇一至一千亩的〇·一，一千亩以上的亦〇·一，平均每家耕二四·七亩，但其中一处平均最少的一一·一四，最多的五七·二。又江苏十七县的调查，平均每家耕地亩数三四·四（自七·六至八九·七亩）。至每人摊得耕地面积，若以约计，可以五个半除上数。确有调查者有江宁县各区，计每人平均摊二·二六亩（自一·三九至三·五六亩）。据最近全国各地一、二九五、〇〇一农家的调查，计共有人口七、一二一、六二七人，每家平均耕一五·一七四亩，即每人平均耕二·七五九亩。农户耕地在十亩以下的占全数农户百分之五九·六，十亩至五十亩的三五·五八，五十至一百亩的三·四八，百亩以上的一·三四，但耕十亩以下的农户所耕面积总数占上列农户之耕地总面积仅百分之一七·六三，十亩至五十亩的则占百分之四八·五一，五十至百亩的一五·五四，百亩以上的一八·三二。其详有如下表：

耕地面积	农户百分比	农民百分比	总面积百分比	每户平均亩数	每人平均亩数
五亩以下	三五·六一	二八·六四	六·二一	二·六三九	〇·五九七
五至十亩	二三·九九	二二·〇六	一一·四二	七·二二六	一·四二九
十至十五亩	一三·一七	一三·四九	一〇·六三	一二·二四九	二·一七五
十五至二十亩	七·九九	八·九四	九·一七	一七·四一七	二·八三二
二十至三十亩	八·二二	一〇·〇五	一三·一七	二四·三三三	三·六一五
三十至五十亩	六·二〇	八·六七	一五·五四	三八·〇〇五	四·九四七
五十至七十亩	二·一七	三·四二	八·三八	五八·五九四	六·七六六
七十至一百亩	一·三一	二·二四	七·一六	八二·六一〇	八·二二二
一百至一百五十亩	〇·七二	一·三一	五·七一	一二〇·二二二	一二·〇七一
一百五十至二百亩	〇·二四	〇·四七	二·七六	一七一·九七一	一六·〇四七

续表

耕地面积	农户百分比	农民百分比	总面积百分比	每户平均亩数	每人平均亩数
二百至三百亩	〇·二〇	〇·三七	三·一七	二四〇·九五二	二三·五〇五
三百至五百亩	〇·一一	〇·二〇	二·六三	三七八·三九五	三五·七七九
五百至一千亩	〇·〇五	〇·一一	二·三〇	六七一·八六九	六〇·一九四
一千亩以上	〇·〇二	〇·〇三	一·七五	一、七五二·六〇四	一四八·三二一

农户种类 据民国七年农商部的统计，全国各省区（四川、广西、云南、贵州无报告）自耕农的户数占总农户数的百分之五〇·六，半自耕农数二一·六，佃农二七·八。又据各专家调查，江苏、广东、四川、安徽、河北、浙江各县，自耕农占百分之三一·二，半自耕农二二·一，佃农四六·八。大抵人烟稠密的地方佃农为多，人烟稀薄的地方则自耕农较多。如另一调查报告，黄河流域自耕农最多，占百分之六九，而佃农仅百分之一三；东北区次之，自耕农占百分之五一，佃农则为百分之三〇；长江流域及西南区，自耕农占百分之三二，而佃农则达百分之四〇。

佃农与地主 凡农家（佃农或半自耕农）向地主租种田地，多数要立租约，付押租。租约大都用文字（少数只凭口说），须找中人，租约的名称不一。押租则在江苏、安徽、浙江、湖北、湖南、广东各地平均每亩六·七元（自一·三至二三·〇元）。又据昆山及南通的调查，佃户有押租的自百分二五·五至八八·一，且有逐年增多之势。除押租外每年须纳租，其办法可分为（一）包租，即不论丰歉，均照定额缴纳；（二）分租，即按收成分摊；（三）佃租，由地主供地及资本，佃户仅出劳力，收获按成分摊。大抵土地较肥，耕种较久的地方多行（一）法，次则行（二）法，荒漠的地方则行（三）法。在江苏、安徽、浙江、湖北、湖南、广东各地每亩平均纳租一·七（石自〇·八至五·三石）。又在河南、山西、江苏、安徽、湖南、广东等地行分租法的平均地主得百分之五一（自三成至七成）。纳租种类有江苏南通与昆山及安徽宿县的调查。在昆山完全由佃户纳谷，在南通纳金钱的占百分之八一·八，纳谷的八·〇，分租的八·七，佃租的一·五；而在宿县则纳金钱的百分之二·三，纳谷的七·二，分租的九○·五。又据民廿一的调查，全国各等田地的租率如下：

耕地等级租率		分租率（对全年主要作物产量%）		谷租率（对全年主要作物产量%）		钱租率（当地价之%）	
		水田	旱地	水田	旱地	水田	旱地
上等	最多	七○·○	五三·二	六六·七	六○·○	二一·○	二四·五
	最少	二五·○	三九·七	二二·三	二八·八	五·○	五·○
	平均	五一·五	四七·八	四六·三	四五·三	一○·三	一○·五
中等	最多	七○·○	五一·九	六四·九	五二·五	二五·五	二七·五
	最少	三○·○	三一·六	二○·○	二八·○	五·○	五·○
	平均	四八·○	四五·三	四六·二	四四·六	一一·三	一○·九
下等	最多	七○·○	五一·八	六三·五	五○·九	一八·九	二九·六
	最少	一○·○	二五·五	一八·六	二八·九	二·三	五·○
	平均	四四·九	四三·六	四五·八	四一·四	一二·○	一二·○

地主居乡与居外的亦各地不同。在昆山居乡的百分之三四·一，在南通有八四·二，宿县七二·六，平均六三·六。大抵土地较肥，交通较便的地主多不居乡。

地主居外的大都是军政官吏、经营实业者或商人，居乡的大都为高利贷者，也有商人。据一九三○年的调查，江苏占有千亩以上的三七四个大地主的职业如下：

	军政官吏	高利贷者	商人	经营实业者
江南户数	四四	六九	三六	一二
百分比	二七·三三	四二·八六	二二·三六	七·四五
江北户数	一二三	六○	三一	——
百分比	五七·二八	二八·一七	一四·五五	——

据昆山、南通、宿县三处的调查，地主有逐年减少的趋势。计：（百分数）

	昆山			南通			宿县		
	一九〇五	一九一四	一九二四	一九〇五	一九一四	一九二四	一九〇五	一九一四	一九二四
地主	二六·〇	一一·七	八·三	二〇·二	一五·八	一三·〇	五九·五	四二·五	四四·〇
地主兼佃户	一六·六	一六·六	一四·一	二二·九	二二·七	二二·六	二二·六	三〇·六	三〇·五
佃户	五七·四	七一·七	七七·六	五六·九	六一·五	六四·四	一七·九	二六·九	二五·五

不论地主或佃户所种的田亩也有逐年减少之势，计：（亩数）

	昆山			南通			宿县		
	一九〇五	一九一四	一九二四	一九〇五	一九一四	一九二四	一九〇五	一九一四	一九二四
地主	二三·一	一四·五	九·四	一六·六	一二·八	一〇·〇	五三·四	三七·七	三三·九
地主兼佃户	二三·四	二〇·五	一六·九	一八·八	一四·二	一一·〇	六二·六	四七·八	四七·九
佃户	二四·六	二四·三	二三·二	一九·〇	一五·〇	一一·八	二九·二	一〇六·七	九〇·三

上列仅宿县以水灾为患，地主多降为佃户，田地又瘠，佃户非耕地较多不能维持生计故反增加。地主的户数虽少，但所有的土地面积却大。据一九三四年估计，中国土地的分配有如下列：

	户数（千户）	百分比	所有土地面积（百万亩）	百分比
地主	二、四〇〇	四	七〇〇	五〇
富农	三、六〇〇	六	二五二	一八
中农	一二、〇〇〇	二〇	二一〇	一五
贫农及雇农	四二、〇〇〇	七〇	二三八	一七

雇农　雇农是不受租约关系，仅用劳力为人耕种取得相当工资的。他的生活虽比佃农为自由，但因雇工关系，生活却更不安定。各地雇农状况的调查很少。以浙江各县而论，每家平均有雇农四·六六人。雇农工资，据江苏各县的报告，每日工资计男〇·一九元，女〇·一五元，平均〇·一七元，以月计则男三·五元，女二·二二元，平均二·九一元；以年计

则男二六·二二元，女一五·七一元，平均二〇·九七元。这是民十二至十四年的调查。据十八年的调查，江苏各县分长短工计，长工每年平均工资五二·四元，短工每日〇·四一元。又广东各县的报告，工资以日计男〇·三六元，女〇·二三元，平均〇·三〇元；以年计仅有男工，平均四三·四五元，但均为小洋数。

第三节 崩溃中的中国乡村

中国虽以农业为主要生产事业，而全国人口百分之七十以上居于乡村，但近年来因天灾人祸的频仍，以致中国的乡村日在崩溃之中。在天灾方面，以水灾、旱灾、虫害为最重要，在人祸方面以帝国主义的侵略与兵灾为最重要。天灾人祸交向乡村打击，其现象有如下列。

水旱灾　根据统计，旱灾要占乡村中各种灾害的百分之六八，水灾占百分之一九，其严重可知。譬如民国六年河北大水，被灾百〇三县，灾区一万方里，灾民六百三十五万余人，损失三四千万元；民九华北五省旱灾，被灾三百十七县，灾民总数二千万人；民十一江、浙、皖三省水灾，受灾人民一千二百万人；民十三九省水灾，灾民二千余万人；民十七华北八省旱灾，被灾县数五百三十五，灾民三千三百三十九万余人；民二十十四省大水灾，灾民五千万，灾区二十六万五千方里，损失二十万万元；民二十三水旱灾并发，灾区十四省，损失数十万万元；民二十三珠江、长江、黄河三大流域均有水灾等。

虫害　我国农民不知驱除虫害，每年损失在万万以上。据张景欧氏调查估计，民十一全国虫害损失约值一、三六五、四〇二、六〇〇元；其中农作物的损失约八万万元，畜牧损失六千五百万元，人类传染病损失约四万万元，贮藏物品为虫害所损失约一万万元。

农产品输出的减少　中国输出品中向以农产品为主位，但近年以来农产品的输出日见减少。以生丝而论，自一九〇一年以后居输出品第一位，近年已渐退至第二位；与贸易总值相比，在一八六九年占百分之三二·四，到了一九二八年则仅占百分之一四·六。在一九〇八年前中国生丝输出在世界各国生丝输出总量中居第一位，占各国生丝输出总额三分之一；自一九〇八年后日本争为第一，至一九二八年日本生丝输出占各国总额百分之六八·五而中国生丝输出则降至百分之一八·四。茶之输出在一九〇一年前居第一位，一九〇一年后亦降居第二位，近年已退至第七八位；与贸易总值相比，在一八六八年占百分之六〇·一，一九二八年仅占百分之三·七。一九〇三年前中国茶的输出在世界各国茶的输出总量中亦居第一，一九〇三年后即为印度所夺而退居第二位，一九一六年时第二位且为锡兰所夺而退居第三位，一九二四年第三位又为爪哇所夺而退居第四位。豆类及其产品的输出在民国以前不占重要，民国以来地位日见增高，八年后豆饼跃至输出第二位，豆跃至第三位，自后互为消长，至十七年后豆跃至第一位，但自九一八事变后，豆类及其产品的大部分已由他人输出。

农产品输入的增加　中国输入品中向以棉货为第一，但近年来棉花的输入位置亦甚高，民十九跃至第二位，民二十跃至第一位，民廿三后虽稍差，仍居高位。米的输入增加亦甚速，民国初年已占第五、六位，近且跃至第三、四位，输入量以一九二三年为最高，达二千二百余万担，输入值一九三〇年高至一万二千万海关两，一九三二年且至一万万金单位。制糖本为农家重要副业，在南方尤然，但自民国以来，糖的输入常在第三、四位，数量自四百余万增至一千四百余万担，价值自二千二百余万海关两增至近一万万海关两，近年以来虽略减少，但至一九三六年犹值九百余万金单位。

农产品产量的减少　中国农产品的产量均年见减少，据近年的估计，下列主要农产品如以二十年的产量为一〇〇，则至廿三年稻米减至六六·〇，小麦减至九二·四，大豆减至六四·一，只有棉花略增至一一四·三。

田赋的苛重　农产品虽减少，田赋却有激增的现象。民国二十年各省田赋及其附加多已比元年增一倍，二十年后续有增加。据专家的研究，民十四山东各地的田赋比一八六六年普鲁士的多十五倍；民国二十年左右，山东、江苏、浙江比日本多两倍至三倍，山西为五倍四，辽宁六倍六，四川西区约九倍。又有人估计广西农民在民十五所纳田赋约占耕种费全部百分之三十至四十。各地不独田赋率高，且预征一年者颇为普遍，甚且有预征至十年以上的（民十六四川郫县已征至民二十八的田赋，而四川梓桐在民十五已征至民四十六的）。各省收入大都以田赋为主，在江苏、河北、山东的田赋均占总收入百分之六〇，最多者如察哈尔，占至百分之八六·

五，最少者如湖北亦占至百分之五，平均在百分之四四·三，三分之一省区均在百分之五〇以上（廿四年度）。

荒地的扩大　田赋既重，灾害又多，以致荒地面积年见增加。据专家估计，历年荒地亩数的增加有如下表：

	荒地亩数	指数
民国三年	三五八、二三五、八六七	一〇〇
民国四年	四〇四、三六九、九四八	一一三
民国五年	三九〇、三六三、〇二一	一〇九
民国六年	九二四、五八三、八九九	二五九
民国七年	八四八、九三五、七四八	二三七
民国十九年	一、一七七、三四〇、二六一	三二三
民国二十年	一、三一七、三四〇、二六一	三六一

前后不到二十年，荒地面积竟加到三倍以上！这次抗战以后荒地必又大大的增加。

农民的离乡　农民素重乡土观念，本不愿离乡，但近年来中国各地的离乡的人日见增加，其原因虽多，生计的压迫恐为重要之一。中国各地农民离乡的大部分向都市里跑，在抗战以前，各大都市人口的激增，这是一个主因，不过确数的整个估计尚缺。华北各省的乡民离乡的另一出路在九一八事变前是移殖东北。据一个调查，自民十二至十七年间，向东北移居的有三百九十余万，但其中又回原籍的有一百七十万，留在东北的有二百二十余万即百分之五六·五。又据中央研究院所发表的难民的东北流亡一书中，一九二七至一九二九年山东农民流亡到东北的有七万余人，一九二九年河南农民流亡到黑龙江的有二万余人。自抗战以来因避战祸向西北、西南各省流亡的难民更不知有几千万人！东南各省的另一出路是向海外移殖。海外华侨总数估计虽各方不同，均在六百至九百万之间，惟在白种人的国家，华侨入口已多受限制。离乡的人大都为壮年男子，女子及小孩则较少，据各地的报告如下：

地名	十六岁以上男子/%	女子及一般小孩/%
江苏仪征	一〇〇·〇〇	
江阴	七二·五〇	二七·五〇
吴江	七六·一二	二三·八八
安徽宿县	七〇·〇〇	三〇·〇〇
山东沾化	四九·三〇	五〇·七〇
河北遵化	九七·〇九	二·九一
唐县	八八·六一	一一·三九
邯郸	九八·七〇	一·三〇

第三章　中国的乡村问题与乡建运动

第一节　中国乡村中的急迫问题

中国乡村中的问题本已不少，自近年崩溃开始以来问题更加多了，现在举其最急迫的问题来谈谈。

生计　中国乡村农家的收入，据一九二三年华洋义赈会调查，在河北、安徽、四川、浙江、江苏等省十四处六、六八七家，平均每年收入为三三三·五六元（最高九五七·五七，最低一六七·八〇元）。其中河北、浙江、江苏、安徽等省九处依耕地多少调查有如下列：

（单位：元）

耕地面积 县别	无田地	三亩内	三至五亩	六至十亩	十一至廿五亩	廿六至五十亩	五十亩以上
鄞县	六三	九六	一一〇	一五一	二一九	三八三	九二四
仪征江阴吴江	二八	四〇	八一	一四〇	二四一	五三九	一、五三五
宿县	一一一	六〇	七三	九〇	一三一	一六二	八〇〇
遵化唐县邯郸冀县	一八	一四	二四	三八	七一	一八五	八三一

由上表可见，除五亩以下的农家外，周年收入是和耕地面积成正比例的。十亩以下的农家周年收入至多一五一元，各地平均不过七六·五元。

我们在前面曾经提到，十亩以下的农家占农家总数一半以上，可见这是过半数以上农家的每年收入。又上项调查，如依收入额分组，则五十元以下的在浙江鄞县为百分之一九·四，江苏各县一六·五，安徽各县一六·九，河北各县竟达六二·二；五十至百元的浙江鄞县为百分之三〇·一，江苏各县三一·九，安徽各县三一·一，河北各县一五·六；一〇一至一五〇元的浙江鄞县为百分之六·〇，江苏各县六·六，安徽各县五·七，河北各县二·〇；合计收入在一百五十元以下的，浙江鄞县为百分之五五·五，江苏各县五五·〇，安徽各县五三·七，均相差不远，而河北各县则占百分之八十。卜凯氏一九二一至一九二五年调查，二八六六农户的收入，在华北平均每年为一九六·四一元，其中盐山一处，一九二二年仅一〇〇·六七元，一九二三年更降至六二·三一元；华南平均每年为二八八·一九元，其中来安一处一九二二年亦仅一三三·六七元；全国十七处平均为二三九·六〇元。

白郎与李明良二氏于一九二六年调查四川峨眉山附近二十五农家，每家每年平均收入为一七六·一元而平均支出为一九六·六〇元，不敷二〇·五〇元。又浙江大学农学院调查浙江八县农户，入不敷出的占百分之五九·四九，收支相抵的二六·四，收入有余的仅一四·一〇。因此八县农户中负债的平均有百分之五八·八一，负债最多的年达三千五百元，最少的亦有五元。借债利率按月计有高至二分六厘五的，按年计更高至二分七厘五，最低亦有一分。难怪许多地主以高利贷为职业了！又据一九三四年二十二省八五〇县报告，农家借贷的占百分之五六，月利自四厘至一分五厘不等，平均为七厘。

支出费用的分配，大抵收入愈少的人家，费于食物的愈多。据卜凯的调查，华北四省八处的农家用于食物的平均每年一二三·七三元即占支出百分之六二·一，华东南三省五处一五六·二九元即百分之五三·八，总平均一三六·二九即百分之五八·九。若以衣食住三项并计，则总平均占百分之七一·五，可见生计的艰难了。

至于生活用品的来源，食物方面虽来自田间的有百分之八三·二，但衣服则由市场购买的占百分之八一·七。总计之，六省十三处二、三七〇农家支出平均二二八·四元，内由田间供给的一五〇·五八元即百分之六五·九，其余七八·八二元则为向市场购买物品的代价，可见农村已不能自给自足了。

健康　上面我们提到四省十一处四二一六农家的生育率为四二·二，除苏俄外高于任何各国；但死亡率为二七·九，则连苏俄在内高于任何各国。中国的婴儿死亡率虽无精密调查，然必甚高；据许仕廉氏的估计，大约为千分之二五〇，而伊斯迪氏且谓有百分之五〇。乔启明氏四省十一处四二一六农家的调查，生育总数为九三五，婴儿死亡数为一二一。

中国乡村中流行的疾病很多，其中虽不足以致死的不少，但对于农民的健康上影响极大。据河北定县的报告，乡民最普通的疾病为眼病与皮肤病。眼病中以急性结膜炎与沙眼为最多，皮肤病则以皮肤脓疮为普遍。最盛行而最易防治的死亡原因为天花与肠胃病。如能选略受教育的乡民，施以短期训练，使能（一）种牛痘，（二）改良水井建筑，（三）运用简单药品，则不难防治。又据卫生署调查，许多乡村有地方病，如住血虫病在长江沿岸和江、浙各地，每年患者不下数千万，患之不但不能工作，且大半不治而亡。浙江开化某地，从前人口颇多，因患此病现剩十余家而已。

传染病如不预防，在乡村中最为危险，天花即其一例。民二十一年霍乱大流行，长江一带及西北各省患者及死亡数皆甚多。此次抗战后传染病必盛行，如能早日预防不难消灭。

在西北方面，花柳病流行，尤其是蒙、藏人对于性交颇为随便，以致传染甚速，人口日见减少，而生存的人身体多不康健。卫生署在青海宁夏等处设的卫生处，上门求诊的蒙藏人多为花柳病，虽女子及上等家庭的也不少。如不及早防止，蒙藏民族恐有消灭的危险。

知能　中国农家耕种墨守陈法，因此知能方面进步绝少。以受教育而论，据江苏省立教育学院的调查，无锡第十区中的农民未受学校教育的达百分之七二·五，受二年以内教育的只有百分之一三·一。又据卜凯氏调查，二八六六农家中未受学校教育的有百分之五二·二，学龄儿童（七至十六岁）未入学的达百分之六九·六，而已受教育的平均仅四·一年；这是连田主计算，单以佃户论则更低。请看下表：

	未受教育者百分比				受教育者年数				未入学儿童百分率
	田主	半田主	佃户	合计	田主	半田主	佃户	合计	
华北各地平均	四九·一	六四·三	五三·一	五四·四	四·四	四·七	二·六	四·三	七二·九
华东南各地平均	四〇·一	四六·一	七三·八	四九·七	四·一	四·〇	三·三	三·九	六六·三
十七处总平均	四四·八	五四·三	六五·六	五二·二	四·三	四·二	二·九	四·一	六九·六

又据另一调查，江苏与安徽三县农民教育程度如下：

		儿童入初小百分率	入初小年龄	升高小百分率	升中学百分率	入大学百分率
昆山	田主	三八·六	七·五	七·八	一·三	〇·二
	佃户	七·七	九·二	一·六	〇·一	——
南通	田主	六四·六	七·八	一九·八	五·三	〇·四
	佃户	二九·〇	八·三	四·八	〇·三	〇·一
宿县	田主	二八·二	七·六	三·四	〇·四	
	佃户	七·五	九·五	〇·一	——	

上列表内以南通的农民教育程度最高，初小教育比较普及，但佃户儿童入学的仍不及百分之三十，而入学年龄高于应入学时两岁多。昆山宿县固远不及之；但其他各地，尤其边远各省的乡村中，教育程度恐更低到不可思议。

休闲　中国农民的劳动时间，虽无精密的调查，但是"日出而作，日入而息"向为明训，中国农民在农忙的时候，工作时间自早四五时起至下午七八时止，吃饭也不回家，每日总计在十二小时以上。冬季农闲又多从事于副业，因此除了新年的几天略事休息外，几乎是终年劳动不息的，就在节日也不休息。

中国农民即有休闲时间，也不会正当的利用。在新年里以及节日，最流行的娱乐是迎神、赛会、演剧、烧香等事，烧香的尤以女子为多。至于染有恶习的农民更从事于烟赌。平日有空的时候则至茶馆里谈天，或于夏间晚上工作毕后群集祠堂前广场上乘凉消遣。最好的亦不过上茶馆听听说书与滩簧而已。

整洁　中国乡村的污秽是著名的。举其重要者为粪便的不遮掩，垃圾的乱堆，水源的不清洁等等，以致苍蝇的繁殖甚速，而疾病的传染也不易防止。华北乡村把人粪摆在路上暴晒，华东南则多露天坑厕，且均当街乱置。垃圾则随地倾倒，无人打扫。河渠中淘米、洗菜、浣衣、洗倒便桶均在一处，井多不深，污水易于流入。据无锡的调查，一百十六农家中只有一半人家烧开水吃，一半人家以冷水或未煮开的水解渴。至于漱口更都用冷水，早起多不刷牙，而洗面巾全家只有一块，因此眼病牙病到处皆是。

自卫　中国各地乡村在抗战前因防匪患盗贼，近年以来有自卫的组织的渐多，但无自卫组织的仍不少。华北各省自卫组织，较为发达，尤以红枪会、黑枪会为著名。

红枪会为华北秘密的武装自卫组织，有种种的派别，如红旗会、黑旗会、蓝旗会、黄旗会、白旗会、青旗会、天门会、小刀会、大刀会、真武会、黄沙会、忠孝会等。红旗会组织纪律甚严，入会必须由其他会员介绍。会员不食牛肉狗肉，不许奸淫妇女，交战时须默诵符咒，以避枪弹。黑旗会虽亦诵咒，但内容不同而组织亦不严，不过实力扩大颇为可观。天门会的本部在河南林县，会员多系文盲，以讨伐土匪，反对民国为标语，奉祀文皇太圣，自称为其子孙，会员有五六万。红枪会的势力在抗战前已漫布华北如河南、山西、山东、河北等省。

黑枪会起源于河北阳武县，头领为卢延沙氏，四十岁时自认忽识一自天而降的老人，授以天书，不畏枪刀。初起不甚得人信仰，但后率徒与匪交战，冒弹而无一伤者，由是信徒大增，现河北、山东、河南各省有会员数十万。

这些自卫组织，虽富于迷信，但确因乡民如不自卫，饱受匪盗侵害，故应运而生，且有相当的武力。有人估计，抗战前仅河南一省民间有枪一百万枝以上。抗战以来，因利用农民作游击战，民间武力更为增强，但领导如不得其人，反为乡村之害。

其他　中国乡村中其他急迫的问题如消防、诉讼、自治等，不能一一细述。

消防是乡村中一个重要问题。乡村房屋的建筑本不适于防火，如消防无相当设备，一有火烛极易延烧，尤其在人口密集的乡村中，遇着赛会演剧的时候。乡村消防设备，往往仅备水桶，至多有几支水枪，火势一大不易抢救。乡村中既无电灯，且自煤油侵入乡村以来，交通较便的乡村大都点煤油灯，极易引起火烛。幸现有乡村自治团体的地方，消防已视为重要工作之一。

中国乡民素怕诉讼，如有争执，大都到茶馆里吃茶讲理或请族中长老调解判断。但如村系杂姓，又无公正士绅，则往往不得不出于诉讼一途，甚且两村不和引起械斗，这在南方尤甚。中国乡民到了不得不诉讼的时候，因为平时对于法律毫无研究，往往请教讼师，而这些讼师又唯利是图，从中挑拨，以致当事人倾家荡产！

中国乡村的人民多数是不过问政治的，以致乡村中政权多为地主所把持，离自治的程度甚远。如地主较为公正廉明，地方上尚相安无事；否则农民为其利用，受其剥削，尚不自知。据无锡的调查，六区的乡镇长副的资格如下：

	总户数	地主	百分率	富农	百分率	中农	百分率
乡镇长	一一九	一〇七	八九·九	八	六·七	四	三·四
乡镇副	一一六	七七	六六·四	二四	二〇·七	一五	一二·九
合计	二三五	一八四	七八·三	三二	一三·六	一九	八·一

乡镇长每户平均有地一四六·六亩，乡镇副则为六三·一亩。十亩以下过半数的小农、雇农、工农等是抓不到政权的。

第二节　中国乡建运动简史

前清末年借预备立宪之名，颁布城镇乡自治章程，进行分乡图、选董事、设议会等工作；但所委董事非土豪即劣绅，人民不识选举，议员多以运动得来，徒有自治之名。民国初元暂仍其旧，至二年政府解散各县自治会，而地方自治遂寂然无闻。民三复公布地方试行自治条例，但仅规定乡自治一部分，亦未见努力推行。

山西的村政　大规模的村治制度实开始于山西。所定村制通行简章，颁布于民六，以三百户为一村，设村长。七年四月继续颁布村编制条例，于村下加闾邻。七年十月修正村制简章，后更在村上设区。居民较多的村添设村副，较少之村得联合设村长。闾设闾长，邻设邻长，均由人民加倍选出，由县长择任。区长则由省长委任，直隶于县，区长下得临时设助理员三人至五人。区务会议每年举行二次，由区长召集所属村长行之。

山西第一次所选村长多不得人，第二次后渐属"乡党正人。"所办之事，可分三期来说：（一）自民七至民十，村长以办理官厅委托事为多，除编查户口外有所谓六政：水利、蚕桑、种树、禁烟、天足、剪发。当时在省会设有六政考核处，后改为村政处。（二）民十一至民十六，主要村政有五：（甲）整理村范，（乙）开村民大会，（丙）订村禁约，（丁）立息讼会，（戊）设保卫团。（三）民十六改订村制，加设村公所及村监察委员会；以奖励"村仁化"维持"村公道"，整顿息讼会，普及法律知识等办法，达"村村无讼"目标；以奖励农家副业、家庭工业、水利、林业、合作、节俭储蓄、取缔游民，奖"走上坡"人家，扶"走下坡"人家等办法，达"家家有余"目标。但因政局变动，一切计划未能贯彻，且概由上而下，仍不脱官督民治方式。

自后各省市纷纷拟办村制。见诸公文的，在国民革命前，有云南、江苏、浙江、江西等省及天津市；但或为具文，或亦至多官督民治而已。

定县与平教会　中国的真正的乡建运动，可说是开始于河北省定县翟城村。该村有米迪刚氏，清末留日归国，即于一九〇四年在本乡提倡村治，开办建设村公所，创纳税组合及义仓办法，设小学、宣传所、图书馆、自治讲习所、乐贤会等。后又组织德育实践会、息讼会、改良风俗会、储蓄会、爱国会，提倡掘井、保林、修路、清理土地、登记户口、破除迷信等事。其中又因民国三四年县长得人，定县其他村也渐跟着仿效，定县遂有模范县之称。此县长即为民国五年任山西省长之孙发绪氏。可见前述山西村政相当的受翟城村的影响。

中华平民教育促进会本由一班为参加欧战华工服务的留美学生晏阳初、傅葆琛诸氏所创立，以扫除文盲为目标。但自民十五后，择定县为华北实验区，初设办事处于翟城，在附近六十余村举办平民学校。民十七迁事务所于县会，以全县为实验范围，除平民学校的实验与推广外，偏重普及农业科学知识及社会调查。民十九原在北平总会的同人全部下乡，从事研究实验与推广文艺、生计、卫生及公民教育。民廿二与河北省政府合作，办理定县实验县及县政建设研究院。民廿四该会主持人应四川省政府之召，作乡村建设的设计。民廿五又以湖南省政府之委任，协助在衡山设立实验县。

武进与萧山　江苏武进县长沟村，距京沪线不远，有村民朱稚竹氏于民六创农业改进会，以私财二千元低利贷与会员。民九朱氏离乡暂停。民十五朱氏回乡重办，并推及附近九村，办理路政、水利、蚕桑、农具、肥料、养鱼、兴学等事；凡无烟赌游惰或不正当行为的，经介绍皆可入会。经费除由朱氏向银号借贷并贴利息外，有公益捐，但十亩以下农户不必负担，十亩以上者依次递加。

浙江萧山县衙前村为党国先进沈定一氏故乡。沈氏自民十三国民党改组后，即秘密回浙，从事下层工作。民十六浙江革命告成，乃以党部力量扶植自治，在东乡成立自治会，下设村民大会，产生执行委员，执行部分有教育、建设、调查统计三股，举办各种事业，并在三十余村中成立农民协会。不幸沈氏于民十六遇害，次年自治工作停顿。近来仅合作事业有相当成绩。

华洋义赈会　民九华北五省大旱，各中外慈善机关均合力从事赈济。民十一成立华洋义赈会，为进行防灾工作起见，该会又立了一个农利分委办会，研究五省二四〇个农村的经济状况。次年开始研究合作制度，拨款五千元筹办合作事业。民十三即有两个信用合作社为该会所承认，而各县自办的已有八社。自后年有进展。自民十五始该会又提倡各社联合会。自民十四始该会每年举办合作讲习会，民二十始又设一讲员训练班。民十七该会协助清华燕大及香山慈幼院合办一农事讲习所，训练农村领袖人才。民二十后与上海商业储蓄银行合办放款工作。中国银行金城银行亦继续加入。

晓庄　民十五中华教育改进社在南京郊外筹设晓庄学校，民十六成立，以乡村师范为主体，在各附近乡村设立中心小学及民教机关。后复创立民众茶园、自卫团、体育会、消防队、诊疗所等。不幸于民十八为政府封闭。晓庄学校的创办人陶知行氏后又在上海市郊外大场创工学团及小先生制，对于乡村教育的贡献不少。

中华职教社　民十五中华职业教育社联合中华教育改进社、中华平教修进会、东南大学等，在江苏昆山县徐公桥镇和附近二十七村，设乡村改进事业试验区。次年后三团体退出，专由职教社办理。十七年在区内成立乡村改进会，以启发农民自动，扶植农民自主、自治、自立为鹄的，举办修路、造桥、合作、教育、卫生、消防等事业，以期达到土无旷荒、民无游荡、人无不学、事无不举的目标。廿三年后已交回村民自办。江浙各地纷起仿效，多请该社计划，该社乃于民十八添设农村服务部及改良农具委员会、新农具推行所等。民十九在徐公桥开办乡村改进讲习所，收学友十人，民二十毕业后散布各地推进乡村建设工作。廿二年又在上海附郊漕河泾办一农学团，最初四个月集中训练，次六个月分工训练，以后实习，至廿四年七月毕业，团友分布各地的二十八人。该社乃将团本部改为辅导处。团友四人且曾至西南各省作十个月的考察。

镇平　河南匪患素甚，镇平县有彭禹廷氏本为军人，民十六丁忧回籍，为养成乡间自卫力起见创办民团。民十九求根本铲除匪患，开始乡村自治工作，如调查户口、编查保甲、整理田赋、提倡副业、推行合作、修治道路、举办义仓、普及教育等事。民廿三彭氏遇害，工作仍继续推进，且影响到内乡、汲川等县。

北碚　民十六前，四川嘉陵江三峡亦以匪患设有峡防局。民十六卢作孚任局长，以北碚为中心，开始乡村改进事业。经过五年的努力，他们的事业有医院、体育场、图书馆、俱乐部、公园、农村银行、报社、工厂、电厂、科学院、中学、小学、合作、铁路等。

无锡　民十七江苏省立教育学院在苏州成立，旋移无锡，以养成乡教、民教人才为目的。民十八创办黄巷实验区，民廿一后扩大为惠北实验区，加设北夏实验区，协助当地农民，进行各种改进工作。

邹平　民十八前在国内各地提倡村治运动的有梁漱溟氏。民十八年底河南省政府开办村治学院，梁氏为草旨趣书及组织大纲，并任功课。十九年六月村治月刊出世，由梁氏任主编。民二十山东省政府开办乡村建设研究院，梁氏实为其主干。该院设在邹平县会。分研究训练二部，研究部收大学毕业生或同等学力者，以二年为修业期；训练部收初中毕业生或同等学力者，以一年为修业期。同时省政府指定邹平为试验县区，由院中师生试验社会调查、乡村自卫、合作事业、教育推广等工作。

柳州民廿一年春广西省政府拟从繁殖入手，谋新农村的建设以促进旧农村之改造，乃于柳城县之西南划出二千五百余方里，设立垦殖水利试验区，由省政府委员伍廷飑氏主其事。民廿三广西经济委员会成立后，该区改名为农村建设试办区。该区除移民垦殖、侧重水利及农产加工外，创设金库办理存款放款，公店为购买、售卖、信用合作社之先型，仓库为收贮农产品加工品等。

实验县　民廿一年底内政部召集第二次内政会议，各地主持乡建工作的人到会的颇多，通过在各省设实验县的议案。中央政治学校首与江苏浙江二省政府合作、在江宁兰溪设实验县，由该校教授梅思平、胡次威二氏出任县长，毕业生任县政人员。河北省即在定县设实验县及县政建设研究院，邀平教会主持人为主干人员。山东省除邹平外以菏泽为实验县，均交乡村建设研究院代管。广东省就原有之中山模范县改为实验县。其后继起的有云南的昆明，江西的临川，湖南的衡山，贵州的定番等。

乡村工作讨论会　镇江黄墟乡村改进试验区名义上属于江苏农矿厅，事实上由该地人士与中华职教社合办。民廿一初因见各地纷纷发动乡村改进事业，尚乏全国联络机关，乃发起乡村工作讨论会；以准备不足，未能开会。是年七月中华职教社在福州开年会，拟同时召集全国农村改进机关联合会，亦未果。年底第二次内政会议开会，各乡村服务团体主持人被邀列席的颇多，遂又发动。第一次全国乡村工作讨论会于廿二年七月在邹平召集，计到会者六十三人，代表三十五机关；第二次于次年十月在定县开会，到会者一百五十人，代表七十六机关；第三次于廿四年十月在无锡集会，到会者一百七十一人，代表九十九机关。

农村复兴委员会及农本局　民廿二行政院设立农村复兴委员会，除参加集会协助各农村服务机关外，进行大规模的农村调查，促进实业部设立中央农业试验所稻麦及棉业改进所等机关，发起全国合作会议，并推进农业推广及废除苛捐杂税工作。廿五年实业部又设农本局，运用六千万资本推进合作事业向农民放款。

济宁与华北各大学　民廿三山东省政府有就菏泽附近十县推广实验县政之议，后扩为十四县，称为县政建设实验区，以乡村建设研究院副院长王绍常氏为实验区长官兼山东第三路民团指挥。区长官公署设于济宁，于廿四年元旦成立，调菏泽县长孙廉泉氏为秘书主任，参赞一切，而以该院训练部主任陈亚三氏接充菏泽县长。同时华北各大学中清华、燕大、南开及协和医学校感到研究乡村改进工作及训练乡村服务人才的必要，联合河北定县县政建设研究院及山东县政建设实验区，成立华北农村建设协进会，并设乡政实习所。该所计分七部，农业、工业、卫生、教育、经济、社会工作、地方行政，以山东济宁及河北定县为实验区。惜成立不久中日战事即起，现闻所址已移至贵州定番，改称乡政学院。

以上所举者不过国内比较著名的乡建运动团体。据民廿三实业部的调查，全国是年已有六百余团体从事农村工作，有一千多处从事实验。截至七七事变发生时谅必更多，惜无正确的调查，然亦可见乡建运动之蓬勃！

第三节　中国乡建运动解决了乡村问题吗？

从上面所举的十几处乡村建设团体及其工作简史看来，所施工作的对象有大小，方式不一，而其贡献当然也是多方面的；如把全国一千多处的乡村建设工作一一检讨，贡献一定更多。可是乡建运动虽已有十几二十年的历史，事实上还没有脱离试验时期，所以他的贡献很不易确定。现在姑照前一节里所举的中国乡村中最急迫的问题来看是否已经得着相当的答案。

合作事业　为帮助乡民解决生计问题起见，各地都有各种经济建设的设施，其中办理得成绩最好的似乎是华洋义赈会在河北各地推行的信用合作。该会提倡合作社，并不派人到各地替农民组织，必俟各地农民有组织合作动机通信要求协助之后，才开始通信指导他们如何组织，如何登记。但自民十三开始以来，历年进步稳而速，至廿三年八月已推行到七十五县，计合作社为该会承认的有四七四社，未承认的六三二社，共一、〇六社。设联合会的有二十三县，计区联会已承认的十三个，未承认的三二个，共四五个。廿三年放款的总数七八、六五〇·〇〇元，借款社员三、〇二七人，其中以十元至二十元为最多，计一、一三七人，二十至三十元的次之，七〇二人，十元内的又次之，四五七人，三项共计占百分之五五。借款用途自民十三至十八统计如下：还债百分之二四，牲畜一六，粮食一二，次为农具、修盖房屋、购地、肥料、开垦、种子、灌溉、婚丧等，均不及百分之十。该会借款与各社，利率视各社能力大小及期限久暂与分期否而定，最高年利一分一厘二五，一般的在六、七厘之间，自民十二年十一月至十九年三月间借款平均利息仅二厘余。各社借款与社员最高不得过一分四厘。由此可见农民低利借款确有需要，除还债赎地外大都用于生产方面。该社提倡合作事业不仅为低利贷，且一方面训练农村服务领袖人才，一方面藉合作推行乡民所需的教育。每年除举行合作讲习会外，又办讲员训练班及巡回文库，并藉联合会训练视察员。合作对于一般乡民教育上的影响有如下图：

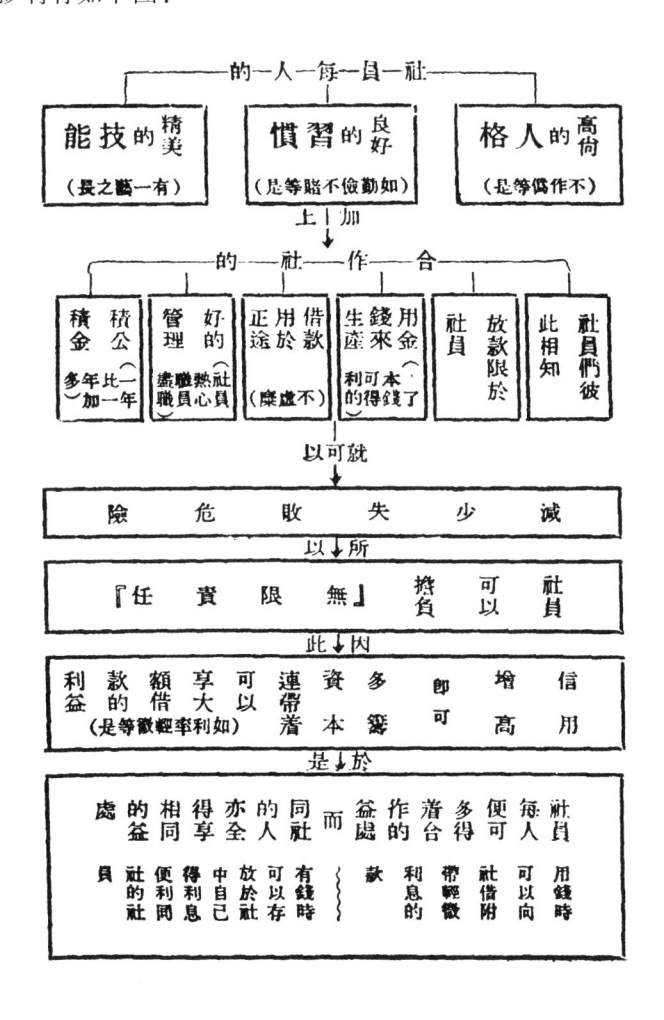

```
            ┌─── 社员每一人的 ───┐
    精美的              良好的              高尚的
    技能                习惯                人格
  (有一艺之长)      (勤俭不赌是等)      (不作伪是等)
            └────── 加 上 ──────┘
                     ↓
   ┌────────── 合 作 社 的 ──────────┐
  积积  管好  借用  生钱  社员  社员们彼
  金公  理的  款于  产来  放款  此相知
  (一年 (尽熟职心  (不  (可得  限于
  比一年  员职员)  糜虚)  本利的  钱了)
  多加)
            ↓ 就可以
   ┌──────────────────────────┐
   │    减 少 失 败 危 险     │
   ├──────────────────────────┤
   │ 社员可以担负「无限责任」  │
   ├──────────────────────────┤
   │ 信  增  资  连  可享  利益
   │ 用  高   本  带   大额 (如利率
   │     即   多   着   的借款 轻微等是)
   │     可  筹
   ├──────────────────────────┤
   │ 社员每可便多得作合的     而  社人亦得的相益处
   │ 用时可向社附带借款       同  社员自放於社中便得
   │ 利息轻微的               社同息利的                
   └──────────────────────────┘
```

167

因此凡有合作社的乡村，对于地方公益事业已在积极兴办。

该会对于合作事业的贡献有几方面：一、为各省合作事业的推动，除河北外由该会直接指导的有安徽、江西、湖南、湖北等省。其他各省纷纷仿行，截至廿五年全国合作社已达三七、三一八所，社员一百六十余万人。二、为银行对于农村放款的增加，除上海商业、中国、金城外，其他如交通、农民、及邮汇局等均向农村放款。廿五年中央除设农本局外，且规定凡储蓄银行必须以存款百分之二十作农村放款。三、为合作立法与行政的成功，民廿三中央公布合作社法，自后陆续公布合作银行、互助社、各省合作指导委员会等法规。各省合作事业特设委员会指导的有十省，在建设厅设科办理的亦有十省，中央且在实业部中特设合作司，司长即华洋义赈会主持人章元善氏。四、为该会人员及所训练合作人才向各地服务的推广，该会对于历年各地赈灾救济事业几无不参加，而在广大的灾区中需要多量不畏劳苦的工作人员，大都由该社所训练之人才担任。

水利 该会其他对于农村改进的工作，主要的尚有筑堤约八百哩，掘井六千余口，开渠五百余哩，其中以绥远民生渠及陕西泾惠渠为最著，修路数千英里，其中以云贵与陕甘间公路为最著。掘井轻而易举，在华北地上有一口井，生产量可加一倍至三倍，因此该会提倡合作社掘井，凡成绩优良的合作社掘井，可以加借款项。

保健制度 为帮助乡民解决健康及清洁问题起见，各地乡建工作中都有卫生设施，其中办理得最有成绩的似乎是卫生署与平教会的保健制度。民十八卫生署即与晓庄师范合办晓庄卫生实验区及联村医院，试验乡村卫生办法，由陈志潜氏主持。十九年秋晓庄师范停闭后，卫生署又在汤山设立乡村卫生区，并协助定县、上海高桥及吴淞等处办理乡村卫生工作。二十年后该署努力提倡以县为单位的医疗卫生工作，试办的有江苏的泰县、盐城、句容，浙江的武康、衢州、吴兴等县。

定县的保健制度即由陈志潜氏创立。在县会设立保健院主持全县卫生工作，每区设保健所，每村设保健员，担任卫生设施工作。保健员选平民学校毕业生的优秀予以两星期的训练，使能施种牛痘，改良水井建筑及运用简单药箱，即回村服务，不收药费。药费及保健员年底酬金，每年约十五元，由平教会支给，实验期满后由村自负。保健员同时兼管村中生死统计事务。保健所则有医师与护士，除实施卫生教育、灌输卫生知识及督率保健员外,主要工作为预防注射及较重疾病的治疗。保健院中则更设检验室、药品室等,训练人员,配制药品,供给卫生教材,推行节育,防止流行病,设置病床,治疗重病等。每保健所年可治病人五千,纠正儿童沙眼、头癣等缺点五千次,霍乱注射一千人,听卫生演讲的一万人,而经费不过一千四百元。保健院年可住病人六百,施行手术千次,检查痰、尿、血等八千件,供给保健所员用品工具等,而经费不过一万四千元。据陈氏调查,此制未施前定县四七二村中有二二〇村不具任何医药设备,每年死亡一万二千人中未经医治的约三千五百,而全县乡民每年医药用费达十二万元!今施行保健制度后,以三万五千元之费用即每区可有保健所,每村可有保健员。

知能与休闲问题 关于知能问题的解决,各地方式极多,如定县的平民学校,无锡的民教实验,邹平的乡学村学等等;详细情形我们在下列各章再提。关于休闲问题的解决,各地方式也不少,如定县的农村戏剧,徐公桥的同乐会等;似乎最容易推行的还是民众茶园。

民团 自卫问题在许多乡村中极为急迫,解决的方法是以组织民团为唯一办法。各地办有成效的以河南镇平内乡及山东菏泽等为最著。内乡民团寓兵于农。全县十八岁至四十五岁的壮丁概须受四个月的军训,受训未满及自愿长期入伍的为常备民团,受训完毕后为后备民团。常备民团现称壮丁巡查队,每五十人合作耕种五百亩,全县壮丁,可种万亩。自廿四年冬开始,接种学田十六顷,开粉房六处,预计公家学田五十四顷,四年内可接收完毕。后备队平时完全务农,每月集训二次。该县又作化兵为工的实验,除各队住所由民团自建自修外,从事于修路及其他手工业的学习。

其他问题的解决,各地方式亦多,兹不赘述。

第四章 中外的乡村教育运动

第一节 中国乡村教育运动

发端 中国的乡教运动近年以来虽已与乡建运动不可分离,如定县的乡建工作之与平教会,邹平的县政实验之与乡建研究院及乡学村学,中华职业教育社推行农村服务视为职业教育的一部分等;但最初的乡教运动却是独立自起的。据乡教专家古梅氏的意见,中国乡教运动的起因原极复杂,惟归纳起来,约为两个来源:一为推广义务教育,一为救济乡村教育。有意识的乡教运动可说是开始于民国八年。其时一方面有人觉得义务教育的重要,不仅在少数的都市城镇,而尤重在这百万个乡村,于是一面刊印书报作宣传,一面提倡多设乡村小学和培养乡村师资的机关,这方面可以义务教育期成会的袁希涛氏为代表。还有一方面的人是鉴于乡村无良好的教育,非常的危险,因此发为文章,刊诸报端,大声疾呼乡教改进之必要。这方面可以发表乡村教育之危机和乡村教育运动的含义和方向等文的余家菊氏为代表。

萌芽时期 从民八至民十四可称为乡教运动的萌芽时期。这期间的运动,仍不外乎在旧的形态中注重乡村小学的设立与乡村师资的训练而已。换句话说,不外如何推广乡村义务教育的问题。例如江苏省立第四师范在南京郊外设立六年单级小学,南京高等师范在沙洲圩设立农村小学,在玄武湖设立昆明小学,北京高等师范在北京郊外设乡村小学……等后来闻名的南京燕子矶小学、尧化门小学、无锡河埒口小学,也在这时间树立基础。注重乡村师资训练的则有山西的国民师范江苏河南等省省立师范在乡村中设立分校,以"养成适于农村生活之小学教师,指导农村教育,改进农村社会之人才"为宗旨;金陵大学亦附设乡村师范班……等。

发展时期 民国十五六年，中国的乡村教育进入一新时代。以前的乡村教育虽经多人的提倡渐有基础，但在制度方面与城市的无大差别，至多在小学方面抄袭外国的单级编制，在师范方面训练师范生刻苦耐劳而已。十五六年从中国乡村教育渐有自己的新创办法，这是由于中国乡村状况与外国的迥然不同，城市教育抄袭他人已百弊丛生，乡村小学再事抄袭，必然碰壁的缘故。

这个新创造可说到现在还未完成，但其开始期则在民国十五六年。当时的开始有三条路线：一为乡村师范新制的创立，一为平教运动的下乡，一为职教运动的下乡。

在乡教运动中负盛名的晓庄学校，是由中华教育改进社在民十五年三月设立的。他打破生活与课程的界限，消灭师生的对立，铲平学校与社会的分野，以教学做为方法，认为教师有时可以向学生学，学生有时可以教教师，对事说是做，对己说是学，对人说是教。他主张劳力上劳心，培养农夫的身手，科学的头脑，艺术的兴趣，改造社会的精神的导师。他以师范为主体，在四乡设立了八个中心小学、四个中心幼稚园以及中心茶馆合作社等，使师范生深入农村，做改造农村的工作。不幸成立三年，即遭停闭；他失败的一个原因是发展得太快了！记得作者在初创办时去参观，师范生只有七十余人，不到一年再去时，已增至二百余人，又过一年再去时，竟达四百余人。发展太快，分子不免复杂，以致发生不幸事件，殊为可惜。

民国七年欧战时，大批华工赴法工作，美国万国青年会总部征集中国留学生赴法为华工服务。华工多系文盲，不会写信看报，这几位留学生便施以识字教育。欧战终了后他们回国发起平教运动，一面请专家编"千字课"，一面到各地宣传。民十二中华平教促进会成立，十三年秋添设乡村教育部，但直至民十五始决定下乡，以定县为华北试验区。他们的工作有所谓四大教育：文艺、生计、卫生、公民；三大方式：社会、学校、家庭；以冀达到除文盲、作新民的目标。

中华职业教育社成立于民国六年，以推广职业教育，改良职业教育，改良普通教育为适于职业之准备为主旨。为实验城市职业教育起见，在上海设立中华职业学校及补习学校，成绩颇著，但对于乡村的职业教育，苦于无法着手。民十五乃与中华教育改进社、中华平教促进会、东南大学合设徐公桥乡村改进会。民十八该社添设农村服务部及新农具推行所等，对于乡教运动更作多方面的推进。

确立时期　民十七第一次全国教育会议开会，关于乡教的议案通过多件，对于乡村师范的设立予以确定的地位。民十九中央通过实施三民主义的乡村教育案，议决：（一）在中央政治学校增设乡村教育系；（二）分期举办乡村学校。同年第二次全国教育会议又议决改进各级师资机关，分设（一）小学毕业后六年的乡师；（二）大学前二年的乡师专修科；（三）大学后二年的乡师学院。民二十教育部令各县立中学逐渐改组为职业学校或乡村师范学校，并扩充乡村小学。廿一年教育部令各省市参照苏省各县县单位乡村民众教育普及办法草案试办乡村民教。廿二年颁布师范学校规程，规定以养成乡村小学师资为主旨的师范学校称乡村师范学校，设在乡村的简易师范称简易乡村师范学校。廿四年颁布此两种师范的课程标准。

此时期不但乡村小学与乡村师范有确定位置，且有各种大学程度的养成乡村领袖人才机关与全民教育的乡村学校的对立。如江苏省立教育学院成立于民十七，河南村治学院成立于民十八，山东乡村建设研究院成立于民二十，河北县政建设研究院成立于民廿三……等。

山东邹平的乡学村学的学众即各该区内的全体人民。村学中酌设成人部、妇女部、儿童部等，施行生活必需的教育，期于本村社会中分子皆有参加现社会并从而改进现社会之能力，同时倡导本村所需要的各项社会改良运动，与办本村所需要的各项社会建设事业，期于一村的生活逐渐改善，文化逐渐提高，并以推进大社会之进步。乡学中酌设升学预备部、职业训练部等，办理本乡所需要而所属各村学独力所不能办的教育，同时倡导及兴办本乡所需要的社会改良运动及建设事业。

无锡教育学院的各实验区亦以全区社会为学校，全区人民为学生，全部生命为受教时间，有价值活动为课程，事业设计为教法，改良习俗、社交为训育，社会的进步为教育的效果。

晓庄学校主持人陶知行氏创立小先生制以为普及教育的工具，以小先生将学校与社会打通，普及工以养生、学以明生、团以保生的生活教育。工是做工，学是科学，团是集团。

这一时期中乡教运动已与乡建运动打成一片，所以乡教设施的趋势，是：

（一）着眼于整个生活整个衣食的改造。

（二）政教合一、以发挥教育的效能。

（三）经济简便，使穷乡僻壤都易办到。

第二节　丹麦的乡教运动

中国的乡教设施既有待于继续创造，我们不想多讲外国的乡教运动。因为外国乡村生活的问题既与中国的不同，而且外国小学教育多已普及，乡教设施当然大异。我们在下面先举以农业为生产主体的丹麦的乡教运动，再讲工商业发达的美国的乡教运动。丹麦在百年前国势贫弱，农业颓废；幸赖乡教运动使国势复振，最足供吾人的参考。美国百年前地广人稀到处须待农家去经营开辟，亦赖乡教运动使农业兴盛，也可供人参考。不过两国国情与中国的大不相同，他们的乡教设施我们断不能胡乱抄袭。其他各国的乡教运动不再赘述。

丹麦国势　丹麦是北欧小国，行君主立宪制；面积约一六六〇四英方里，不及我国江苏省的一半；人口有三百二十六万多，只及到苏常三四个县，和上海市差不多。丹麦虽国小民寡，然乡教普及，男女老幼都能识字看书，都喜欢听讲；且皆和蔼可亲，彬彬有礼，工作勤劳，坚忍而有魄力。土地虽瘠，但农业非常发达，农产品输出国外超过进口货的数量。合作制度最称完善，如牛乳合作社、合作屠宰场、腌肉生产合作社、鸡蛋出口合作社、合作银行、合作商店、肥料购买合作社等，皆成绩卓著。尤以鸡蛋、火腿、牛油合作社经营出口贸易，深得英伦人士的信任，以此造成富裕的农村。

乡教运动的发轫　丹麦乡村教育运动的领导者是葛龙维（N. F. S. Grundtvig 1783—1872），他是一个爱国的诗人而兼哲学家历史家。他于一八二八年，把民众高等学校（Folk High School）的理想献于国王。这个学校专以培养高尚理想及生活能力之人为宗旨，而以教师的躬行实践为教育方法。当时国王很表赞成，但不及实现而国王去世。至一八四四年，始于石勒斯维格（Schleswig）地方开设第一个民众高等学校。成立的时候，曾发宣言，其中有云："我们的学校是给农人和市民入学的，使他们可以得到有用和需要的艺术，我们不但给他们以直接应用于职务上的技能，而且格外注重使他们成为乡党的佳子弟，国家的好公民。"一八五一年第二个民众高等学校又由深富实行能力的柯尔特（Christen Kold 1816—1870）所创设。柯氏以学校为家庭，与生徒同膳宿，重人格上之感化熏陶，从生活中施行教育。这样一来，民众高等学校确成了"民众的"，葛龙维的理想得了实现，而丹麦文化的经济的复兴，亦即由是奠基。后来的民众高等学校都本着这种精神办理。

乡教运动的发展　这种民众高等学校，自一八六四年丹麦与普鲁士战大败后，而更为人重视。石勒斯维格因战事而失陷，成了普鲁士的领土，但不到一年这领土的对面仍属于丹麦的阿斯科夫（Askov），便成立了一所强有力的民众高等学校。这所学校的创办人施洛特，一方面实行简单生活，一方面对一般乡民作密切联络，一方面还着重高深功课；在柯尔特死后，他便成了乡教运动的领袖。阿斯科夫的学生大大增加而且许多曾入本校或其他民众高等学校的学生，纷纷来学，因此有设高等学程的必要。这许多高级学生后来又出去创办其他民众高等学校。这样阿斯科夫便成了乡教运动的中心。经过几次会议，许多专家的帮忙，这所学校自一八七八至一八八〇年扩充校地与设备，遂称为扩充高等学校，换而言之，即成为高级的民众高等学校。一八八〇年丹麦开始合作运动，而阿斯科夫与其他民众高等学校出来的学生便成为合作事业的领袖。其他如演讲会、民众叙会、小农学校等也应时而兴，与民众高等学校分途迈进。同时民众高等学校的办法更由丹麦传至他国，近如瑞典、挪威、芬兰，远如美国都有民众高等学校的设立。

乡教运动的成熟　一八九二年丹麦国会通过关于民众高等学校的条例，这是民众高等学校制度取得法律上的地位的表示。同时政府开始予以补助，但对内部课程及行政却毫不干涉。民众高等学校的学生不仅在农村中成为领袖人物，且渐由地方政府，进而为中央政府与重要政党的份子。同时城市中也有民众高等学校的设立，虽则大多数仍在乡村中。一九二一年国际民众高等学院成立，各国去留学者络绎不绝。依一九二八年统计，丹麦全国共有民众高等学校六十余所，学生一万余人，完全由私人创立，但国家补助费有五十余万元。全国先后入过民众高等学校的学生，占总人口四分之一，地方政府领袖进过民众高等学校的占五分之四！

民众高等学校　丹麦的民众高等学校，不是研究高深科学的场所，不是训练生产技术的场所，不要学生抛弃职业就学四五年，也不要入学考试，更不要毕业文凭。他专收农家子弟，凡在初等乡校毕业，而耕田四五年者方得入学，年龄都在十八岁以上。大概自冬季十一月开学，至翌年春季五月停课，因为丹麦的农业是一熟制，冬令农闲，学生可以住宿校中，专心修学。教育的宗旨在启示人生的意义，训练良好的公民资格。课程是文学、历史、宗教唱歌等；教学的方法是富于生气的讲演和讨论；训育的方法是人格感化，师生共同生活，学校劳作由师生共同担任；学校的生活非常清苦，只有清水和面包而已。这是一般农人的教育，不是小姐少爷的教育。丹麦农业与合作之发达，多赖乎此。

丹麦的乡村教育机关，除了民众高等学校以外还有下列数种：

小农学校　丹麦的小农家很多，每家耕地很少，故生活比较困难。因此特设一种学校，名叫小农学校（Husmandsskole），专收小农家的子女，不收学费，且予以津贴。学校的编制分冬夏二季，冬季的课程：有农业科，青年农人习之；有工师科，村间工师习之；有园艺科，青年园丁习之。夏季课程：有家政科，青年女子习之；有农业补习科，为农学家而设；有园艺科，成年农人习之。

家政学校　多设于村落中，其目的在训练女子管理家庭之能力。修学期间普通为六个月。学校的设备，有模范厨房、膳堂、住宅、卧室等，布置的方法一如农家。此外复有园地，以供栽种实习之用。课程有自然科学、家事学、手工、卫生、园艺、文学、体育、唱歌、乡村社会学等。学生常分组练习，每七八人为一组，担任膳事及布置宿舍等事。

地方专门农业学校　此校多招收受过民众高等学校教育的学生，且须有农事的经验。其目的在养成农业专门人才，故课程较为丰富：有本国文、物理、化学、土壤学、灌溉法、轮栽法、肥料学、数学、农业史、图书、体育、森林学、细菌学、机械学、农事建筑、农业经济、畜牧学、家畜进种、家畜品评、家畜病理、饲养法、制酪法等。各科多重实习，以养成实际技能。在校的学生视其成绩与家境，得受政府之津贴。

初等乡校　这种学校的目的，在培养学生爱好农作的观念，一方注重读书，一方注重工作。凡在学龄期内的儿童，皆须强迫入学。前四年入预备学校，第五年则入乡校。学校的课程由学校委员订定，但间有教师自定者。惟自然科学及农艺等，必须特别注重。学校经费由政府与地方合筹，依区议会规定使用。学校的学生有多至七八级,有少至一二级;有采用半日制,有采用全日制。学校的设备,除教室外,有室内操场、室外操场、花园、教员住宅等。教师须在师范学校或专门学校或大学毕业,擅长体育、音乐,年在三十岁以上,愿以教育为终身事业者,方得受聘。教师待遇甚优,地位也很高,所以人多乐就。

第三节　美国的乡教运动

乡村状况之变迁　美国的乡村生活史可分为四个时期。第一个时期是从殖民时代至一八三〇年。这时政府虽已建立,但人民多生长于山林草野,披荆斩棘,开辟地方,以图温饱。交通梗阻,贸易尚未发达。人民就地耕食,尚无一定居所。第二个时期自一八三〇年至一八六〇年南北战争之初。这时期的农业,应用机器,以节省人力,如刈草机、收获机、打谷机等先后创制;于是田野大辟,贸易亦渐兴盛,电报、铁路交通亦形便利。第三个时期自一八六〇年至一八九〇年,政府鼓励垦植,东部人民向西开拓,生产增加,富力大进,农业机械亦多新创。同时亦因交通便利,都市工商发展,农民有弃乡入市的趋势。第四个时期自一八九〇年迄今,农业上发生三个大变迁:一是乡村生活的都市化,这时因道路四通八达,电话、电灯、汽车、自来水、报章、杂志等都普及于乡村,而使乡民迷恋都市的繁华;第二是农业的商业化,新式的农业经营需要大资本,需要专门知能,于是大资本家乘机购买土地,雇用技师,成立大规模的垦植公司,而小农则相形见绌矣;第三是佃户的增加,农业既由资本家经营,自身安居城市,勤苦农民争相租田耕种,而佃户增加,从此耕者无其田,生活上遂感不安。

乡教运动的开始　殖民时代,乡村生活简单,乡民无专门特殊的需要,能读写算的已感极足。当时开办的乡村学校,校舍由就学者的父母建造,用具由就学者的父母供给,教师的聘用也由就学者的父母公定。这种办法称为乡区制度,学校实等于私塾。政府未颁布学校法规作办学的规范,无学务人员负指导的责任,无教育学说为办学的南针,更无"教育为国家之功用"的观念。

乡教运动的发展　一八三〇年以后交通渐便,北部诸州人民,渐感教育的重要。在此时期内许多新加入的州,自始便给人民普选权利,一八四五年时北部各州也都同样办理。同时"普遍纳税为教育经费"的运动开始,一八五〇乃告成功。但当时的乡村学校仍极简陋,尤因各地大都人口稀薄,单级一教师的"红屋"式学校几为典型的乡村学校,不过这种学校渐成为乡村公立的小学,在初等教育阶段中有了确定的地位。一八五〇年前,各州尚有所谓贫民学校,这是仅贫苦子弟可入专为他们设立的免费学校,此种阶级观念实不应存在于民主国家,故在普遍纳税为教育经费运动成功之后,此类贫民学校一概取消。一八六二年南北战争终了以后,小学渐皆免收学费。所不幸的是在南北战争后因工商业的发达与都市的兴起,城市里学校的进步一日千里,乡村学校虽亦采用新方法与新教材,教师大都毕业于城市学校,待遇既差,生活又苦,多存五日京兆之心,以致进步甚迟,乡民欲子弟真正求学的往往送入城市学校,因此乡村就学儿童大减。

乡教运动的确立 一八九〇年以前已有人感到欲求乡教的改良,必须将若干一教师的单级学校联合设立,然后经费较裕,设备较好,可与城市学校抗衡。首创此制的是麻塞邱塞治州(Massachusetts),时在一八六九年。但直至一八九〇年后此种联合学校(Consolidated School)的制度始普遍的为人注意,本世纪初各州广为推行,成效大著。联合学校的利益,其重要者如下:

(一)就学及出席之学生数增多,在第六、七、八年级者尤为显明,且有设中学课程之可能,不致使年龄较大而家境贫寒之学生辍学过早。

(二)可用大汽车沿途接送,学生准时到校且无衣鞋污湿之弊,车上有人照料,不致有争吵粗鄙等行为。

(三)学生人数既多,可依程度多开班次,各得其宜。

(四)校舍及设备较为优良而合卫生,且可增设许多单级小学所不能设的科目,如图书、手工、音乐、家事、农业等。

(五)教师待遇较优,资格亦好,复能专心为较久的服务,对于乡村改进工作渐能指导与协助。

(六)经费既裕,修学期限本来一年仅四五个月的、现渐延长,有至十个月之久的。

(七)学生既多,各种团体的游戏竞技等自可组织,于教育设施上帮助不少。

（八）间接方面，运送学生的道路，即可从事修筑或改良，使乡村交通更为便利。

但此种联合学校运动的成功，一方面有赖于乡村经济的充裕，一方面有赖于省教育行政权的增大，使能为全省作教育普及的计划与经费的支配，所以不到本世纪都是不易办到的。

乡教运动的扩张　本世纪以来乡村生活既大变，新需要自随之俱来，言其要者有六：第一是保留乡间优秀分子，使勿入都市，俾乡村事业有人领导。第二是增加乡民之乐趣，社交、娱乐、游戏等应有相当设备，以舒畅其身心。第三是建设社会中心机关，改造学校及教堂，为集会之场所，以谋联络与合作的方便。第四是改良家庭设备，如设置煤炉、自来水以节劳力，整理房屋庭园，使之美观，俾怡然自乐，而不羡都市繁华。第五是改组乡村自治机关，使地方事业有专门负责治理之人，而多数乡民能乐于参加。第六是改造乡村学校，扩大其功用，使成为社会的中心，成为改造农村的策源地。

因此乡教运动的范围随之扩大，凡足以影响乡村生活者均属之。言其重要设施有七：第一是改良乡村礼拜堂。美国的乡村礼拜堂创设很早，当初四乡人民都来礼拜，教堂确为社会的中心，牧师亦为乡民所敬重。但自民智渐开，环境丕变，人民对于宗教的诚意，渐次低降，所以教堂要大加改革，而改革的要点，即在鼓舞青年的兴趣，组织各种青年团体，如演说会、运动会、出版会、妇女互助会、青年俱乐部、少年同盟会、乡村救护队等等，既为乡村服务，亦增乡村的乐趣。

第二是组织青年团体，例如青年会之提携青年，以树立其德行，鼓舞其服务精神，开设运动会、消暑社、展览会、考察团等，皆极有价值之事业。又如四H会，会员皆十岁至二十岁之青年，由推广指导员指导，于改良农业颇有助力；艺谷、植棉、养蜂、烹饪诸事，习者极多，全国会员约七十万人，每年有展览，有竞赛，许多农家父母见其子女应用科学方法于农事，成绩昭著，甚且胜过他们自己的，当然感动，于学校、家庭及儿童自身均有裨益。

第三是设立乡村图书馆，以启发乡民知识，免除愚陋、固执、狭隘等不好的习气。现行的办法为联络学校、商铺、邮局及家庭，成为省立图书馆的分馆，按期寄送书籍到乡，分借乡民，只须取得登记证，不需费用。惟其人如不甚可靠，则酌收保证金。

第四是团结农民，使成有力的组织，以推进乡村事业。其成绩最著者，如农民会，凡本乡老少居民均得为会员。所办事业大多为社交活动、教育活动、职业活动三门：如举行游艺为社交活动，名人演讲为教育活动，买卖农产物品则为职业活动。而推广农业教育，灌输科学知识，尤能裨益乡民。

第五是设立农业推广机关，如农民会常与农科大学联络，举行农事演讲及示范。大学教员下乡指导，乡民感其诚意，都热烈欢迎。一九一四年国会通过农业推广案，在农部设推广处，各州则由州政府与州立大学合办，各县设指导员，各乡设义务表证员。一九二九年中央推广处除主任外有专家三十五人，各州有专家一千一百人，指导员四百十人，各县有指导员四千人，各乡有义务表证员二十五万人，推广经费全国共计达二千三百万金元，内一百七十万由中央补助，余由州县分担。

第六是组织政治团体。改进乡村的事业，虽然已有了各种的组织，但如脱离了政治关系，必难收效。所以美国近年来很注意农民政治团体的组织，如农民大同盟、无党派大同盟、平民社等。因为农民要排除土劣的压迫，要参加国家大政，一定要有势力雄厚的团体，做自卫的工具。

第七是改进乡村学校，改进的法门不止一端：一是扩大教育行政的单位区域，组织健全的教育行政机关，如废除乡区制，改行县区制，有董事部为立法机关，有教育局长为行政首领，组织健全，而后效率可增（备览一）。二是改进校舍，增加设备，讲求学校卫生。学校不但有教室，且有集会堂、体育馆、实验室、工场、膳堂等，不但供学生的应用，且供乡民的使用。学校内仪器、图表、农具、工具、医药等设备，件件设法增加。三是厉行强迫法令，督促学生出席，免得荒废学业。四是改进教育方法，扩充课程范围，运用设计教学，注重课外活动等。五是聘用指导专员，指导教师服务，提高教师资格，增加教师进修机会等。凡此数端，无一不需大宗经费，地方财力不足，则由省库补助。

我们看了丹麦和美国的乡教运动，得到四个概念如下：

（一）着眼于整个乡村的改造，教育不限于学校以内。

（二）成人教育和儿童教育并重，欲改造乡村社会，不能只办儿童教育。

（三）注意农业的合作化，以改进农村经济。

（四）注意农民团体组织，小则推动地方事业，大则参加国家政治。

【备览】美国的教育行政，不像我国整齐划一，各省各县都不尽同。乡区制者，以一个自治区或几乡镇为范围，设一个教育行政机关。因此人才经费均感不足，教育不能进步，故美国要取消乡区制，而将行政权集中于县（County）。县设县教育董事会，有董事自五人至十余人不等，但一定是单数，董事大概由人民选举，其职权为审议教育方针，筹划经费，聘任教育局长等。而教育局长专事执行董事会之议决案。

第五章　乡村教育概观

第一节　乡教的目标与设施要点

乡教与乡建　在前面我们已经把中国乡村的急迫问题一一指出，中国乡建运动的情形加以叙述，又将中外乡教运动的趋势分别提出。由此我们看出中国乡村问题根本与外国的不同，所以外国只有乡教运动而没有乡建运动，在中国不但有乡建运动，而且近来有与乡教运动携手同进的倾向。乡建运动固由于想解决乡村中急迫问题而起，但是乡教运动要是不能帮助乡村问题的解决，亦必归于失败。所以有人说中国的"乡村建设与乡村教育，来路不同，去路则一。他俩原似东江与西江，后来则合流而为珠江了。"他们的旨趣都是"推动社会组织乡村。"建设必需教育，没有教育则建设不能进行；教育必需建设，没有建设则教育不能开展。更多的教育，必有更多的建设；反过来讲，更多的建设，亦必就有更多的教育。例如修桥一事，修桥是建设，大家合作起来修桥就是教育。或以为人的教养是教育，物的造作是建设。其实这样看法，未免过于狭隘。

再从积极方面说，中国乡村教育也容易走向乡村建设的道路。因为中国原是一个乡村社会，大部分的人民都住在乡村中，所以应当特重乡村教育。不幸几十年来所谓新教育完全抄袭西洋工商发达国家的都市式教育，不但不能帮助乡村解决问题，并且连乡村的人都拉了出来，更为促进乡村的崩溃！最近大家才渐次觉醒起来，竭力把教育向乡村中推进，同时又努力于农村的复兴，所以乡村教育很容易和乡村建设合流。号为全国乡建运动的三大中心：定县、无锡与邹平，可说都是以教育来做乡建的基柱的。

乡教目标　但是我们不要忘记，乡村建设不是仅仅为了改善乡村社会、解决乡村问题，就算完事。乡村建设是中国整个社会建设的一部分，不过是极重要的一部分，要建设乡村有赖于乡村以外的力量的地方颇多；乡村建设起来以后，还要把乡村中的力量发挥到乡村以外去协助全国整个的建设。同样的，乡村教育也不仅仅是培养乡村人民的生活力，去实施改造乡村社会的工作，还要培养他们担当建设全国整个社会的大责任。所以有人以为如果乡村教育的目的是：（一）"保留成年及儿童长在乡村"，（二）"培养儿童及成年从事农业"，（三）"改革乡村社会"，或（四）"创造乡村文化"，都不免于狭隘。

这些固然是乡村教育应具的目的，但是还不够。乡村教育的目标，除此以外，还要培养乡村人民使具与城市人民携手共同改造整个社会的能力。所以在实施乡村教育的时候应当从大处着眼，小处着手，由近而远，改造乡村只是手段，不是目的。

乡教设施要点　　根据上面所说，乡教的设施，要培养一般的乡村人民有解决乡村问题的能力，同时认识全人类全中国的问题所在，潮流所趋；还要培养一班乡村领袖使能领导一般人民去破除乡村问题的根源，为全人类全中国争自由、求解放。因此乡村教育的对象广大，不受年龄、性别、程度、形式等等的限制。为叙述便利起见，就年龄性别来分，可分为：（一）儿童、（二）青年、（三）成人和（四）妇女。

（1）乡村儿童——这大约指十四岁以下的儿童而言，约占全人口百分之三十左右，即有一亿二千万之多。这些儿童的身心一切未必和城市儿童有什么显著的区别，至多不过是程度上的差异而已。推其原因，乃由于家庭经济的困难，教养的不注意，营养不良，卫生无方，工作劳苦，以致乡村儿童疾病多、发育不健全、行为习惯变态的不少。关于乡村儿童的问题比较严重的，有：（一）营养不良，（二）疾病伤残，（三）工作劳苦，（四）教育机会缺乏，（五）重男轻女，（六）重嫡轻庶，（七）各姓各房强弱不平等等。

（2）乡村青年——这大约是指十四五岁至二十三四岁的青年而言，约占全人口百分之二十左右，即有八千万之多。这种青年大都没有受过正式的教育。因为他们正在发荣滋长的时期，有勇气而无成见，能努力耐劳而不怕困难，容易受刺激而能发生好的反应，所以有人认为现阶段的乡村教育的对象，应以这班青年为主，其余居次。这种见解，未尝不是。不过我们要知道：社会是整个的，教育也是整个的，儿童与青年决不宜重此轻彼。现在如不从儿童着重起，几年以后的青年不是和现在一样吗？

（3）乡村成人——这大约指二十五岁以上的成人而言，人数更多。这种成人，因为过去失了受正式教育的机会，加以职业和地域的限制，以及社会的陶铸，往往表现维持现状的保守心理。其实从最近心理学家对于成人的学习研究上看来，成人一样可以学习而且学习的进步更快，成效更著。况且人数众多，施以教育后所发生的力量也一定更大。

（4）乡村妇女——这本来是不必分别讨论的问题，但在中国社会中女子受教育的机会比男子少，乡村尤甚。他们为着生活而工作，为着养育子女而忙碌，为着一切而牺牲，甚至在天灾人祸夹攻之下，乡村妇女流落到城市中被人当商品在人肉市场出卖，或者竟有人到乡村中去物色商品开辟市场的！所以设施教育的更不可不对乡村妇女特加重视。

就程度而言，乡村教育也有高、中、初各级教育之分，此外师范教育、职业教育、补习教育，也都有在乡村中提倡的必要。

就形式而言，乡村教育大别之可分为社会式与学校式的；虽则也有人加上家庭式的，但可并入社会式的来讲。下面先谈乡村的社会教育，再讲学校教育，当然任何年龄、性别、程度都包括在内。

第二节　乡村的社会教育

乡村的社会教育范围很广，主持设施的机关也各不同。凡乡村中有村治机关，如村公所或改进会一类的组织的，最好即由这种机关去主持全村社教；但在这些机关没有设置以前，应由主持教育的机关去设施。有些乡村有专设的农民教育馆或类似的机关的，当然乡村社教由其主持；不过在大多数的乡村中唯一的教育机关是乡村小学，因此乡村小学也不能不同时负社教的责任。

乡村社教种类繁多，举其重要者如下。

生计教育　乡村生活中的问题，既以生计为最急迫，乡村社教当然也以生计教育的设施为首务。但乡民生计的困难，造成的原因极为复杂，要想解决极不容易，根本救治须待三民主义的完全实现。在三民主义未完全实现以前，我们所能努力的约如下列：

（1）提倡合作——我们在上面检讨乡建运动的成绩时，以为乡建运动对于生计问题的解决方法虽多，确有成绩的不过是合作事业，所以乡村社教对于生计的设施，也以提倡合作为第一要务。中国乡民既多为小农，只有采用合作办法，可以增加力量，减少剥削。况且许多银行已在进行农村放款，要是没有社教中人来指导农民组织信用合作社，虽有钱，农民也借不到。合作虽从信用方面着手，但不应以此为限，而应推及购买、运销、生产、消费等方面。在开始组织合作社的时候，第一不要滥招社员，我们要招有资产而兼有信用的社员，或无资产而素有信用的社员。我们不但要公开讲解，而且要个别接洽，严格挑选，才能使组织健全，而永久保全信用。第二件事要注意用途是否正当，是否有当场哄骗而背地里移用的危险。乡下人并非个个老实，要钱的时候也会大掉枪花。若不严密注意，把借到的钱随便花费，将来无法归还，非但丧失信用，而且高筑债台，如此，我们竟以爱人者误人了。所以我们要训练社员努力生产，保全信用，使银行贷款的便利得永久享用。第三件要训练社员有耐性，想永久的利益，莫贪眼前的小便宜。组成合作社以后，要向银行借款，登记调查，手续很繁，而且旷时颇久，不像私人借款，说得投机，便银契两交。没有耐性，不远望将来，且莫组织。此外我们要了解现今的合作社，只救急而不救穷，富农不需借款，常不愿加入；贫农要加入而易遭拒绝，我们只能使贫而有信用的农民，得周转资金。我们对合作事业且莫存奢望，同时银行贷放资本，自然先要打算本利是否可以一并收回，你组织不健全，信用不能保持，自己且慢开口。现在各省多已设合作指导机关，负乡村社教责任的当局，想提倡合作，不难得到指示。

（2）奖励副业——乡村中多以农业为主要职业，而农作却有时令的关系。为利用农暇，宽裕农民的生计，宜设法奖励农民从事于副业，如养蚕、养蜂、养鸡、养兔、养猪、养羊、养鱼以及编制竹、草、麦秆的手艺，都有莫大利益。惟本地宜于何种副业，怎样推销产品，都要事前详细调查与计划，不宜贸然从事。

（3）推广农业——乡下人耕种田地，固有很好的经验；但是墨守成法，不事改良，也无可否认的，各乡村社教机关能有农业专家去推广新法固然最好，然如缺乏有经验的专家，对于新法如无确实把握，要想推广，不易得到农民信仰；不如求教于各大学的农学院，把他们已经试验有成绩的新种、新法或新农具，经指导后代为推广。初行时最好就有信仰的农家小规模着手，这样，略有成绩便易引起其他一般农民的注意而实行了。

（4）防除虫害病害——在前面第二章崩溃中的中国乡村一节中我们提到在天灾方面，乡村受水旱虫灾损失最大，每种每年都在万万元以上。大规模的防除水旱虫灾，当然非联合许多乡村并有巨大经费去努力办理不可，但如小规模的虫害病害或者乡村中负社教责任的人可以尽力。虫害病害的种类虽多，不过最受人注意的要算稻的螟虫和麦的黑穗病。螟虫有二化螟虫，一年能产生二代；有三化螟虫，一年能产生三代。螟虫由卵孵出幼虫，就钻入稻茎吸食养料，由幼虫成蛹，或作软白的薄茧，或不结茧而钻入稻根中不动。过几时，就变成蛾，雌雄交配，夜间飞稻叶上产卵，每七八十粒或一百多粒聚成一块。受害的稻，心枯叶萎，穗直立变黄白而不实。防除的方法，要大规模举行才有效。一要改良秧田式样，做四尺阔的畦，一尺阔的沟，以便早晚对着日光，在叶上翻寻卵块，二可用诱蛾灯捕杀，三要拔枯稻，掘稻根，聚而烧之。四要把受害的稻草，在谷雨节以前烧去，或堆起遮盖，使螟蛾不能飞出。

小麦黑穗病有二种：一种叫散黑穗病，麦穗变成一包黑灰，破谷飞散。防除的方法，用冷水温汤浸种法。这方法比较复杂，非精熟者不能做。又一种叫腥黑穗病，麦穗受病不呈异状，但捻破外皮，即露出茶褐色的粉末，味如鱼腥。防除的方法，可用碳酸铜粉拌种法。即将种子装入洋铁桶中，加入碳酸铜粉，摇拌十分钟，使种子均附有药粉，即可播种。

【备览】稻麦之病虫害及其预防之方法：

甲　螟虫　螟虫在农间名为钻心虫或蛀心虫，凡是被害的稻，心枯叶黄，不能抽穗；即能抽穗，也变成了秀而不实或实而不充的谷。

生活史　螟虫经过四个变态时期：由卵孵出幼虫，就钻入稻茎而食之，在内生长，其大不及三龄蚕儿。再由幼虫变成蛹，有时做成很薄很软的白茧，有时不结茧，只躲在稻秆或稻根中而不动。等了几时，就变成蛾，蛾再雌雄交配，夜间飞上稻叶产卵。卵子每七八十粒或一百多粒聚成一块，又变幼虫。

螟虫有两种：一为二化螟，一年能连续发生两代；卵块为椭圆形，列成鱼鳞状，由乳白色变成紫色；幼虫由淡棕色变成棕色，背上有纵纹线五条；蛹为褐色，成长圆形，尾部尖锐；蛾是灰黄色，前翅的外缘，雄的有六个黑点，雌的有七个黑点。一为三化螟，一年能连续发生三代；卵块为长椭圆形，外覆黄褐毛；幼虫由淡黄色变成黄绿色；没有背线；蛹由淡白色变成淡黄色；蛾是淡黄色。前翅中部有一黑点。附螟虫各期形态图如下：

二 化 螟 蟲

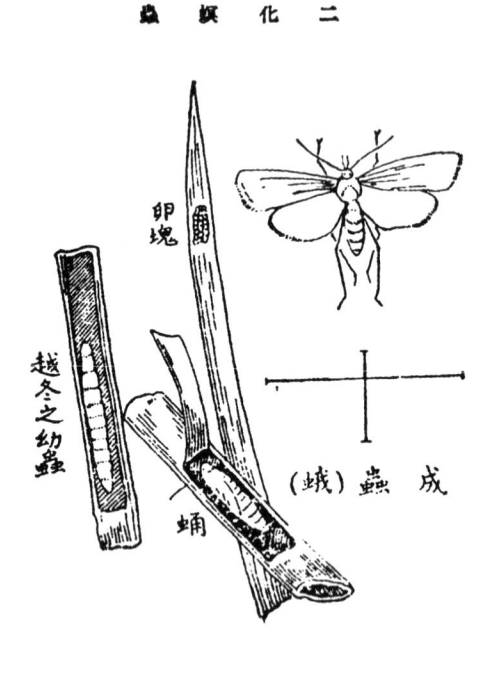

卵塊
越冬之幼蟲
蛹
成蟲(蛾)

三 化 螟 蟲

成蟲(蛾)
卵塊
蛹
越冬之幼蟲

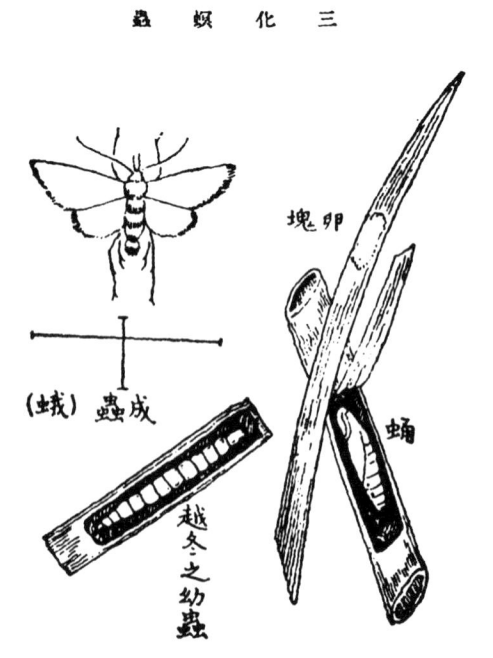

被害症状 （一）幼苗心叶枯萎；（二）稻叶枯黄凋谢；（三）稻茎或叶鞘间有小孔，孔外并附有排泄物；（四）稻穗直立，呈黄白色，全不充实；（五）叶鞘变色。

防除方法

一、改良秧苗 秧苗的畦，改成四尺阔的狭长形，满一尺，在早晨或傍晚之时，对着日光用棒翻叶，在叶尖上巡视，见有卵块，即连叶摘下；如见枯心之苗，亦即拔而聚烧之；每三日一次。

二、捕杀螟蛾 因螟蛾性喜灯光，于夜间将点火的美孚灯外加方形玻璃框放在盛水的木盆或洋铁盆里，稍注洋油于水面，须高出稻叶数寸，可诱杀螟蛾。每三亩至五亩见方即需灯一盏。亦可随时相机利用捕蛾网以杀蛾。附图如下：

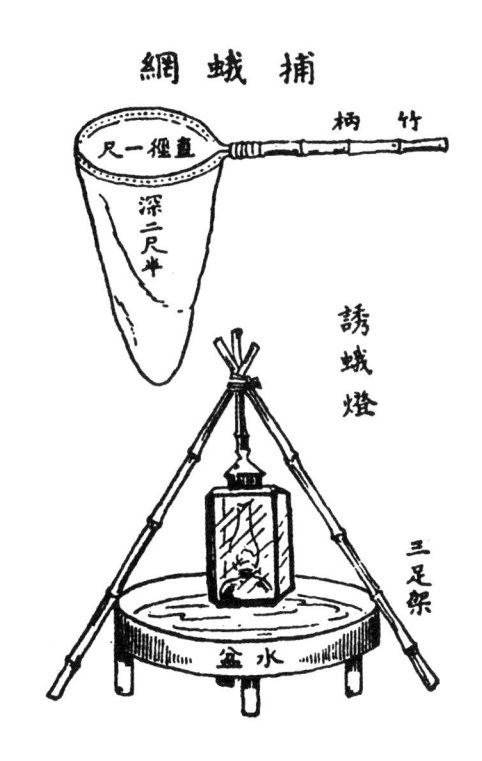

捕 蛾 網

竹 柄
直徑一尺
深二尺半
誘蛾燈
三足架
水盆

三、拔除枯稻 在稻田里见有心枯叶黄穗白的稻，立即齐根剪下或折下。见有卵块，亦即摘下，集而焚之。

四、拾烧稻根 在水稻收获后，设法掘起受螟害田里的所有稻根，或于冬耕后随时拾起亦可。堆而烧之，借此可杀死躲在稻根里过冬的螟虫。

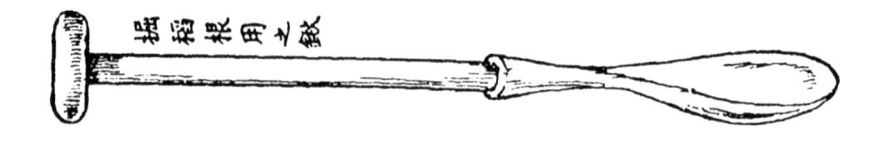

捣稻根用之锤

五、处置稻草　　稻草里也会躲着螟蛾，最好在谷雨以前尽先将受螟害的稻草当柴烧掉。万一做不到，一定要堆起，在谷雨以后小暑以前用帘子或草席围住四周，不使螟蛾飞出。

上列各项办法，少数农家举行不能见效；须大家联合一致行动，才能收防除之功。

乙　黑穗病　　农民称为灰麦或黑麦。为患小麦者，计有三种，其中以散黑穗病发现最多。

病因与病征

一、散黑穗病　　系由病原菌寄生而起。病菌孢子在小麦开花的时候就传到花里，发芽，后来菌丝就潜居在种子的里面。等到播种，菌丝也跟着发芽生长，小麦孕穗开花，它亦迅速繁殖，占据全穗，变成黑灰样的孢子，破谷飞散，传播他花。仅残留轴。

二、腥黑穗病　　是由另一种病菌寄生而起。病穗不呈异状，仅至成熟时期稍带暗绿色，麦粒形状稍大，捻破外皮，露出茶褐色粉末，味如鱼腥。其传染是孢子附着健全麦粒外皮，待麦粒发芽，孢子始发芽侵入幼苗而生长。

三、秆黑穗病　　亦为病菌所寄生而起。被害小麦的叶鞘、茎秆和叶片上，有细长黑线，叶片破裂，就有黑色的粉末（孢子）飞散。从这破裂地方，麦秆就慢慢枯死。

防除方法　　散黑穗病因开花传染，须用冷水温汤浸种法防除之。腥黑穗病因种子传染，只须用温汤浸种法或碳酸铜粉拌种法来防除。秆黑穗病亦因种子传染，防除法同腥黑穗病。最近又有一种水浸阳干法，可代替冷水温汤与温汤浸种法。

一、冷水温汤浸种法　　其步骤为：（一）将种子分盛入易透水分及热度之布袋或竹箩，仅装容量三分之二。（二）将装好种子浸入清洁之冷水

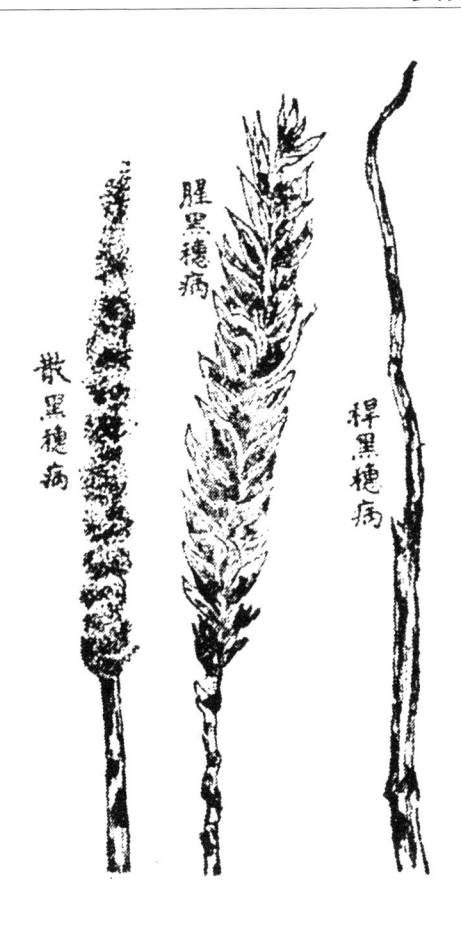

中，约经五六小时。（三）取出浸于华氏一二〇至一二五度的温水中（沸水三升加冷水二升）。（四）再取出浸入华氏一三二度的温水（沸水冷水各掺半）约十分钟。（五）取出种子浸入冷水内一分钟，然后取出晒干。

二、温汤浸种法　其步骤为：（一）同前法装置种子。（二）浸入盛华氏一二二度左右之温水桶中，搅拌使温度。（三）移浸盛华氏一三〇度左右之温水桶中，经五分钟（温度不使上下）。（四）取出用冷水洗净，干后方可使用。

三、水浸阳干法　其法：装种子于布袋，沉浸水中，上压大石，以防浮起；或迳浸种子于装满清水之大桶或大缸中，并时易水以维持其清洁。浸种须经二昼夜，最好在上午八时左右浸入，至第三日之同时刻取出，撒于席上而阳干。但遇雨天或阴天，进行颇为困难，可在夏季大暑节季中择连续久晴之时期行之。

四、碳酸铜粉拌种法 先将种子中的夹杂物除净，置入一有盖的木桶或洋铁桶中，加入碳酸铜粉，尽力摇拌十余分钟，使其种皮均附有药粉，即可收藏，以备播种。（碳酸铜粉及拌种器南京金陵大学及无锡江苏省立教育学院农场等处均有出售）拌种器图如下：

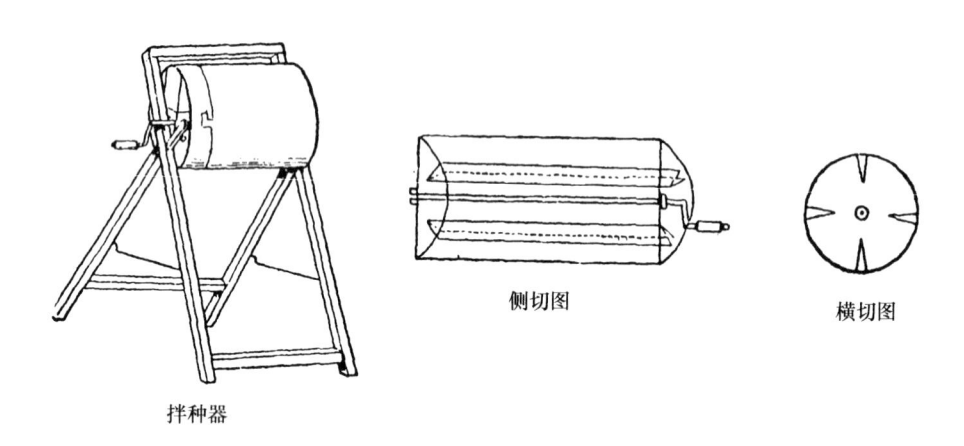

侧切图　　横切图

拌种器

（5）消除水旱——在华北各省气候较旱，水源较少，应多掘井开渠，以免旱灾。开渠工程较大，或须至少集一区中各村联合来做，但如有可靠计划并得专家指导，颇值得做，做成以后，其利甚大。如不能做到开渠工作，则掘井较轻而易举，且随时可向华洋义赈会请教办法。我们在第三章第三节曾经提到华北地上有一口井，生产量可增一倍至三倍，可见其利也不小。长江及珠江流域，水量充足，有时易成水灾，筑堤开塘也是消除水灾的良法。筑堤工程较大，或须至少集一区中各村联合来做，但如有可靠计划并得专家指导，也值得做，做成之后利亦甚大。江西各专员公署已设有水利人员专办此事。乡村中如不能做到筑堤工作，则开塘较轻而易举。塘开成后可以养鱼虾，而附近田中水如过多，可以塘为尾闾，两得其益。此外如利用抽水机灌田，在东南各省已办有成效，办法可向上海华龙路八十号中华职业教育社查问。

卫生教育 乡村中健康与清洁问题都很急迫。当然如县会设有全县卫生行政机关，对于各乡村的卫生应有整个设施计划。但有许多事项可以由乡村社教机关帮忙的。例如在第三章第三节中所提到的定县保健制度，保健员便可由乡村社教负责人员兼任。要做保健员当然须受相当的训练。如乡村中有已受过医学或看护教育的人最好，否则须派人去学。好在许多省份已设有卫生处一类的机关，派人去学，他们一定欢迎的。学会以后，每村至少须备一简易药箱，内容如下。

（1）简易药箱——定县保健员所用的药箱有如下述：

药名	用途
枸橼酸铜膏	治沙眼（须经医师诊断）
蛋白银水	治爆发眼
碘酒	治皮肤红肿
韦氏膏	治癣（头及身上）
阿司匹林	治伤风头痛
硫酸锌	治眼泪多
炭甘油	治耳底子
白降汞膏	治皮肤脓疮（先用冷开水洗净）
二锅头酒	治皮肤有毒
苏打	治胃痛吐酸水

此外应备绷带、纱布、棉花球、棉花棍、胶带、压舌板、玻璃棍、滴管（两个）、剪子、镊子等；连药品共价约三元。这是适用于华北各省的药箱，华南及其他各省或须略加变更（参看学校卫生要义末节）。

（2）预防传染病——除了上列药箱之外，遇着传染病发生的季节以前，应向上级卫生行政机关或药房领买痘苗及霍乱伤寒预防针，为乡民注射。种痘方法简单易学，霍乱伤寒预防注射较难，或定期请医生来办，但须事前广为宣传，并解释注射后的反应，以免误会。有眼病或皮肤病的人要劝导万勿与人公用洗面巾。南方蚊多，要劝导乡民吃金鸡纳霜。

（3）饮水消毒——饮水的水源应努力保持清洁，公约不准倾倒粪便垃圾。水取回来后须用明矾或过锰酸钾消毒，或用滤水缸滤过。饮水应煮开，乡下人往往因省柴草，不肯用来烧水或煮开，最好教导他们于煮饭时多煮些开水，或利用煮饭后灶中余焰，用罐头装灶上热水罐的温水放在灶肚中，亦可将水煮开，既省事，又不费柴。

（4）粪便垃圾秽水的处置——第三章第一节里已经讲过华北乡村把人粪摆在路上曝晒，华南则多露天坑厕，且均当街乱置，最不合卫生，而且曝晒会使肥分挥发。负乡村社教的人最好劝导大家把厕所移在僻处，加以遮盖，且不可近饮水的水源。垃圾最好堆藏在僻处，加以灰粪，使腐化成肥。秽水的处置最好挖一秽水坑藏纳，或引入田中，坑上加以遮盖。房屋四周设法多开阴沟以流污水。

（5）儿童保育——我国婴儿死亡率高，乡村恐尤甚。当然如饮水能消毒，传染病能防止，可以减少许多。但是有些乡民对于儿童保育的知识太少，最容易犯的弊病是喜欢把硬蚕豆、米粉团、花生等难消化的食物给小孩吃，以为没有鱼肉吃，多吃了这些东西也好，不知食积病便从此起。还有大冷天，上身穿棉，下身着单，睡时把被头掀开了，明天，就要发病。如食积受寒同时犯着，那便要生大病了。

（6）厉行烟禁——鸦片红丸都是最伤身体的东西，栽种烟苗，尤为犯法。社教当局应加以相当宣传后，由全村公约禁止，违犯者严厉处置。

（7）其他宣传——宣传的方法很多，比较有效的，如奖励特别卫生清洁的农家以为模范；举行清洁运动；举行卫生展览；举行婴儿比赛；作卫生演讲等。

公民教育　乡村社教机关能设施的公民教育，种类很多，当然要看当地的需要与时机而进行。公民教育应多在组织方面少在宣传方面下手，以免说空话不实行的弊，而且从做里学是最好的教育方法。

（1）团体组织——关于家庭方面的，可组织家主会、主妇会、少年会、闺女会等，以灌输家庭经济、卫生、道德等知能。中国乡村以家为单位，所以这些团体或可成为全村组织的起点。关于全村的，可组织息讼会、禁赌会、节约会、储蓄会、消防会、看禾会、保林会、放足会等；一俟时机成熟，便可合组为乡村改进会，积极的分门别类举办各种公益事业。乡村改进会开始时组织不求完备，但领袖必须公正廉明的人充任，万不可入土劣之手，会议时于可能范围渐采民权初步办法。组织后经相当时期取得民众信仰时，应进行户口调查、土地登记、保甲组织等基本工作。

（2）宣传运动——凡临时性质的工作，如修路、造桥、植树等，应视时机举行运动。遇有节日可利用来宣传。此项宣传最好与娱乐节目相间举行，以免枯燥乏味。

（3）自卫训练——在内地的乡村，尤其是离城市远的，自卫问题十分严重。幸而这次抗战中许多壮丁已受军训，如能加以严密组织，不难解决自卫问题。社教机关可参考上述镇平办法逐渐推动。

文字教育 乡村社教机关对于文字教育的设施，除民众学校在下节中讨论外，可举办的约如下列：

（1）公共图书馆——乡村中受过正式教育的人本不多，但如不能充分利用其所受之教育，尤为可惜。许多本来读书不多的乡民，辍学后不到数年，连已读的书都忘记得干干净净，岂非大憾事！负社教责任的人最好先召集乡中已读书的人，调查所需要而喜读能读的书报，组织一小规模的图书馆，共同计划与管理。再组织读书会，并随时指导阅读方法，介绍新出读物。这样花钱不多而能充分利用。

（2）问字代笔处——乡村中人大多数识字不多，不会写信，更不会书写文件。设立一个问字代笔处，除了帮助乡民外，还可在新年前代写春联，婚丧大事时代写喜联挽联，必为大众所欢迎。

（3）壁报——乡村人家多不订报，即订报或无时间细阅，或看不明白。社教机关每天或三天编一次壁报，在乡村各处按时写贴，不但增加乡人识字机会、养成看报习惯，还可多知世界与国内大事。不过编写不可随便或抄袭，字句应简练明白而生动。

（4）标语——标语是宣传的一种利器，但多用则不为人注意。标语不宜不用，也不宜多用。字句尤须警辟。

休闲教育 乡村中休闲的时候虽少，但如不充分利用或竟用之不当，反而有害。新年是乡村中工作最闲的时候，也是最易利用的时期。社教人员可利用原有娱乐加以变通。如玩龙灯，不但是好的娱乐，而且是好的运动。迷信部分宜渐事劝改，不宜骤加禁止；但如赌博、花会等恶习则应公约严禁。他如端午赛船，重阳登高，以及舞狮、比武、踢毽子、放风筝、下棋、听书、吃茶、唱戏等事，都可提倡来善用之。还有乡村中如有婚丧大事，不宜迷信神佛风水，耗费金钱时间；但最好由少数较为开通的人提倡，社教机关代为表扬宣传，不宜强迫无知乡民去做，以免引起反感。现在许多乡村中有特约茶园来做乡民娱乐中心的，如已有商营茶园，不妨如此加以改良。

第三节　乡村的学校教育

领袖训练 乡教运动既与乡建运动应携手并进，乡村学校教育最重要的一种便是训练乡村建设的领袖人才。中国乡建运动三个重要中心都有训练乡建人才的机关,可惜都因抗战而停顿。中国乡村既多,将来所需乡建人才数量可观,作者认为至少每省须有此种训练乡建领袖人才的学校一所。

按照山东乡建研究院的办法,院内分研究、训练二部:研究部收大学毕业或同等学力的,修业期二年;训练部收初中毕业或同等学力的,修业期一年,后改为一年制、二年制两种,高中或师范毕业的训练一年,初中及同等学力的训练二年。研究部我们不希望每省能有,但训练部每省必须设立,程度及期限即照山东所定的。此外还有一资格,即入学者必须为本地人或寄居本地甚久的外籍人,熟悉本地语言及风俗习惯的。

训练的内容当然以能解决乡村生活中的急迫问题为主,对于农事改良、合作事业、水利工程、医药学识、自卫组织等技术尤须娴熟。关于民族性、民间文艺、乡村礼俗、社会原有组织等,亦不可不知晓。

师资训练　乡村中既多以小学为唯一正式教育机关,乡村小学师资的训练极关重要。按照部颁规程,训练乡村小学师资的乡村师范分为两种:乡村师范与乡村简易师范。前者收初中毕业生,予以三年的训练,后者收高小毕业生,予以四年的训练;其课程均有公民、体育、卫生、图文、算术、地理、历史、生物、化学、物理、论理学、劳作、美术、音乐、农业、农村经济及合作、水利概要、教育概论、教育心理、小学教材及教学法、小学行政、教育测验及统计、乡村教育及实习等。我们认为卫生一门功课中必须有切实保健训练,使每个师范生能教小学生充保健员,若能自己诊断普通疾病并予以治疗更好。乡村师范对于学生生活方面的训练实更重于课程。晓庄师范的成绩,便在他的目标是要训练学生有农夫的身手、科学的头脑和改造社会的精神;希望毕业后每个学生所到的地方,一年能使学校气象生动,二年能使社会信仰教育,三年能使科学农业著效,四年能使村自治告成,五年能使活的教育普及,十年能使荒山成林,废人生利。这样的乡村师范,每县至少须有一所。

乡村小学师资的训练,除了乡村师范以外,优良的乡村小学也可负一部分责任,这种办法陶知行氏称为艺友制。凡乡村小学有受过乡师训练而且有相当的教师都可招收艺友。艺友程度最低要相当于高小毕业。入校时最好要经过测验,可明白他的学业程度。尤其要紧的须能吃苦,而对教育有兴趣。初来时须缴膳费，以后如能帮助教师工作，可酌给津贴。所受训练可分基本知识、教育科目、与实地工作。前二者大致依照简易乡师课程标准指定课本及参考书自行阅读，不明白的地方可问教师，教师亦随时考核其进程。后者由教师指定工作学做。关于农事可请农夫帮同指点，卫生可请医生帮同指点。对于整个生活的训练也应注意。训练到可以单独任小学教师时，即算结业，可由教师予以证明书。

在第四章第一节里所提到的小先生制，现在已经许多地方在推行。乡村中如欲普及最低限度的基本教育，优良的小学生大可利用来做小先生，不过小学生的能力当然有其限度，应当由小学教师随时加以辅导。辅导的办法有：（1）集合辅导，即每天指定时间集合拢来，先报告工作的困难与心得，再互相批评，由教师作结论，最后预习下次教的功课；（2）巡回辅导，由教师分别轮流到小先生施教地点去巡视，帮助解决困难，考查所教成绩，对社会人士解释小先生的意义；（3）个别辅导，对能力特差以及初出茅庐的小先生多作个别辅导以免工作落后，对能力特强的小先生也多加辅导，使有特殊发展，并令帮助其他的小先生。小先生的工作方式，以集体的为便；即就村中若干农家适中地点，成立一村学团，由一位或数位小先生负责，时间看大家方便，地址可借较大民房的堂屋，内容或读民众课本，或唱民众歌曲，或讲生活常识、国内外大事等；有时也可举行个别教学。

民众学校　照教育部所颁民众学校规程第一条所定："民众学校遵照中华民国教育宗旨及其实施方针，授予年长失学者以简易之知识技能。民众学校得应事实需要设高级班。"又按规程第六条的规定："凡年在十六岁以上之失学者，均应入民众学校。修了民众学校课程或具相当程度者得入高级班。未办义务教育地方，年在十岁以上之失学者，亦得入民众学校。"是所谓年长失学者，其意义如是。又按规程第十二条的规定："民众学校学科为国语（包含公民及常识）、算术（珠算或笔算）、乐歌、体育等。高级班为国语（包括公民及常识）、算术、乐歌、体育、及关于职业之科目。"是所谓简易之知识技能，其规定又如是。在乡村里头，受过高深教育的人数甚少，民众学校毕业生已算知识分子。我们更应以民校学生为推动地方事业之主力军。

按部颁规程第十条的规定："民众学校学生受课总时数，不得少于二百小时。高级班以修毕规定课程为限。每日教学时间以二小时为原则，并得在假期或夜间举行之。"通常民众学校修业四个月，授课总时数常在二百小时以上，部令规定是最低限度。但不识字的成人仅他们四个月的学习工夫，欲学会写信、看报、记账，亦是难事。所以初级民众学校毕业生应尽力使之升高级，能修毕八个月至一年的课程，那才能合我们所希望之最低限度。

在乡村里面，因为人口稀少，所以开设民众学校常常只预备一级。可是等到学生招来了，考查他们的程度，常要分成二三级。来者既无法拒绝，只得采用复式编制。惟教学时间，每晚只有二小时，弄得教师照顾不周，而学习成绩低劣。所以我们开办乡村民众学校，要预防这个毛病。如只办一级，应先招不识字的民众，使程度齐一，教学便利。在百户以上的村庄，学生可以多招，开始便可预备设立二级。学生人数多，班次多，大家兴高采烈，学习成绩可以比较优良。

民众学校教科书大多偏重社会需要，而忽视学生的心理，所以多感干燥乏味，高深难读。作者以为民众学校的教材应集中在阅读方面：第一步引起阅读兴趣，第二步养成阅读习惯，第三步充实阅读内容。庄泽宣氏的人人读（商务出版）首四册在达到第一步，次四册在达到第二步，后四册在完成第三步。全书采用故事体，增多生字复见次数，使学者深感兴味，于阅读中识字，而不求内容无所不包。阅读习惯养成之后，如有公共图书馆自会去借书看。民校教师能把毕业生组织起来，继续指导读书那就更好。民众读本除人人读外，尚有老少通（商务）、千字课（各书局）、三民主义千字课（教育部编各书局发行）等。算术教材有江苏省立教育学院之民校算术教学书，平教总会之珠算教学书等。唱歌教材可于许多民众歌曲集如《叱咤风云集》（生活书店）、《民族歌声》（青年会出版）等中选取。

民众学校的教学法和小学教学法不同之处，在于小学生没有学习动机，所以每一单元的教学，要设法引起动机；民众学校学生入校为着读书识字，动机强而目的清楚，所以无须引起动机；所宜注重者在经验的交换，与内容之讨论。其次，民众学校与小学共同的教学原则是作业要均衡，和复习要充分。学生因智力有高低，而学习有迟速，教师要注意到劣等学生是否得益。识字致用须加熟练工夫，看字形而读出字音，不算识字，还要明字义，能默写，能应用无误，那决非读过几遍所能奏效，所以练习不可缺少。

兹举各科教学过程如下：

甲　国语科教学可参用下列过程：

1. 讨论内容　师生共同讨论课文内容，交换经验。

2. 概览课文　学生概览课文，提出难字难句。

3. 认识新字　学生概览课文，在黑板上把不识的字写出，然后共同学习。

4. 分段读讲　教师范读范讲，或优等生读讲，最后轮及中等生及劣等生。

5. 讲述大意　指名发问，令学生口述本课大意。

6. 深究　研究课文的含义或难解词句。

7. 练习应用　联字造句等。

8. 复习　下次授新课前加以复习。

乙　珠算教学可参用下列过程：

1. 心算　在每课开始前做心算，为学新课之媒介。

2. 口诀　经共同讨论，得到运算口诀，写于黑板上。

3. 算法示范　教师示范演算例题。

4. 学生练习　把习题预先写在小黑板上，学生逐一演算，教师巡视指导。

丙　唱歌教学可参用下列过程：

1. 解释歌词　教师用很生动的说法，解释歌词。

2. 范唱　教师范唱，学生欣赏。

3. 随唱　教师逐句唱，学生模仿，然后联句成节以竟全歌。

4. 齐唱　全歌教毕，学生已能独唱时，使全体齐唱。

5. 列唱　分别齐唱，互相比较优劣。

6. 独唱

7. 随意练习。

民众学校的训育方法，大要说来，可分四方面：第一、关于勉励勤学者，可用通常队长制，分队督促就学；可利用课业竞赛及出席勤惰比赛，互相勉励。第二、关于德性训练及维持风纪者，可利用纪念周讲演；可每周定一中心训练，注意实施；可利用本级公约，互相约束；可仿效保甲制，组织成完密之团体。第三、关于协助社会事业者，可组织同学会，协助地方领袖举办乡村改进事业。第四、关于联络感情者，可用家庭访问。这许多方法可参酌活用。

民众学校的招生并非难事，先用口头及文字宣传，次查保甲长的户口册，调查不识字人数，然后分别联络保甲长保送学生，督促就学，此法一定有效。留生问题比较难于解决，因学生中途退学的原因很复杂，所以应取的方法也很多。其中最重要的方法：第一要学期起讫时间适当，避免农忙，避免严寒酷暑。春季自二月初迄六月初，秋季自九月初至十二月底，为比较适宜的时季。第二要注意教学进程，莫太迅速，使资质较劣的学生追赶不上。第三要联络情谊，访问家庭。第四要教缺席学生补习功课。最后则用征学制度，由保甲长会议订定办法，分批征调十五岁以上二十岁以下的青年就学，次调二十岁以上三十岁以下的成人就学。分批强迫，教室既可以容纳，被强迫的人数不多，阻力又小。此制试行于洛阳实验区，颇有成效。

江苏教育厅所定民众学校经费标准，足资参考，照录如下：

甲　开办费（单位元）。

		项目经费	最小限度	最大限度	备注
流用部分	校用品	总理遗像	〇·二〇	〇·六〇	
		党旗国旗	一·六〇	三·二〇	
		灯盏	四·〇〇	一二·〇〇	
		台钟	一·四〇	三·〇〇	
		铃	〇·四〇	〇·五〇	
		杂品	〇·八〇	一·二〇	
	教用品	黑板	二·〇〇	六·〇〇	
		毛算盘	一·五〇	一·五〇	
		通俗教育图书	二·〇〇	四·〇〇	
分散部分	学用品	书籍	二·四〇	四·八〇	以四十人计
		石板石笔	三·〇〇	四·〇〇	以四十人计采用细质或铁质石板有时并得收回

续表

项目经费		最小限度	最大限度	备注
总计	流用部分	一三·九〇	三二·〇〇	
	分散部分	五·四〇	八·八〇	

说明：

一、上表流用部分，系谓每校办毕一期，或移校，或续办，此项物品均可移转使用，毋须另行购置。故预算经费时，应以所办期数及学生数多寡定其所占之数。

二、上表分散部分，系谓每办一期供给学生使用便归消失之品。

三、每期学生有满五十人或不足四十人时，学用品经费应照比例增减，由教育局查明核实支给。

四、在利用原有中小学校或机关团体所在地办理民校时，上表流用部分各用品以借用为原则。

乙　经常费

项目经费	最小限度		最大限度		备注
	月	期	月	期	
津贴	一〇·〇〇	四〇·〇〇	二〇·〇〇	八〇·〇〇	参看校长教员待遇规程
工友劳金			〇·五〇	二·〇〇	
纸张簿籍笔墨	〇·五〇	〇二·〇〇	一·五〇	六·〇〇	
灯油茶水	一·五〇	〇六·〇〇	二·〇〇	八·〇〇	
集会研究	〇·五〇	〇二·〇〇		四·〇〇	
总计	一二·五〇	五〇·〇〇	二五·〇〇	一〇〇·〇〇	以上均以四个月计

说明：

一、上表所列数目以四个月计，如遇延长一月时，除津贴一项不得加增外，余可照数补发。

二、支配集会研究费须呈缴研究报告于教育局。

丙　结束费

项目经费		最小限度	最大限度	备注
必需部分	毕业证书	一·二〇	二·〇〇	以四十人计
	毕业谈话会	〇·八〇	二·〇〇	
或需部分	学生奖品	二·〇〇	四·〇〇	以十人计
	教师奖品	二·〇〇	六·〇〇	
总计	必需部分	二·〇〇	四·〇〇	
	或需部分	四·〇〇	一〇·〇〇〇	

说明：

一、上表必需部分系指一定支出而言。

二、上表或需部分有时不必支出。

三、每期学生有满五十人或不足四十人时，毕业证书及学生奖品两项经费应照比例增减，由教育局查明核实支给。

其他　此外学校式的乡村教育，除乡村小学另详下章外，有专科学校、补习学校、私塾等。专科学校在某种特殊乡村中应当设立，如森林区应设林业学校，渔业区应设渔业学校等。补习学校在初级民众教育普及之后或乡村中已有不少曾受初小教育的人时，可以设立。补习学校或为职业的，或为一般的，内容要实用，期限宜短。如有新种子、新方法、新工具还可临时设讲习班。私塾在中国各地仍极多，与其取缔，不如改良。私塾应由优良的乡村小学去辅导，使能合作。又各大学医学院宜设乡村医师养成班，收初中毕业生予以两年或三年的训练，使能在乡村任医师或任卫生工作。大学医学院毕业生愿至乡村服务的很少，且人数不够分配，如全国各县组织保健制度，必须收程度较低的大量训练。

第六章 乡村小学

乡村小学的学生和城市小学的学生，没有天赋的差异，因为天赋的智慧，大家是差不多的。城乡小学生所有的差异都可以说是环境的影响。乡村儿童富于农事及自然常识，体力强壮，能耐劳苦，是由于环境的关系；乡村儿童衣冠不整，思想单纯，不擅交际，也由于环境的关系；以至乡村学生算术、国语成绩不良，也由于环境的关系，因为先生教得不好，学生自然学得不好了。可是大家不可以为乡村儿童个个如是，和城市儿童有鸿沟之判。这不过说：双方平均起来，有些差异；而心理学家告诉我们，团体与团体的差异，远不如个人与个人之差异，个人有上智与下愚，相差很远，团体平均数相差很小。所以教育上所注意的还是个人的差异，不是团体的差异。因此乡村儿童种种体格上、心理上的特征，还不成为教育上的大问题，成问题的只有一个：他们是农家子弟，虽然农之子未必人人为农，但大部分要习农，他们所需要的是新农民应具备的资格，不能像一般城市小学注意于升学准备教育。

乡村小学校舍简陋，设备不完全，教师程度低下，教法不良，都由于经济关系。江苏的省立小学，一教室常年经费要一千元以上，而地方单级小学，教育厅限定只许年支三百五十元。乡村小学大多数是单级独教，经费既少，要他美轮美奂，设备齐全，点缀美观，自不可能。而清苦的地方，教员待遇又低，优良教员既有升发的途径，谁肯舍天堂而入地狱。但现今各省各县教育经费，百分之六十左右由农民负担。如民国二十一年度江苏六十一县地方教育经费总共一千二百六十多万元，出于田赋者计七百六十多万元，占百分之六十有零。乡村负担如许教育经费，而享受不到优良教育机会者，一由于乡村地面辽阔，经费不敷分配，二由于城市占去经费大部，致乡村分润不多。这种不均的现象如能改革，乡村小学自会改头换面。

第一节　校舍与设备

（参看学校卫生要旨环境、校舍、设备各章）

校舍标准　校舍的选择或建筑，至少要合五种标准。一是健康的标准：空气要流通，光线要充足，厕所要隔离，游戏场要宽大，凡此种种，皆足影响儿童的健康。二是教育的标准：房屋大小须合教学上的需要；学校为社会中心，则应有娱乐室、集会堂等。三是安全的标准：火险要能避免，进出口要便利，阶梯要平坦，墙壁角不宜尖锐等。四是美观的标准：使人身入其中，觉美观安适，留连不忍去。五是经济的标准：要省钱又要合用，没有浪费。

借用公屋　小学校舍要合上列标准，自然以建筑新校舍为宜，但乡村经济拮据，一时那有余款来建筑校舍呢？所以乡村原有的祠堂、庙宇，都要设法利用。要利用祠堂、庙宇，一定先要向乡村领袖商量。一般乡村领袖对于利用公屋，兴办学校，大多赞成，只要使他们明白教育是地方上应办的事业，他们决无留难。不过使用方面，或有几个保留条件；如某处可用，某处不可用，佛像和祖先牌位不得移动，祭祖或全村有公共用途的时候应让出，修理或改造应得双方同意等，这许多条件都可以酌量接受。如借用祠堂，则于敬宗睦族之意应予发扬，我们决不可移动牌位，阻碍祭祀。如借用庙宇，则迷信固应破除，但不可操之太急，如把佛像毁掉，便要起极大纠纷，我们只要暂时把佛像遮蔽起来，不去惊动就得了。

祠堂庙宇的正厅大概较宽敞，可作教室之用，两面侧厢可作办公室及寝室之用；神龛处加一布幕，上挂党国旗及总理遗像，幕布可以开阖，以便民众有时来敬神敬祖。天井中可以种些花木盆景，原有树木尤应爱护。大门外余地即作为操场。如此一个单级小学校舍大概可以敷用了。如房屋较多，有前厅后厅，那可以办一个二教室的小学了。祠堂庙宇中大多有厨房，先生吃饭问题也容易解决。室内室外要收拾整齐，点缀美观，欢迎村民常来游息，如此则大家愿意把公屋出借，决无留难了。

建筑新校舍　乡村小学校舍以借用公屋为原则，以建筑新屋为变例。但逢到经费充裕，或无旧屋可用而必须建筑时，我们也须略知建筑的原则：

（一）校舍的方向，以向南为佳，向东南者次之，向西南者又次之，正东正西都不合宜，因为光线直射，不能冬暖夏凉。

（二）校舍的式样，要堂皇而特异，能引人注意。宜用平房，如用楼房，层次不宜过多。因为升降不便，遇火灾时格外危险。

（三）校舍的质料宜坚固，茅屋不如瓦屋，以其易着火，且易破坏，而多花修理费。但仍以当地易得者为原则。

（四）校舍的基地要高燥，室内地板宜离地二尺，下铺砂砾，四面更设透风洞，以防潮湿。

（五）校舍的分配，凡直接为教学上应用者，如教室、图书室等面积宜大，占全校面积百分之五十。间接用者，如办事室，教员室等不妨略小，占全校面积百分之十二。其余为交通用者，如甬道、走廊等，至多占百分之二十。墙壁至多占百分之十。其他用室占百分之八。

（六）教室的容量，普通以容四十人为宜，每人至少平均占十五方呎地面，占二百立方呎空气。每级如系单式编制，长以三十呎为度，宽以二十二呎为度，高以十二呎为度。如系单级或复式编制，长宽均须加多（参看下面的图）。

（七）教室的墙壁以淡黄、蛋白、淡青为宜，因可以防眼之疲劳。

（八）教室的门窗，门要二扇，门宜向外开，以便危急时的逃避；窗的面积，普通占地板面积四分之一，且宜设于学生的左边，决不可设于前方或右方，以妨碍视线。窗之下框离地板约三呎，上框要接近天花板。靠近黑板的一个窗，宜离墙壁约六呎，以免光线反射。窗的玻璃块要小，以免易于破碎。窗宜向外开。

（九）集会堂虽不可少，但单独建筑，殊不经济；可将连接之两教室隔以活动之木屏，平时二室隔绝，集会时移动木屏，即成会堂。

（十）操场学校园须设法设置，校舍四周宜植树。

（十一）教员住宅能另建固佳，财力不许，则借用民房。

设备原则　穷的乡村小学当然不会有头等的设备，所有的只是几件必不可少的东西。我们开办一个学校，什么东西要买，什么东西不要买，自然先问有开办费多少？次问这样东西是否急用？是否必须购买？若是自己可以制造的东西，如动植物标本及简单的仪器等，应当自己制造。我们要尽量利用土货，利用本地材料制造，非万不得已时不要用舶来品。

设备一览　假定一个单级乡村小学，有教师二人，学生五十人，应有的设备，依张宗麟先生的计划如下：（见张宗麟：《乡村教育》）

（一）教师生活用具：书条桌二张，凳子四条，书橱一个，成绩橱一个，油灯二盏，门锁一把，提灯一盏。

（二）儿童活动用具（在课室内的）：大黑板一块，小黑板四块，抹布二块，长方桌八张，小凳子五十张，布幔一个（或围屏数个总长等于教室之宽度），时钟一个，敲钟或铃一个，注水壶一个，哨子二个，党国旗及总理遗像全副，寒暑表一个，日历一个，纸篓一个，什物橱一个，挂书包钩五十个，粉笔一盒，教师用笔墨砚一套。

（三）农具：山锄一把，鱼尾锄二把，手锄五把，锹二把，圆四齿锄一把。钉耙一把，镰刀一把，铲子四把，粪桶一对，粪勺二个，喷壶四个，扁担二根，捕虫网一个，采集箱一只，如有山地另备柴刀，种花另备泥花盆，又另备粪缸一只或借用粪窖。

（四）工具：老虎钳一把，中号釜一把，锯大小各一把，钉锤一把，尺曲直各一把，铇一把，凿大小二把，钢锉一把，钻一把，螺旋起子一个，剪刀五把，针线另备，倘做油漆另办漆刷、土丝、火药三物。

（五）厨房用具：柴炭炉各一个，小锅二只，开水壶一把，菜刀一把，水缸一只，水桶二只，锅铲一个，碗筷汤匙各十副，铜勺一个，木勺一个，菜篮米箕各一个，砧板一块，其他笊篱、抹布、油瓶等酌量置办。

（六）洒扫用具：大竹帚二把，笤帚十把，畚箕二个，喷壶二个，抹布五块。

（七）玩具：玩具不一定要去买，必须提倡儿童玩本地游戏；但下列几种用具，花钱不多，变化很多。沙池一个（如取沙不困难，又有空地，可以开一个四、五方丈大的），沙箱一个（放在室内）。倘有余款，买皮球和台球用具。其他如毽子、棋子、跳绳可以自己做。倘有大树可以做秋千架一个。有做过木工后的碎木头，是年幼儿童最爱玩的玩具。

（八）图书：日报至少一种，关于儿童教育的杂志一种，儿童的杂志二种，其他杂志一种，本省、本国、世界地图各一幅，儿童读物三十种，教师参考书三十种。

（九）其他：大镜子一面，痰盂二个，洗手盆二个，揩手布四块，茶壶二把（茶杯儿童自备），校牌校旗等，药品。

以上属第一期设备，如经济稍裕，可以添办第二期设备：

（一）儿童活动用具：大算盘或别的计数器一副，升斗秤等全副，音乐用具（口琴或留声机或小风琴）一架，挂图一套（卫生或动植物挂图），中国乐器数件（如锣鼓、钹、胡琴、笛等），昆虫饲养器，鸟的饲养器酌置数件，化学药品和玻璃管等，物理必需仪器数件。

（二）农具工具如数目不够分配，再添若干。

（三）厨房：纱橱一个，蒸架一副，汽灯一个。

（四）玩具：多添置浪桥秋千等，并扩充运动场。

（五）图书：设儿童图书馆，添买儿童用书百种，教师用书放在最后买。

（六）其他倘经费还多，买无线电收音机一架，办公用橱一架。

教室布置　单级或复式教室的布置约如下图：（参看复式教学法设备章）

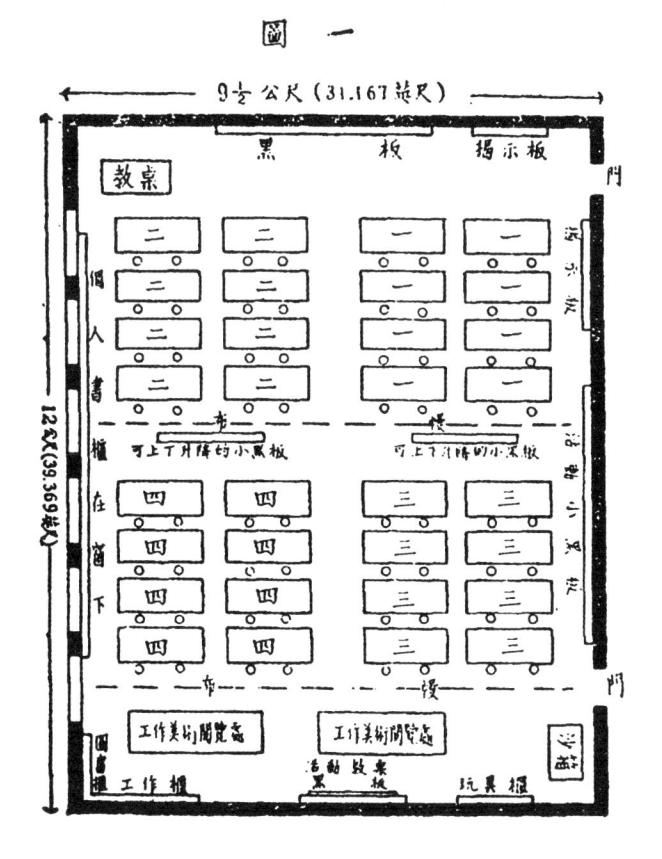

图　一

图 二

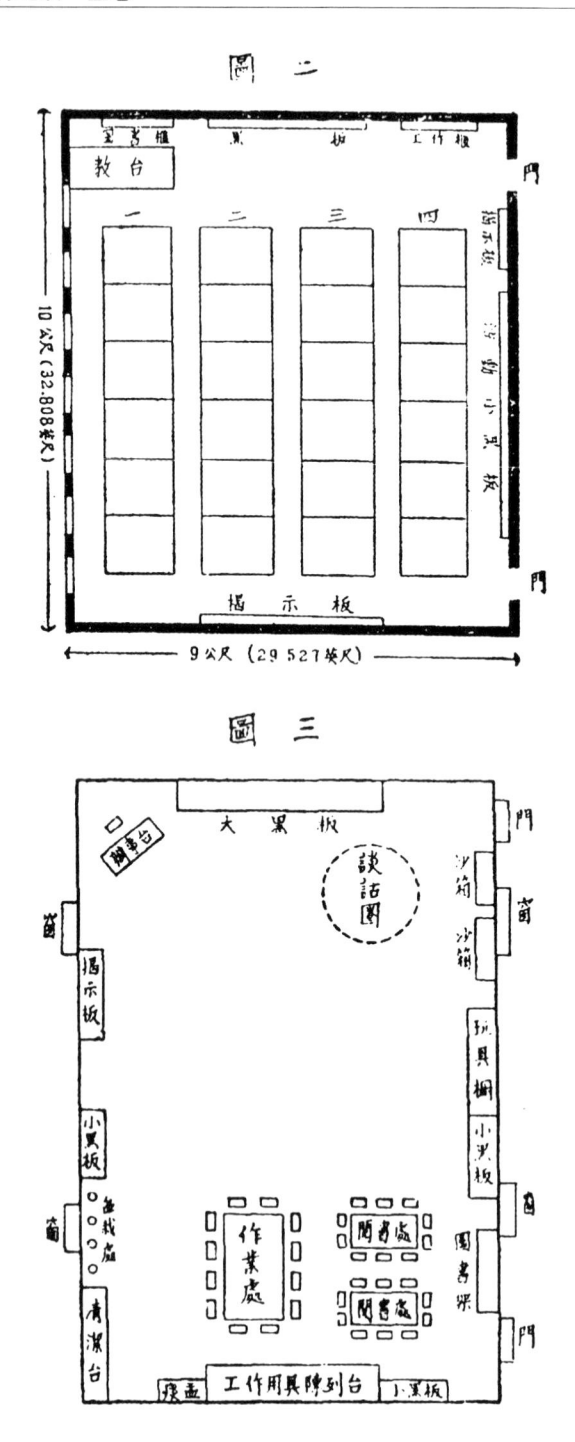

图 三

第二节　编制与课程

学级编制的原则　学级编制的原则有二：第一是力求经济，因为乡村小学经费不多，四五十个学生，不能分成四五级，而用四五位教员去教。所以多采用单级编制，一教室内容纳全校的儿童，而由一位教师教导。第二是便利教学，将同程度的儿童编为一组，而施行团体教学，自然比个别教学来得方便。又如复式学级，将一、四两年的学生合于一教室，将二、三两年的学生合于又一教室，使年长的学生辅助年幼的学生，也是一个方便的办法。

通常的学级编制　乡村小学通行的学级编制法有三种：第一种是单级编制，大多把四个学年的儿童集于一教室，由一位教师去教导。在人口稀少，交通不便的乡村，只能如是。将来施行强迫就学，而乡村交通便利时，这种编制法将见淘汰，可是在目前还算是最常见的。采用这种编制时，教员应注意直接教学的时间与儿童自习的时间，须分配均匀；儿童自动学习的能力须养成，否则便有枯坐的现象以致浪费时间；高学年的好学生要教他们辅助低学年的学生自习，以弥补直接教学之不足。第二种是复式编制，通常将二个学年的儿童合于一教室上课，如是则一个初级小学便要有二个教室了。这种编制自然要比单级编制好办许多。第三种是单式编制，就是一教室内只有一个学年的儿童，如是，一个初级小学便有四个教室，一个完全小学便有六个教室。此制于乡村中甚少见，而于城市中是常见的。

变例的学级编制　变例的学级编制又有几种：第一种是半日二部制，将全校儿童分成二部，一部在上午授课，又一部在下午授课；或两部儿童同时来校，甲部受直接教学时，乙部游戏或自习。第二种是全日二部制，即甲部与乙部儿童，间日到校，而各受全日直接教学。亦有一教员兼任二校教职，而间日到校授课者。今后推行短期小学，这种变例的学级编制，在乡间必将日多一日。

课程编制原理　课程一词的意义，说得广些，可以包括人生经验之全部；说得狭些，也应包括学校内所学得的经验之全部，课程决不单指书本的知识，而是指学校内一切活动。现在乡村小学把农家子弟教成书呆子，

教他手脑分家,教他轻视农作,都是书本教育的流弊。所以编制课程不是把几种科目配合拢来就算完事,而是要斟酌人生需要何种经验,取其最有用最精要的部分,编为学校课程。编制课程不能像上菜馆吃菜,只管什么菜好吃就吃;应该像医生开药方,生理上有何种缺陷,才用某种药品去医治。

部定课程标准　乡村小学课程应该特别适合于乡村社会,但现今教育部订定的课程标准,是全国统一的,无南北之差,无城乡之别。而教科书又依课程标准编的,书坊里只求普遍适用,也不管乡下小孩子学到了有何用处?如小学算术科注重笔算,要学到分数、比例、复利,在预备升中学的学生固然有用,在乡下不升学的儿童真一无用处。农事的知能于乡村当然有用,然课程标准不重视此道,而编辑教科书的先生知文而不知农,所以乡村小学中无甚农事可教。又如小学低年级国语教科书,装满了大猫、小狗、狐狸、白兔的故事,只适于六七岁儿童的心理。乡村小学学生入学较迟,十多岁儿童尚在一二年级,那末这种国语教材就不大合用了。可是我们尽不满意于现行课程,部定标准当然有效,我们只能因地制宜,变动其一部分。兹录其学科分配表如下。

年级 科目时分	低年级		中年级		高年级
	一年级	二年级	三年级	四年级	五六年级
公民训练	60	60	60	60	60
国语	420	420	420	420	420
社会 自然 (常识)	150	150	180	180	180
					150
算术	60	150	180	210	180
劳作 美术 (工作)	150	150	90	90	90
			90	90	60

续表

科目＼年级时分	低年级 一年级	低年级 二年级	中年级 三年级	中年级 四年级	高年级 五六年级
体育	180	180	120	150	180
音乐（唱游）			90	90	60
总计	1020	1110	1230	1290	1380

（说明）

（1）公民训练和别种科目不同，重在平时个别的训练。表内所列的，是团体训练时间，每日以十分钟为准（并入朝会等集会中）。

（2）低、中年级常识科包括社会、自然和卫生的知识部分（卫生习惯的部分纳入公民训练）。

（3）四年级起，算术科加教珠算。

（4）高年级社会科，得分为公民（公民知识）、历史、地理三科。时间支配：公民三十分钟，历史九十分钟，地理六十分钟。

（5）高年级自然科，包括卫生的知识部分（习惯部分纳入公民训练）。

（6）低年级工作科，包括美术和劳作作业；唱游科，包括音乐和体育作业。

（7）总时间，各校得依地方情形，每周减少三十或六十分钟。

（8）时间支配，以三十分钟一节为原则。视科目的性质，得分别延长到四十五分或六十分。

关于复式教学日课表的配置法可参看复式教学法日课表的配置一章。

第三节　教学与训导

班级教学　乡村小学的课程是固定的，教材是预定的，那所用的教学法只能呆板些。海尔巴脱（Herbart）一派的五段教学法，虽于教育新潮中已形落伍，然多数乡村小学能参酌而善用之，已算上上大吉；因为实际上讲，许多乡村小学简直谈不上什么教学法。所谓五段教学法者，就是说每一单元的教学，可分下列五个阶段：一预备，二提示，三联结，四总括，五应用。现今书坊里出版的教授书，大概活用五段教学法，而参以近今设计教学的法则。我们初步的希望，只要教师们好好参酌教授书上所定，善为运用。

分团教学　分团教学是比较新鲜的教学法，美国约翰（John）女士发明此制。她将年龄相近的儿童不分年级，而组织为若干团，再将团分为若干组，每组儿童虽相差一二年程度，仍可在一处工作。教学没有一定时间，也没有一定科目，大抵以人生所不可缺的事来教。团中儿童可以共同作业，也可以个别作业。有时数人合作，有时各组分工，全视需要而定。在人数不多或单级编制发生困难时，可用此法。但如教师不善运用，必将尽虎不成，使儿童一无所得。所以此制不能全部采用，只能局部采用，如劳作、自然等科可酌用此法施教。

自动工作　在乡村小学中既多用单级或复式编制，教学时最要紧的是使各组儿童都有有价值的作业。这里的关键，就在自动工作的支配得当。自动工作支配的原则，约如下列：（1）要从学习的需要产生，例如学习一种新材料，未习前可使预习，习得后可使整理、训练、应用等，有很多可使儿童自动的；（2）要适合教材性质，例如国语科宜于默读的材料，可使默读，常识科要观察的可使观察，算术科需练习的可使练习等；（3）要适合教学目的，如国语科作业中发现错字错句，可多用默写，集类似字、词或句的工作，算术科演算中发现共同错误，可令轮流板算，共同纠正等；（4）要适合儿童能力，勿使自动工作过难，令儿童畏惧作业，减少兴趣；亦勿过易，使一做即了，空等呆坐；能力特高的儿童，须多指定作业或变换种类；（5）分量与时间之适当，年级越低，自动工作时间越须短，分量越须少；自动工作时间须与直接教学时间紧接，恰到好处；（6）要使儿童明了学习目的与顺序，自动不是盲动，必须明了所学的什么，怎样逐步进行，所以指定工作须具体而切实；（7）准备宜周到，如练习材料的准备，教具教便物的准备等；务使儿童感到便利而时间不耗费；（8）要使儿童有兴趣，这须方法有变化，多利用大筋肉活动使勿疲倦，多利用竞争；（9）要注意工作法则，勿令儿童敷衍了事等。

家庭设计教学　家庭设计教学即应用设计教学法于家庭与学校之间。所谓设计法者，即有目的、有计划、有效果的做事。说得广些，人生处理家务，经营事业，参加政治，无往而非设计。在学校里因为注重书本教学，教师奉上命教书，学生奉父兄师长之命而读书，目的在书而不在事，致所学的皆死板的知识，不合实用，设计教学即所以匡救此弊。而所谓家庭设计者，即学生受父母师长双方的合作指导，在家庭里做家务、农事、工艺等工作。这种工作是学校课程的一部分，而把原来学校里的活动移到家庭里去。运用此法，教师须能联络学生的家长，须能真实从事农工家务，能说能行，然后能使家庭、学校和儿童三方获益。教师如不善联络父母，如只会教书而不会实做，必致一无所成。

教学做合一 教学做合一与设计法初无二致，不过说得更透彻些罢了。陶知行氏在晓庄学校重用此法。陶先生以书本教育劳心而不劳力，能说而不能行，故提倡教学做合一。外国教育家言设计教学原理，只说在做上学（Learning by doing）；陶先生更透彻发挥，不但要在做上学，而且要在做上教。先生拿做来教，才是真教；学生拿做来学，才是真学。教学做在文字上虽是三个名目，实际上只是一个活动。譬如扫地一件事，我在扫地是做；因扫地而得知扫地的方法，谅解扫地的劳苦就是学；因我扫地而感化他人，使大家来劳动，来清洁，这便是教。所以教学做只是一件事。教学做合一是极好的理想，是最合用的方法。不过教师们还得注意：自己真的能在做上教吗？儿童真的能在做上学吗？做起来真的有效吗？如做而无效，在先生便是妄教，在学生便是妄学。

训育 训育与教学原非二事，且不应该看作二事。但在书本教育之下，总以为教学偏重知识、技能，训育偏重德性、行为。如把做学教合一，则所谓道德品性都在做的时候表现出来，也只有在做的时候表现出来；而道德的训练也只有在做的时候可以实施。如勤恳、忠实、敏捷、合作、有条理、守秩序等品格，断不能凭空训练，只可在做的时候训练。

训育的工夫：一要养成为善的知识，二要养成为善的态度，三要养成为善的习惯，习惯不成，德性不立。训育的方法，要多用积极的、建设的和间接的，而少用消极的、禁止的和直接的。我们要在共同作业中间引人入胜，教人向上，而不用威权来压迫、禁止。

乡村小学训育上的特殊问题 乡村小学有几个特殊的训育问题。第一个是逃学问题，因家庭姑息，学校生活枯涩，功课太难，致学生逃学。教师能联络家庭，改善课程教法，此病可少。第二个是偷窃问题，或因家庭不良，或因见物生羡，而将他人的东西不告而取。教师应考查其原因，而施行个别训话。第三个是吵闹问题，或在上课时吵闹，或在课后叫嚣，教师在上课时宜表示肃静的态度，在课后宜巡察，并使学生自治团体订定规律，使学生互相监督。第四个是打骂问题，学生粗野的习性未除，一言不合，即破口辱骂，或动手打架。教师应令好打好骂者宣誓戒除，或令向被打者谢罪。第五个是污秽问题,家庭不洁,影响儿童,学校应有清洁设备,如面盆、手巾、衣镜等,每日检查清洁,令不洁者自行洗涤、整理。第六个是迟到问题,学生家里没有时钟,起居饮食无定时,致常常迟到,影响学业。教师应使儿童养成时间观念,或用竞赛方法,奖励勤学。

第四节　经费

经费来源　"巧妇难为无米之炊",足见经费为事业之母。经费的盈绌,足以左右事业的兴衰。我国乡村教育的经费情形,各省不同。江苏省的乡村教育经费,除私立学校外,都归县教育局统收统支。经费的来源,大宗为田赋附加税(现称地价税),要占全数百分之六十左右。其次为学产收入、学生缴费、中契附税及各种杂捐(如经忏捐、筵席捐、货物捐等)。浙江、河南、山东诸省的县教育经费来源,与江苏大致相同,亦以田赋附加税为大宗,中契税及学田、房产收入次之;不过数量上多少不同:江苏省六十一县教育经费总数在民国二十二年度有一千二百多万,而浙、鲁、豫诸省不过三四百万。(备览)惟浙、鲁、豫及山西各省村立学校经费,多由本村筹划。筹划的方法,大概先将公产收入充用,不足之数由本村按田亩摊派。本来像沙田官荒收入、遗产税、寺庙财产、庚款、出产税、营业税、所得税等,都可扩充为教育经费来源;但或未举办,或已办而抵作他用。在这种情况之下,只有就地设法,较有保障。据乡教专家古梅氏的意见,下列几种筹款的方法,或可供大家参考:

(1) 经营生产事业——如附近有荒山荒地,可以学校名义承领,经营学校林或学校园,叫入学儿童都参加劳动服务,将来收入即充作学校经费。

(2) 征收生产增殖捐——教师努力研究地方主要生产事业,或介绍优良新种子、方法、农具于乡民,如生产增加,收成作学校经费。

(3) 提倡教育树——凡儿童入学时,无论男女,不问在何地,都要为学校栽植若干株树木,各负保管责任,至离校时交给学校,作为基金。

经费来源	江苏 实数	江苏 百分比	浙江 实数	浙江 百分比	安徽 实数	安徽 百分比	山东 实数	山东 百分比	河南 实数	河南 百分比
田赋附税	二一〇,八五二	一七.三七	五六一,八八六	三八.八六	一,三五九,四八五	五四.三二	三,〇四六,四二三	七三.〇四	九四,八八六	五四.一四
普教亩捐	四八,二四七,一二	三.一二	六八,〇四二	四.二三						
教育亩捐	六〇二,八三七	四.七七	七八,五六六	五.四八						
屠牙契等杂附税	五〇二,〇〇三	三.一七	二四七,三三五	一七.一〇	七三四,八〇三	二九.三六	四〇九,四一一	九.七二	二六〇,三〇八	一五.一九
学产	九八,〇五四	七.四八	五〇,三三九	三.四八	一四二,一五五	五.六八	一六九,九三一	四.〇七	三一,七二一	一八.一四二
款息	五六,二一〇	〇.五四	一六九,七六六	一一.七四			三〇〇,五九五	一一.一〇	二二,六五六	一.二三
杂捐	一,〇五六,一二一	八.三七	二〇五,一八二	一四.一一	五九,八一六	二.三九			一三五,一八一	七.八八
行政收入	九八五,三一〇	七.八一			一〇一,八六一	四.〇七			二,六〇〇	〇.五
寄附金	一六〇,五七〇	一.二七							一六,九六八	〇.九九
临时收入	八,七八五	六.三五			五九,八一六	二.三九				
积存基金	四八四,〇三二	三.八四								

213

续表

经费来源	江苏 实数	江苏 百分比	浙江 实数	浙江 百分比	安徽 实数	安徽 百分比	山东 实数	山东 百分比	河南 实数	河南 百分比
指拨			五六，九八	三·三九			八四，四五五	二·〇二		
其他			一，八四八	〇·八一	一〇四，六一四	四·一八	九八，一七〇	二·三七	二五，二七七	一·四八
总计	三，六〇六，一一五	一〇〇·〇〇	一，四四五，七八九	一〇〇·〇〇	二，五〇二，七五三四	一〇〇·〇〇	四，一〇六，一〇三六	一〇〇·〇〇	一，八三八	一〇〇·〇〇

附注：

1. 江苏系二十一年度统计，浙江系十六年度统计，安徽系十九年度统计，山东系十八年度统计，河南系十九年度统计。
2. 江苏经费统计见《江苏教育统计图表》及《江苏教育概览》。浙江省经费统计见浙江省教育厅出版之《浙江省十六年度教育费预算册》。安徽省经费统计见《民国十九年之安徽教育》。山东省统计见山东各县地方民国二十年度教育费预算册。河南省统计根据河南省二十年度教育年鉴并加统计而成。
3. 江苏各县附税表原列二、六九二、八五四元，系包括田赋屠牙契税等附税，兹根据苏省二十年度地方捐表抵补金附税，将屠牙契等附税分别列表所列之数。
4. 浙江田赋附税原表称县税四成，普教亩捐原表为地丁附税。
5. 安徽田赋附税实含屠牙契等杂项附税，以契税为大宗，屠牙等税为数甚微，因不知确数，未能分别。
6. 河南屠牙契契附税五十余万剔出而成上列原表为数甚微，不及契税百分之五。

（4）农产储金——在农产收获时，按照入学儿童之数额，征收若干农产，将来变卖所得，即充学校经费。

（5）征收无学税——励行识字运动或普及教育时，对于不肯识字者征收无学税，作为学校经费。

以上各种办法若在十分贫穷又无荒地的农村，仍难办到。但如办学能得乡民信仰，他们确实感到有学校的好处，自会想种种方法帮助学校，所以只要学校办得好，于乡民有利益，决不致因无经费而关门。

经费支配　乡村小学经费支配问题，非常简单。单级小学经费，在江苏各县大概年支三百元左右，其中教员薪水月支二十元左右，工友津贴、文具、纸张、灯油、茶水等月支不过五六元。二教室的小学经费支配，照此比数增加。而预算书上的项目，也只有薪金和办公费二项。各省乡村小学经费预算标准，多不及江苏，或年支七八十元，或年支一百数十元，或年支二百数十元，多寡颇不均。但经费不论多寡，教员薪水总占百分之八十左右，其他用费均甚有限，最多不过维持现状，使文具、灯油、茶水等不致断绝而已，如果要添加设备，修缮房屋，非另行筹款不可。

【备览】苏、浙、皖、鲁、豫五省县教育经费来源统计

第五节　教师

使命　乡村小学教师的使命，扼要的说有二项。第一是教育儿童。不但要教他们有充实的知识，高尚的人格，而且要有生产的技能，要能觉悟农民所处的地位。教师不应当把儿童教成书呆子，要教儿童能生产，能参加社会改造事业。第二是改进社会。儿童教育只能改进将来的社会，要改进现在的社会，一定要注意成人教育。朝廷论爵，乡党论齿，乡村事业以齿德俱尊者为领导，小小儿童没有与闻的资格。所以要改造乡村，须领导一般长老兄弟，共负责任。

修养　乡村小学教师的任务如是，乡村小学教师应有的修养从此可知，扼要的说来：一要有充实的知识；二要有精熟的教学技能；三要有高尚的人格；四要有劳动者的身手；五要有领导社会的本领。五者须件件具备，而后得为健全合格的教师。知识不充实则无以教人；教学技能不纯熟则教育效率低微；人格不高尚则无以立身处世，有愧师表；四体不勤，五

谷不分，无以教人生产；无领袖才能不能推动社会事业。这几点虽似老生常谈，且亦为一般小学教师所应有，但能完全符合的也不多见。至乡村小学教师特有的修养，有如下列。

  能说能做　乡村教育者要改良生产，领导地方事业，一定要能说得出做得到。做不到的事且莫乱说。只说不做，教育不会生效。譬如指导农家养蚕，若跑到农家只管指示一切，口说而手不动，乡下人便不服气，他们板着面孔说："我们乡下人原来如是的，先生不用多说。"要变更办法，不先开口，而先动手，看见他不对的地方，动手就做。农友们便很欢喜的说："先生，莫客气，我来，我来。"可知不做不会生效，小学生要在做上学，成人也要在做上学。

  虚心探讨　许多乡村教育的书籍，说乡下人头脑简单，毫无知识，不知乡下人愚的固然很愚，高明的也很不少。例如有一次一位先生拿了南京某大学的麦种到农家去试种，以为大学里专家的出品一定优于农家，不料麦种搬到，许多农友都来评论。一个说："先生的麦子未必比我们的更粗大。"又一个说："也许同样一斗，分量要重些。"又一个说："我不信，我去拿斗来量好，称一下。"说罢，真的拿了一个斗，先把大学里的麦种量满一斗，称得十七斤整；再把农家的麦种也量一斗，称得十七斤十两。于是大家笑道："大学堂的麦种不高明呀！"正说笑间，一位老伯伯见先生有些难为情了，便说道："先生的麦子比较干燥，所以轻呀！"农人的头脑，真不简单。先生不要欺他们愚笨，乡下人有农事经验，懂人情世故，初出茅庐的先生，要跟他们学学才好。

  大肚包容　许多乡村教育的书上又说，乡村教育者的物质生活虽很清苦，但精神上一定得到安慰。这也未必一定如是。教育者得到民众信仰后，自然言听计从。但教育者功夫未到，乡下人不领教的时候，也叫人生气。我们常见尼姑和尚佛法无边，而教育者处处碰壁，言者谆谆，听者藐藐。大家身逢此境，且莫灰心，精诚所至，金石为开，目前受尽劳苦，将来自会苦尽甘来，此刻且大肚包容，容天下难容之事。

  进修　时势的变化不可捉摸，教育事业日新月异，僻处乡村，而不知时势变迁，不知教育新潮，必致思想落伍。所以教师于服务期中，宜注意进修。进修的方法很多，或组织教员读书会，联络一区内教育同人，各购书籍一二种，定期交换阅读，则可以少数的费用，看到许多新书。或往本县或外埠参观，他山之石，可以攻玉。参观要拿定中心问题，细心考察，周咨博访，不宜走马看花，普泛浏览。或行假期补习、暑期讲习，一聆名师讲演，固可广我见识，讨论实习亦可交换意见，互相切磋。只要教师们锐意上进，自不乏进修机会；最怕因循苟安，自塞进修之路。

待遇 乡村小学教员的待遇大多菲薄，据俞子夷氏一九二二年的调查，平均每人每年只得一六〇元，其中有盈余者不过百分之二〇，亏空者占百分之四六。又据祝其乐氏一九二三年的调查，平均每人每年只得九二元，而平均每人每年家庭的用途需洋九七元。这样，有能力的乡村小学教师如何可以久安其位呢？因此有许多师范毕业的学生都不愿到乡村小学中去。这是乡村小学教育的一个绝大危机。

有什么方法可以解决此危机呢？唯一的办法是改良乡村小学教师的待遇。而改良乡村小学教师的待遇又有以下几个方法。其一是厘订薪金的标准。那标准有三：一、根据教师的资格和职责，教师的学识和经验以及地方的生活程度而定。二、薪金分为上中下三个等级，最低者足维持个人及其家庭最低限度的生活，较高者除维持生活外尚有些微的储蓄，更高者除生活费及储蓄外尚有购书及旅行的费用。三、实行年功加俸，使教师能安于其位而愿以教育为终身的事业。

其二是设备适当的住宅。一般乡村小学都没有适当的教师住宅，致使教师无法携带妻子到学校来共度美满的生活。倘要使：（一）教师生活丰富，精神上得到慰藉；（二）教师专心服务，教学效能赖以增进，则为教师设备适当的住宅实为必要。

其三是规定养老金，即是服务多年的教师，如因疾病、生产、残废、衰老等原因而不能照常供职者，教育机关当给予相当的养老金，以示优待。

其四是免收子女的费用，即是教师的子女入学须免全部或一部分的费用。

倘若这些办法能够实行，则乡村小学教师的待遇可以改良，因而乡村小学缺乏优良教师的危机可以免去。

我们的信条 然而不管乡村小学教师的待遇是否改良，乡村小学教师应当确定其信心，打破任何困难，以实现其对乡村教育的服务。那种信条是什么呢？在晓庄一书上曾出现两种"我们的信条"：其一似乎是对一般教育的；其二似乎是专对乡村教育的。因其具有充分的鼓动力，故特录于后。

我们的信条：

我们深信教育是万年根本大计。

我们深信生活是教育的中心。

我们深信健康是生活的出发点，也就是教育的出发点。

我们深信教育应当培养生活力，使学生向上长。

我们深信教育应当把环境的阻力化为助力。

我们深信教法学法做法合一。

我们深信师生共生活共甘苦为最好的教育。

我们深信教师应当以身作则。

我们深信教师必须学而不厌，才能诲人不倦。

我们深信教师应当运用困难，以发展思想及奋斗精神。

我们的信条——二：

我们深信教师应当做人民的朋友。

我们深信乡村学校应当做改造乡村的中心。

我们深信乡村学校应当做乡村生活的灵魂。

我们深信乡村教师必须有农人的身手，科学的头脑，改造社会的精神。

我们深信乡村教师应当以科学的方法，去征服自然；美术的观念，去改造社会。

我们深信乡村教师要用最少的经费，办理最好的教育。

我们深信最高尚的精神是人生无价之宝，非金钱所能买得来；也就不必靠金钱而后振作，尤不可因金钱少而推诿。

我们深信如果全国教师对儿童都有鞠躬尽瘁，死而后已的决心，必能为我们民族创造一个新生命。

第六节　放假问题

小学校的假期，照教育部的规定，暑假至少有四十二天。春假有七天，寒假有十四天。年假有三天，星期例假有四十二天，各种纪念日假约十天。

寒假春假暑假　寒暑假放假的缘由，一为调剂精神，舒畅身心；二因寒天冰雪，学生就学不便，夏天暑气熏蒸，聚居一室，不甚卫生。但中国之大，南北气候悬殊，放假自无须划一。北方需要寒假较长，积雪数尺，如何教六七岁的小学生往来上学？闽广终年和暖，寒假可以取消。春光明媚，原宜乘假期以事修学旅行，但穷苦的乡村小学，最多只能有一天的远足，那有余资以游山玩水呢！所以乡村小学实在不需要春假。炎炎长夏，宜事休息，但田夫春耕夏耘，正是忙碌的时候，何来休息？所以六星期的暑假，实在不合于社会情形。据美国心理学家桑戴克（Thorndike）的研究，我们若能鼓励学生工作，即在炎热的空气中，亦可以有寻常的效率。而据美国派克（Packer）和安特生（Anderson）二氏的研究，一二年级小学生在暑假后的阅读成绩，远不及在暑假以前。（备览）读法如此，其他各科何能例外！所以暑假实非必需。如暑天农事较忙，也应督促学生参加操作，而一面仍予温习，庶不致荒废学业。

星期例假农忙假　星期日是基督教做礼拜的日子，我们不信基督教，就不一定需星期假。革命纪念节应举行纪念会，部令规定如是，自然不可随便放假。农忙假虽为部令所未列，乡间实有此需要。如五月间养蚕、割麦、插秧，一气赶完，实应督促学生参加操作，并非教学生优游度日。

【备览】派克安特生二氏的调查：一年级上学期学生在暑假前每分钟平均阅读五十个字，暑假后每分钟平均只读四十四字。一年级下学期学生暑假前每分钟平均读八十四字，暑假后只读四十九字。二年级上学期学生暑假前每分钟平均读一百二十五字，暑假后只读六十八字。二年级下学期学生暑假前每分钟平均读一百四十五字，暑假后只读一百二十五字。（见欧元怀《缩短学年与减少假期问题》，《教育杂志》二十五卷六号）

第七节　短期小学

乡村小学的改进问题，莫大于学制问题。四年制的义务教育，推行数十年，屡次筹议普及，均限于经费，未能如愿。迁延至今，大家知道在民穷财尽的当儿，欲效颦欧美，终有好梦难圆之概。在政府方面，则库空如洗，无力兴学；在人民方面，则生计窘迫，无力就学。与其望洋兴叹，蹉跎韶光，不如改弦易辙。行政院及教育部因于二十四年五月及六月先后颁布实施义务教育暂行办法大纲及施行细则；七月教育部又颁布一年制《短期小学暂行规程》及《课程标准》。兹摘录要点如下。（全文载《小学教育法令》）

（一）实施义务教育暂行办法大纲

第二条 义务教育分三期进行：（1）自民国二十四年八月起至二十九年七月止为第一期，在此期内一切年长失学儿童及未入学之学龄儿童，至少应受一年义务教育，各省市应注重办理一年制之短期小学；（2）自民国二十九年八月起至三十三年七月止为第二期，在此期内一切学龄儿童至少应受二年义务教育，各省市应注重办理二年制之短期小学；（3）自民国三十三年八月起为第三期，义务教育之期间定为四年。

第四条 全国各县市应划分为若干小学区，准备实施义务教育。

第五条 义务教育之施行，除办理短期小学外，并应施行下列各事项：（1）推广初级小学；（2）充实原有学级之名额；（3）厉行二部制；（4）改良私塾；（5）试行巡回教育。

（二）一年制短期小学暂行规程：

第二条 在第一期实施义务教育时间，各省、市、县均应注重办理一年制短期小学（以下简称短期小学）。

第三条 各县、市、乡缺乏学校之小学区，应尽先尽量设置短期小学，以期教育易于普及。

第四条 短期小学独立设置，并得附设于普通小学及其他学校或公共机关内。

第五条 每五小学区至十小学区内之短期小学，应利用一普通小学为中心小学，各短期小学均应受其指挥。

第六条 短期小学招收年满九足岁至十二岁之儿童。

第七条 短期小学不收学费，所有书籍、用品概由学校供给。

（三）一年制短期小学课程标准：

一年制短期小学所授科目及各科时间支配有如下表：

科目	每周节数	每节分数	每周分数
国语	一二	四五	五四〇
作文	二	三〇	六〇
写字	四	三〇	一二〇
算术	六	三〇	一八〇

公民训练	六	一五	九〇
课间操	六	一五	九〇

国语一科包含常识，算术包含珠算，课间操包含唱歌。编制可为半日二部制、全日间时二部制或全日半日制合二部制（一班全日在校一班半日在校）。

第八节 乡村幼稚教育

办法 乡村托儿所或乡村幼稚园在可能时亦应举办。因为当农忙时，主妇要烧水、煮饭、洗衣、弄菜，还要到田里去帮忙，那里有空管孩子？做哥哥姐姐的也要担任送饭、挑水、看牛、打草鞋等工作，也没有工夫帮管小弟妹。所以农忙时，乡村幼儿不是跟前跟后，就是没有人照顾，弄得幼儿啼哭，父母拖累。所以假如可能的话，乡村中能办托儿所或幼稚园来收管他们，那是再好没有。不过在经费困难的乡村，连小学尚不易维持，当然谈不到办幼稚教育。但如小学教师中有女子而且对于幼稚教育略有研究，不妨在小学中附办，尤其到农忙时，小学可放农忙假，腾出地方来多收容几个小弟妹，年岁较小不能到田里家里帮忙的小学生也可帮同照料。所收儿童以三岁以上的为宜。

设备 托儿所或附设在小学内，或另借民房办，总要有一间比较大而空气、光线较好的房间，以避炎日风雨。所用桌椅如小学生用的不适合，可向民家借用。用具能有小黑板一两块，沙箱一具，积木若干，玩具若干，即可；能有风琴、留声机、小钹、铜鼓、画报等更好。最好在生活室之外附近能有隙地，略栽花木，多备一点户外运动用具及动物舍，使儿童在天气好的时候，多在户外生活。

教学 托儿所的教学事项，可以有清洁检查、谈话、唱游、故事、工作、户外运动、常识等。如人数较多，不妨依照年龄分团。

第七章 结论

第一节 乡村参观调查和研究

我们在乡村不论是做教育本身或改进社会的工作,必先明白乡村中实况。要明白乡村实况,可用参观、调查和研究的方法。

参观 参观是最简而易行的方法,如在本地生长的人当然用不到,但如生长在城市或他处乡村的人,参观确有用处。参观时第一步要找当地熟人同去。乡村不比城市,人口众多,一个陌生人进去谁也不理会。陌生人到乡村去,如无熟人,大家会把奇怪的眼光对待,许多地方许多东西就会看不见听不到。有熟人同去,最好先拜访当地父老,表示仰慕观光之意,再注意到当地一般乡村特点和本村特点,经济状况,教育情形,风俗习惯等等。这些问题最好不要在一次参观中访问,而须分次见机求获。参观时以多看多听少问为佳,如当地有茶馆,不妨把光阴在那里消磨。去了几次以后,人头一熟,许多事情,乡民自然会告诉你,不必着急。

调查 调查比较正确,但如非本地人,未取得乡人信仰之前,万勿贸然从事,以启乡人之疑。而且即使调查,也不会正确,因为(一)乡民不了解,易生误会;(二)恐有作用,故意隐瞒;(三)答语含糊,不能正确;(四)迷信过甚,阻挠进行;(五)语言不通,真相难明。要解除这些困难,即在取得乡民信仰之后,仍须用和蔼、诚恳、活泼、忍耐的态度去进行方行。还有可以不用调查方法而先取得的材料,不必去调查,以省手续时间。譬如有些地方当地警察已把户口调查清楚的,只须拣几户来复查一下,大致不差,不必再查,以免引起反感。调查时须先定大纲,次编表格,预算调查所需时日与经费,物色调查人员,假如人员不足,或须临时训练,务使帮同调查者切实明了调查的手续。定了表格,恐不十分适用，有了调查员，恐不熟练，应先择一二处试行调查，以便修改表格，同时又可训练调查员。最后在实行调查以前，还须邀请有关乡民举行谈话，说明用意，解释误会，并介绍调查员。调查完了后把材料收集来，用统计方法整理。如有答案错误或遗漏的，应改正或抽出，数量单位不同的加以统一，因时令而市价不同的予以订正。

调查表举例　调查的种类繁多，有普通调查，有专门调查。专门调查中有乡村经济、卫生、政治等调查。调查时或以全体为对象，但如人数太多，则以选样为宜，如机会选样、比例选样、间隔选样等。因此调查的表格种类也繁多。任何调查表所用问句须肯定，答案最好要简短或用数字，如有不易明了的问句，须举例说明。兹举江苏省立教育学院用的数种如下：

北夏普及民众教育实验区居户调查表

	乡镇名		村名		门牌号数		
姓氏	与家主的关系	性别	年龄	已否婚嫁	读书年数	职业	每月进账（非农业者）	身心有何缺陷
户主								
家属								

房屋	自屋	间，约值　　元	自有宅基地　亩　分　厘
	租屋	间，租金每月　元	租用宅基地　亩　分　厘

田地	自田	亩，田底田　亩	种桑　亩，稻麦　亩，菜园　亩
	租田	亩，借种田　亩	山地　亩，鱼池　亩

续表

乡镇名		村名			门牌号数			
姓氏	与家主的关系	性别	年龄	已否婚嫁	读书年数	职业	每月进账（非农业者）	身心有何缺陷

畜养	养蚕：春蚕种　　　张，秋蚕种　　　张，养鱼种　　　斤
	养鸡　　只，养鸭　　只，养猪　　只，养羊　　只，牛　　只
经济	盈余？　　　　收支相抵？　　　　亏空？

民国　　年　　月　　日调查者　　

乡镇家族调查表

	族长姓名		合族人数		分布区域	
族谱	始　　　祖		何处迁来		何时迁来	
	现分几支					
	最近一次修谱年代					
	现在最长的一辈是第几世			最小一辈是第几世		
宗祠	建 筑 年 代			地址		
	房 屋 间 数					
	式 样 大 小					
	现作其他利用否					
族产	种　　　类	田产	房屋	现金		
	数　　　量	亩	间	元		
	每 年 收 入	租米		房租		
		利息		其他		
	用　　　途					
	经 管 人					
祭祀	每 年 次 数	第一次		第二次		第三次
	仪　　　式					

续表

	族长姓名		合族人数		分布区域	
	族规					
本族所办社会事业	学　　校					
	救　　济					
	其　　他					
	在 当 地 之 地 位					

调查者_____ 告知者_____ 调查时期___年___月___日

无锡县第十区　　乡镇政治调查表

乡镇公所沿革							
乡镇公所成立日期			地址				
常年经费			来源				
设备							
乡镇长副	姓　名	年　龄	职　业	教育程度		资　望	
全乡镇现有户口数		户	现分间数		现分邻数		
		口					
公安组织	团体名称	成立日期	人数	器械	经常费	经费来源	组织
	救火会						
	商团						
	冬防队						
	保卫团						

续表

	名称	等级	成立日期	职员	全体人数	工作概况
政治团体						

	类别	庙宇	庵堂	义冢坟	耕田	荒地	公款
公产公款保管法	数量						
	保管法						
	保管人						

乡镇长日常事务	
备注	

调查地点_____调查者_____告知者____年____月____日

卫生调查表

调查者　　　调查　　　年　　　月

告知者姓名　　　年岁　　　教育程度　　　职业

性别　　　　住址　　　　乡镇　　　　村

（1）你吃井水还是吃河水？干净吗？

（2）你家旁边有垃圾堆吗？发臭气吗？

（3）你家旁边有粪坑吗？苍蝇多吗？

（4）你家夜里有老鼠骚扰吗？

（5）你屋里的地基高燥吗？黄梅天屋里进水吗？

（6）你睡的房间亮不亮？夏天风凉吗？

（7）你几人合住一个房间（卧室）？觉得挤吗？

（8）你家的垃圾倒在哪里？

（9）你几天剪发一次？　　　在那儿剪？

（10）你热天几日洗浴一次？冷天呢？

（11）你早晨是不是天天洗面的？牙齿刷么？

（12）你家共有几人？　　　用几块洗面手巾？

（13）你夜里点什么灯？　　　有灯罩吗？

（14）你家是不是天天烧开水吃的？

（15）你家常吃什么小菜？

（16）你家常吃水果吗？

（17）你喜欢吃酒吗？　吃什么酒？　一天吃多少？

（18）你喜欢吃烟吗？　吃什么烟？　一天吃多少？

（19）你家今年有人生病吗？　几人？　什么病？
起初用什么法子医？　　怎样医好的？

（20）你热天几日换一次衬衫？　冷天呢？

（21）你床上被头几日洗一次？

（22）你夏天床帐里有蚊虫钻进来吗？

乡迷信调查表

	必须请教风水的事项					
	乡内不相信风水的农户占几分之几					
风水	风水好之地田其每亩价格	最高	元	普通每亩田地之价格	最高	元
		普通	元		普通	元
		最低	元		最低	元
	乡内风水	人数				
		每年所得酬报				
禁忌	必须禁忌的事项					
	乡民对于禁忌的态度					
择日	必须择日之事项					
	择日之人	人数				
		每年所得酬报				
巫觋	须请巫觋之事项					
	现业巫觋人	人数				
		住址				
		每年所得酬报				

续表

符咒	须用符咒之事项	
	符咒来源	
	每种符咒费	
星相算命测字卜课求签	乡民对于此等事项之态度	
	乡内操此事业之人数	
	每年收入	

其他研究法 其他研究乡村状况的方法有历史法与个案法。历史法是根据过去的记载，或历史的遗迹，搜寻事实，从而探究社会转变的因果关系。这种方法如史料充实，当然很有价值。不过搜寻与判断可靠的史料不是一件容易的事。个案法是某种特殊例子的研究，如某农家生产能力特强，我们可以详细研究他的原因与事实，看看别家能否办到。这种研究方法范围虽狭而费时多；但如有结果，却有不少利益。

第二节 乡村学校的新使命

我们看了上面各章节所说的，便知道乡村学校使命的重大。中国乡村人口占全国总人口的主要地位，农业经济是中国国民经济的基础，不论是主张乡村受着都市的影响而衰落，或都市受着乡村的影响而不景气的人都不能否认的。同时中国的乡村近数十年来日在崩溃之中，因抗战而加速，也是无可讳言的事实。乡建运动的空气虽已弥漫全国，大多数乡村中或无任何领导机关，或不过一间乡村学校，应居领导地位而无力领导。因此加强乡村学校的力与量，使每村至少有一间，同时每间都能领导乡建工作，是中国整个建设的第一步。

宽筹经费 要办到这一步，必先宽筹教育经费，至少依照民十九第二次全国教育会议议决的办法，规定：第一，完全用作教育经费的——（一）沙田官荒收入；（二）遗产税；（三）屠宰税，牙帖税；（四）寺庙财产；（五）田赋教育附加税；（六）于酒教育附加税；（七）庚款和其他投资的收入；（八）地方原有的各种教育附加捐税。第二，一部分用作教育经费的——（一）出产各税；（二）消费各税；（三）房捐，铺捐；（四）营业税；（五）所得税。有了这些收入以后，乡村学校的经费应由中央、省、县、区和乡村共同分担，计：（一）国库担任：（1）边疆与贫苦各省乡村学校的协济；（2）乡村学校教师年老退隐金、恤金；（3）年功加俸金；（4）优良教师奖金等。（二）省库担任：（1）贫苦县份乡村学校的协济；（2）乡村领袖人才与乡村师资养成机关的经费；（3）实验乡村学校经费；（4）优良乡村学校奖金；（5）乡村学校辅导人员的薪金与旅费等。（三）县库担任：（1）乡村教师薪金；（2）艺友与小先生的津贴与奖金；（3）贫苦乡村的学校开办费、建筑费；（4）农业、合作、医药人才的薪金与旅费等。（四）乡村所担任的，则为：（1）乡村学校开办费、建筑费、设备费；（2）教师住宅的建筑费或租金；（3）乡村学校修理费；（4）学校公田工资等。

　　领导乡村　乡村学校有了充足的经费，当然要领导整个乡村从事建设工作，不过第一步要先使社会信仰教师。本来所谓"天地君亲师"中国的乡下人对老师是很敬重的，不过近来许多乡村教师不但学识不足，品格不高，而且以在乡村任教为暂局，马虎敷衍，甚至行为不检点，以致大失乡人信仰。只要及早改弦更张，埋头苦干，不难取得乡人信仰。第二步与本省农业与医药学术或行政机关取得密切联络，把农事、医药上简而易行的方法与工具介绍到乡村去，使乡人生产增加，疾病减少。第三步与本省合作事业指导机关或放款农村的银行取得密切联络，劝导与协助农民组织各种合作社，使乡村金融活泼而流通，增加生产的资本，减除推销农产品的中饱。第四步把全村组织起来，讨论和改进一切关于全村幸福与利益的事业。这样，乡村学校的学生不怕不多，民教工作不怕不易推动，识字读书的民众渐多，民众图书馆等等教育机关也不难开办。至于有匪患的乡村，也可由乡村学校教师领导自卫，不难消除。譬如河南汲县西北四十里太行山麓，在民十三四沦为匪窟，附近三十余村，民质直而贫，教育最为落后。二十年春，王怡柯诸氏在香泉寺办一所完全小学，延聘教师，除白天教儿童，夜间教成人外，晚上复枕刀藉枪，轮流守卫。不久仿瑞士的民兵制和管子寓兵于农的办法，训练民团；以农业科学和农村土法相融合，增加生产；用合作制度整理农村经济；参照保甲乡约的精意，举办地方自治；经过短短十个月的经营，大家安居乐业欣欣向荣了！王氏曾说：以自己之汗，换自己之饭；以自己之血，保自己之命……唯乡村教师可以救国。大家一致努力吧！

附　　录

一　乡村小学评点表（民国十五年东南大学乡村教育系拟）

市县　立　小学　年　月　日　　评判者

	评判对象	满点	评点
校地及校舍(100)	1. 地点适中而环境优美闲静者。 2. 校地宽敞适用者。 3. 增加相当处理而排水容易者。 4. 栽有草地花木者。 5. 保持清洁者。 6. 有运动场者。 7. 有农场或校园者。 8. 有教员住宅者（须足资农民家庭之模范） 9. 校舍敷用且常加修理者。 10. 厕所在偏僻处且设覆盖者。	5 5 5 15 15 10 15 10 15 5	
教室(100)	1. 面积　每生须有十五方呎以上。 2. 方向　能得东南或东方之光线注入者最佳；西南及西方次之；南方或北方最次；但特别教室不在此例。 3. 墙壁　粉刷或纸糊而雅洁者。 4. 地面　平整而洁净者。 5. 采光　玻璃窗之总面积须占地面积五分之一以上，光线自左方或上方通入，且无反射或交叉之弊，板窗纸窗蛎壳窗酌加比率。 6. 通气　空气宜流通，遇人多窗少时，须多开气窗与气孔。	20 5 10 15 30 20	
设备(100)	1. 有党义教育之设备者。 2. 适量之图书仪器及标本（另定最低限度）。 3. 适量之体育及娱乐设备（另定最低限度）。 4. 适量之卫生及清洁设备（另定最低限度）。 5. 自制之教具。 6. 适量之大小黑板十六方呎以上之面积，距地在二呎以上。 7. 排列妥善，高低适当之桌椅。 8. 简单合宜之装潢。 9. 应用之表册（另定最低限度）。	15 10 10 15 15 10 15 5 5	

续表

	评判对象	满点	评点
课程 (200)	1. 课程纲要根据部定标准者。 2. 教材适应当地环境生活之需要者。 3. 活用教科书并自编或采用补充读物者。 4. 多予儿童课外作业或实习并能充分与家庭作业相联络者。 5. 每年上课日数在二百日以上并能利用星期日者。 6. 授课时间表支配适当并揭示而依此实行者。	40 40 30 30 30 30	
教员 (250)	1. 曾受师范训练者。 2. 曾任教员三年以上者。 3. 有相当之农业知识与实地经验者。 4. 身体健康能耐劳苦者。 5. 教学合法者。 6. 训练恳亲而能注意儿童自治者。 7. 能以身作则而有开创事业之精神与态度者。 8. 能联络家庭而有相当成效者。 9. 能启导农民自治以建设公共事业者。 10. 不错过教师进修之机会者。 11. 能将研究心得及困难公开发表者。	25 15 25 25 25 25 30 25 25 15 15	
学生 (100)	1. 出席人数平均在学籍儿童百分之八十以上者。 2. 能克勤克俭活泼而彬彬有礼貌者。 3. 能实际注意公众及个人卫生者。 4. 为学校与社会实行服务者。 5. 有相当之学力者（根据测验或调阅平时成绩）。	20 20 20 20 20	
推广事业 (150)	1. 组织儿童农业竞进团童子军或其他团体者。 2. 开放学校为社会中心之机关者。 3. 按时举行各种公开之集会者。 4. 调查学校周围五里以内学龄儿童者。 5. 调查学校周围五里以内居民生活状况者。 6. 改良学校四周之环境者 7. 改良农作确有成绩者 8. 协助村事著有成效者 9. 尽力推行民众教育者 10. 与附近学校联合研究共同进步者	15 15 15 15 15 15 15 15 15 15	
总计		1000	
备注			

本表用途说明

一　本表之主要用途：1. 用为视察乡村小学之标准；2. 用为慎择乡村中心小学之标准。

二　本表之使用者：1. 教育厅；2. 教育局；3. 辅导机关；4. 省市县督学；5. 教育委员；……

三　本表评判对象，计分七项。每项下再分细目。各项目均列满点数目，为评判时最大点数；不得超过此限。

四　本表内教室及教员两项，如逢二教室以上的小学或教员有二人以上时，评点可记各教室或各教员之平均数。或者评判时每一教室或每一教员用一张评判，终了时再计算平均数，填入全校总表。

五　本表每一小学至少须经过二人以上之评判，以各人总评点之平均数作为总评点。

六　总评点在七百五十以上者，得称优良小学，满九百以上者，得充乡村中心小学。

二　乡村小学比赛表（民国二十四年乡村教育专家陶行知氏拟）

项　　　　　　　　　目	满点
一　导师	（一五〇）
（一）能领导健康的生活	二五
（二）能领导劳动的生活	二五
（三）能领导科学的生活	二五
（四）能领导艺术的生活	二五
（五）能领导改造社会的生活	二五
（六）能领导小先生即知即传人	二五
二　学生	（九〇）
（一）即知即传人	二五
（二）肯做事	二〇
（三）身体好	一五
（四）有礼节	一五
（五）容貌服饰整洁	一五
三　切合乡村生活的课程	（二二〇）
（一）全国四分之三人民能懂之国语	一〇
（二）日常应用之文字算术	二五
（三）明白中国民族活动文化发展之历史	一五
（四）明白中国富力生产分配之地理	一五
（五）制御自然势力之科学	一五
（六）陶冶性情发表心灵之音乐图书	一〇
（七）自卫之武艺	一〇
（八）自食其力的园艺畜牧养蚕养蜂养鱼及农艺竞进团	二五
（九）己立立人己达达人之儿童团自动工学团	二五
（十）高尚娱乐之游戏运动	一〇
（十一）操练基本技能之土木缝纫洒扫	一〇
（十二）处世待人之应对进退	五
（十三）免去天花沙眼狗头小虫之医药治防	一〇
（十四）培养身心健康之卫生体育	一五
（十五）日曜日充分利用	一〇
（十六）家庭作业充分联络	一〇

续表

项目	满点
四　指导法	（七〇）
（一）事怎样做就怎样学怎样教	三五
（二）发展个性	二五
（三）学业成绩有正确之测验	一〇
五　教具	（七〇）
（一）各门功课皆有师生用参考书	一〇
（二）敷用之农具	四
（三）敷用之土木工具	一〇
（四）自制理科仪器	五
（五）自制标本	五
（六）日报一份	六
（七）杂志三份	五
（八）烹饪器具	五
（九）茶杯每生一具	五
（十）体育器具	五
（十一）医药器具	一〇
六　校地	（三〇）
（一）校园每生半分地（家庭有地可替代）	一五
（二）游戏运动场每生一〇〇方呎	五
（三）布景雅致	一〇
七　校舍	（一〇〇）
（甲）一般情形	
（一）合用	五
（二）卫生	五
（三）坚固	三
（四）美观	二
（五）省钱	五
（乙）各别状况	
（一）教室适当	
（A）每生九方呎	五
（B）东南向	三
（C）一面采光玻璃窗占地板面积六分之一	五
（D）通气	三
（E）地面平净	三
（F）墙壁雅洁	三
（G）黑板有十六方呎以上之面积	五
（H）桌凳高低合度	五
（二）厨屋卫生清洁并为学生习练烹饪之用	五
（三）厕所敷用卫生清洁	五
（四）图书馆敷用	五
（五）陈列室敷用	五
（六）手工室	八
（七）幼儿园	一〇
（八）教员住宅俭朴而有条理并合卫生可资乡人参考	一〇

续表

项 目	满点
八　改善天然环境之提倡	（六〇）
（一）三里至六里见方以内荒地尽变熟地	一〇
（二）三里至六里见方以内荒山尽变树林	一〇
（三）三里至六里见方以内道路四通八达	一〇
（四）三里至六里见方以内有驱除害虫之组织	五
（五）三里至六里见方以内有预防水旱灾之组织	五
（六）三里至六里见方以内有公共卫生之组织	一〇
（七）三里至六里见方以内有传布科学农业知识之组织	一〇
九　改造社会环境之提倡	（一五〇）
（一）三里至六里见方以内学龄儿童百分之九十五是在求学	一五
（二）三里至六里见方以内入学儿童百分之九十在校或校外做小先生	一五
（三）三里至六里见方以内成人百分之九十五是在继续上进	一五
（四）三里至六里见方以内受过教育之成人百分之五十做传递先生	一五
（五）三里至六里见方以内成人百分之九十自食其力	一五
（六）三里至六里见方以内有村自治	一五
（七）三里至六里见方以内有自卫团	一五
（八）三里至六里见方以内有信用合作社	一〇
（九）三里至六里见方以内有村民同乐会	一五
（十）三里至六里见方以内农忙时有幼童团	五
（十一）三里至六里见方以内或本区之学校教师有联合会共谋改进	一五
（十二）三里至六里见方以内开放学校为村民集会之所	一〇
（十三）三里至六里见方以内教师为村民婚丧及其风俗改良之顾问及指导	一〇
	五
一〇　经费	（四〇）
（一）收支完全公开	一〇
（二）账目单据手续清楚	一〇
（三）每生教育费与邻村同等学校相仿	一〇
（四）在可能范围内就地筹款扩充校务改善环境	一〇
一一　表册报告	（二〇）

续表

项　　　　目	满点
（一）学校行政系统	一
（二）学校概况	一
（三）指导细目	一
（四）活动纲要	一
（五）每周上课表	一
（六）校内学生历年学籍簿	二
（七）小先生在校外所教学生历年学籍簿	二
（八）出席缺席表	一
（九）学生志愿调查表	一
（十）村民生活状况调查表	二
（十一）村内学龄儿童调查表	一
（十二）村内户口调查表	一
（十三）学校改进日记	一
（十四）改造乡村生活纪实	一
（十五）学校年报	一
（十六）师生合编日刊	二
一二　总点数	（一〇〇〇）

当代齐鲁文库·20世纪"乡村建设运动"文库

The Library of Contemporary Shandong

Selected Works of Rural Construction Campaign of the 20th Century

山东社会科学院　编纂

/23

王鸿一　等著

中国的乡村建设（下）

中国社会科学出版社

下　卷

中国的乡村建设

千家驹 著

大众文化社

中国的乡村建设

一

  中国的乡村建设运动是晚近几年兴起的一种农村改良运动，它里面包括着很不同的复杂的内容，最主要的如以平民教育为出发的中华平民教育促进会的定县实验，以建立新治道为目标的山东乡村建设研究院的邹平乡村建设，以华洋义赈会为中心的各地的合作运动，以乡村民众教育为入手的无锡江苏教育学院的民众教育实验工作，及以县政建设为主，自上而下的江宁兰溪的县政实验等等。此外，尚不下有数十种名称各异，内容不同的乡村建设，他们无论在理论上和实践上都各有不相同的一套，各不相同的认识和做法，这种做法有时还是互相矛盾与冲突的。然而不管他们有怎样不同的理论与实践，有一点却是为他们所共通的，即想在不改变现存社会的生产关系之下，以和平的方式达到农村建设的实现。他们所以产生及其发展的背景也是共通的，即是在1925—1927年中国大革命失败以后，一部分的知识阶级和小资产分子在对于将来的革命怀疑，对于现状不满之一种苦闷下，打算对于中国问题作第三条路的试探，这就发荣滋长而为一种社会改良运动，这一运动由于近年政府对"农村复兴"口号之提倡，而获得地广泛的发展。又因为他们不是要推翻现存社会秩序及社会制度，反是在现社会制度基础之上作一点一滴改良的，所以比较开明的政治当局和政府机关，亦往往愿与他们合作以获得提倡"救济农村"的美名。总汇这一乡村建设运动之潮流的，是最近三年每年一度的乡村工作讨论会，第一次集会在民国二十二年的邹平，第二次集会为二十三年的定县，第三次集会为二十四年的无锡。他们所以要召集这项乡村工作讨论会的理由，在该会所编之《乡村建设实验》第一集中，曾引证农村复兴委员会的一段报告，说这段报告是足以说明该会集会的缘始及目的的，兹照录于下：

> 我国数千年来以农立国，农村之健全与否，农业之兴隆与否，不仅为农民生死问题，亦为国家民族存亡问题。海通以还，东西资本帝国主义者，挟其机械文明政治、经济、武力，来相侵凌；而我国内又复兵连祸结，灾祸洊至，在此重重迫害之下，农村与农业，逐日趋于衰落与崩溃，为事势所必然，言之殊可慨也。现在关心国事者，以国之不强由于农业之不振，使坐此不救，则覆亡厄运，必迫在眉睫，于是救济声浪，弥漫全国；救济事业，应运勃兴，或从平民教育入手，或从农村经济入手，或从乡村自卫入手，其入手处虽有异同，而目的在共谋农村之救济与复兴，企图县自治之完成，以创造新中国则一也。先是主持平民教育促进会之晏阳初氏，于十二年前致力于定县之平民教育，即以平教为中心，渐及于其他各项农村社会事业，成绩斐然，识者称之。后如河南镇平县之自治实施，河南村治学院，山东乡村建设研究院之设立，中华职业教育社农村服务部之徐公桥，善人桥，黄墟等处实验区之设定，燕大之清河，金大之乌江，齐鲁大之龙山，各置其试验区或农场；又如华洋义赈会因赈务之经验，感觉农村有成立合作社之需要，提倡扶携，不遗余力，凡此所举，其出发点虽有同有异，要皆为时势之产物。惟各方既往之事业，或因各本其所抱之理想、经验与学识，各自为制，各不相谋，不免孤立而不相联络之憾，独善而不谋共济之讥，故用力虽大而收效不宏。兹为惩前毖后，补偏救弊起见，拟挽各方提携团结，群策群力，借增功效，此即本会召集缘起，并时势必然之要求也。

"入手处虽有异同，而目的在共谋农村之救济与复兴，企图县自治之完成"，这可以说明乡村建设是有共通的客观要求与旨趣的。现在我们先来分析分析这各不相同的"入手处"是什么；至于他们能不能达到所预期的目的，留待下面来讨论。

乡村工作讨论会既是集乡村建设团体之大成的一个组织，国内所有做乡村改良运动的集团，差不多没有一个不参加在内的。按该会第一届年会举行于民国二十二年七月十四日山东邹平乡村建设研究院；当时到会参加的人员共六十三人，代表团体三十有余。第二届年会举行于民二十三年十月十日至十二日之河北定县平民教育促进会，到会代表共一百五十人，代表机关七十有六。第三届年会举行于二十四年十月十日至十二日无锡江苏教育学院，到会代表共一百六十八人，代表机关一百余处。由此看来，参加乡村建设工作的同志真可说是一次比一次踊跃，社团是一次比一次增多。我们要考察现阶段乡村建设运动的阵容，最好先来看看这第三届年会到会的，是哪些机关：

一、山东邹平乡村建设研究院

二、江苏省立教育学院

三、中华平民教育促进会

四、北平燕京大学

五、全国经济委员会

六、中华职业教育社

七、北平华洋义赈总会

八、河南遂平嵖岈山职业学校

九、山西乡村建设研究会

一〇、建设委员会

十一、北平温泉同志会

十二、北平西山民生试验区

十三、上海省立俞塘民教馆

十四、长安韦曲民教馆

十五、江西农村改进社万家埠实验区

十六、河北省立实验乡村民众教育馆

十七、浙江县地方建设促进委员会

十八、上海市高桥农村改进会

十九、江苏省立实验乡村民众教育馆

二〇、江苏省立苏州农校

二一、涿县平民教育促进会

二二、河北大宛农村周报

二三、乌江农业推广实验区

二四、广东青年全国协会

二五、山西铭贤学校

二六、广西教育厅

二七、江西黎川实验区

二八、中国农村经济研究会

二九、山东省乡村教育辅导委员会

三〇、山东齐鲁大学

三一、北平民社

三二、邹县救济院与民生工厂

三三、镇平地方建设促进委员会

三四、山东邹平实验县政府

三五、宁县农业救济协会

三六、江西党马乡实验区

三七、上海县农业推广所

三八、辽宁自治筹备处

三九、武进农村改进委员会

四〇、四川女青年会

四一、上海市立新陆师范学校

四二、江苏省农民银行

四三、浙江大学

四四、北平师大教育实验区

四五、山东民众教育馆

四六、上海农学辅导处

四七、浙江省嘉兴区行政督察专员署

四八、河南内乡建设促进委员会

四九、清江省立民众教育馆

五〇、昆山徐公桥乡村改进会

五一、沪西民生教育实验区

五二、南京民众教育馆

五三、江西崇明县政府农业推广区

五四、安徽黄麓乡村师范

五五、农村复兴委员会

五六、安徽第二民众教育馆

五七、浙江省立湘湖乡师

五八、江宁自治实验县卫生院

五九、徐州民众教育馆

六〇、国立上海医学院卫生科

六一、中央政治学校研究部

六二、中央大学农学院

六三、山东省立第一民教辅导区

六四、江苏省立黄渡乡村师范

六五、江西特种教育处

六六、念二年运动促进会

六七、卫生署

六八、上海高桥卫生事务所

六九、俞塘民众教育馆

七〇、金陵大学农学院

七一、江苏省立黄渡师范

七二、浙江省立民众教育实验学校

七三、青岛市政府

七四、金陵神学院乡村教育科

七五、上海山海工学团

七六、浙江大学农学院

七七、伦敦领事馆

七八、江苏省吴县农村改进会

七九、苏州农业学校

八〇、俞塘新生活实验区

八一、安徽省教育厅

八二、江苏真圣会工社

八三、中央农业实验所

八四、岭南大学

八五、广东全省蚕业改良实施区

八六、浙江长安小溪口农村改进会

八七、川沙励志社

八八、兰溪实验县政府

八九、俞塘教育事业指导委员会

九〇、丹阳合作实验区

九一、上海市农会

九二、南通省民教馆

九三、实业部

九四、俞塘合作事业委员会

九五、吴县监理会

九六、南京中国银行

九七、首都实验教育区

九八、广东省社会教育实验区

九九、中央党部组织委员会

一〇〇、江西省农业院

一〇一、中华基督教长老会

一〇二、江苏省立界首乡村师范

上面这些从事乡村工作的机关，上自政府，下至民众团体，甚及伦敦领事馆，辽宁自治筹备处，真所谓五花八门，应有尽有。勉强把它分起类来，则属于社会团体性质的计二十有四，属于政府机关的二十，属于学校的二十有一，属于民众教育馆的十三，属于试验区与实验区的十一，属于青年会基督教会银行的各二，属于研究性团体的一，无所属的四（辽宁自治筹备处，伦敦领事馆，农村周报，励志社）。除开了学校、民众教育馆、政府机关以及一些不甚相干的社团外（我这里不是说学校民教馆与政府机关是与乡村建设工作无关的，例如各乡村师范，各大学农学院，各民众教育馆以及实业部农村复兴委员会等等都大有造于乡村工作之进行，但无论如何，他们的工作不就是乡村建设工作的本身），真正做乡村工作的团体，统计了一下，还不到二三十处，这二三十处又可以分成许多理论不同的系统，就其出发点来说，有自平民教育入手的，有侧重建立伦理本位的乡村的，有注重地方自卫的，有宗教的社会服务的，有以合作社为手段的，亦有谋某种农业技术之改良的，现试为剖析如下。

一、自平民教育入手的，以中华平民教育促进会为中心（前以定县为实验区，故简称定县平教会，现因环境关系，定县工作，似已放弃，现在湖南之衡山设置实验县），涿县平民教育促进会亦属之。其理论的中心人物为晏阳初先生。

二、以建立伦理本位的乡村建设为世界文明开"新治道"的，有山东乡村建设研究院，邹平与菏泽即其实验县，这一理论的创始者及工作之主持者为梁漱溟先生。

三、自合作运动入手的，有华洋义赈总会及各地的合作社，华洋义赈会本一救灾机关，嗣感觉救灾不如防灾。故于民十二年提倡农村合作社，他们办理合作已有十年以上之历史，故成绩最称昭著。这一派并没有什么中心人物，而只有所谓合作专家。

四、自乡村自卫入手者，有河南镇平与内乡的地方自治工作，他们的自治组织自二十三年春起改称地方县政促进委员会。

五、自乡村民众教育入手的有无锡江苏省立教育学院主办的惠北民众教育实验区及乡村自治协助处。这一工作的领导机关即无锡教育学院，重要的主持人物是高践四先生。

六、自职业教育入手的有中华职业教育社的江苏昆山徐公桥的农村改进工作，重要的主持人物是江问渔先生。

七、自农业技术改良入手的有全国经济委员会实业部所隶属的各种农业改进的机关，农业推广处，各大学的农科，各农业学校及实验区等等。

八、自县政建设入手的有各实验县政府，其中成绩最显著的是江宁与兰溪实验县。

九、以宗教服务为宗旨的农村建设，如金陵神学院的乡村教育科，江西黎川实验区以及各基督教会青年会真圣会等等团体所做的农村工作。

十、为谋银行资金之出路而着眼于农村金融的，有中国银行、上海银行、江苏农民银行等等。

以上十个系统虽不能概括今日所谓乡村建设的全体，然而比较重要的潮流差不多都包括在内了。我们看了这形形色色的所谓乡村建设，以及参加乡村工作讨论会各团体工作之性质，令我们对于现阶段的乡村建设有如次的认识：

第一，乡村建设只是一个总的名称，它并不像社会主义或国家主义那样是代表某种共通信仰，某一系统组织的一种运动。他们既没有共通的哲学，也没有一贯的理论，更说不到什么严密的组织，"乡村建设"只不过是表示他们大家想走向前去的一个目标，至于怎样走向前去，换言之，即如何才能达到"乡村建设"之实现，却是各有各的，谁也不跟谁的一样。不仅如此，他们的理论和做法有时甚至是互相矛盾，入主出奴的。例如乡村工作讨论会虽然是集乡村建设运动之大成的一个组织；然而参加这个会的分子之复杂与混乱，亦正有如乡村建设自身之分歧一样，往好处说，这是各团体的自由结合，往坏处说，它完全是无政府的。讨论会的一个特色是"只许报告工作，不谈理论与计划"。这就一方面说，固然是因为"本会重实际不尚虚谈，故集会时，仅许报告工作"；但在事实上也实在是不能谈理论与计划，因为以如此理论分歧，步骤不一的团体所组成的讨论会，如谈理论与计划，大家就非要打架不可。例如定县平教会所发现之"愚、穷、弱、私"四大病根，梁漱溟先生便曾一再讥笑过他们药不对症。梁先生的伦理本位的乡村，也有的乡村工作同志说他是复古。理论的混乱，是今日乡村建设运动的第一种特色。

第二，乡村建设虽然没有一贯的理论认识，没有共通的进行步骤；然而这我们并不是说他们就没有共同的社会基础与客观要求的。他们的社会基础即是普遍全国的农村破产与经济破产，他们的客观要求即是要建设或复兴农村。他们对于怎样去建设或复兴农村的做法，各人虽不一致，然而这也并不妨碍他们有一共同的立场，即在维持现社会的生产制度之下，在农村中做一点一滴的改良工作，这是他们与其他农村改造运动者根本不同的一点。因为这种缘故，所以他们对于关系农村生产最基本的土地问题，一向便是漠视的；对于改造农村之应采取反帝国主义与反封建的任务，亦一向便是有意识或无意识地否认的。亦正因为如此，所以他们的运动到处得到政治当局的赞助，而且有许多地方当局还要借他们做幌子，把这当成值得提倡的一种时髦事业。

第三，乡村工作讨论会虽然是不谈理论与计划的，而且参加讨论会的有些团体事实上亦确是无理论与计划可言的。然而这并不妨碍其中有二三团体，他们非但有具体的计划，有一贯的理论；而且他们的这种计划和理论还是打成一片的"一套"。显著的例子便是平教会晏阳初先生的"愚、贫、弱、私"论和梁漱溟先生的乡村建设哲学。他们都是有一贯的理论系统，有身体力行的领袖，深信这种理论可以解决中国的农村问题，或甚至中国的根本问题。所以我们如果要对乡村建设的理论加以批判的研究，则这两大主要潮流的理论是最不应该轻易放过的。

最后，如果我们把现阶段的乡村建设视为是想在"土地革命"以外试探第三种出路的一种农村改良运动，那么阎锡山先生的土地村公有制也应该把它放在里面。虽然事实上，阎先生并没有派代表参加乡村工作讨论会（但第三届讨论会曾经把土地村公有制当为主要的论题，并通过意见书）；而且土地村公有制因客观环境的打击，早已销声匿迹，目前似已无注视的价值。但是作为对抗"土地革命"与对抗"反封建"及"反帝国主义"斗争的意义上说，土地村公有制却是比其他一切改良运动还是百尺竿头，更进一步的，所以我们仍把它列入里面。

二

现在让我们进一步来检讨乡村建设运动各派的内容。这里面最主要的我们可以提出下列各派别来：（一）平民教育派；（二）梁漱溟的乡村建设派；（三）合作运动派；（四）土地村公有派；（五）县政建设及乡村自卫派；（六）技术改良派；（七）其他派别。这七派虽尚不足以概括上文所述乡村建设运动的全体，但就他们所代表的社会改良主义的意义这一点说，所有的乡建团体却都不能逃出这七派的范围了。

（一）平民教育派

平民教育派亦有人称之为定县的实验运动，因为他们从前是以定县为实验之中心区的，不过现在他们已经将定县放弃而改在湖南衡山设置实验县了，按主持定县的实验工作的中华平民教育促进会成立于民国十二年，最初是晏阳初先生的平民千字课运动，以后晏君在实行识字运动的时候，发现吾国民族之病根，不仅缺乏知识，并且还缺乏经济，缺乏健康，缺乏合群的习惯，简言之，就是他发现了中国民族的病根就是"愚、贫、弱、私"四个字。他又觉得在大都市中扫除文盲，收效远不如在农村里来得宏大，因此他们就决定了集中农村实验的计划，而选择"定县为一彻底的集中的整个的县单位实验"。他们到定县是在民十五年，以十五年至十九年为准备时期，十九年以后为实验时期。在准备时期内"最主要的是在客观事实上发现'愚''穷''弱''私'四种基本缺点",针对这四种基本缺点,于是有所谓"四大教育"与"三大方式";即以"文艺教育"救农民之"愚",以"生计教育"救农民之"穷",以"卫生教育"救农民之"弱",以"公民教育"救农民之"私"。如何推行这四大教育呢,于是他们又提出了"学校式的""社会式的""家庭式的"四大方式来。这就是晏阳初先生常说的他们的"一套"理论。他们的工作系统,依据该会之说明,有如下表之所示:

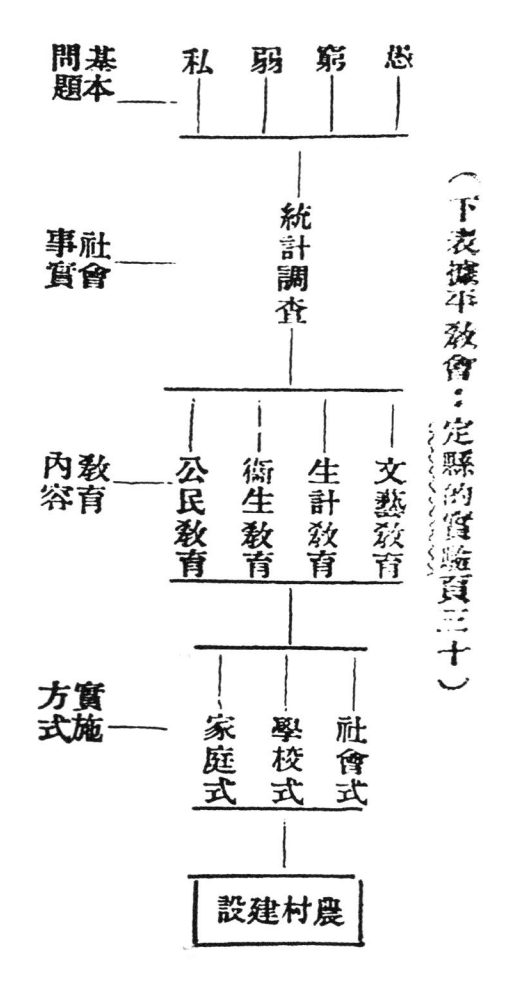

（下表据平教会：定县的实验页三十）

基本问题	愚 穷 弱 私
社会事实	统计调查
教育内容	文艺教育　生计教育　卫生教育　公民教育
实施方式	社会式　学校式　家庭式
	农村建设

由上可知他们认为愚穷弱私是病根,四大教育是药方,三大方式是下

药的方法。这就是他们对于中国社会根本的看法。由于这种看法和这种信仰，所以取"定县为一实验之中心，由定县之实验推广全省以至全国，使农村复兴得到具体进行之方案，使家得一条基本建设的新路，使中华民族能于建设工作之中，创造一个新的生命"。他们说定县好比是个研究室，每个农民都是他们的参考书，他们正在这个研究室中作研究，希望将来能将研究所得一套套的制度，供给全国采用。从前有好多人把"实验"误会为"模范"，以为定县的工作是美国金圆铸成的，纵然试验成功了，别的县份也决没有这种资力去模仿，这种批评倒确是一种误解，因为第一"实验这个名辞，并不等于模范……在实验运动者看来，一切学说制度法令不一定和人民的生活能够相和，所以实验运动是必要，而成败的把握是不一定，这个看法与建设模范县的看法完全两样。"第二，"实验的时代往往多用一点经费，这是不应该过分责备的，如果我们希望最近的将来能够得到一套从人民生活里面产生出来的学说制度法令，而不抄袭东洋稗贩西洋的，那么这一点经费是不能说白化的。"（孙伏园：全国各地的实验运动。）

免除了对于定县实验运动的这种误解，并明了了他们工作的方向与动机后，我们就可以退而对于这种运动作一公允而正确的评价。

第一，我们认为定县平教会对中国社会的整个认识是有问题的，他们以为中国社会的根本病根是占百分之八十五以上的农民之"愚、穷、弱、私"，他们就没有想到愚、穷、弱、私只不过是中国社会病态的表现，怎样会发生这四个病态的现象这问题，是不能由这四个字本身得到解决的。换言之，仅仅知道了愚、穷、弱、私这种表面的病象是不够的，我们必须进一步去追究中国的农民为什么会愚、会穷、会弱、会私？这四种缺点是中国农民天性赋予的呢；还是有它的社会基础的？如果有它的社会基础的，则这种基础又是些什么？研究社会科学的人都会知道愚、弱、私不过是农民"穷"所造成的结果；而"穷"自身又是社会环境的产物。例如平教会的调查统计上，已经证明了一个事实，即定县最富的村也就是最有教育的村，同时自然也就是最能讲求卫生最能享受公民权利的村了。又据调查定县全人口中竟有百分之二十以上的农民终年吃不到食盐，当他们穷得连最低的生活水准都维持不了时，这我们是不能希望他们来讲求教育，讲求卫生与不自私的。但我们进一步问中国的农民为什么会"穷"呢？任何一个对中国农村破产有正确认识的人，也不得不承认帝国主义之经济侵略是促使中国农村破产之第一个基本的因素，苛捐杂税之榨取，高利贷资本之剥削，军阀混战之频仍，高额佃租之存在（这数者又可以归并为封建的剥削关系），是促使中国农民破产的又一个基本的因素。至于天灾匪患之常年的袭击，虽然也是加深农村之破产化的，但天灾在中国之所以经常光顾，却也正是沟渠因军阀混战而长年失修的结果，这是社会条件所造成的。匪患之为"人祸"，更是不用说的了。所以天灾匪患还是人谋不臧的结果。所以我们以为如要救济农民的愚、弱、私，首先必须使老百姓不"穷"，即必须先使他们有饭吃而后才能谈得到读书识字，讲求卫生和不自私。但如何才能使他们普遍地有饭吃呢，这就必须从根本上先铲除制这"穷"，而且现在正以加速率制造"穷"的各种社会条件，即必须先推翻帝国主义在华的统治及封建势力。如果一方面我们故意忽视了制造"穷"的诸基本动力，一方面又想以枝枝节节的办法来救济，则岂仅是舍本而逐末，亦所谓扬薪而止沸，薪不熄则沸不止。然而要谈到根本铲除制造穷的诸社会条件，那就不能不归结到推翻帝国主义经济侵略与消灭封建残余之剥削这两个基本的课题上来了。但这却正是平教会的人们所不敢正面提出的问题，而且也是他们有意识地避免提出的问题。这理由非常简单：因为平教会之倡导者多出身于小资产的知识阶级，他们大多数受过金元教育的熏陶，相信教育救国，教育万能的理论。他们的社会关系与社会意识都不许他们走入革命的道路，而同时他们的科学训练与政治修养又限制了他们对中国社会问题之正确的正面的认识，结果他们便不得不在"愈愚愈穷，愈弱愈私"的因果关系上兜圈子了。

第二，定县虽说不是一个模范县，所以我们不能以模范县的眼光来看他，但定县既是一个实验县，则定县实验之成绩如何，自然是尺度平教主义是否成功之最好的指标。平教会之在某几方面的实验曾经获得一些技术上的成就，这我们是承认的，例如文艺教育与保健所就是最为外人所称道的。然而所不幸的是在大的方面，特别是定县农民的经济生活之向上上及抵抗帝国主义的侵略上，平教会非但没有成就，反而恰恰是表示了它的破产和失败。就定县农民的经济生活说，李景汉先生告诉了我们定县亦不能外于中国其他的一千九百余县，终不免卷入一般农村破产旋涡之内。且其破产程度之速，亦与他县丝毫没有两样。例如民国二十年定县因债务破产而为债主没收家产的农家不过五十家左右，二十一年增至三百家，二十二年竟达二千家。二十三年定县欠债家数占全县总家数百分之六十七,约四万六千家。李先生又告诉我们"自民国十三年至民国二十年,每年出外谋生的至少四百余人,至多一千五百余人。民国二十一年增至三千三百六十七人,而民国二十二年竟达七千八百余人之多。九一八事变发生以后,移往东北的人数不但没有减少,反倒空前的增加,若不是受经济非常压迫,哪能到此地步。"这种种事实不唯证明定县平教会的生计教育不但不足以救"穷",而且不能使定县维持五年前"穷"的水准,使得"许多贫农连这仅免于冻死饿死的最低限度的生活程度也要维持不住"。由此可知在许多制造"穷"的政治的经济的因素未曾消除以前,单赖生计教育决不足以医"穷",没有比这个事实更为雄辩的了。或许有人说,挽救农村之破产与救济农民之穷困决不是旦夕可以奏效的,也不是定县一县的力量所能为力的,我们也可以承认这是事实;但试问这四五年来农村之所以加速的崩溃,是不是由于上天不仁,虐我斯民,所以这几年农民特别变"愚",变"弱",变"私"以至变"穷"呢?还是由于许多深藏于愚、穷、弱、私底里的外在因素之作用,即帝国主义侵略之深入,内战的扩大,水旱天灾之频仍,苛捐杂税的繁重等等所造成的呢!如我们不从基本问题去着眼,结果岂止实验自实验,破产自破产,而且有一天破产的浪潮会把实验的一点点经济基础,也打击得粉碎的。其次,我们为什么说定县的工作不能抵抗帝国主义的侵略呢?在平教会本身的哲学内,它本来就不把帝国主义者当为敌人;因而根本不是反帝国主义的,这是我们所知道的。然而定县的工作虽不排斥帝国主义,但帝国主义者的侵略却毫无例外地打击了定县。平教会本是打算"由定县之实验而推广全省以至全国,使农村复兴得到具体进行的方案,使国家得一条基本建设的新路,使中华民族能于建设工作之中创造一个新的生命"的。但是××帝国主义者之狂暴的侵略,华北问题的尖锐化,使河北形成了特殊的政治区域,平教会终于不得不放弃定县的实验而跑到湖南衡山去了。以一种想于"中华民族的建设工作中创造新生命"的实验运动,以一种夸大为与太平天国、戊戌政变、辛亥革命、五四运动、国民革命同样意义,而且能补足前五次运动之缺陷的实验工作,乃竟不得不出于逃避之一途。万一湖南亦陷入与华北同一的民族危机时,我们不知道他们是不是还要退到"堪察加"的云贵去?平教会的实验运动之毫无补于中华民族垂亡的命运,于此也就可想而见了。

第三，平教会所发现的愚、穷、弱、私四种基本缺点，不但轻重各异，而且可以说是毫无意义的，这种脱离了具体社会关系的"人"的基本缺点，我们可以任意加上几个，也可以任意减去一二个。例如江恒源先生（代表中华职业教育社）便于愚穷弱私外，还发现了所谓"散"的缺点，胡适之先生的"五鬼论"，也便是差不多的东西，但胡先生的五鬼却是贫穷、疾病、愚昧、贪污与扰乱。我们固可以把平教会的四大病根改成五大病根；又何尝不可以把胡博士的五鬼论变成六鬼论、七鬼论呢！离开了基本原因而观察的现象形态，本来是形形色色的。平教会所认识的虽是社会最表面的现象形态，然而他们所要解决的却正是中国社会最根本的问题。他们的意识与他们的哲学虽使他们不敢正视促使中国国民经济破产与农村破产的真正原因，但他们所要救济的却正是由这些原因所造成的国民经济破产与农村破产。

（二）梁漱溟的乡村建设派

在今日盛极一时的各派乡村建设运动中，邹平的乡村建设理论是与定县的平民教育同为这一运动之最主要的两大潮流。这一派的起源可以远溯到一九〇四年米迪刚先生办理的翟城村治起，经过山西省的村治制度，到梁漱溟先生的河南村治学院，山东乡村建设研究院，而完成了所谓乡村建设的哲学。梁先生的乡村建设哲学，确是与众不同的玄妙的一套，这一套又是依据其东西文化及其哲学之玄学的见解而来的："人类生活中，所遇到的问题有三不同，人类的生活中，所秉持的态度有三不同，因而人类文化有三期次第不同。第一问题是人对'物'的问题，为当前之碍者即眼前面之自然界——此其性质上为我可得到满足者。第二问题是人对'人'的问题，为当前之碍者在所谓'他心'——此其性质上为得到满足与否不由我决定者。第三问题是人对于自己的问题，为当前之碍者乃还在自己生命本身——此其性质上为绝对不能满足者。第一态度是两眼常向前看，逼直向前要求去，从对方下手改造客观境地以解决问题，而满足于外者；第二态度是两眼常回转来看自家这里，反求诸己，尽其在我，调和融洽我与对方之间，我超越乎彼此之对待，以变换主观，自适于这种境地为问题之解决，而得满足于内者；第三态度——此态度绝异于前二者，他是以取消问题为问题之解决，以根本不生要求为最上之满足"。这里所说的第一期文化,即是近代的西洋文化;第二期文化,即是中国文化;第三期文化,即是印度文化。此世界三大系文化,在梁先生的眼中,是有逻辑的关系的,即"近世之西洋人重新认取第一态度而固持之,遂开人类文化新纪元,大有成就;迄于最近未来,殆将完成所谓第一期文化。在最近未来,第一期文化完成,第二问题自然引入,人类必将重新认取第二态度,而完成所谓第二期文化。如是第三问题又自然引入;第三态度又将重新认取而完成所谓第三期文化。"因此中国文化虽然落在第三期的印度文化之后,却已走在第一期的西洋文化之前,所以梁先生在另一篇文章中比较了中西文化之后,就武断地认定:"凡以中国未进于科学者,昧矣谬矣!中国已不进于科学。凡以中国未进于德谟克得西者,昧矣谬矣,中国已不进于德谟克得西。同样之理,凡以中国未进于资本主义者昧矣谬矣!中国已不能进于资本主义。"那么,这一所谓已经走在西洋文化前面,落在印度文化后面的"中国文化"的具体内容,究竟是什么呢?梁先生研究的结果是:"人生必有相关系之人,此即天伦;人生将始终在与人相关系中,此即伦理。伦理关系即表示一种义务,一个人似不为其自己而存在,乃仿佛互为他人而存在者。试从社会经济政治三方面征之……举凡社会习俗国家法律,持以与西洋较,在我莫不寓有人与人相与之情者,在彼恒出于人与人相对之势。社会秩序所为维持,在彼殆必恃乎法律,在我则敦重于礼俗,近代法律之本在权利;中国礼俗之本,则情与义也。经济方面,夫妇父子共财,乃至祖孙兄弟等亦共财……西洋则夫妇异财,其他无论,在西洋自为个人本位的经济,中国亦非社会本位的,乃伦理本位的经济也。政治方面,但有君臣间官民间相互之伦理的义务,而不认识国家团体关系,举国家政治而亦家庭情谊化了。"梁先生把这种社会叫做"伦理本位的社会",在社会上"家乃天然的基本的关系","人必亲其所亲""师徒、东伙、邻右、社会上一切朋友同侪,或比于兄弟之关系"。在经济上,夫妇父子祖孙兄弟均共财,"自家人兄弟以迄亲戚朋友,在经济上皆彼此顾恤,互相负责",没有"贵族与农奴阶级的对立",没有"资本家与劳工阶级的对立","生产工具无为一部分人垄断之形势,殆人人得而有之,以自行其生产,形成职业分立的社会。"在政治上"比国君为大宗子,称地主官为父母,举国家政治而亦家庭情谊化之。"这一美化的"伦理本位社会"与"职业本位社会",在我们看来,其实不过是建筑于农业手工业之上的家长制的宗法社会，这是人类社会进化史上所必然经过的一个阶段。但因经济基础的变更，中国家长制的宗法社会，已不得不起着急速的崩溃，因此更使迷恋往古的梁先生大为叹息和烦闷的说："此社会向下破坏沉沦之所由致，主要在其内部之矛盾冲突，而此矛盾冲突则为外界潮流国际竞争所引发，以内部矛盾而社会组织构造崩溃，而矛盾冲突益烈，如此辗转不已。"客观的事实无情的打击了无阶级对立的"伦理本位社会"，毁灭了"生产工具无为一部人垄断之形势"的"职业分立社会"。唯其如此，梁先生主观的意识上逼得他要求在崩溃着的现存"社会秩序"之维持上，"重建一新组织构造，开出一新治道。"这新治道是什么呢，我们看梁先生所说的："人非社会则不能生活，而社会生活则非有一定秩序不能进行，任何一时一地之社会必有其所为组织构成者形著于外而成其一种法制礼俗，是则其社会之秩序也。于此一时一地，循之由之则治，违之离之则乱，是在古人谓曰治道。中国此时盖其社会组织构造根本崩溃，法制礼俗悉被否认，凤昔治道已失，而任何一秩序建立不成之时也。外国侵略虽为患，而所患不在外国侵略；使有秩序则社会生活顺序进行，自身有力量可以御外也。民穷财尽虽可忧，而所忧不在民穷财尽，使有秩序则社会生活顺利进行，生息长养不难日起有功也。识得问题所在，则知今日非根本上重建一新组织构造，开出一新治道，任何事不必谈。"这"循之由之则治，违之离之则乱"，能抵抗外国侵略，不必忧"民穷财尽"的社会新秩序，就是梁先生所讲的"父之义慈，子之义孝，兄之义友，弟之义恭，夫妇朋友乃至一切相关之人莫不自然互有其应尽之义"的"伦常关系"。亦即所谓"法制礼俗"。所以梁先生乡村建设的哲理虽费解，"新治道"的名词虽漂亮，但说破了却也不过是要求宗法社会关系之还魂而已。

这我们并没有丝毫的曲解，我们只要看梁先生乡村建设入手的方法便可以知道的。"邹平的乡村工作，是由乡农学校来进行，"乡农学校是仿照吕氏乡约而设立的合学校与社会为一体的一种组织，它里面的构成成分有三种人：一是乡村领袖；二是成年农民；三是乡村运动者。它的用意，据说可以八个字来概括，就是"推进（推动）社会，组织乡村"。他们把以前的行政组织乡公所与区公所，改成了乡学与村学（即乡农学校之具体形式）。乡学与村学的工作有二，一为对该村内各分子之教育，二为酌量倡导社会改良运动，如禁烟禁赌放足等等，故村学与乡学乃合学校教育与社会教育而言，他一方面是教育机关，一方面又是自治机关，他们的目的是要化社会为学校，故可称之为"社会学校化"，其分子亦不称学生而称"学众"。至于乡学与村学在成立之初，须先成立一个"乡农学校学董会"，这"学董会"由该村中有地位有身份的人来组织，"因为在乡间倡办此事，非先得乡村领袖的同意与帮助，就无法作起。"然后由"学董会"中推举一"齿德并茂""群情所归"的人，经县政府礼聘为学长，另由县政府委派一人为理事，理事是专负责办理公事的。此外还有"教员"，这就是村学或乡学聘请的先生，又有"辅导员"，这是代表县政府下乡去的。教员与辅导员多半是做乡村运动的人。至于村学与乡学的区别，则不过"乡学"是上层，"村学"是基础，所以邹平实验县的组织系统是：

乡村建设研究院←县政府←乡学←村学

于此梁先生订了些"村学、乡学须知"，内分"学长须知""学董须知""教员辅导员须知""学众须知"等等，为的是"村学、乡学意在组织乡村，却不想以硬性的法令规定其组织间的分际关系，而想养成一种新礼俗，形著其组织关系于柔性的习惯之上"。

乡学与村学在表面上看似乎仅是县政改革的一部分，但实质上它是邹平乡建运动的一个核心，因为这是梁先生以柔性的习惯代替硬性的法令，体现乡村建设的一根桥梁，同时最足以表现邹平乡建运动之精神的，也就是它。

乡农学校之最大的特色就是把农民看成无差别无阶级的一集团，梁先生说："我们看乡村社会的内部，虽然不是全没有问题，然而乡村外面问题更严重，所以我们现在必须看乡村是一个整个的。"这"整个乡村"的政权握在谁的手里呢？它将为什么人谋利益呢？这问题在梁先生看来虽不重要，或甚至视为无足注意，但我们却认为这是决定乡农学校什么性质的一个枢纽。对于这个，梁先生虽没有说明，但我们一看乡学及村学的组织，与梁先生手订的"乡学村学须知"，便可以明白了。乡学与村学成立以前，先有"学董会"，学董会是由乡村中"有信用有资望的领袖所组织的"，我们知道小农和贫农，雇农与债户是决没有资格做学董的。然后由学董会中推举一"齿德并茂""群情所归"的人，经县政府礼聘为学长，这我们知道学长更非豪绅阶级来充当不可了。村学乡学的基本人员是一般农民，即所谓"学众"者是，梁先生要求"学众"的是些什么呢？在

"学众须知"上，梁先生劝他们要以团体（整个乡村）为重，为团体服务，遵规约，守秩序，"敬长睦邻""尊敬学长""接受学长的训饬"，"信任理事"。总之一句话是要他们为团体而牺牲个人，即要驯良与服从。这样一个由地主与豪绅所主持的乡农学校，只要学众训练成心甘情愿的奴隶，再由一乡一县以推至全国，"社会之秩序"自然可以永久地维持，而新治道也就可于此完成了。

这种乡农学校的真正任务到底是什么？在梁先生草拟的本院（指山东乡建研究院）设立旨趣及办法概要中，我们找到真正的答案了："乡民愚迷而有组织，且为武装组织，其危险实大，第一要化导他向开明进步的方面去；不然，必为乡村改进的绝大障碍。第二要慎防其他势力扩大，为人利用，酿生祸乱，这是一件最不易对付的事，然只许用软工作，不可用强硬手段摧毁之。"这几句话把梁先生乡村建设的精神再朴直不过的暴露了。

由上看来，邹平的乡村建设，无论梁先生披上怎样美丽的外衣，但就其本质说，这是一种开倒车运动。梁先生在口头上虽然口口声声说我们要着重"客观事实"，但他的乡村建设的出发点和归宿点，却正是上层建筑的所谓"礼""习惯"及"伦理"，这是典型的倒果为因的唯心论者。他的所谓培养"新礼俗"是丝毫没有依据新的经济生活而培养新的习惯的意味在内的，反之，这是古先哲人所发明的"礼"，即不过是在旧的"父慈、子孝、兄友、弟恭"之宗法思想从精神上以至形式上之整个的复活。基础于梁先生复古哲学上的所谓"新文明"，以及自乡村农业引发都市论，实际上亦不过是等于企图建筑在农业手工业基础之上的封建宗法社会的还魂了吧。

邹平的乡村建设，在消极的意义上说固然是复古，就积极的意义上说，它却又是以对抗反封建反帝国主义斗争的新姿态而出现的，这和其他的乡建运动正是没有两样。梁先生一方面虽把帝国主义和军阀，归入中国问题之内，但同时却又说："外国侵略虽为患，而所患不在外国侵略，使有秩序则社会生活顺利进行，自身有力量可以御外也。民穷财尽虽可忧。而所忧者不在民穷财尽；使有秩序则社会生活能顺利进行，生息长养，不难日起有功也。"这样一来，就非但放松了对帝国主义和军阀的当前斗争；反而一切反帝与反封建的势力也变成为梁先生的革命对象了。另一方面，帝国主义要求中国恢复奴隶的秩序，于是梁先生就要用"软工夫"来化除愚民不知忠顺之危险，而重新建立"社会之秩序"；帝国主义者要求中国增进购买力以推销他们的过剩商品，梁先生就努力提倡增加乡村购买力以"引发工业"。（乡村购买力的增加，民族工业固亦可以分得余润，但在目前中国的工业还没有获得政治保护的前提以前，无疑的只是为帝国主义推销存货而已。）梁先生一方面承认"中国现在南北东西上下大小的政府，其自身皆为直接破坏乡村的力量"，同时在实际上梁先生不仅要依附其某一种他所鄙弃的政治力量，来实验他的乡村建设，并且更以新礼俗的实施，来巩固其"自身皆为直接破坏乡村的力量"。梁先生乡村建设之积极方面的意义如是而已。

（关于梁先生所提倡的"乡村工业"与"智识分子下乡"，都是由他的企图农业手工业的宗法社会之复活与"造出新礼俗"这两基本观念派生出去的，本书因篇幅关系，故不详细解说。）

（三）合作运动派

中国的合作运动的提倡，虽然在五四时代便已开始，但其具有经济的与政治政策的意义而发展起来，却完全是民十六年以后的事。在国民革命的打倒军阀和打倒帝国主义的运动中，同时发生了"二五减租"和"土地革命"的激烈的阶级斗争，与缓和及消灭阶级斗争的改良运动。合作运动亦就是这种改良运动之一，它的迅速的广泛的发展，亦与其他的社会改良运动一样，是一九二七年大革命以后的产物。到了目前合作事业不仅成了政府积极提倡的施政方针，国联"技术合作"的重要方式，同时国内的所谓"经济学者"和乡建团体亦多认此为软性的组织民众之最好的方法，又可为都市金融膨胀病的银行家打开一个新的投资道路。此外，更因利用水旱兵灾的救济。如水旱灾后的长江黄河流域，兵灾后的江西和冀东等地——应用赈粮和赈款，以成立合作社的预备社，在这种种有利的条件下，合作社的发展，就更成一日千里的进步了。

据中央农业实验所的统计，自民国十七年至二十四年这八年之内，合作社数目自七三三社增至二六，二二四社，社员数自二万七千人增至一百万零四千四百人，换言之，合作社数增加了二十八倍，社员数增加了三十七倍。合作社的指导机关，共有五百余个，其中县政府指导者占百分之五十一，驻县合作事业指导办事处指导者占二十七，华洋义赈会指导者占百分之七，省合作事业委员会指导者占百分之四。由其他机关指导者合计占百分之十一。至于合作社的种类，则以信用合作社占最多数，如以民二十四年说，信用合作占百分之五八点八，运销合作占百分之八点七，购买合作占百分之二点八，利用合作占百分之四点一，生产合作占百分之八点九；兼营合作占百分之十六点七。以合作社地域之分布来说，则少数交通便利与较富庶省区，如江、浙、冀、鲁、皖、赣、豫七省，就占去社数百分之七十六以上。就合作社之县市的分配上说，上海占有一二三社，江苏平均各县均有六十七社，南京五十社，河北四十七社，安徽三十七社，山东三十三社；但如广西则每十县才有一个合作社，甘肃每二县有一社。再说到合作社员的成分问题，依过去两年社员数量之统计，每社平均社员数为三十八人左右，多数合作社社员均在三十人以下。至社员之组成分子，计农占百分之六三点八八，工占百分之七点七八，交通占百分之一二点六九，商占百分之五点〇三，教育占百分之四点三二，党政军警及其他占百分之六点三。

看了上面合作社发展的现况，我们不能不说中国的合作运动是在很快的发展着，似乎它的前途是无量的。但我们要了解合作运动在中国农村中所发生的意义及作用，不能单在合作运动之数量或合作主义之一般的理论上来考察，而应从合作运动之发生及发展的过程中作一个深入的具体的分析。

第一，我们知道合作社并不代表特定的一种生产方式，无论在社会主义经济的苏联，在资本主义高度发展了的欧美，或是在殖民地经济的印度，都可以发生合作运动，惟因其所从属的经济制度之不同，合作社所尽的作用或功能亦异，所以如果以为只要农民的合作社化，就可以消灭社会内部的斗争，而建立一种新的社会制度，那完全是一种缺乏社会科学常识的幻想。再从合作运动发达的历史看，它本是随着欧洲资本主义发展至一定阶段的产物，它是由大资本和小商品生产间的斗争之尖锐化，和大规模的集体的生产技术优良于小规模的个人的生产技术所引起的；另一方面，合作社之追求利润，和它对于商品生产、交换及信用上的依赖与从属于大资本家，在本质上不仅不能消灭，反而是加强了资本主义的性质的，所以在资本主义的体系下，要想以合作社做过渡到社会主义生产的桥梁，这更是一种无常识的梦想。

第二，我国的国民经济，尤其是农村经济中小商品生产者的优势，在理论上虽然供给了合作运动者的客观基础，然而这还不是它迅速发达的主要原因。近年来中国合作运动长足发展之主因，怕还是出于社会改良主义者、银行家及政府当局的倡导，这一趋势，尤以近年来最为显著。所以我国的合作运动并不是自下而上的人民之自动的结合，而是自上而下的引诱和命令。所以我国的合作运动，一开始便是犯了"先天不足后天不良"的病症。例如据上所述，合作社的指导机关五百多个，县政府就占了百分之五十以上，甚至有的地方"以合作社成立的多寡来课地方官吏的殿最"。这种自上而下的奉令成立的合作社，其成绩之不满人意，自是在我们之意中的，例如据浙江官方的调查，合作社为多数或少数特殊阶级所利用的占百分之四七，自私自利而无合作精神的占百分之六十八，记账不清楚的占百分之四十二，考绩的结果，在丁等以下的有六六三社，占总社数百分之六十以上，这当然不是浙江一省的现象。又如合作社的性质，虽然是以信用合作占最大的优势，然而我们如一考察政府和金融界"资本归农"的实际，放款额却又是非常地可怜的。据中央农业实验所调查二十四年全国合作社放款额不过九九，九五六，六七四元，平均每个社员不过摊得九元九角。以如此渺小的数额，要把农民从高利贷者的束缚下解放出来，或者在三个月六个月限期归还的条件下，把合作社借款运用到生产上去，这当然是不可能的！另一方面，合作社借款层层保证的困难手续，更限制了最大多数的贫苦农民，决无自合作社借到款项的可能。农情报告上调查借款困难的情形有，手续麻烦者占百分之十四，不能尽量放款者占百分之十三，保证困难者占百分之十一，无抵押品者占百分之十一，交通不便者占百分之十。合作社放款，有的地方放款数额甚至以土地为标准，即农民地多者多借，地少者少借，没有地者则不借：（如某银行在陕西之某县放款，每亩地放洋一元）这种种都不仅使信用合作社仅对富农与中农有相当好处，贫农雇农则根本享受不到借款权利，而且同时这是使富农与中农更束缚于地主和商人的势力之下，因为他们向合作社借款还隐藏着地主商人有一天不愿作保人及没收他的抵押品的危险。

从信用合作社占最大多数和生产合作社不能发展之事实中，一方面告诉我们合作社之现阶段还是停滞在融通农村金融的意义上，同时还暗示我们既不能抵抗外国的经济侵略，也不能对抗国内大企业的自由竞争的条件下，即使是小商品生产品占据优势，也很难发展到集团的生产合作的。

总之，中国合作运动是在中国的政治经济上，买办的与国民经济的，资本主义性的与封建主义性的，改良的与革命的种种矛盾与对立的基础上发生和发展的。合作运动的发展非但没有缓和或消灭这种种对立和矛盾，并且合作运动的自身，便是各种对立和矛盾的集合体。合作运动的任务，本企图抹杀和冲淡农村经济中的生产工具分配问题，生产物分配问题，以及帝国主义者的侵略和超经济的剥削问题；专从农村金融的流通上，商品的交换上，以合作的方式，把农村内部的矛盾消除了去；然而因为合作主义的本质，既不是根本消灭社会矛盾的，即使我们把农村金融问题和运销问题故意夸大，事实上亦抑制不了根本问题之依然存在与矛盾的依旧发展。我们并不否认合作运动在目前尚有暂时发展的可能，但因合作运动对于现存的封建势力及帝国主义的经济侵略，既毫无抗卫的能力，而只有适应的特性，则其对于中国目前的农村问题解决之无力，也是显然的了。

（四）县政建设派

县政建设派可以江宁与兰溪两实验县为代表，他如河北之定县，山东之邹平、菏泽虽亦有实验县的设置；但他们实验的目的不在县政本身，而在为便利某种主义之试验（如定县实验县乃为实验平民教育，邹平菏泽则为实验梁氏的乡村建设哲学），所以与江宁兰溪是不能相提并论的。江宁兰溪为什么要设置实验县呢？在第二届乡村工作讨论会上，梅思平先生对于江宁实验县，曾说："救济农村，必须从经济方面着手，还须采取大规模的急进的进行方法，方能有效。然而这终须有行政的力量，办起来方可减少困难，江宁县尽可以利用行政的力量，故救济农村的方法主要的是利用行政力量、行政组织和技术来促进农村建设，所以江宁县是自上而下的，与邹平定县微有不同。又江宁县不是预备造人，而是造事做事，所以没有研究机关和训练机关，只有决定政策和执行政策的机关，这也是与邹平定县不同的地方。"至于兰溪实验县呢，据胡次威县长报告，则"具实验的鹄的在：（一）县政府制度之实地试验，（二）县政建设之实地试验。关于一般县政府制度，举凡留心地方政治者皆訾其为不当，内政部第二次全国内政会议，县政改革案言之尤详，其指摘现行政制之缺点及其困难约共有六端……而其结论，则在设立县政实验区以为改进地方行政之张本。

兰溪实验县之现行县政府制度虽未能将内政部所指摘之各种缺点完全除去，然较之一般制度确已相当进步。据吾人实地试验之结果，窃以为现行制度不妨在他县试行，借收改进地方行政之实效。"（见兰溪实验县工作报告）以上可以见出成立江宁及兰溪实验县的旨趣。

这种自上而下的实验县，以行政的力量能否收建设农村或救济农村的效果呢？这我们可以引证梁漱溟先生的一段话来回答，"中国现在南北东西，上下大小的政府，其自身皆为直接破坏乡村的力量，这并非政府愿意如此，实在它已陷于铁一般的形势中，避免不得。乡村建设的事，不但不能靠它，并且以它作个领导都不行。"（见梁漱溟作，《乡村建设是什么》一文）我们虽不必像梁先生那样愤激，同时我们亦不否认行政力量对于农村经济有最大的作用与影响。但要希望在现存的政治制度之下，以现政府的力量，企图以单纯的县行政实验来复兴农村，纵不至于恰恰背道而驰，无疑的也是一种梦想！

再说到江宁与兰溪实验县他们所标榜的县政实验之最得意的成绩，不外为整理田赋与安定社会秩序二者。整理田赋无非清除有粮无田，有田无粮的积弊，即做到最理想的目标亦不过是凡有田的就要向政府完粮，凡向政府完粮的就一定有田存在着。在以农业生产为主要的国家，政府的财政收入（在我国是地方政府），主要地要靠土地税来维持，整理田赋无疑是巩固统治权力的一个必要手段。江宁与兰溪自整理田赋后，财政收入大为增加，行政效率为之增强，这是不容我们否认的成绩，但要是说到这种整理田赋工作便是农村建设工作，这毋宁说是一个笑话了。再说到安定社会秩序，则不外乎训练警察民团以达到保卫治安的目的，最理想的亦不过实行所谓"警卫（警卫保卫）合一。"但我们如要问一句：他们所要保卫的是谁呢，他们所要维持的社会秩序是什么呢？那不消说是为的保卫有钱有饭吃的阶级，维持现存社会的奴隶秩序，免得受大多数没有饭吃的贫民、土匪所威胁罢了。所以兰溪实验县以"肃清土匪"为安定社会秩序开宗明义的第一章，而所谓"肃清"也者，也决没有使老百姓大家有饭吃，叫他们不当"土匪"的意义而是不过训练警察干部，进而……"分别解请保安队及省政府讯办"而已。

这一种"安定社会秩序"是否就是乡村建设工作呢，这问题在这里，已经变成多余的了；因为假如这也算是乡村建设，则近年来乡村建设的最大成绩，自莫过于军队的剿匪，本书的中国乡村建设论，也应该改为中国"剿匪"论了。这里让我们附带说一说由人民自卫而出发的乡村建设。因为在这方面说，江宁兰溪实验县所成功的怕还远不及河南镇平与内乡呢。

镇平僻处河南南部，民国十四五年时，全县土匪蜂起，人民终日在刀光枪影下讨生活，彭禹庭先生于民国十六年丁忧回籍，目击时艰，毅然创办民团，不数月土匪肃清，十八年任河南村治学院院长，镇平土匪又起，彭先生于十九年秋，应全县人民要求，又回乡办理民团，办理地方自治，二十二年彭先生被谋害，地方人士继续彭氏遗志，照常进行，这就奠定了镇平"村治"的基础。由自卫入手，发展乡村事业的，除镇平外，第二个就是内乡。内乡在民十四年以前，完全是土匪世界，后经长期苦斗，内部股匪，才算于民十四年肃清。紧接着张治功、樊钟秀一切匪式军队压境，结果人民感觉到仅有自卫的组织还不足以求生存，遂激发出自治的组织来……到了二十三年成立地方建设促进委员会，这便是内乡走到乡村建设这条路上之始。（见第二届乡村工作讨论会，内乡县建设工作报告。）

这一种自卫是否就是乡村建设工作本身；由这样的自卫能否达到乡村建设之目的？孙晓村先生对于这问题说："自卫这件事，本身就是乡村建设的反面，乡村建设得有办法，大多数人有饭吃，根本就不必'卫'，自卫工作做得最好的地方，无非是外县的匪不敢来，本地的匪不起，但是一个普通的人都懂得匪也是老百姓。真正的问题是在如何使老百姓有饭吃，不当匪，不在武装了民团来镇压匪。而且，公平一点的话，也要问一声：'为谁而卫'，'谁需要卫'，所以从自卫来做乡村工作的出发点原则上就欠健全。因为自卫不能解决匪，只有让老百姓有饭吃才是根本的办法，自卫做得最好时，只能使穷人不造反，而不能使他们不穷。"这几句话是说得很对的，其实目前的所谓"自卫"，所谓"保甲制度"，都不过是豪绅阶级为维持其本身利益而苦心孤诣地想出来的办法，他根本不是要教老百姓不穷，他只是要使富的永远地富，穷的一辈子穷，富的再也不必害怕穷的起来夺他的饭碗，这正是现阶段乡村建设工作的特色，江宁兰溪的实验县与镇平内乡的自卫组织，我们如由这种意义上来了解，那就看得更透彻了。

（五）土地村公有派

土地村公有是阎锡山氏……发明的办法……阎氏在给中央政府的呈文

中,对于必须实行土村公有的理由,曾说:"年来山西农村经济整个破产,自耕农沦为半自耕农,半自耕农沦为佃农雇农,以致十村九困,十家九穷,土地集中之趋势,渐次形成。"……

阎氏并没有跳出一般乡村建设论者的范围以外;不过阎氏一方面指出农村经济整个破产,"自耕农沦为半自耕农,半自耕农沦为佃农雇农",另一方面,他又从"农民亦知要求土地"这一事实的认识,承认解决土地问题为中国今日农村经济的中心问题,并且是山西现存政治制度的存亡关键。阎氏默认了十余年来努力完成运动之对于挽救农村经济破产的无效,由这意义说,阎氏的土地村公有,本质上虽仍是一种改良主义,但较之流行的乡村建设运动却不能不说是百尺竿头,进了一步的。

阎氏的土地村公有办法大纲之要义,可归纳为下列数点:

一、除宅地坟地外,举凡私人及祠庙之田地山林池沼牧地等,均由村公所发行无利公债,估价收买全村土地为村公有。

二、由村公所就田地之水旱肥瘠,以一人能耕之量为一份,划为若干份地,分给十八岁至五十八岁之村籍农民耕作,并在适当期间将份地重行划分。兵役期内之耕农,其份地由本村耕农平均代耕。死亡、改业、放弃、耕作、迁移及犯罪之判决者收回其耕地。未分得份地之农民,由村公所另筹工作,或移住田地有余之村,其无耕作能力者,则由村公所另筹抚养办法。

三、农地经营,如得村民大会议决为合伙耕作者,即定为合伙农场。

四、耕农得使用雇农,但雇农应以其他耕农之有暇力及余力者,十八岁以上五十八岁以下之男丁及劳动年龄内之女子。

五、收买土地之公债,共分年还本之担保,为(1)百分之一之产业保护税,(2)不劳动税(比照耕农劳动所得税),(3)百分之三十为基之累进利息所得税及(4)耕地收入十分之一之劳动所得税(耕农以外的劳动者征收百分之一为基的累进所得税。)

六、推行之初,耕农对省县地方负担仍照旧征收田赋。

自土地村公有制发表后,在论坛界已经引起很多的批评,除了站在拥护土地私有的立场,其论调较阎氏更要落后,我们可毋庸注意外,比较正确的批评都曾指出了这种土地村公有,在形式上虽然好似进步,在实质上却不过是为地主打算一条更巧妙的出路,使农民更固着于土地之上的一种开倒车运动。第一,中国土地问题之解决,固在大多数贫困农民对于土地之合理的分配，但这种合理分配，必须在促进农业的机械化生产之目标下进行，换言之，中国国民经济之主要部门的农村经济的改进，决不是小农经营的复活，而必须是农业工业化的迈进与集体经营的进行，同时还要在帝国主义与封建势力的双重束缚下解放出来，这唯一的道路只有实行土地国有政策。一切改革或过度的办法都要向着国有的道路上走，才有进步的意义。反之，阎氏的土地村公有的主要精神，却正是开倒车的"井田""均田"或俄之"米尔"，德之"马克"，一切已被历史淘汰了的村共同团体之复活。虽然阎先生说，村属于县，县属于省，省属于国，所以村有，实际上即等于国有。其实这是一种诡辩，因为土地村公有政策的目的只是在造成一个农民固着于土地的村，即一个独立化的经济单位，阎氏的真正目的……在将一百二十万耕农变成钉在土地上稳固的钉子，一万二千个乡村变成散布在四境的现存政权的堡垒。即使这个新的乌托邦之企图能够实现，那也不过是古代的落后经济政治之复现。虽然阎先生在表面上有合伙农场的规定，这其实不过一句空话，而且即使能够实现，那也不过是古代的共同耕作，而不是近代的集体经营。第二，阎氏为什么不主张土地国有而主张村公有呢；因为山西的村公所事实上就是地主与富农的办公所，土地村公有就是等于将全村的土地交给那上层的地主豪绅掌管，他们不但是办惯了村里的征税摊款等公事，而且他们还知道怎样将自己应出的租税转嫁到下层农民上去，现在他们利用了这种经验来办理土地村公有，不但地主与富农在实际上不会损失分毫的私有权，而且还可以无偿的拿到一笔卖价，在劳动者方面呢，他们虽然名义上分到土地，但逐年要向地主交付劳动所得税；要交付田赋，其负担是不会比佃农轻多少的。况且农民们的失去份地是极容易的，大纲中规定五种收地的条件，特别是所谓犯罪之判决，几乎是贫农最严重的一个威胁。第三，关于收回村公债的担保，即农民所用以购买土地的公债之偿还，其中所规定的产业保护税，不劳动税及利息所得税三项，全是山西事实上所不能实行的，此种税收大都集中在都市，而村公所是无能为力的，即以利息所得税说，高利贷者既无公开的账簿，债务者又不能亦不敢提出证明来，要征收利息所得税，岂非笑谈，所以结果只有十分之一的劳动所得税是有把握。作为公债之偿还的。所以土地村公有实际上是等于地主的土地，由佃农出钱来收买（不过逐年支付），收买过后，又不归自己所有，而作为村公有，而且"一到五十八岁，即将原领之田,归还村公所",农民即不为土地的奴隶,势亦必变成高利贷的奴隶了。第四,阎氏也说他的土地政策,不专为穷人设想,同时更为富民谋永久的利益,这倒是个实话。富民以土地所有权,换取十足地价的公债,据计算公债每年三十分之一还本的收入,决不少于地租之纯收入。况且阎氏又已研究过怎样使公债可以流通与生息的办法,这样一来,富民不但没有丝毫损失,而且反增加了高利贷的收入了。

最后,我们必须指出的是土地村公有制……早已销声匿迹,再不听到说起了,这是事实给阎先生最无情的教训!现在中国的土地问题,只有两条出路,一条是彻底实行土地革命,一条是彻底维持私有制度;想在这二条出路外,寻求釜底抽薪的第三条路,不但是走不通,而且亦必然会碰壁的。土地村公有之必然会变成无兑现性的历史的陈迹,是毫无足怪的。

(六)技术改良运动派

技术改良运动所包括的范围很广,自国联技术合作专家起以至全国经济委员会、实业部、中央农业推广委员会、中央农业实验所这一系统下的所隶属的各个农业改进的机关、各大学的农学院、农业学校、实验农场及试办区、下至推广美棉、养波支猪等等,莫不可以概括在内。他们虽没有一贯的理论,但他们却有一个根本的中心思想,即认为中国的农村问题是一个"生产落后"的问题,因此要救济今日中国的农村破产与农民穷困,必须自改良技术,增进产量入手。这种理论是在数十年前便被所谓"维新派"所主张,现在有一部分落伍的学者及国联专家拉西曼博士辈还是支持着的。这种理论不仅是错误,而且还是恶意地蒙蔽事实,我们所以有加以说明的必要。

中国今日的农村问题是不是仅是一个"生产技术落后"的问题?生产技术改良在现状下,是否可能;无原则无前提的改良技术,它将有怎样的前途与归宿?这是我们首先要究明的问题。其次,我们何以说把"技术改良"当为救济中国农村的对症良药是恶意地隐蔽事实的,他真正的企图是什么?这是我们要说明的第二问题。

第一,凡是对中国农村破产有相当认识的人,都会知道中国农村的问题,决不是一个"生产落后"的问题,而是一个外在的(帝国主义者的侵略)与内在的(封建残余的剥削)经济条件不容许我们生产进步,甚至不容许我们继续单纯再生产的问题。在这种内在与外在的客观条件未被消除以前，改良技术非但不可能实现，而且也是没有前途的。举例说，在农民天灾人祸，水旱交迫，求生不遑，求死不得的情形下，我们是不能希望他们来改良生产技术的。在农村金融已枯竭到"欲求一元以购买种子而不可得"（且中国银行报告）的程度时，我们是不能希望他们来改良农具的；当单纯再生产之进行也不可得时，当然是说不上扩大再生产的。同时我们又都知道单纯生产之不能继续，决不是由于他们不讲求生产技术，而是有其他的社会条件所造成的。再则，在现存的农村社会经济结构下，农民生产所得的，几至于全部（连他们的一部分工资在内）提供给地主们的佃租，政府的苛捐杂税，高利贷者的利息去了，他们所剩下的往往不足自家的温饱，这时不要说他们没有能力改良农业生产，即含有这种能力，然而因改良生产所增加的收获，也不是他们自己的而是地主们的，军阀官僚的，以及放高利贷者的，他们自然不愿来作这样的努力了。在中国各处，佃户租种地主的土地若干年后，如因土质之改良，产量因而增加，地主依例得增加租额。地主富农们似乎比较有余力来改良土壤或增进生产了，然而他们知道在乡村中以资本投放于高利贷或商业垄断中，比投资土地不知有利多少倍，在两利相权取其重的原则下，自然不肯作农业的投资了。

　　以上乃说到农业技术在中国所以不易进步的客观原因，即令我们退一步承认农业技术得以改进时，但试问在一个国内市场毫无保障，国际农产品可以任意向我倾销的情形下，"谷贱伤农"，贫苦的农民又能获得些什么好处呢？推广美棉的结果，中国的原棉产额，无论在质与量上都大为改进了，但这恰好供了日本帝国主义以经济提携的好题目，他们所提出的"工业日本，农业中国"，推广中国植棉区域正是其一，试问这种技术改良对中国的民族经济有些什么好处呢！这种种适足以证明，在一个民族经济之政治的保护的大前提未获得以前，一切的技术改良运动纵使他有实现可能，亦不过促使中国国民经济之殖民地化，而决不会为中国大多数农民造福的。

　　最后，我们愿意指出，把中国的农村问题视为一个单纯的生产落后问题，因而把"改良技术"视为是救济中国农村之唯一的良方，或者强调了农业技术改良的作用，视为这是复兴农村的重要工作之一，这种论调是别有用心的，因为这样一来，就可以掩蔽人们对中国农村破产原因之真正的认识，模糊了一般人对于反封建与反帝国主义斗争的意识，因为让"技术落后"与"农民愚蠢"担负了农业危机的基本原因之责任，技术本身是不会说话，而使用技术的农民，亦是不能说话的；这正是外国的技术合作专家及中国的御用经济学者所惯用的遮眼法啊！

（七）其他派别

除上述六派以外，他如以民众教育为出发的无锡江苏省立教育学院的乡村民众教育工作，以职业教育为出发的中华职业教育社的江苏昆山徐公桥的农村改进工作，以宗教服务为宗旨的各基督教会团体、各青年会、各大学神学院的农村工作，此外还有许多虽未出席乡村工作讨论会，但正在埋头苦干的一些乡村建设团体，这些团体我们很难把他们归并为一个系统来讨论，同时亦不可能并合入上述六大派别之内；虽然他们的工作有的是比上述六派更为具体更为实际一些的。

这许多乡村建设团体比较是重工作而不重理论的；他们没有像平教会与邹平那一大套理论，但他们却有与他们同样实际的工作；但亦正因为他们没有系统的理论，所以也缺乏邹平与定县的那种自信。因为这种缘故，所以要在理论上把这种种乡村建设工作一一批评，几乎是不可能的。

不过，我们如把这些团体一一分析起来，则可以发现他们的乡村工作不出乎两个系统：一是想从教育入手以达到乡村建设之目的的；一是想自改良农业技术入手以复兴农村的。他们或者把中国的农村问题视为是一个农民愚昧无知，没有教育的问题了。或者是把它认为一个生产落后的问题；而生产之落后仍可以归结到农民之愚昧无知上，所以最后仍落在农民的普及教育上。关于这种理论，我们在上面当讨论定县之平民教育及农业技术改良运动时已经有过批评，此地可不多赘了。

三

最后，我们把本文总括起来说。

乡村建设运动是中国主要的一种社会改良运动，他里面可分成许多派别，这些派别虽然各有各的立场和背景，各有各的出发点，但总而言之，他们是想在不变改现存的社会制度与生产关系的前提之下，在反帝国主义与反封建的圈子以外，以和平的方式对抗着"土地革命"的簇新姿态而出现的。这一种乡村建设运动有如下的几种特色：

第一，他们都不是反帝国主义的，因此亦是与民族解放运动脱离环节的，定县平教会认定中国社会的根本问题是"愚穷弱私"，而帝国主义的侵略是不在内的，邹平乡村建设认为"外国侵略虽为患，而所患不在外国侵略，使有秩序则社会生活顺利进行，自身有力量可以御侮也"。合作运动认为只要合作的习惯一养成，中国的农村问题就可以获得完满解决，其他如乡村自卫派则其目标仅为防匪，技术改良运动者则专注于生产技术。最明显的还是土地村公有制发明者之阎先生，在他的物产证券答问中居然说，他的一切主张并没有违反不平等条约之意义，且当然受其束缚，"即使列强认我为奴隶，奴隶为谋自身之强壮，正所以培养其身体，以增加奴隶之服务效力"，这一段话，虽然说的是物产证券，但用来说明目前乡村建设运动，真是再确切没有了。

第二，他们都不是反封建势力，反而是处处与封建势力相结托的，无论哪一派别的乡村建设，即使其内容有差别，手段有缓急，但都能得到各地方当局的同情与赞助，地主豪绅阶级的拥护，这与其他一切的农民运动之处处受到当局之摧残与迫害，是多么显著的对立呵！

第三，他们都是要以和平方法，企图农村复兴之实现的。因为他们既不是要反帝国主义与反封建，也根本不是想推翻现存的社会生产关系，他们所采取的手段自然是和平的而不是暴力的，是渐进的而不是革命的，是想一点一滴收改良之效，而不是想根本推翻旧的而改建新的，这是乡村建设运动与目前广泛地发展的农民运动根本相区别的一点。

自从中国的农村因长期的外国侵略与慢性的经济恐慌而暴发为深刻的恐怖以来，谁都看得出中国经济的出路是如何争取国民经济"现代化"的前提，惟因现实的帝国主义与封建的束缚，既阻止了生产力的发展，而屡次积极的解放运动，又以主观上或客观上的种种困难，大都中途夭折。经过了这样的一再失败之后，特别是一九二七年大革命失败以后，自然有一部分知识分子感到政治苦闷，眼见了农村急遽破产的事实：一方面感觉到"中国将永远不能如日本之走上近代工商业的路"；另一方面又在"言经济建设诚无逾苏俄所走的路，但其所需政治条件乃更大为我所不具"的烦闷下遂不得不"反求诸己"而想在广大的处女地的农村里，为第三条路之试探。再则近年来农民丧失土地的结果，使大多数农民因受饥饿的威胁，遂在北伐前后暴发了空前的土地革命的斗争,这种斗争动摇了整个的社会关系与社会组织,虽然这运动因革命之失败而遭受打击,但他却仍在地底下发展着,社会的安定因土地问题之未解决仍不能得有保证,许多"志士仁人"们,就在企图土地革命以外找求第三条出路。三则我国幼稚的民族工业,因不胜外力之压迫,唯有移转其希望于内地的新市场之开关,同时国际资本帝国主义者亦在恐慌深渊之挣扎中,希求农民购买力之增加,他们都一致把目光集中到广大的人口的中国,特别是中国的农村。在这种客观环境要求之下,中国农村购买力之提高,遂成为中外人士之一致的要求,"以农村引发都市"亦形成乡村建设的主要任务。在上述这三种客观要求刺激之下,"乡村建设"之风起云涌,甚至使梁漱溟先生高兴到以为这是"天安排下的"了。

但乡村建设运动分明是在中国社会的种种矛盾与对立的基础之上发生和发展起来的,而且乡村建设运动的自身,亦就是各种对立和矛盾的集合体。等到社会自身的矛盾解决,乡建运动亦自然会被放到最后的清算地位了。

入乡初步
（用学术之学）

吕渔溪　编著

北新书局

目　录

一　绪论 …………………………………………（277）
二　持志 …………………………………………（279）
三　度量 …………………………………………（284）
四　立信 …………………………………………（290）
五　持己 …………………………………………（295）
六　接物 …………………………………………（305）
七　权变 …………………………………………（308）
八　举隅 …………………………………………（316）
九　赘言 …………………………………………（321）

一　绪论

昔伊尹以负鼎干汤，百里奚以饭牛干穆公，则用学术之更须有术，其由来尚矣。子禽问于子贡曰："夫子至于是邦也，必闻其政，求之与？抑与之与？"子贡曰："夫子温良恭俭让以得之；夫子之求之也，其诸异乎人之求之与？"然则温良恭俭让亦孔子干求之术欤？子张问行，子曰："言忠信，行笃敬，虽蛮陌之邦行矣；言不忠信，行不笃敬，虽州里行乎哉。"此可知忠信笃敬，亦孔子行道之要妙也。子夏曰："君子信而后劳，其民未信，则以为厉己也；信而后谏未信则以为谤己也。"是必先信而后劳谏，亦子夏行其所学之学也。

降及战国，孟子以牛羊之爱而启齐宣，触讋以弱息之托而讽威后，范雎惧昭王以孤立，蔡泽动应侯以代相；皆此学之应乎实用者也。而鬼谷子著书，以飞箝内揵之术，揣时君之好恶，而摩之以其所欲，以期申用其捭阖之术，其为此学著书立说之蒿矢欤？（鬼谷子后出，或疑其伪，然此学之著书立说者，不能不推源于此。向来著录者均列鬼谷子为纵横家，不知其内有一部分实系申用纵横学术之学。）韩非说难，以愤慨之词为说者陈其利害得失，开其趋避之路，亦此学之流欤！

故苏子瞻之论贾生，谓非才之难，所以自用其才者实难；乃惜贾生王者之佐，而不能自用其才也。章实斋之著感遇，有曰："商鞅浮尝以帝道，贾生详对于鬼神，或致隐几之倦，或逢前席之迎，意各有所为也。然而或有遇或不遇者，商因孝公之所欲，而贾操文帝之所难也。韩非致慨于说难，曼倩托言于谐隐，盖知非学之难，而所以申其学者难也。然而韩非卒死于说，而曼倩尚畜于俳者，何也？一则露锷而遭忌，一则韬锋而幸全也。故君子不难以学术用天下，而难于所以用其学术之学，古今时异势异，不可不辨也。"此可知用学术之学为有心者之所究心者久矣！惟古今时移世变，或以干君，或以导民，则各有所不同者耳！然不能无用学术之学则已明矣！惟著书以立说者，自鬼谷韩非而后未有嗣音者耳！

今者饱学之士，多怀韬世之略，欲深入乡间，以领导一般人民入于光明平坦之途，以申其所学，意甚善也，志亦甚可佩也。然入乡之后，往往所遇与其所期相反，所以失败之原因虽多，抑亦各有不同，要于用学术之学未有研究，则实为失败之总因，则可断言者也。愚窃不自量，用敢不揣鄙陋，摭拾所闻，兼以阅世所得，融于心而达于事者著为是编。明知兹事体大，自鬼谷韩非开山之后，鲜有任筚路蓝缕之役者，不学如余，而欲继任前规，知无当于大雅一笑。然蒿目时艰，痛心国难，又悲学者之抱匡救之术者多不得其道而重增社会之不安，故有如骨鲠在喉，不得不吐；至于工拙，非所计也。庶为入乡初步者言，或亦不无裨益耳！祈阅者谅之！

二　持志

（一）原则

持志须有坚忍不拔之精神。

（二）理论

人之有志，犹航海之有方针：立志欲善，则善斯至；立志欲不善，则不善斯至。然人之立志，常欲其善，而结果未必至于善，何也？盖无坚忍不拔之精神以持其志，故也。故立志非难，持志为难；立志不患其不远大，而患持志之不坚忍。不坚则易折，不能忍则易扰；虽有远大之志，因无坚忍以持之，一遇顿挫，便尔灰心；一遇其他事故发生，即被阻扰不前：此皆易折易扰之所致也。常人大都如是。故欲入乡以申其抱负者，必须有坚忍不拔之精神以持其志为第一要著。

所谓坚忍者，须具有勇敢之精神，沉潜于内而不露其锋芒。故能屈能伸，能刚能柔，能耐琐屑，能习烦苦，能百折而不回，富贵不能淫，贫贱不能移；故能任重而致远；故能不以细故而扰其大谋，不以近虑而忽其远图。其作用不但在能勇，而尤在乎超过乎勇而能怯。盖怯本不及乎勇者也，然勇矣而不能怯，亦未成为大勇者也；及勇而能怯，斯成为大勇者矣！子夏问孔子曰："颜回之为人奚若？"子曰："回之仁，贤于丘也。"曰："子贡之为人奚若？"子曰："赐之辩贤于丘也。"曰："子路之为人奚若？"子曰："由之勇贤于丘也。"曰："子张之为人奚若？"子曰："师之庄贤于丘也。"子贡避席而问曰："然则四子者何以事夫子？"曰："居吾语汝；夫回能仁而不能反，赐能辩而不能讷，由能勇而不能怯，师能庄而不能同；兼此四子有以易吾，吾弗许也。"（见列子仲尼篇）此孔子之勇而能怯其所以为由也之勇之所不及欤！勇而能怯，惟坚忍二字足以当之。故坚须坚如铁，而不露其锋；忍须忍如钢，而能屈能伸。铁则不畏强御，而钢则能受强御。因不畏强御，故遇小阻碍则不妨秉其坚性勇往直前；因能受强御，故遇有大阻碍大压力为其力之所不能胜者，决不如石之一碰即碎，仍能秉其忍耐性而不为动；至多不过不能自由伸展而已。因此俟有机缘，重找道路，再谋前进。具此颠扑不破百折不回之精神以行之，无论如何为难，无论有多大阻碍，其结果要无干不通之理。故书曰："必有忍其乃有济。"其此之谓欤？昔者北山愚公立志移山也，河曲智叟笑而止之曰："甚矣，汝之不惠！以汝残年余力，曾不能毁山之一毛，其如土石何？"北山愚公长叹息曰："汝心之固，固不可彻，曾不若孀妻弱子？虽我之死，有子存焉，子又生孙，孙又生子，子又有子，子又有孙，子子孙孙，无穷匮也；而山不加增，何苦而不平？"善哉是言！真足为吾学者持志之模范者矣！

  昔耶稣教之东渐也，既于我国语言不通，又于人情风俗各不相谋，而彼教士之从事于此者，不畏艰难，不顾利害，卒能秉其坚忍不拔之志，前仆后继，以从事于此，卒至有成者，岂非其明证欤？

  现今学者入乡，与乡人间人情之隔膜，究不如西洋人之于中国；其语言之通达，尤为便利；其中虽不无阻碍，究不过与少数人之意有所未合，而于大体究属无妨。如能秉愚公移山之志，教士传教之方以处之，安有不积渐而解哉？

  吾人所患者，无毅力，不能坚忍耳！一言不合，则奋袖而起，辄致小不忍而乱大谋。甚之为细微意气之争，欲粉身碎骨而不辞。须知吾人之身体本可以牺牲，且牺牲性命以徇所学，亦是学者所应具之意志。不尔，亦即不能谓有坚忍之意志。但须要值得牺牲时，方肯牺牲；不值得牺牲时，万不肯轻于牺牲。所谓死或轻于鸿毛，或重于泰山，即此之谓也。如果不顾轻重，动辄以生命作无谓之牺牲，则所抱负又安所得施哉？

  是故自来大英雄豪杰，莫不忍小忍而图大谋，如韩信之受辱于胯下，张良之纳履于圯上，即其显例；而蔺相如之畏避于廉颇，及廉颇之负荆于相如，尤为千古美谈！使常人而受韩信张良所受之辱，鲜有不奋袖而起者；然韩信张良竟受之若素，居然侮之而不怒，辱之而不惊，此正是其坚忍如钢如铁能屈能伸处；亦即是其勇之深沉不露处。用能成其大勇，伸其抱负，成其大功。是以管敬仲之受辱于子纠之难者，所以成其霸齐之勋业也；越王勾践忍耻辱于吴者，所以成其沼吴之大计也；蔺相如廉颇交相忍辱者，乃所以成强赵之功也，韩信张良所以忍辱者亦所以成其创汉之业也。凡此皆能忍小以图大者也。以上所征引之故事，载在史册，可作学者之师资。然其所陈皆不过指抵敌显明之外侮而言，其实学者所遇心境上之敌不止此显明者之一种，而他不显明之敌或柔软而当于引诱性之敌，或其细微使人生颓唐心，于不知不觉之敌正多，要其略亦可得而言焉。

大抵学者立志之入乡也，其始也，莫不意志凌霄，雄心盖世，咸抱有舍己救国救乡之宏愿而来。无如救国救乡之宏愿，并非直接了当，一蹴能就；其所经之途径，实万般曲折，万般崎岖，比之道路则蜀道之难实难比其千万分之一也。虽学者自以为书本上所学，讲师所授，已经满腹经纶，设施乡务，绰有余裕。及其一入乡间，触接乡村实情，便觉书本上之所学，讲师之所授，与乡村实情无从凑泊，不觉望而生畏者有之；自觉手忙脚乱，穷于应付者有之，进既不能，退又不敢，自欺欺人，徒靡费公款，直敷衍其事者亦有之；板拙者坚持书本上所学，必欲以方枘纳于圆凿，与乡情终于格格不相入，以致费力不讨好者有之；狡猾者又往往完全抛弃所学，以趋乡情，致与初愿相违者亦有之：此实学者入乡第一难关也，亦即当面之第一大敌也，学者不可不知也。

及其费尽心机，打破第一大敌，通过第一难关之后，设施粗举，成效粗睹，学者往往自以为才能出众，功盖一切矣！不知以此言功，正如辽东白头之豕耳！不特此也，凡所设施，学者自以为功者，而乡村俗情往往反訾为多事；而团体或上司督促其事者又往往吹毛求疵，不谓其某事措置欠妥，即指其某事调度失当，甚或谓其办事不力：此则亦足使学者进退彷徨者也。故尔弱者未免因之灰心冷意，强者又未免因尔奔突偾事矣。此亦一难关也。亦一大敌也，学者不可不知也。

凡见可欲而动心，贤者不免。学者入乡办事未必即在乡间能办，亦有必须有上交官府下接豪富之处。一旦见官府之气概，富户之豪奢，学者未免相形见绌，自愧弗如，或未免以步以趋者。此即丧其所守之端也。循此以进，入乡以救国救乡者适足以祸国祸乡而已。此又一难关也。亦无形中之大敌也。学者不可不知也。

又有学者于办事得手设施粗举之后，其在乡间居然要人矣；然其俸给或其进益未必多也。妻子往往不知也，多以为其事举其功多，其家用当与事功俱进；否则，以为有失乡间要人妻奴子之颜面，多有不免予取予求者。学者如不能坚其壁垒，初则未免不举债以应，继则难免不丧失人格以求。此亦一难关也。亦无形中之大敌也。学者又不可不知也。

至其他乡间人情，变怪百出，诱惑万端，或以金钱，或以食色，学者在乡稍微得手之后，即相继而来诱惑，微有不慎，即将前功尽弃。此亦种种之难关也。亦无形中之大敌也。学者不可不知也。凡此种种难关，有一于此，而不能通过，即足以破坏我志而有余。欲免此各种难关，亦惟有坚忍不拔之精神，以持"富贵不能淫，贫贱不能移，威武不能屈"之志而后可。故余谓学者欲入乡领导乡民而申其抱负以改良社会者，须有坚忍不拔之精神以持其志为第一要著者此也。

（三）练习坚忍之方法

曾子曰："士不可以不弘毅：任重而道远，仁以为己任，不亦重乎？死而后已，不亦远乎？"学者如能时时自知负责之重，致道之远，毋争闲气，毋图小利，毋以细故而忘其大，毋以近事而忽其远，毋羡富贵以动其心，毋惭贫贱而丧其守，其庶几乎！

（四）征验实例

民国六年冬，余由甬到沪，拟转道北上，北京有要事勾当。在宁绍轮船码头，雇洋车赴沪宁车站，言明车力小洋二角，不料洋车拉经法租界，即停于半道云："沪宁栈已到。"余谓："与汝言明，拉至沪宁车站，并非言明沪宁客栈，何遽在此停车？"车夫乃云："至沪宁车站还须添小洋三角；否则另雇。"一面说话，一面即将余之行李抛在路上。余真恨极，即欲饱以老拳，猛然忆及，余此行之道甚远，有要事在身，其责亦重，不应为此三角小洋之故以致半途发生事故，有误行程，乃愤然允许。再添三角，即安然到站。

及到北京，闲中与友人谈及沪上车夫之可恶情形时，有某甲在座，其所遭情形正与余相同；伊不能忍耐，竟饱车夫以老拳；车夫头破血流，致打巡捕官司，几误行程云。

（五）讨论

于此可知余之临怒转念任重道远之有益于己也实多。否则，或余竟致误我行程，亦未可知也。以后余每遇细故愤怒，或物质人情之诱惑时，辄自念此任重道远之语，以坚忍我志也。余所经虽细事，然可以喻大。学者如能体认此意以行之，则无谓之愤怒意气自平，物质或人情之欲念自消，则坚忍不拔之精神，可养而成也。

（六）要诀

严我所守，坚我壁垒，如钢如铁，沉潜滋培。大勇能怯，强敌斯摧，纯钢能柔，百折不回。以此持志，夫何畏哉！

三 度量

(一) 原则

度量须宽弘。

(二) 理论

有志入乡领导人民以改良社会而施其抱负者,其学既富而其志又复持之以坚忍,应能达其所志矣;然而尚未也。何也?因欲入乡申其抱负者,于学之富,于志之坚忍外,尚必须有宽弘之度量以副之方可。不然,则虽有高世之学,坚忍之志,亦将无所成。盖度量譬如载重之舟车,而志乃其方针,学问乃其被载之重量也。故舟车如不能任重,则虽有方针,亦安所用哉?世固有能载重之舟车,并且有准确之方针,而不能载重行远者;然断无舟车乏载重之力而能任重致远者也。故度量之不能称其所学,亦犹是而已,恶乎可哉?

是故具命世之才者,必须具坚忍之志,必更具涵世之量;然后其神全,其气沛;故富贵不能淫,贫贱不能移;然后可以称学术之所至,放之则弥六合,卷之则藏于密;故可与立,可与权,可与参天地之化育而尽其用学术之能事;故能导其人民于光明之坦途,而使人不自觉。至于或经一国,或导一省,或领一县而有治一乡之才者,亦必须其量与之相副方可;不然,量不胜学,譬一叶轻舟而使载重致远,无不败者。此因度量能胜其学者,有若无,实若虚,犯而不校;故能容人;能容人然后始为人所容;故其学术虽高于天下,而天下之人被其涵养而相与忘于无形而忘其高。是以尧之民曰:"日出而作,日入而息,凿井而饮,耕田而食,帝力于我何有哉?"此盖被尧所涵养而不自知者也;此尧之所以为大也。故孔子称之曰:"大哉,尧之为君也!巍巍乎唯天为大,唯尧则之!荡荡乎民无能名焉。"

此乃度量宽弘之极则也。其次如孔子之"用之则行,舍之则藏","不怨天,不尤人","下学而上达",虽处境不同,抑亦能继其量者也。其次如楚令尹子文之三仕为令尹,无喜色,三易之无愠色。其次如狄仁杰之桃李满门,罗及药物。其次如韩琦宽厚立朝,自谓才须周八面。其量亦均足多也。故皆能自全其用者也。吾故曰有命世之才,必须有涵世之量,始能全其用者以此也。

若不然,则学术过于度量则自视常满,视人常不足。故此种人多不识大量,不知群策群力,不知学术之用不必须用自我;不知人苟有与我同术而得用者,亦犹吾术之得用也。故己不得志,则嫉妒他人之得志,己得志则又卑视他人之不得志;甚之己得志而他人亦有得志者,则必设法排挤之使去而后快。故己不能容人,人亦断不能容己。幸而不得志,不过为被谗受屈之冤鬼;不幸而得志,则将以祸人国家而有余,可不惧哉!?

是以韩非之遭谗于秦也,其锋锷露也;贾生之见摈于汉也,其进急也:凡此皆才过于量而气度不胜其学术有以致之也。张子房之于汉高,诸葛孔明之于先主,皆能自全其用者也;虽其学术优,抑以其度量足以胜其学术也。不然,汉廷之大,岂无李斯之徒,而先主之侧,岂乏灌绛之属哉?

至于宋之王介甫,抱经世之大略,负理财之要术,为三代以后所仅见之人物。且得君如此其专也,毅力如此其果也,宜可以全其用,致宋室于汉唐未有之盛矣!然而介甫终于功业未建,抱负未竟其施,人民未受其利,且终为宋室隐留他日亡国之祸者无他:其度量不胜其学术,故不能容人,亦即为人所不容,以致上下离心,而其所设施适足为小人舞文弄弊之资耳!安有不败哉?介甫盖尝试其设施于鄞县矣,而其成绩乃斐然可观。乃放而试之于全国,则不免于一败涂地。此则亦为前人之所不得其解者也。不知此乃介甫虽有盖世之学,只有包涵一县之量,而不能包涵全国之量之故耳!故试于一县,则县政以理;试于一国,则国政以败:真是丝毫不爽者也。

或谓商鞅亦褊急人也,果若所云,则何以商鞅能竟其设施也?曰:"是不然:商鞅盖急于法,并非急于量。观其居魏而魏人不知其学,虽公孙痤以将死之言告魏君,而魏君仍不信也,足见其胸襟沉毅弘远不易为人所知，明矣；谁谓其量小哉！故吾愿吾国之抱经世之略者，不可不自度其学术之所至而善养其度量以副之，庶几足以全其用，而匡救吾国之危。若不然，虽有匡救之志，空贻自己与国家两败俱伤徒为后人嗟叹之资，岂不重可悲哉？

此虽就抱经世之大略者而言，然一乡一县，亦莫非一国缩影耳！虽事有大小，而理无二致。吾尝见旧式之乡绅矣，虽或正或邪，或新或旧，各有不同；然其能指挥一村一乡者，则莫不有容一村一乡之量；间或有反对之者，亦卒能容之忍之，使之就范而后已；故能受一村一乡之爱戴而指挥自如，初非偶然也。若无容人之量者，往往无指挥一村一乡之能力；苟不自量其力，不改其度，强其所短，而欲争夺一村一乡之指挥权，或公产之管理权者，必至失败而后已。其甚者，往往遭杀身之祸，其实例亦颇可得而言焉。

吾邻庄某村，聚族而居之小村落也，素乏读书人，而富于公产。在有清末季，族中乃有一士子入学者，合族视为珍异，皆大欢喜；以为族中出秀才，堪为祖宗尊光辉矣；故族中奉承士子不遗余力。乃该士子竟无容人之量，自以为聪明过人，为族中唯一之读书人，事事自以为是，视族中长幼无一有能力者，亦无一有知识者。故不特有失敬礼，且偶有细故，即盛气凌人。因之族中人始稍稍不平，口出怨言矣；及怨言既起，士子不特不自改其度，且更加含怒未已，渐渐视族中人皆为可恶之人遇事即争。因之族中人亦渐愤恨，奉承士子乃不复如前。以前族中公产之归士子管理者，至此众议，改归他人管理矣。因此士子以为不特有失颜面，且有失实权，（管理公产之实益颇大）不得不争，故不得不与族人全体为仇。及其所争不胜，士子更加愤激，竟不顾一切，以强力自行处分公产矣。族人因此恨士子刺骨，乃聚族而谋，竟置士子于死地也。此一事也。

又有甲某者，甲姓大族之一士子也，毕业于某高师，自以为才能出众，视族人蔑如也；自以为高，事事欲占尽族人面子。族人因不能平。族中向规，凡毕业于中学以上，即有书田租金可收，原意族众以此贴补学生求学之经费也，至是族人乃改议族规，不予甲某收租。甲某愤激竟不愿族议，强行收取，并大言不惭，以为其势力可以压倒族人矣。族人大怒，竟杀甲某。此又一事也。

凡此皆度量不足不能容人之过也。

学者须知度量之大小，不必在于经国大事，亦不必在于乡间要事然后显；乃往往显于闲谈之际，态度之间，意气之末；其发端或极微，而其结果往往极大。如汉吴楚七国之反，乃起于棋局之争道，即其明证。即入民国以来，军阀之甲乙互争，政客之彼此互骂，多至不可胜数，其起于政见之不合者，平心思之恐十无一二，而起于意气之末者，十常八九而未止也。其过亦在乎度量之不足，而无容人之量，偏欲强以胜人之故有以致之，可不惧哉！是以吾更愿学者入乡以图展其抱负者，务须养其度量足以胜其学也。

（三）养度量之方法

然则养度量之方法奈何？亦可得而闻欤？曰："何为其不可也？只在学者自己刻刻自勉，力去嫉妒之心，忮求之意，以期胸襟常与天地同流，无所不容即得已。"

然学者学之未纯，操之未熟，虽习之有素，但一遇事故，不免仍露度量狭窄气象，其补救此弊，亦有一法，孟子曰："爱人不亲，反其仁；治人不治，反其知；礼人不答，反其敬；行有不得于人者皆反求诸己。"斯诚养度量救偏窄之不二方法也。且简明浅显，甚便于学习者也。学者如能善体斯言，而善用之，并时时自省之，则度量自不患其不弘也。

（四）征验实例

余尝审理一件争夺公产之案，双方各有几十人，法庭几为之站满，及至问话，如余问甲造某甲时，或乙丙丁同声代答，或戊己庚辛先后争答，或乙己答之后而丙己丁戊等各念念有词，代为补充，甚之乙造听之不服，先之自行互辩，继之互相争骂。及问乙造时亦同。当时法庭人声嘈杂，秩序混乱。余屡次严厉禁止两造随便发言，并告知两造问谁言，应由谁答，不得由旁人插言代答，亦不得由两造自行说话，然其效力不过三分钟；三分钟之后，而人声之嘈杂如故；一问三答，或互辩互骂仍如故。

余当时心中大怒，以为此等人真是牛马不若，不可以理喻，怒形于色，几将出诸口矣。忽忆孟子"治人不治反其知"之语，便觉凡此嘈杂，皆由余自己治人无能之故，而反怨恨别人，自觉好笑，又觉自惭，对于大众怒恨之心顿然消除，而自觉胸襟亦顿然开朗矣。

继思既然治人不治要反其智,究竟要如何智法然后可治耶?旋在脑中想得一法,使大众一律停止发言;静默后,自己亦恭敬正肃,静默三五分钟。然后以严肃之态度,用郑重清晰之语言从容告大众曰:"说话如此无秩序,问案将无明白之时,于我为白费力,于汝等亦为白费力,甚不当。余兹想得一法,使汝等说话少而事能明白,于我不费力,于汝等亦不费力,汝等其听之哉!"此话告知之后,即依照名单,一一重行点呼一遍。点到一名,即令自东往西排列一名,一排站不下站两排,两排站不下站三排。原告一造站东,被告一造站西。站立整齐之后,先告原告一造曰:"汝等人虽多,但是利害相同,当然要说之话亦相同;汝等之中谁是最明白此事者,谁是最能说话者,可即举谁来以代汝等全体说话。"于是原告一造乃举出某乙为代表说话之人。继对于被告一造亦作同样之告知。于是被告一造亦举出子某为代表说话之人。双方代表举定之后,两代表齐立案前;令其余之人后退几步;有凳可坐者令年较长者坐下;其余无凳可坐者仍令排列整齐。再告之曰:"现在问原告或令原告说话时,应由原告代表答话,被告代表毋得插言;问被告时亦应由被告代表答话,原告代表亦毋得插言。其余原被告各人认其代表所言有错误或未尽明晰之处,须于其代表陈述完毕后,余当一一予以说话之机会,再由各人自行补充或更正;但不得于代表陈述未完之前,半途插言。"告知之后再问:"汝等都听明白否?"乃或答或不答。余因照三令五申之意郑重再述一遍,并告知"此是法庭规矩;既知规矩,即毋得再行违犯"云。

经如此安排之后,其人虽多,说话之秩序井然。其后虽有一人曾半途插言,余即用极严肃之态度微用手示意,令当时说话之人一律停话后,再点呼插言之人,令站到案前,从容而问之曰:"余一再告知汝等,毋得半途插言,汝已忘之乎?"他即应声曰:"我错,我错,以后不再插言矣!"余曰:"此次汝既知悔,姑予宽容,以后勿尔!"仍令退列原位。经此之后,无有一人再行插言者。及问案既完,双方均极满意而去。

(五)讨论

余尝自思,当时如果我不反求诸己,不特将不耐烦之神情词气露于声色;甚之竟以恶言恶语加诸人矣!其度量之小,显而易见;万一以恶言恶语盛气凌人,而人亦报之以盛气恶语,竟因此而酿成祸端,其有失法院之威信又当何如!? 乃经余一度反省,余自己个人之神情气度顿然宽容,而法院之威信亦因赖以不失,此皆得力于治人不治反其智之一语也。

(六)要诀

天地育物,不称其德,人被涵养,不知不识,斯是度量,堪作法式。吾欲效之,抑亦有由,亲人不亲,于人无尤,治人不治,反己是求。

四　立信

(一) 原则

立信当以躬先信之。

(二) 理论

抱用世之术，具坚忍之志，且有宽弘之量，宜其能自用其学矣！然而未也！何也？其信未立也。信未立，无论有何种高言谠论，救民良策，遏盗善法，虽言之者谆谆，而听之者未免藐藐；甚之或嗤之以鼻，而杂之以冷嘲热笑；甚之或且因之以贾祸；甚之同一事也，同一言也，信之者则见智，未信者则见疑：不可不知也。

是以韩非子之言曰："臣非非难言也：所难言者，言顺比滑泽，洋洋纚纚，则见以为华而不实；敦祗恭厚，鲠固慎完，则见以为掘而不伦；多言繁称，连类比物，则见以为虚而无用；捴微说约，径省不饰，则见刿而不辩；激急亲近，探知人情，则见以为潜而不让；闳大广博，妙远不测，则见以为夸而无用；家计小谈，以具数言，则见以为陋言而近世；词不悖近，则见以贪生而谀上；言而远俗，诡躁人间，则见以为诞；捷敏辩给，繁于文采，则见以为史；殊释文学，以质信言，则见以为鄙；时称道法往古则见以为诵，而臣非之所以难言而重患也。故度量虽正，未必听也；义理虽全，未必用也。大王若以此不用，则小者以为毁訾诽谤，大者患祸灾害死亡及其身。"（韩非子难言篇）痛哉乎其言之也！此皆未信而言之患也。

韩非子又言："宋有富人，天雨墙坏，其子曰：'不筑必将有盗。'其邻人之父亦云。暮而果大亡其财。其家甚智其子而疑邻人之父。"（韩非说难篇）其子与邻父言行不殊而一见智，一见疑者，一信一不信之所致也。

故子夏之言曰："君子信而后劳，民未信则以为厉己也；信而后谏，未信则以为谤己也。"则其深知此中之要妙者也。

是以范雎之初见秦王也，王三问而不对者，欲先邀信于秦王也。吴起之为魏攻秦亭也，先徙车辕以示赏者，欲先取信于民也。其皆明于此者也。

商鞅之变秦法也，秉秦室之威，用君国之令，其势无异万钧之力，雷霆之威，当之者无不立碎，宜其无施而不可矣！然而商鞅于颁变法之令之前，必先徙木以示信者，其盖深知立信为先务之急者也。凡此皆古事也。以今事证之亦然。

十年之前，某处乡间曾有因调查户口而肇大祸者。其故乃因乡人不信调查户口是善政之一；乃讹传以为写成名册之后，将以名册为某处建大桥填桥垛之用。其名字一经填用，其人必将死亡云。因之乡间一般人，一闻调查员来，即惶恐异常，辄设法逃避或阻止。虽经调查员譬说多端，而乡人之不信如故。调查员无已，乃强迫调查，而一般人以为生死关头，竟聚众而肇大祸而后已。此一事已。

当耶稣教之初入内也，即设法办学堂，设医院，设育婴堂，以为传教之先驱。故学堂读书免费，医院医病免费，至于收养弃儿更不用说是免费矣。然内地人民不明其故，以为耶稣教之出此，必另有目的，大概疑为小孩养成送至外国杀血或割取耳目手足之用。又以为其设学堂办医院之用意，均亦如此，莫非是骗人杀血割取耳目而已。因此之故，其有收养之婴儿死亡或病人被医死亡，以为即是杀血之证，以致酿成闹教之大祸者，亦常有所闻也。

此又近事之足证也。其所以致此，皆未信而行之故也。

兹再以眼前之乡事证之，譬如学者入乡，劝乡人捐款办学，此极正大之事也，无如乡人之脑经虽极旧，然而极细密。此捐款办学之事，一入彼脑经，即发生种种疑心。

第一，一般人必疑此事于劝捐人有若干好处；否则必系位置其私人，伸张其个人之势力，疑劝学不过其名，而图利或是其实。因之东推西诿，使人摸不着主脑，使人无办法，此其一也。

第二，在管理公产之乡绅，又疑此必以办学为名而来侵夺公产，或争夺公产管理权之一种手段。（因乡间劝捐或需用地址房屋多向公产设法）

因之在乡人面前说些无中生有之话，以增乡人之疑，使无所成。此又一也。

因此种种，故劝捐办学即难办成。虽或费尽心力，勉强有成，乡人皆眈眈而视，无风要兴三尺浪，一有微风，则浪更大，务使办其事者动辄得咎而后已。

又或如劝乡人捐款办水利，一般人之疑劝捐者或别有私图，除已前述外，如因水路之微有变更，或须另筑堤坝者，则将疑心百出，谣言繁兴。或谓此事乃某人之私意，以图破损某村某庄之阴阳风水者有之；或谓此次之变更水道，带有偏强欺弱之意者有之；甚之疑水道之变更系纯粹出于办事者之故意，使某方不利者有之。虽办事者有求全之意，无如疑之者众口铄金，其事亦必难成也。此又一例也。

此二事如是，至于其他关于一乡一村兴利除弊之事亦莫不如是。未必乡人与办事者有宿嫌也，不过因其信未立而疑心驱之，不得不然也。如此直使办事者自救不暇，则事安能举，弊何能除，此皆未信之而行之患也。学者不可不知也。

（三）立信之方法

然则立信之方法若何？立信之方法最好以身先信之。譬如入乡者必抱有主义，挟有信条，凡其言行必须与主义信条相合而切实行之，亦立信之方也。如能将乡间之小信小善，为吾人之所能行者，一一予以实行，不以其微而忽之则尤善矣。

譬如学者入乡，宣传提倡国货，必须真心实意去提倡；须要认提倡国货是我所负之责任，切勿可认为办公事，认为演戏。在办公或演戏时，虽说得天花乱坠，娓娓动听，及至一下台或一出办公室，即脱然两人。不特不以提倡国货为意，而家族及自己所吃所用所穿所着多是洋货。更不可因提倡国货之故，而自己想在其中图利，其信自立。

又如学者入乡提倡乡人互助，学者如在路中见倒卧病人，无论是乞丐，是富豪，是农是商，是工，均须恳切问其致病之由；或急或缓，或重或轻，凡在可能范围内，如请医师，送医院，请邻友通知家族，设法救急等等，均应诚恳行之，其信亦立。

再如入乡办学，即应以办学为我唯一职务，应切实讲求启发儿童之法，应切实研究联络学童家族以图增教学之效率，应切实研究与同事同志互相磨励之法；切勿可心猿意马，一面正在教学，一面又想去发财，又想去行商，又想去如何舞文弄弊。

一言以蔽之，既以入乡办学为职志，即应实心去办学，其信亦自立；否则，其信即不能立也。

（四）征验实例一

吾乡有甲乙两绅，声望相若，拟捐款办事亦两人意志相同。甲因有事赴上海，勾留半载，托乙在乡捐募。及甲由上海归，以为事已大集矣，询之乙；乙告之曰："此事大难，乡人对于捐款多东推西诿，虽富者亦然，为之奈何？"甲曰："噫，其因余辈未先立信之故欤！"遂量二人能力所及，各先捐出巨款，并将此款托存于乡中最可靠之人，专为办学之用；其后再向人往捐，其事乃大集。

（五）讨论一

此两人声望既同，所办之事亦同，而被捐之人亦同。然而其先不成，其后竟成者，纯在乎信立不立之故。学者有志入乡申其抱负者，于具坚忍之志及宽弘之量之后，立信实为先务之急，安可忽哉？

（六）征验实例二

伦敦有鬻钟表者曰谷拉含（George Goraham），每鬻表于人必自定保险之期；期内如有差忒，可返之谷拉含。有一绅士购一表，谷拉含语之曰："此表七年后，时间有五分之差，子仍以还我；我还子钱。"绅士赴印度，七年而归，往访谷拉含，告之曰："子之表已迟五分。"谷拉含视之曰："真我所制，吾尚忆吾之言。"立返其金。绅士见其诚也，曰："予愿以十倍之价，取回此表；盖余不愿离此表也。"谷拉含曰："先生休矣！吾决不能破吾之信，因悬其表以自励焉。故其表之准确大为社会所信仰，终以一技之长，垂名于不朽也。"

（七）讨论二

此真能以身立信者也，甚之人欲以十倍之价取回此表而不许，亦并非矫情以干誉所为，而乃为悬此表以自励，以期以后之表无有再差五分之事发生，而坚其信用也。无怪一钟表师而能名垂不朽焉！此真为吾辈欲立其信者之所取法者矣！

（八）要诀

车行维何？惟轧惟轵。人行维何？惟信是归。何以信之？身践其基。何以行之？小善弗遗，孜孜勿倦，殆其庶几。

五 持己

（一）原则

持己应正。

（二）理论

信既立矣，则高言傥论救民良策遏盗善法及其他各种设施，自有施行之机会。然此不过如新开店铺之广告，无此广告以耸动听闻，固不能发客；但专赖广告发客，而无真正之货真价实之道地货物以继之，则其信用亦将立失。如吾国革命之初，多数志士，甘愿牺牲性命以谋民族出路，故一般人对于革命志士之信仰极笃；当北伐军进展之时，一般人民均有箪食壶浆以迎之慨；及其后也，党人多言不符行，自欺欺人；因之其宣传之效力乃立等于零，而其信仰亦全失。此其明证也。

方今之时倡导节俭亦常著之于政令矣；赌博财物有罚吸食鸦片犯禁，作奸犯科有刑，亦常著之于法矣；然而令之不从，禁之不止，罚之不畏，刑之不惧，非法令不明，刑罚不重也；乃是当治人者或有领导之责者多躬自违令以为尚，多自以能违法为荣；则一曝十寒，虽有严法峻令，亦何补于事哉？昔季康子问政于孔子，孔子对曰："政者正也，子帅以正，孰敢不正？"又曰："其身正，不令而行；其身不正，虽令不从。"真知言也！

乃今之从政者多不知此，或不愿知此者也！以为法禁不止，命令不从，均是法令不重之故；于是乃大重其刑罚。固然增重刑罚易，躬率以正难；增重刑罚只须由政府一纸命令即行；躬率以正，则非以身与人同遵法令不行。无如苟不躬率以正，则刑罚虽加重，亦于事无益，其故何也？因为刑罚之大，用在乎平；平则虽轻，其效著；不平虽重，其效亦不著。譬如吸食鸦片，赌博财物有罚，其罚乃极轻，如果执法者能平，凡有吸鸦片烟者或赌博者无不罚，则其法虽轻，断无人肯去尝试必得之罚也，故其功效自著。反之，吸食鸦片赌博财物之罚虽极重，然执法不平，刑罚所施尝在于无足轻重之人，至于有势者不特可以不罚，而且吸食鸦片或赌博财物时可使巡警站岗任保护之责；或执法者在审理案件时虽处烟犯赌犯以极重之刑罚，但自己则不然，退食之余，总是以吸食鸦片打麻雀打扑克为消遣品：如此一来，人人以为刑罚虽重，系为倒眉之无势力者而设，于我无干。设有人因畏刑罚而不敢吸食鸦片赌博财物者，不特人反以为耻，自己亦将觉得自己不趋比于上流，于心亦未安也。如此则刑罚虽重，适足为好虚荣者作恶犯科之奖励品耳！又安能有刑罚之效验哉！夫平即正也，不平则不正也，故孔子曰："其身不正，虽令不从"，岂不信哉！故学者欲申其所学以领导其乡人者，不可不于立信之后，正其身也！

（三）正身之方法

至于正身实行之方法，详言之，一部修身教科书尚不能毕其说，宋元明清道学先生毕生研究之而不能尽其意，然吾以为正身之道如何，应先明正之定义如何，兹就愚见所及，说明之如下。

（甲）正之定义

所谓正者乃不偏不倚之谓，与中字之定义相同，故可以两字连用，谓之中正。此就正字之本质言之也，至于正字应于事所表现，正不正之标准则另有说法如下。

（乙）应于事所表现正不正之标准

即严守个人自己之自由范围而不侵越他人之自由范围之谓正；否则谓之不正。此就个人自己与他人言之也。如就自己以第三人之资格对于他人间之事言之，则中立于他人各个自由范围之中间而不作左偏右倚之谓正。

以上所说正之定义及标准既得，乃进而言正身之方法。余以为学者既以应于事以实用为的，应以下列四字为实行之要。

1. 清

此清字之含义有下三种：

（甲）清心之清。此对内而言，能清心则寡欲。

（乙）清明之清。能清明则能分别他人与我之界限，故能辨别是非曲直。

（丙）清廉之清。能清廉然后能非礼不取，行己有耻。

2. 慎

此慎字含义亦有几种：

（甲）慎独之慎，即时时内省自己有否不正，有否不清不兼之谓。

（乙）谨慎之慎。即时时对外，待人接物，与以省察有无不当之谓。即孔子所谓居恭言敬，又所谓言忠信行笃敬即是此慎字之效用。

（丙）小心慎重之慎。此即内省或外省之结果，认为此事可行或不可行者，为格外慎重起见，再三细心省察，以决定其可行与否之谓。

3. 勤

即勤力之勤，其意义即敏于事之意。然敏于事虽是旧说，其界说太不明白，余以勤字之意义当是此刻能做之事不肯待至下刻，今日应做之事，必不待至明日，一日能了之事必不延至两日是也。

4. 俭

此俭字即是节俭之俭。然究竟如何谓之俭，如何谓之不俭，则随人环境而异，其一定之界说则甚难定。余以为俭者乃在自己独立个人经济之范围内，度其个人或家族之生活，只令有余，不使不足之谓俭。故应量自己每月或每年之收入以拟定一年或一月之支出之预算，除有意外之事故不能预计及者外，通常生活应按照预算行事。每项只令有余，不使不足。每将有余之数，匀出一部分为储蓄之用，以供不时之需；另匀出一部分以为帮助他人之用。

故此可知俭与吝不同。俭则只俭在自身而不妨害别人，或因此转能帮助别人；吝则吝于别人，而不吝于自身。故俭与奢一人不能同时并存，而吝与奢往往一人同时并存。因为自己奢，则对于人不能不吝也。故吝则不可有，俭则不可不有也。

以上清、慎、勤、俭四字何以可作为正身之要，其故因人之所以不正：

一、由于彼此个人自由之范围不明；

二、由于个人之经济不能自立；

三、由于被经济或经济以外之利欲所引诱，使他不能不设法侵越他人。果能勤与俭，当然经济容易自立，百业亦易举，服务亦能称职；而兼之以明白人我界限之清；重之以清心寡欲；而又辅之以谨慎小心；时时反省去其不是而存其是，则经济或经济以外之诱惑亦无所施其技，则其身自正。否则，如不勤不俭，当然经济将患不足，不清不慎，当然无所不为。既患不足，则不能不设法弥补；既设法弥补，而又无清慎以制之，则当廉耻道丧惟利是图矣！其身又安得正！故吾谓学者欲正其身必实行此清慎勤俭之四字为要也。持此四字以居己，不难独善其身；持此四字以领导乡民，服务社会，则不难兼善社会也。如于信用即孚之后，永久持己以正以继之，则事事当能得手应心也。惟兹所应研究者，应用如何方法以练习清慎勤俭是也，今当分别言之如下。

1. 清之练习方法

清之含义虽有三种，然其重要者则在清心。如能清心寡欲，则清明清廉，自易为力。清心寡欲为向来学者视为最重要之问题，亦即为克己工夫最重要之关头也。然吾所谓清之练习方法，乃是卑之无甚高论，重实行而已。其方法有二：

其一，乃坚持我志，以期达到我持志之目的，为我最高目标，平时应念兹在兹，拳拳服膺勿失；凡遇利欲当前，即应随省随觉，惟恐此最高目的标之或失；则其利欲之私自淡，而心境自清。此一种简要之法也。

其二，乃用勤俭为清心之手段。因为清与勤俭是一贯之事，一般人（少数人或有例外）惟克勤克俭者方能清心寡欲；亦惟能清心寡欲者方能克勤克俭；二者实互相因果而不可离。然初学者由清心以至勤俭，则入手之初，或未免蹈于空言高论；不如由勤俭而至清心，则步步脚踏实地，其用功较易为力。除勤俭之方法另详于勤俭各节外，兹将勤俭及严持其志之足以清心之实例举其一二如下。

勤俭足以清心之实例

吾家所居之地乃聚族而居之村庄也，居民约有三百家，皆以务农为业。凡勤于农事俭于居家者大都寡嗜欲不骛外务，不好谋不正当之利益，其立身行事均能循规蹈矩。反之，不勤于农事，不俭于居家者，多嗜欲，好谋不正当之利益，其立身行事大都无轨道可循，虽有少数例外，其大较实不外乎是。

清之讨论一

大概勤于所事，劳于体力，则心思有所专注，则心不求清而自清。吾尝见彼农夫于当夏六月刈稻于田，其热似火烧。及担谷而归，载重人轻更汗出如浆，其苦似不堪言状。行及半途，息肩于大树之荫，坐卧于草地之上，乘微风扇凉，即歌声四起，清脆可听。当此之时，咸以为神仙之乐亦无以易之也。其心境之清，大有文人静坐十载，面壁九年之所未逮。故可知能勤于所事，劳于体力者，其能清心，实不学而能也。其心既清，而又行之以俭，则事事容易满足，更无须贪心外求，亦正是助清心寡欲之方法也。故能克勤克俭者，多能清心寡欲，实非偶然也。

严持我志足以清心之实例

在我国古人如孔子高足弟子颜渊之一箪食一瓢饮而不改其乐；在外国如希腊倡克欲哲学之达奥杰尼司只一杯以为饮，一桶以为坐，别无长物；及见童子用手掬水而饮，乃将杯子掷碎，以为饮水亦无需乎杯子也：此皆因其中心有所守故能安乐于穷苦也。亦即其清心寡欲之实效也。至于察之于近日社会中人，吾虽不能举出某个人以证实吾言，然吾尝细心以体验之。凡心有所专守者无论其专守者为工业，为文学，为美术，为哲理，或皈依于佛法，或信仰于天主，莫不有清心寡欲之功；虽其清心之程度因专守之事业专守之坚弱而异，要其有清心之功效则无不同也。

清之讨论二

此因心有所专守，则对于专守以外之事，即不复能扰其心曲，其清心寡欲乃出于不期然而然。故严持我志，以期达到我持志之目的为我最高目标，实为清心之简要方法。学者于此如能拳拳服膺而勿失，则清心或庶几其不难也。

2. 慎之练习方法

谨慎小心以居己以接物，如有心去实行，固人人所能也。然而事实上则不然，知之者众而能行之者实寡；知之者亦非不欲行之者也，然终于不能行之者无他，只因不耐烦之心为病故耳！因不耐烦，故对于计议事件，即懒得再三考虑，聊以了草应付；对于待人接物，即随随便便，任意敷衍，对于自己日常生活及起居饮食，更懒得注意，毫不小心：故虽有谨慎之心，而不能有谨慎之实。故欲练习实行慎字之方，其用力应在耐烦二字。所谓耐烦者，即对于一切事务，均耐着心不厌烦去做是也。此二字甚平常，人人所易晓，人人所易为力，如勉力以行之，则作事用功自能始终不懈；待人接物，自能免于随便敷衍；计议事件，自能再三考虑；日常生活及起居饮食亦自能时时注意，而谨慎之道即完全在其中矣。

耐烦足以为慎之实例

余尝审问案件，对诉讼当事人之对答无秩序无礼貌者辄生愤怒心，对于律师陈述之滔滔不绝，历数小时者辄生厌倦心，对于案件之千头万绪如乱丝者辄生敷衍了结心。继又往往自行转念，此即是我之不耐烦，不耐烦即是不恭敬不谨慎小心不尽职之病根，乃复悚然自惧，翻然自改，乃坚持我耐烦心。因之以前之有愤怒心者其愤怒自平，有倦听心者则倦听之意已消，有敷衍了结心者则敷衍了结心则已不复存矣！

讨论

凡此所述，乃是我自己内心意志变动之经过，他人或不得而知。然当我发愤怒心时，则面上必有愤怒之色，当我生厌倦心时，则我之神气必有厌倦之意；此皆不恭敬不谨慎之表现也。当我生敷衍了结心时，他人虽不我知，而我自己则知之，此即不慎其独之表现也。及至耐烦之心出现，而此种之不良现象立失，则可知耐烦之于谨慎，其功用大矣！

3. 勤之练习方法

当然要夙兴夜寐敬惜寸阴为其总原则，至于分则之要，亦可得而言也。

（甲）应做之事，应即时为之。今日应做之事，切勿待至明日；此刻应做之事，切勿待至下刻；一日能了之事应以一日了之，切勿延之二日。

（乙）如果工作系自行支配者，应于每天早晨将今日应办之事排定次序去做，方能头头是道。

（丙）如果工作系被人支配者，除被支配之部分应听候他人支配外，关于自己有酌量余地之范围内，仍须自行安排次序以利进行。

（丁）如果工作系支配他人者，除自己每天应有计划安排自己个人之工作外，尤应顾及被支配人之工作便利：

（一）凡琐细事务之与属员讨论者，应搜集在一起，以便在一起规定之时间讨论完毕，以免临时屡次麻烦属员而妨害彼之工作。

（二）凡属员应办之事，除临时发生者得随时调度外，凡通常之事，均应与以分配妥当；不特可以免苦乐之不匀，亦所以增加办事之效率。

（三）在办公期间内与来宾接洽，其谈话应简单明了；其接洽已毕或其接洽已告一段落即应对来宾表示谈话之结束语暗示来宾可以告退之意；以免来宾久坐不走，只管闲谈，致丧失宝贵光阴。

（四）已到办公时间，自己即须入办公地点，不要在饭厅或客厅或私室内流连不去，致属员失其指挥人而减工作效率。

（五）凡遇属员办事须待我解决之处，务须提先为之解决，以利工作进行；万不可属员所办之事待我解决之时，而我却抛弃不顾，反到别处去勾当，以致一般属员之工作均告停顿。

以上各点如能切实予以注意实行，则勤字之道虽不中不远矣！

勤之征验实例一

斯各脱（Sir Walter Scott）者苏格兰之大文豪也，初佣书于某法律事务所数年，昼则从事业务，夜则力学。后充埃及伯甫（Edinburgh）议会书记，每早餐以前，则从事文学著述；早餐以后则至议会治簿书。每日行事不衍定晷，晨间五时即自起篝火，理发整衣。六时据案为学著文，案上书籍不乱。至九时十时家人请会食而斯各脱一日之课已毕矣！平生勤勉自励，故著述极富云。

勤之讨论一

斯各脱一面服务治事，一面力学著书，每日极有秩序，其利用光阴极为经济，故能有成，此实为吾辈学者习勤之好模范也！

勤之征验实例二

曾文正公涤生为我国近百年来之特出人才，虽身在军中，军务极忙，亦不废自修之功；今日应办之事，未尝不以今日办了。尝自言每日应办之事，积搁过多，当于清早单开本日应了之事，于本日了之云。

勤之讨论二

"今日应了之事，应以今日了之，切勿待之明日；此刻应做之事应此刻去做，切勿待之下刻；一日能了之事切勿延至两日，"为习勤最简要之方法，余已屡言之矣。曾文公之勤于办事，亦不过善用此原则而已！学者知此，则知习勤之所从事矣！

勤之征验实例三

吾有甲乙两友均开木厂为业，其为人均精明强干，办事亦均其勤力。惟甲颇有游息之时而事治，乙则自朝之晚绝无游息之时，而事反业胜不堪。余怪而问甲其故。甲告我曰："此无他，吾之办事有计划，有秩序，有条理，故人多各赴其力，用力齐而勤之效率睹，故有余暇以资游息；彼办事无计划，无秩序，无条理，故人虽多而用力不齐，虽自己一日至晚手足不停,五官并用,费力极多,而属员反多袖手旁观,无事可做;此其所以彼无游息之时间,而事反业腔也。"

勤之讨论三

于此可知有指挥他人工作之责者,不特自己应惜光阴勤用力而已,尤须顾及属员办事之便利也。自己办事勤,可谓惜光阴,而便利属员办事者,更可谓之经济光阴也。倘不明于此,未有不如某乙之徒劳而无功者也!

4. 俭之练习方法

习俭之大原则无他,即不必要花费者不应花费是也。然必要花费与不必要花费之标准甚难定,此原则虽有若无,兹为便于实行起见,乃举开简要方法如下:

(甲)须严持我志以达到我持志之目的为最高目标,则自然衣敝缊袍而不以为耻,见繁华盛丽而无动于中矣;则必要花费之限度自低,节俭之习不养而自成矣!昔颜回居陋巷,一箪食,一瓢饮,人不堪其忧,而回也不改其乐,因其中心有所守,故一切外界物事不足动其中故也,此乃克己清心之要法,亦学俭之要法也。

(乙)必要花用自己须有预算为之限度。凡遇到欲花费不必要之花费时,须念一钱虽少,而千家万户之所以得安乐者,其始亦由于谨用一钱,而慎蓄其余。念农工之勤苦,每日所得几何,则知一钱之微,决不可轻视;念凶年饥馑亲戚故旧乏升斗之储者,未免流离失所,如节用此一钱而渐积之则不难为救灾之用,则知此一钱之作用更大而不必要之花费自然不肯花矣!

(丙)凡用钱应按照前述有预算,以量入为出外,并应记账以资考核,则遇到不应用之钱,自觉不好记账,则不应当用之款自然少用矣!

俭之征验实例一

有位少年书记,向其主人要求加薪,主人谓之曰:"我语汝加薪之道,汝身穿纯丝衬衫,价非八九元不办,而我之衬衫代价不过三元,穿此来办事其功效毫无差异,汝脚登时髦皮鞋,想其价必在十四元以上,而我之皮鞋不过十元,牢固经久比汝之皮鞋有过之并无不及;又汝脚上之袜比我之袜其价之高,至少要有两倍;汝能根据汝之进益,来支配汝之穿着,则加薪就在其中矣!假使汝之起居饮食及交际习惯,同汝之穿着一般耗费,纵使加薪，也不过随手辄尽，仍不足用也。"

俭之讨论一

此书记因不能量入为出，故不足于用，以为非加薪不足以资挹注，不知加薪之后，如仍不能量入为出，仍将不足于用，而主人告之以量入为出之方法真俭学之好方法，亦为我学者学俭之好方法也。

俭之征验实例二

有一位妇人与其丈夫讨论伊之储蓄存款发展顺利之情形。原来伊自己早已定有一条规则，实行已久，每逢心上想买一件东西时，必在购买以前守候三四日，把此项物品是否必需品一层再三考量，如果考量之结果，感必需，并且其物品亦合意，而价格亦相当时，然后方去购买。否则，如果考虑之结果并非必需，或虽必需而物品不合意，或物品合意而价格不相当时，仍不购买。因此伊省去许多不必要之购买，而储蓄存款发展，因之顺利云。

俭之讨论二

一般人之所以不能节俭其由于故意浪费者恒少，而由于不经意而浪费者恒多。如果每于购买物品时，于必要或不必要，或其物品是否合意，其价格是否相当等，予以切实考量后，然后购置，则不经意之浪费自然无从发生，而俭自在其中矣！此虽不足道之俭学，亦我学者所必要之俭学也。以上所言，为实行清慎勤俭之方法，至于正己之要固在清慎勤俭四字，而尤在乎勤俭为其始基。兹再举例以实吾言，并总结我持己之篇也。

（四）征验实例一

有劝捐慈善捐者持捐簿入某农家之门，适闻某农因麻绳之被雨湿，正大怒责其佣人之不收拾；劝捐者以某农为些细麻绳被湿尚如此计较，其不肯捐款必矣。既入，而告捐，某农慨然出捐巨款。劝捐者异而问之，某农曰："余之款皆由勤中得来，俭中积下，苟不勤俭自顾不暇，殆将非法取之于人矣，又何能有余款出捐！余之所以爱惜麻绳而责备佣人者，正为勤俭耳！"闻者叹服。

（五）讨论一

此农夫所言大足发明吝与俭之分，并能严分人己之界；又足以证明由勤俭而后经济能自立；经济能自立然后能不侵越他人，而身始能正。故学者欲正其身，务望以勤俭二字为其基，重之以清慎而实行之，庶几正身其不难也。

（六）征验实例二

有清末季某县有两幕友，一司刑名，一司钱谷，均得该县知县之信任也。司钱谷者，美衣食，好作侠邪游，每月薪水所入，不敷所出，不得已举债以应；其债积渐加多，渐至无法应付，渐乃疏于治事而工于舞弊；事觉，知县乃辞其聘也。司刑名者，居家甚俭约，衣弊履穿，亦不肯邃易，必顾虑再三，必不得已而始购制新者。故薪俸所入，供家养眷，绰有余裕，其办事亦始终勤慎如一，无留胠无误事也。知县与之相处愈久而信愈笃云。

（七）讨论二

此两幕友其初之得东主信任一也，然其后一则半途而弃，一则愈久信任愈笃者，一则持己正，一则持己不正之故也。其不正之原因乃在乎经济不能自立为其主因；其所以经济不能自立，乃在乎不俭，渐至于办事不勤，渐至于舞文弄弊。故吾谓正己之端乃在乎勤俭，岂不信哉！

（八）要诀

正己正人，如影随形；己弗能正，孰能正人？虽有妙术，令亦弗行。正己之要，清俭慎勤，守此勿失，庶其有成！

六　接物

（一）原则

接物应诚恕。

（二）理论

身既正矣，而待人接物应以诚恕出之，亦为学者之所不可不勉也。盖同是一言一语，同是一举一动，因声音笑貌之异而观听者之意为之大变：以和蔼之态度出之使人悦，以威厉之态度出之使人惧，以恭敬之态度出之使人敬，以侮蔑之态度出之使人羞，以诚恕之态度出之使人感，以傲慢之态度出之使人怒，以尖刻之态度出之使人恨。故学者既愿入乡领导人民为己任，则应诚恕以待人接物，尤为不可不勉也。

所谓诚者即诚心诚意之诚，诚于中者自然形于外。故能诚于中者，自然暴慢傲厉之气除，侮蔑轻率之行敛；而待人接物自然有温恭之色，和蔼之容，诚恳之态。以之行乎社会，如空舟之放乎江湖，无往而非荡荡之大道；虽有偏心人遇之，亦鲜有能怒者矣！此诚之效也。是故孟子曰："诚者，天之道也；思诚者，人之道也：至诚而不动者未之有也！不诚未有能动者也！"其真知诚字之功用者也！

所谓恕者即曾子所谓夫子之道忠恕而已矣之恕。己所勿欲勿施于人谓之恕。反面言之，人所勿欲有施于己者，亦须推其所以致此之由，或出于无心，或出于疏忽，或出于不得已之故而能加以原谅。故能将恕字体会得明白，则知现在社会上一般之不良现象，初非偶然而成，实各有其历史或背景而有使之不得不然者。

故对于此种现象之中心人物，骤视之莫不认为可恶者，如运用恕字，加以解剖，则知所以致此之故，实有其不得不然之背景在。知其背景则知其所以出此虽可恶，亦未免可怜者矣！盖一般人只能应付环境而不能打破环境，能打破环境者即是英雄豪杰。是以孟子曰："待文王而后兴者凡民也；若夫豪杰之士，虽无文王犹兴。"其此之谓也。夫豪杰之士不能常遇，而责人人以豪杰，岂不难哉？知此则知此辈应付环境之人，更在可恕之列矣！

且如人有发狂疾者，捣乱家庭，不遗余力；不知其病者，恶其捣乱，急起与之角力，非两败而俱伤则必两者必有一伤；于救狂之效则未睹也。如能察其致狂之由而去其致狂之源，则狂自失矣！现今社会之不良现状，亦有其致狂之源也；故入乡而负有改良社会之责者，能去其致狂之源则得矣；亦不当与其角其死力以致两败而俱伤也。

且以愤恨傲厉之气行之，自然到处皆敌；以温恭忠恕之态度行之，自然到处皆友；此又恕之效也。现今学者多于诚恕二字未甚注意；殊不知不诚则暴戾之气行，而轻率之态出，以之待人接物，将无往而非荆棘，及其荆棘之来也，又不能反身自省其过，而受之以恕，乃反多怨天尤人，以为此皆社会不良所致。果若此，则其人无论抱有何种高尚学术，其于人也，莫不如水投石，不特无益于社会，亦将无以自善其身也。此皆不知用诚恕以待人接物之过也。

学者果能用诚恕以待人接物，而运用其学术抱负于社会，则无不如石投水，当能左右逢源，一路无阻矣！诗云："自西自东，自南自北，无思不服"，其此之谓乎！故孟子曰："万物皆备于我矣，反身而诚，乐莫大焉！强恕而行，求仁莫近焉！"旨哉言乎！愿学者其深识之而勿忘焉！

（三）练习诚恕之方法

其方法无他，吾之一举一动，一颦一笑，一念一语，常自察其是否出于真心，是否杂有虚伪，而时时去其虚伪长其真心则诚在其中矣！吾之所施于人者之一切行为，常自反省：假使人以此施于己，则如何？时时自择其所喜人之施于己者而施诸人，将自己不喜人之加于己者，亦不加诸人，则恕亦在其中矣！此亦简单之方法也。

（四）征验实例

余有一次在乡间池塘边钓鱼，忽有一佣人装束之人，匆匆路过塘边，骤然问曰："唯陈家山向何方去？"余嫌其问话太无礼貌，即顺手指之曰："从彼处去。"伊即从所指之路而去。

有顷，其人急遽而返，大辱骂余不止，谓余有意指错道路，致误伊要事。余笑谓之曰："谁使汝问话无礼貌哉？此正汝应受之罚耳！"其人曰："余无礼貌，汝应正当告我，何得以此戏弄人也！"余觉其言良是，乃以和蔼之态度，恭敬而告之曰："汝无礼貌，受多走路之罚；余戏弄汝，受汝辱骂之罚，各当其罪矣！今余将指汝正途，汝其往哉！以后幸勿无礼也！"乃即在日记簿撕下一纸，用铅笔画成详细曲折之途径指示而予之。其人乃欢谢而去。

（五）讨论

此种事件为一般人所常有之事，但往往不自介意耳！其实此种事件，大足以练习待人接物诚恕之道。如彼无礼问话，是我之所不欲人之加于我也，而人有故意指错道路以相告者，亦我之所不欲也；我既不欲人之加之于我，我即不宜加之于人，方是恕道。当时余竟未虑，而我竟以谎话施之于人，实于诚恕两失之也。其受辱骂宜也。幸而其后余能急自反省，予以诚意指示，终得彼欢谢之结果。若不然，恐以相打终耳！于此细事，亦可见待人以诚恕，人亦报之以诚恕；待人以不诚不恕，人亦即以此报之；可不慎哉！

（六）要诀

果感以诚，金石为开；果接以恕，无怨无猜。孰谓有众，执迷不回，责在吾党，忽此要术。止善有心，如水投石，盍亦改诸，毋忽毋辍。改之维何，推己及人，去我虚伪，养我真诚。

七 权变

(一) 原则

权变须应变万方，惟义所在。

(二) 理论

志既坚忍，量又宽弘，复能正以持身，诚恕以接物，用学术之学，至此似无遗憾矣；虽然，犹未也！何也？持此应常，则可矣，持此应变，则犹未至也。盖有常，不能无变，是以权变之术，亦为学者所应研心者也。

司马法曰："古者以仁为本以义治之之谓正；不获其意，则权；权出于战，不出于中人。是故杀人安仁，杀之可也；攻其国，爱其民，攻之可也；以战止战，虽战可也。"是可知权者超过于为仁为义而或为不仁不义，正其所以成其大仁大义者也。是以有汤武之仁乃可以杀桀纣而不为暴，有伊尹之志，乃可以放太甲而不为篡。三黜士师不去是人所不齿也，惟有柳下惠之三公不易其介者行之，仍不失其为介。言必信，行必果，是君子之所难能也，惟孔子能以毋意毋必毋固毋我者，转可谓言必信行必果者为硁硁之小人。此无他，中人惟恐不及于常，而通权者则超过于常者也。

盖所谓权者，乃是权衡之权，即能权事故之大小轻重缓急而能予以适当应付之方是也。是以权者超出于常之外，非所拘拘乎常之内，正所以合于常之原理；乃是常之所从出也，又所谓常者即通常之所谓义，亦即人所应由之路也。譬如航海者，涉沙漠者，无路可寻，不得不用指南针以定应寻之路，权者即是定应寻之路之南针也。故常者乃是已经先人权定之规矩准绳；权者乃是此事此变未经先人权定，或虽经先人权定而因时移势变应予临时权定者也。此乃权之正态也。

乃有一种事故，早经先人权定已变为常矣，然而一般人不知也，亦谓之权，此则假装之权也。

又有一种事故，虽错综复杂，人或看不透事态之真象，或辨不明事故之大小轻重缓急，不能决定其常之应如何取舍，亦谓之权。此则变态之权也。然一般人均谓之权，又谓之权变。

是以汤武之伐桀纣，伊尹之放太甲，此权之正态也。石错之大义灭亲，孔子之要盟不信，此假装之权也。孔子于兵食信三者不得已而应去其二时，则去兵去食。孟子于鱼与熊掌不可得兼时则舍鱼而取熊掌。此则应用之常，不过错综取舍而已，乃变态之权也。

是以通权达变者，充其量之所极，须知仁义之大本，明礼法之大原，究乎天人之际，通乎古今内外之变，然后可。故孔子曰："可与共学，未可与适道；可与适道，未可与立；可与立，未有与权。"更可知权者乃孔子之学之极诣也。是以毋意毋必毋固毋我，惟孔子能之，而七十子之徒病未能也。

夫事故之来，既千变万化，不可仿佛，其权变之方，亦应与事态相应，亦非一端所能尽。然其大要亦有可得而言者，其要维何？即不外要看得透，拿得住，断得定，三者而已。

看得透，乃能明事态之真象；拿得住，乃能得事态之要害；断得定，乃能决得定取舍应付之方法：此三者，如能研之精，操之熟，则可以应变而无穷。夫社会事态，固千变万化；或隐或现；或现而实隐；或隐而反显；又或如云里神龙，首尾不见，仅露鳞爪；或如黄河发源，千里伏脉；或如长江，一泻无际；或如水底看月，似是而非真；或如笏袍登场，其实另有内幕；或如空中白云，瞬息千变；或如大海孤岛，兀然不动；或如昆仑山脉，蜿蜒东走，峰峦叠起；或如洞庭不波，水平如镜；或如沧海遇风，浊浪排空；或如万丈深潭，望之杳然无底，暗藏蛟龙，能兴云雨。凡此其形态固万不同也。然由尖锐或敏捷之眼光视之，复以往事验之，以来事参之，以平素之细心以体会之，则见现而知其隐，探隐而得其显；由显而察及其微，察微而得其浅，由浅而得其深；由深而知其远；由远而推及其隐；其甚者，则将显隐远近深浅，互相观察印证，互相推验体会，而得其全。故能得一鳞一爪，即能知全龙之形；明其一峰一壑一水一湾，即知其来源去脉：正如显微镜所照，无微不显，无隐不明；一眼之下，即能看透事物之变化，使事之真象毫无遁形。是以钟子期之听琴也，伯牙一切心境之变化，皆能于其琴声辨之；智果之辨色也，一见韩魏二君，即知其必变；再见韩魏二君且知韩魏二君已知其隐：此皆见微而知其隐者也。斗伯比见莫敖之举趾高也，知其心之不固；蹇叔知敌之御师必于殽也，知孟明之必败：此则或由显及隐或由远推及其深者也。张仪为秦献地六百里于楚，请以绝齐。楚群臣皆贺，陈轸后至不贺者，陈轸明秦楚齐当时之形势，而知其必诈者也。秦攻宜阳，周君以为勿拔，而赵累知其必拔者，知甘茂与秦王之心事而知其必然者也。此皆由显而察及其微者也。当黥布之反也，汉室汹汹上中下王策均有行使之可能，然而薛公知其必出下计者，审知黥布平素之为人也。方汉室分崩，群雄割据，其纷纭实莫可究诘，然而诸葛孔明隆中之对，指示天下形势及将来得失，如指诸掌，莫不洞中肯綮，其见事明也。此则因显隐互参，远近互探，浅深互测，故能分别其条理而得知其究竟者也。此之谓识力强，谓之看得透。看得透事态之真象，然后始能有通权达变之分辨力。故看得透乃通权达变之第一要素也。

所谓拿得住者世事形态虽千变万化无定形，而各有其紧要枢纽，莫不有定理。故能得枢纽即能拿得住；不得其枢纽，即拿不住。譬如神龙夭矫数丈，变化无端，而其要害不过颔下径寸。譬如三军之众，万马千军，而其主帅不过一人。譬如咸阳宫殿，绵延数十里，然其入门之关键，只有一个。譬如樗树，枝叶扶疏，荫盖数亩，然其本干只有一本。万事如此，故得其枢纽，则用力少而成功多；不得其枢纽，则虽用尽其苦力，亦于事无补也。是以甘罗一说而行张唐，毛遂两言而决楚纵，此能得其要者也。故拿得住乃行权之第二要素也。

所谓断得定者，须如快刀斩乱丝，一刀便断；须如匠石运斤成风，一举而成；须如庖丁解牛，奏刀騞然。故语曰："疑事无成，需事之贼。"又曰："当断不断，反受其乱"，均此之谓也。是以秦孝公决计于变法，赵武灵王决计以改服，皆能知之审故断之决也。故断得定乃行权之第三要素也。

故看得透要有识力，要胸中蓄有学问，要在平时对于事物，观察入细，体会入微，虽事变突然而来，亦能知其原因之起伏，而明其真象。至于拿得住，要心明手快。断得定须有胆力，更须有学力。故此谓胆大心细眼明手快。昔庖丁解牛，每至于族，则行为迟，视为止；动刀甚微，謋然已解，如土委地；提刀而立，为之踌躇满志，此无他，亦由眼明手快，得手应心之所致也。

是以汉高怒骂淮阴之称假王也,而张良陈平蹑足。盖张陈能看得透淮阴之隐,拿得住当时事态之枢纽,即知其意在必王齐;即欲不许,亦未可如彼何!故能断得定应付之方也;故能定大计于瞬息之顷,安天下于举足之间,此其行权之能得其术者也。如在此俄顷之间,看不透,或拿不住断不定,则于漫骂之后,将不知如何以善其后。甚者汉之为汉,其结果如何,亦未可知也!今张良陈平一举而定,则其通权达变有足多者矣!

夫受地于祖先,谨守宁死而不敢失,此事之常也;然有时宁予而勿守,亦事之变也。故智伯求地于韩魏,韩康子欲勿予,而段规谏之;魏宣子亦欲勿予,而赵葭谏之:韩魏卒与地于智伯者,知行其权也。故智伯卒灭而韩魏终强者以此也;岂所以语于守其常者也!

故能通权达变者,然后能尽其常之用;不能通权达变者,其常亦不能尽其用。是以人有好直,而证其父之攘羊以为直者矣;亦有嫂溺,不援之以手者,以为守礼者矣;此直以刻舟而求剑,胶柱而鼓瑟,不亦慎乎?

是故不通权者,不能用其常。是以雍姬处父与夫之间而不能两全其孝与爱,乃问其母,"父与夫孰亲?"霍光处君与妻之间,不能两全其忠与爱,问其妻,有试后之隐而不知所措。此皆不通权变之为害也。石碏其知此者也,故请陈杀州吁石厚而不疑;虞卿其能处此者也,故弃卿相之尊与魏齐偕逃而无怨。

凡此所陈,皆古人之陈迹,略举一隅而已。学者于此究有心得,然后可以应变而无穷。

(三) **练习方法**

夫此之所谓行权三要素,看得透,拿得住,断得定,一半要天才,其一半亦要学力。学之之方,首重在看得透;如能看得透。则自然拿得住;如拿得住,当然胆力亦壮,敢断得定矣!

学习看得透之方法:

第一,要胸有学问,方能验以往事,参以来事,然后能助耳目之所不及,而明了一切。故欲学看得透,必须胸中有学问。此之所谓学问,大之固须知仁义之大本,明礼法之大源,通乎天人之际,究乎古今中外之变;小之亦须洞明世故,练达人情,然后可。故此须有学问乃其第一义。

311

第二，心要正，因心正则眸子瞭也；心不正则眸子眊也。又因利欲熏心则利令智昏，则所观察多不得其正，则谬以毫厘，差以千里矣！故心要正，其第二要义也。

第三，平素对于事物要观察入细，体会入微，并常常自求其征验，久之当能有所明，亦能有所得也。故对于事物，应细心体会观察，其第三义也。

盖人事并不难知，难在学者无学力，无正心，无细心以观察体会之耳！故孔子曰："视其所以，观其所由，察其所安，人焉廋哉！"梁任公曰："人有四肢五官皆所以显人心中之秘密；即肢官者，人心中之间谍也，告白也，招牌也。其额蹙，其容悴者，虽强为欢笑，吾知其有忧；其笑在涡，在轩，在眉者，虽说无聊，吾知其有乐：盖其胸中之秘密，有欲自抑而不能抑，直透出此等之机关以表白于大庭广众者。述怀何必三寸之舌？写情何必七寸之管？乃至眼之一闪，颜之一动，手之一触，体之一运，无一非导隐念述幽怀之绝大文章也。"是故吾谓人事不难知，难在人自不细心正心，又无学力以察之耳！岂不然哉！

昔郑子产晨出，过东匠氏之间，闻妇人之哭，抚其御之手而听之。有间，遣吏执而问之，则手绞其夫者也。异日，其御问曰："夫子何以知之？"子产曰："其声惧；凡人于其亲爱也始病而忧，临死而惧，已死而哀；今哭已死，不哀而惧，是以知其有奸也。"

夫常人忽于所微，故闻其声，不辨其哀惧之分，而忽于体会，是以不知其奸；子产能知声之有哀惧之分，又对于事物之接于耳目者能体会入微，故能知其奸也。

晋献公使太子申生伐东山皋落氏也，公衣之偏衣，佩之金玦；有废太子之意也。而先友不察也。故先友曰："衣身之偏，握兵之要，在此行也，子其勉之！偏躬无慝，兵要远灾，亲以无灾，又何患焉！"而狐突则不然！故狐突欢曰："时事之征也；衣身之章也；佩衷之旗也。故敬其事，则命以始；服其身，则衣之纯；用其衷，则佩之度。今命以时卒，闷其事也；衣之尨服，远其躬也；佩以金玦，异其衷也。服以远之，时以闷之，尨凉冬杀，金寒玦离，胡可恃也！虽欲勉之，狄可尽乎？"

其结果申生之事果不出狐突所云。此无他，先友徒观其表，又不明天时与人事之关系，不知服饰与心事之关系，故如雾里看花，不明真象；而狐突能明此各种之关系，又能体会入微，故能将晋献心事，洞若观火也。

田单将攻狄，往见鲁仲子，仲子曰："将军攻狄不能下也。"田单曰："臣以五里之城，七里之郭，破亡之余，破万乘之燕，而复齐墟；攻狄而不下，何也？"上车勿谢而去。

遂攻狄，三月而不克。齐婴儿谣曰："大冠若箕，修剑支颐，攻狄不能，下垒枯丘。"田单乃惧，问鲁仲子曰："先生谓单不能下狄，请问其说！"鲁仲子曰："将军之在即墨，坐而织蒉，立则丈插，为士卒倡曰：'可往矣！宗庙亡矣！'云曰：'尚矣，归于何党矣！'当此之时，将军有死之心，而士卒无生之气，闻若言莫不挥泣奋臂而欲战，此所以破燕也；当今将军东有掖邑之奉，西有临淄之虞，黄金横带而驰乎淄渑之间，有生之乐，无死之心，所以不胜者也。"田单曰："单有心，先生志之矣！"此亦无他，田单自己不知环境之不同而成败亦因之而变，故只识其粗；而鲁仲子知其如此，察及其微者也，故学者欲通权达变，必须对于事物观察入细，体会入微始，岂不然哉？学者其可忽诸！

（四）征验实例一

有清光绪间，某县有某幕友，有能名。一夜监中脱逃某要犯一名，满城追捕，未获。知县问缉捕之方于幕友，幕友曰："是犯现在离城十五里之某庄某甲家，正在剃头改装，可赶速饬快捕前往，必可获也。"已而果如其言而获。

知县喜不自胜，往问之曰："夫子所知，何以若是之明耶？"曰："无他，我不过留心细事耳！数月前，余偶往监中，察看监中情形，见有病犯，病骨支离，精神委顿；余怜而问之，知系某犯也。问有家族乎？曰：'无有也。'问有亲戚朋友乎？曰：'亦无有也。但有姊氏嫁于离城十五里之某庄某甲，间或来看视余耳！'当时余嘱其安心调养而出，适闻逃犯，即是某犯，知其今晚无川费，未改装，必不能远扬；忆及其姊氏在某庄，适足为伊改装及得川资之地，是以知其必在彼处也。"

（五）讨论一

此种见事之明，为常人之所惊异不置者，其实一经说明，亦极平常，不过平时对于所接触之事物能观察入细体会入微耳！所难者，在常人对于此种病犯细事，即有所问答，事经数月，早已忘之矣；而彼乃能历数月之久，尚能历历记忆及之，为不可及耳！然此亦有方法可以补助，凡遇注意之事项，即记入于日记之中，则亦助记忆之一法也。

（六）征验实例二

有清光绪年间，先子为亲戚某聘于金氏，成婚有期矣；而金欲毁婚，以女遁逃闻。先子往慰问之，知其计而慰之曰："女子遁逃，虽翁家之不幸；亦吾之忧也。事已至此，急亦无益，请从容查访。如能珠还，自可另行择吉迎娶；倘或查访无著，则退还聘金，俾得为戚某改聘，亦所愿也。"乃一面四出暗访，得女踪迹实藏于某村姊家。因其姊家颇殷富，在其村中亦颇有势力故也。并访得某村村边之某庵，即将落成开光，闻将甚热闹云。先子以为已有办法，不复与金再通音闻！淡然置之而已。

及某庵开光之期，乃令亲戚某邀集亲友一二十人侨装歌者往庵中唱歌，及夜半将行开光礼矣，金女果随女伴来。游歌者见之，遽获以归，使告于金曰："女已就获，其各期成婚可乎？"金惭无词，卒许如期成婚，成佳偶也。事后人问其故，先子曰："此无他，当时吾见其家人言吞吐，举止诡秘，面无愤恨忧戚之容而有诈色，是以知其计也。事急则藏之愈密，难得其踪迹；事缓并微示之以有退婚之意，且淡然置之，彼必以为其计已售，无复顾忌，故踪迹渐露；乘此热闹，故敢显其色相也。"

（七）讨论二

此事成功之要点一在看透其是计；二在断得定其急则藏匿愈密，缓则敢露其色相；三则手段敏捷，使人不及应付；操此三要而以欲擒故纵之术行之，故得成功，此正合于用权之术也。

以上所举行权之二例，不过示其意而已，自应学者随事变通行之，方能制胜；否则依样画葫芦，必败，兹亦举例以明之。

（八）征验实例三

有赵庄，聚族而居之小村落也。一夜某甲之耕牛被窃，追之已不及，疑是邻村恶少所为，次日齐集庄中少壮而谋曰："是牛昨晚必未及宰杀，其宰杀当在今晚，盍往某村四近以伺之？"及晚，乃各携大刀爆竹，暗伏某村四周，以伺其动静。夜将半，果有三五少年牵牛而出就宰。伏者见之，爆竹一声，呼声四起，偷牛者惊惧，弃牛而逃；赵庄人得牛而归。以此常夸耀于人。越数月张村人，亦有耕牛被窃，亦疑是某村人所为；乃仿照赵村人之办法行事。其结果不特牛未取还，其去人反被某村人捕获作贼吊打也。

其故某村少年因吃过一次亏，以后在牵牛就宰之先，在村边四周搜伏而后行；张村人适被其搜获，故反被认作贼也。

（九）讨论三

此两村所行之方法相同，而其所以行之之意则异；一则自出心裁，一则葫芦依样而画；故一则以成，一则以败者，以此也。

（十）要诀

诚信仁恕，行道之常；达此权变，超彼度量。毋意毋必，惟适是臧；毋固毋我，应变万方。何以达权？首须胆识，验往察来，稽毛辨色，看透要害，操刀即割，眼明手快，庶其无失！

八　举隅

入乡导民非难,难在应付一般士绅。盖现今乡间之一般人民尚不脱浑浑噩噩之气;领导者如稍能尽其领导之责,则一般大多数之人断无反抗之可言。惟其如此,故甲来领导,则服从甲,乙来领导,则亦服从乙。惟其如此,则此种人在吾辈入乡以前,已必有其领导之人,即一般士绅是也。因此吾辈入乡不啻与此一般士绅争夺领导之权,与彼未免正面冲突。彼承祖荫,或借旧望,或盘踞大族,或后有奥援,莫不有相当之历史。吾辈初次入乡,声望未孚,经验未宏,一日骤遇强敌,多未免失败,此其所以难也。虽然,语有之:"天下无难事,只怕用心人。"是以应付之方,其要亦可得而言也。

或有好名之徒,惟虚荣是务;苟于彼虚荣无损,万事均可通融;甚之亦可任驱使之劳。倘于彼虚荣有损,虽一举一动,一言一语之微,或一嗤一笑之间,亦能怀恨入骨,必图报复;甚之言之者实无其心,而听之者转有其意,其怀恨图报亦正复如有不共戴天之仇。故对于此辈如应付不得其宜,不特足以为吾辈行事之大碍,亦且为吾辈之大敌,学者于此不可不知也。

好在此辈唯贪虚荣,苟能持之以敬,接之以诚恕,勿以一举一动之微而忽之,勿以一嗤一笑之间而忘之,所谓须臾必于是,颠沛必于是,而不损其虚荣,则亦易就范,似不难应付。

所难者,难在一事之末,一名之微,而二三好名者均欲染指,而事则难为人加多,名亦难为人添列。只此一名一事,予彼则失此,予此则失彼;而人人非得此名,得此事,则又以为莫大之辱:此则颇为难矣!此种予名予事之权如不操诸吾辈之手则此事虽难,亦与吾辈不相干;不幸此名此事适为吾辈应予处理之事,则处此境遇,实为难矣!果遇此事,故自应持之以谨慎，接之以诚恕，而适用权变之术；先须看透各人之要害，而定其解决之方；有资望可论者，则论其资望；可较其年龄者，则较其年龄；不然，难之以事，而较其应付之方；不然，行之以公论，付之于公举；不然，则付之以抽签而定其谁属；再不然如有乡绅之中，乡官者流为彼辈崇拜而信服者，则求彼一言为定。凡此种种，惟择于事所宜者而定此名此事之所归，是亦解决之方也。

又或有阳为好名，阴实图利之徒。如于其名有损，固将堂堂反对；若徒与其名而无利，则阳则百般合作，阴则百般施其破坏伎俩。如欲阴予其利，苟不通同作弊，实亦无利可予。此亦事之难于处置者也。此则亦应适用权变之术，相度时宜以处之，未可一概论也。

倘或彼乃才本中庸，家亦粗堪温饱，遇有机缘，不妨以诚恕之态度忠告善道以出之；晓其利害，责其大义，并喻之以名誉攸关；彼既阳为好名，则动之以名誉，感之以至诚，亦或能就范。此亦应付之方也。

果或彼乃狡黠之才，又是穷极无聊之徒，在平时虽亦颇好虚名，好争闲气；然遇名与利相冲突之时则又舍名而图利。故动以名誉，则名誉有所不顾；晓之以大义，则大义亦有所不受；喻之以利害，则利害亦有所不惧。遇此之流，只有乘机设法，为其人另谋其他出路，使彼衣食无虞，然后可范以荣辱，此则善之善者也。不然，则在吾持己格外谨慎小心，严正清明，譬如军阵之坚壁清野以待；吾行吾素使彼无间隙可乘；即使彼想阴使破坏伎俩，亦莫可如我何！此亦计之中也。不然则搜集彼罪迹昭著之事实，诉之于法，而予以痛惩之，此则策之下也。因人必衣食足而后知荣辱；衣食不足则虽加惩罚，其收效亦寡；万一痛惩不成，徒成嫌隙，必致两败俱伤；此则学者不可不知也。

凡此之徒，不外贪名贪利二途，然其种类，亦有可得而言焉。

或有借祖宗余荫，丰衣肉食；兼以族大人繁，呼声成群，上交官府，下联地痞，把持公产为其私有；横霸一村一乡，仿佛封建。入其地者，荣辱由其指使，存亡随其喜怒，学者应付不得其方，不特不能展其抱负，且有杀身之祸，不可不知也！应付之方，自应坚忍以持志，诚恕以接物，正身以持己，然后适用权变之术，先看透其人之要害，以定进攻之方，所谓知彼知己，百战百胜者也。果彼乃徒好名高而任气者也，自应尊其礼貌，动以至诚，尊之敬之，即所以利用之，使彼为吾用而不自觉，使彼于无形之中而不能为恶；此则用术之上者也。力不胜敌，则虚与委蛇，隐忍相将，待力气既足，羽毛既丰，复有机可乘，则以力去此障碍为社会除害，此策之中也。倘勿自度德量力，冒昧而动，一击不中，反而被噬，斯为下矣！学者不可不知也！如或乃阴险者流，好利之心胜于好名，尊之以虚名，彼有所不受，予之以实利，我亦有所未能。无已，只有如前述坚壁清野之一法耳！此亦应付之方也。

更有名公巨卿之子弟，军事长官之亲族，略具知识，一知半解，好自充通人，好管乡间是非；本有好善之意，而无作恶之心，无奈以好名为累，致为一般无聊文人地痞恶棍所利用；即乘其知识浅陋导其为恶之方，阳为尊之奉之，尊为首领，阴则利其无能资为傀儡，以便利其私图。此种情形，学者如不明其内幕，善为应付，亦动辄得咎，是亦不可不知也。应付之方，如能交之以道，得彼信仰，然后喻之以利害，动之以情感，导之以诚恕，明之以是非，而能使之近君子远小人，为吾辈入乡者之助，则善之善者也。否则，如能与其所持为奥援者，或直接或旁通为之陈其利害，明其祸福，正其是非，使去其党羽，亦是得其中者也。不然以力与之角，斯为下矣，是又不可不知也！

又有退伍士官，或出身行伍，或来自绿林，身经百战，功成被退；亦有满载而归，姬妾满堂，田连阡陌者；亦有略有积蓄，差堪温饱者；亦有积蓄无多，日渐消费将尽者；亦有本无积蓄而归者。虽因各人景况之不同，而其好名好利有异，然语其气概，大都英雄盖世，呼气放豪，因之所居之一村一乡，大都唯是人之命是听。学者苟不接之以诚，待之以礼，各就其宜，予以应付，亦是招祸之门也；是又不可不知也！

又有会党之徒，青帮红帮大刀红枪之流；或借迷信为信条，结为团体；或因声气相投，合约为同盟；其间虽有良莠之不齐，扰民安民之不同；苟应付不得其方，均足为吾辈之大碍。应付之方，初则应尊其礼貌，使彼此相安，继则应察其为名为利之异，各就其当而为之应付，终则应乘吾为民心所信仰，潜行默化消去其迷信，离散其意气，使彼各种团体自然无形解体，斯为得策者也。学者不可不知也。

又有青年学子，本有向善之心，且有恨俗之意；无如环境不良，抵抗力不强，致与习俗相合，转成恶棍而舞文弄弊且比旁人要格外精致。此种人如应付不得其方，亦足为吾辈之大敌。是应恕其心而怜其遇，应忠告善道以启之，应量吾力所及以助之，使能去其非而存其是，此亦不难为吾所用者也。是又不可不知也。

复有狡猾者流，乘吾辈入乡者地方情形未熟，经验未宏之际，阳为向导，为之竭尽其能，而其因实别有所图：或导吾辈入于邪径，以便其自图其私；或导吾辈与士绅者之间，启其争端，以便彼从中取利。而吾辈入乡者或年青意志不坚，或不免为其所惑，则其害将不胜言，是又学者之所不可不知也。

至于富商大贾腰缠万贯之流，一领青衿诗书自娱之辈，虽或亦有好名之累，然大都谨慎小心，不好多事，倘能接之以诚，待之以礼，要亦不难应付者也。

凡此所陈，虽不能得乡间情形于十一，然亦能得其一斑。学者果能举一反三以行之，当亦不无裨益也。其尤要者，在吾辈立身行事先为不可胜以待敌之可胜，先为不可攻以待敌之可攻，是尤学者之所不可不深切注意者也。

以上所言，皆应付士绅之术也。如能得其术而用之，则导民实非难也。虽然，导民固无非难，难在乘势利导，随机应变耳！盖现今乡民大多数虽不脱浑浑噩噩之气，而亦不乏饱经世故，胸有成竹之人。如不能随机应变，乘势利导，则浑浑噩噩者转见其固执而难通；饱经世故者又见其捉摸而不定。是以学者虽有高言谠论救时要策，言之者固已谆谆，而听之者仍属藐藐：不是口是心非，貌合神离以虚应故事；即是对牛弹琴，牛不听；甚之祀爰居以钟鼓，好意翻成恶意也。是以乘势利导之术随机应变之方，为可贵也。然言之非艰，行之为艰，兹复不惮烦琐，略举一二，以资反隅也。

大凡言其所好，则动听，务其所急，则易使，此原则也。是以患匪之区，告之以防匪之方，人皆跃跃欲试；灾荒之地，语之以救荒之术，则人皆眉飞色扬：此皆务其所急投其所好也。

大抵乡村浑浑噩噩之民，日筹衣食且不暇给者，惟以衣食为当务之急。除此而谈，莫非不及之务。是以学者与其接谈，应先询知其贫乏之现状及其致贫之由来，并将来救贫之方法，则其人关于切肤之痛，莫不竭诚以告。学者知其急之所在，因其诚而利导，则言能动听，然后因时制宜，因地制利，或导之以合作，或导之以改良农产，或导之以知书识字之后，进而别图生机，自然彼能心诚悦服，俯首听命。不然，抛弃其急而与之谈合作，谈知书识字，不啻与伊风马牛之不相及，言如东风之过耳，固其宜也！学者不可不知也。

亦有浑噩乡民，家堪温饱，而日惟虑其子弟不肖为事者，兢兢业业，时时以此为忧。除此之外，莫非闲事，亦莫非不急之务也。学者与之接谈，亦应询知其子弟不肖之情状，及其不肖之由来，彼或有不知其所由者，则亦可据所闻见，推情酌理而代释之，则其人方能服我之明而信我之能；然后导之以教导之以方则易动听矣！因此导之其子读书明理之要，改善环境之须急与人合作之有益等等，则亦变为切肤之言矣！学者不可不知也。

亦有浑噩乡民，家堪温饱，日惟邻族觊觎其产为患者。此等人日惟以守财为务：于守财之外，于彼莫非闲事，亦莫非不急之务也；于自己之财无损者，莫非他人事也。学者与之接谈，亦应探知其致病之由，及其邻族之状况，而导之以防患之术，则易听矣！因此导之以合群之要，而亲其亲族；导之以子女求学，而增其知识，以免被人欺侮之累，则亦对症之药矣！学者不可不知也。

亦有乡民经商他方，倦游知返，息影田园，以长子孙以尽余年者。语其经历，则多我百倍；言其世故，则参透一切。然而目光所注，莫非期孝子顺孙长成之速，田园财产日积其多而已。此外于伊一家之生命财产无关者，莫非闲事也。学者苟与之谈乡运，语公益。设与之无直接或间接关系，当然是满口赞成，且加以褒奖；究其实不过虚与委蛇而已。设或于伊实益有损者，则口虽赞成而心存破坏，自己或不来破坏，亦必暗使他人出来作梗，以存其实益。凡此之徒学者应乘其所好，与之谈享福之道，长子孙积田园之方，深入其肺肝之中，而探知其心中弱点之所在方可。择其所急而导之以解决之术，循循善诱，徐导之以乡运之要务，公益之应举，庶足动其听而得其心服也。不然，未有不徒劳而无功者也，学者不可不知也。

其他人因业分，地因势异，与工言工，与商言商，各乘其好，各就其宜，各务其急，则动听易而谋事可成，此之谓随机应变，乘势利导。学者如能神而化之，其功用当无穷也。

学者果能于此应付士绅之方，乘势利导之术，予以切实体验，神而明之，则导民真非难也。

320

九 赘言

以上自持志至举隅七篇，为余个人意想所及，故述而论之，以为可以算作用学术之学。此七篇之中，以主从论，其主要者乃在持志一篇，其余六篇不过皆为持志之手段，为达其所持之志之目的而已；以就实用言，持志至接物五篇，乃为人之常道与普通之修身学同其旨趣；惟权变一篇乃是用学术之学之特产物，与普通修身教科书大异其趣。以人身比之，所谓常道者，如四肢五官；权变者乃人身中之精髓性灵。虽有四肢五官，而运用之妙在乎精髓性灵。不然，虽有端正之五官，而无巧妙之精髓性灵以运用之，仍不失其拙笨呆板而已。自秦汉以来，儒者教人之方法，咸注重于常道，而讳言权变，以为一言权变，即有流弊，因其足以为善，亦足以为恶故也。此则可谓不明理之甚者也。

庄生有言，跖之徒问于跖曰："盗亦有道乎？"曰："何适而非盗邪？妄意室中之藏圣也；入先，勇也；出后，义也；知可否，知也；分均，仁也：五者不备而能成大盗者，未之有也！"以此言之，然则仁义大道亦有流弊也，何以儒者不废仁义大道，而独废此权变乎？不知权变实为孔孟所不废，要盟不信微服过宋，即其明证。是以其进退出处，用舍行藏，应世接物，均能运用自如。乃后儒不察，对于权变，不敢言，不敢道，直将废此精髓灵性于不用，使其所学徒具四肢五官之形式而缺乏巧妙之精髓性灵，则其所学安得不呆板？又安得不遭人唾弃乎？其为人骂之为书生，斥之为腐儒迂儒，固其所也！而多数儒者不知改也，其可胜叹哉！

故余意学者当以常道为体，而以权变为其精髓灵性为用。倘以为政者之常谈言之，即体欲其方，而用欲其圆。胆欲其大，心欲其细，眼欲其明，手欲其快之六语是也。盖此所谓常道者，方其体，所谓权变者，圆其用；而胆大心细眼明手快则皆为用权之要诀也。用学术之学，尽此而已。

孟子有言："良工能授人以规矩，不能使人巧，"申用学术之学，其大要或不外乎是，至于随机应变，神而化之，运用之妙，存乎其人，自非作者所能为力也。

且此学在吾国，既鲜有人专门研究无专书可据；即在东西各国，亦未闻有此种专书行世者；故此种学术之意，虽经前人道过，而勒成专书，似尚以此为创举。不学如余，因蒿目时艰而为此，固未敢以为有当于著述之意，其体例精义之有待于商榷者正多，虽在余草拟之中，曾荷梁先生漱溟赐予珍重之意见，裨益余之著述不少，然余仍未敢自以为当。如荷学者予以批评，俾图改善，固所愿也！否则，如能因此引起学者研究此学之兴趣，而另成完善之著作，以饷学者，亦余之所欣望焉！

一九三四年九月七日撰于哈金城银行

中国乡村卫生行政

薛建吾 著

商务印书馆

目　录

序 …………………………………………… 程其保（327）
自　序 ………………………………………………（328）
例　言 ………………………………………………（330）
第一章　概论 ………………………………………（331）
第二章　中国乡村卫生行政机关的组织 ……………（352）
第三章　中国乡村卫生行政机关的经费 ……………（360）
第四章　中国乡村卫生行政机关的设备 ……………（365）
第五章　中国乡村卫生行政人员的职务 ……………（374）
第六章　乡村保健行政 ……………………………（379）
第七章　乡村预防行政 ……………………………（418）
第八章　乡村治疗行政 ……………………………（423）
第九章　乡村生命统计 ……………………………（429）
附录　卫生法令 ……………………………………（437）
参考及引用书目 ……………………………………（478）

序

　　近年以来，我国卫生行政，已具端倪。但仅囿于少数都市，而于乡村尚未遑顾及；即研究乡村卫生之专书，亦如凤毛麟角。薛君建吾致力于乡村建设运动，数年于兹；就探讨所及，著有《乡村卫生行政》一书。循诵再三，深觉立言扼要，搜集参考资料，亦极丰富，洵为适应时代需要之作。特为乐述数语，以资介绍。

程其保 二十五年三月十五日武昌

自　　序

　　西人常常讥笑我国人做"东亚病夫",乍听得是很不高兴,可是仔细一想,深刻一看,实在教人愧惭万分!这是怎样说呢?一般比较健全的国民,都是精神萎靡,文弱不堪;其余许多带病的国民,更是衰弱达于极点。若再不求矫治,恐怕不必等待异国来覆灭我们,而我们也就要受自然淘汰种亡族灭了。编者认为欲复兴民族,拯救国家,非从强健民众着手不可;而乡村农民占全国人口百分之八十五以上,知识既暗,疾病又多,更非努力实施卫生教育,纠正不良习惯,灌输健康知识,锻炼强壮身体不可。又因深入邹平乡间,看一般农民,既苦赤贫,又因多病,精神物质,都受损失,便是国家元气财力,也就大丧。于是看到乡村卫生,实是目前顶紧要的工作。并从教育的立场,研究乡村卫生的理论和实施方法,编著《乡村卫生》一书,以供努力卫村运动的同志们的参考。可是卫生事业,也是政府的一种当然政务,政府为谋国家和民族的生存,是不容忽视的。可惜财政困难,专材缺乏,中央虽设有卫生署,规模不大,仅仅做些都市公共卫生工作。以偌大的中国,对于地方或乡村卫生上有所设施的,止不过七十九处;要叫这七十九个地方卫生机关,负起改造全中国复兴全民族的大责任,是不可能的。那么,乡村卫生行政机关的设立,更是刻不容缓的事了。所以编者复自行政立场,研究他的理论和设备、经费、人选、工作各种实际问题和实施办法,成为本书,以供行政界之采行而资提倡。如果全国各县能普遍的设施,改革乡民生活状况,不独是编者所切望,也是全中国全民族的福音了。又我国卫生法令,很不完备,人民不知的很多,所以特地把中央历年颁布的卫生法令,汇选书末,使得负乡村卫生行政责任的人,有所遵守,一般农民,也可容易检查了解。编著时所参考及引用的书报,汇载书末,一则表示不敢掠美,再则可资有志乡村卫生行政的人们的深研。在编者属草时，承濮秉钧、汪恭馥两先生供给材料，汪先生且挥汗帮同誊录；汤生洪同学绘制宣传书；并承蒋子齐、俞实秋两医师详为校正，编者对他们是表示十二分的感谢！

        薛建吾识于邹平乡村建设研究院
          时民国二十四年七月一日

例　言

一　本书系自行政立场，说明中国乡村卫生行政之理论、组织及工作范围等。

二　本书不独可供实施乡村卫生各级机关借镜，各地有志乡村卫生人士研究，并可作各种乡村建设讲习会乡村卫生课程教本之用。

三　本书更可作拙编《乡村卫生》（南京正中书局出版）一书之参考。

四　本书所采用各种调查统计，均系最近最新者，与现实较为适合。

五　本书后汇录各种卫生法令，俾从事乡村卫生行政者有所遵循，而免茫无适从之苦。

六　本书末尾列举参考及引用书目，俾阅者自行作更广泛之研究。

七　本书属稿匆促，错误在所不免；尚望海内明达，予以指正。

第一章 概论

一 导言

　　一个健全的国家，成于多数健全的国民，没有健全的国民，绝不能组成一个健全的国家。东西的先进国家，早就注意到这点，所以他们一方面积极的实施卫生教育，灌输民众卫生知识，养成民众卫生习惯，减少民众疾病痛苦；一方面消极的发达卫生事业，治疗疾病，制止传染，预防注射，矫治缺点。所以他们的国民，皆有强健的体质；有了强健的体质，所以皆有强健的精神；有了强健的精神，所以才能致力于各种生产事业，野无旷土，国无游民，也就在世界上占了优越的地位。而我们中国呢？也就不堪一谈了！穷乡僻壤里的村夫野妪们，固然不晓得什么叫卫生，就是通都大邑自命为知识分子的能有好的卫生习惯如不随地吐痰，不随地便溺，开窗睡觉，常常运动的人，也如凤毛麟角，以致每年全国要死上一千二百万人，屈死的有六百万人，平均的寿命，不过三十岁，每日冤病呻吟在病榻中的有一千六百万人，这些病人，一日有病，便一日不能生产，还要有医药的消耗，别人的看护，直接间接，是多么大的损失啊！再看这些病人，轻的痊愈了，重的死亡的，还有病而不死，残废终身的——如盲、哑、疯、痴、聋、跛、驼背、凸胸、瘫背、断腿、大肾囊、秃手爪一类，全国合算起来，又不止数百万，这些人固然谈不到生产力量，就是他们的衣食所需，不是直接仰给于家庭，就是间接为累于社会。社会上既然充满了这些坐食分利的人，国家何能不日贫日弱？值此民族争存弱肉强食时代，国民如此的不健全，亡国灭种的大祸，快要临头了，国民们固然要赶快觉悟，注意卫生，增进健康，强大民族；

就是政府也要重视卫生行政——尤其是乡村卫生行政，普及卫生教育，努力卫生设施啊！

二　乡村卫生行政的定义

卫生的意思，简单的说起来，就是："维持健康，增进能力，保全生命，防止疾病"的行为，对于人类的生存，社会的延续，国家的强盛，民族的发皇，负有很重大的使命。乡村卫生行政的定义，就是："地方政府或是地方自治机关，在乡村中实施维持健康增进能力保全生命防止疾病的事业，或是对于在乡村中实施这种事业的机关——或团体——加以监督指导的，便叫做乡村卫生行政"。

三　中国乡村卫生行政的需要

我国国民，不讲卫生，乡民更甚。因为不讲卫生，政府又忽略了卫生教育和卫生设施，所以便生出许多害处来，现在把大一点的害处，略说如下：

ㄅ．疾病率高　东西先进国家，注重卫生事业，所以疾病率尚不到百分之二，我国太不讲求卫生，各地卫生设施，更形缺乏，疾病率竟达百分之四；拿四万万人口来计算，竟有一千六百万人生病。农民数目是百分之八十五，所以有一千二百八十万农民生病。他们既生了病，当然减少生产数量和效力，并且还要人看护，又影响了看护人的生产效率，就是拿每人害了一次病要花一块钱的医药费来说，每年也要损失一千二百八十万元，这样损失，也就不小了。

ㄆ．超格死亡　人民是国家主体，也就是组成国家的基本单位，人民愈健康，国家固愈强盛，人民愈增加，国家也愈发展。不幸我国卫生教育幼稚，卫生设施缺乏，因之国民不壮健而且多病，每年的死亡率在千分之三十上下，比较东西先进国家，要多上一倍，看一看第一表就可以知道了。

第一表　　　　　各国人民死亡率表（一九三二）

国名	死亡率	国名	死亡率
澳洲	八·六	德国	一〇·八
美国	一〇·九	瑞士	一二·一
英国	一二·三	比利时	一三·二
法国	一五·八	俄国	一六·二
西班牙	一六·三	日本	一七·七
智利	二二·八	印度	二四·八
埃及	一八·四	中国	三〇·〇无精确统计

依照上表的死亡率来计算，每年我国要死亡农民一千零二十万人，数目也就很大了！并且拿各国的婴儿和产妇的死亡率比较起来，我国还是很高，更可证明这超格死亡了。试看下表：

第二表　　　　各国婴儿死亡率之比较表（一九三二）

国名	死亡率	国名	死亡率
澳洲	三九	瑞士	四八
瑞典	五〇	美国	五九
英国	六六	德国	七六
法国	七六	比利时	八七
西班牙	一一一	意大利	一一三
日本	一一八	俄国	一七三
印度	一八一	中国	二〇〇
智利	二三五		

第三表　　　　各国产妇死亡比较表（以每千产活计）

国名	死亡率	国名	死亡率
丹麦	二·四	意大利	二·八
挪威	二·九	日本	二·九

续表

国名	死亡率	国名	死亡率
英国 England and Wales	四·〇	瑞士	四·四
新西兰	四·七	爱尔兰	四·七
比利时	四·九	德国	五·〇
奥国	五·五	智利	六·一
美国	六·五	美国有色人种	一一·四
中国	一四·〇		

传染病的流行，在所难免，各国因医学进步，设施完备，因而死亡的，不过在百分之十的左右，我国竟达百分之七十几，尤为可惊可叹！试看下表：

第四表　　各国死亡人数中因主要传染病死亡之百分数之比较表

国名	百分比（%）	国名	百分比（%）
美国	九	日本	一〇
德国	一一	英国	一一
法国	一四	中国	七二

┌．寿命短促　凡是注意卫生的国家，他们国民的寿命总是比较的长，平均总在四十岁以上，我国又相形见绌，平均仅仅三十岁。可看下表：

第五表　　各国人寿比较表（一九〇一——一九一〇）

国名	寿龄	附注
澳洲	五五·二〇	
丹麦	五四·九〇	最近六〇·三
挪威	五四·八四	最近五五·六二
瑞典	五四·五三	最近五五·六
荷兰	五一·〇〇	

续表

国名	寿龄	附注
美国	四九·三二	
英国	四八·五三	一八四一年份——三四·六 一九二四年份——五三·八 最近——五五·五
瑞士	四六·二五	
法国	四五·七八	最近五二·一九
德国	四四·八二	
最近	五五·九七	
意大利	四四·二八	
日本	四三·九七	
中国	三〇·〇〇	推算
印度	二二·五九	

亡．人口减少　各国在近百年中，人口逐年增加，美国增加到十倍，英国增加到三倍，日本也增加三倍，俄国增加四倍。德国增加两倍半，中国因为不讲卫生，和政府缺乏卫生设施，死亡率的高大，一百年后，不但要弱而亡国，并且要因少而灭种，这是一个很大的危机啊！

万．服务年限短促　一个国民如果能替社会多服务一年，就是替社会多生产一年，社会就可以慢慢地富庶起来，国家也就可以渐渐的强盛起来。我国人民因为多病早死的缘故，服务年限很短，拿先进国来比一比，相差很大，这也难怪生产落后，国魂不振了。试看下表：

第六表　　　　　　　各国人民服务年龄之比较表

国名	服务年龄	国名	服务年龄
澳洲	四〇·二〇	美国	三四·三二
英国	三三·五三	法国	三〇·七四
德国	二九·八二	日本	二八·九七
中国	一五·〇〇		

五．经济损失无限 我国每年死亡的农民，既有一千零二十万之多，其中屈死的至少有一半，应为五百一十万人。每人平均寿限本是三十岁，今既屈死，假定为十五岁。在这十五年中，社会维持彼等生活的各项费用，至少需七百五十元一人。一旦死亡，社会即不能得彼等服务之报酬，这七百五十元一人的巨款，完全白费。最低限度，社会每年要损失三十八万二千五百万元。每人再费十元的发送，又要费去五千一百万元。再加上他在生产前，他的母亲妊娠中所受的精神上与肉体上的消耗，其价更是无限。拿这许多钱来办学校工厂铁路医院等等，又是无限。这样看来，在这民穷财尽的社会里，真是损失太大了。

六．国际地位降低 东西先进国家的国民，无论男女，皆是赳赳桓桓，体魄强健，我国人民，大都弯腰曲背，咳嗽连声，所以西人都讥我们为"东亚病夫"，好不可耻！在七八年前，上海租界上的外国公园门口，更彰明的标着"中国人与狗，不准入内"的字样，更是令人可耻！这总是我国人不讲卫生的结果啊。

七．社会幸福减落 人民因知识愚暗，不知摄生，常常发生很大的不幸，若是地方政府能注意到一般的卫生，事先预防，或事后救济，也不致使社会幸福，十分的减落。可惜无人过问，影响人生幸福不浅。现在举两件事情说一说：

（甲）早婚 我国有许多地方，俗尚早婚，尤其以乡村为甚。全不管男女两方，是否皆成熟，有些人在十二三岁便结婚了。做父母的是抱孙心切，可是儿女们就要因为□伤太过，不免早死。家庭中平空添了鳏夫寡妇，孤儿哀子，情状凄惨万分，还有什么生人乐趣！再拿生子来说，未成熟的男女结婚后，生了小孩，先天就不足，更难发育健全，种族的衰弱，更是必然的趋势了。并且还有些地方有一种不好的现象，就是女子大都大于男子四五岁或六七岁不等，叫一个二十岁的女子和十三四岁的男孩结婚，男孩的身体，固属十分危险，就是女子也常常因为不能满足肉欲，也就发生了不名誉的事情。若是政府注意优生学，限制结婚年龄，结婚时须经呈请审查，发给许可证，方得结婚，自然可以减少他年的痛苦和不幸了！现在举几个统计表做证明：

第七表　山西霍县安乐村五十一个农家已婚及未婚男女人数之比较表

年龄	未婚人数 男	未婚人数 女	未婚人数 共	已婚人数 男	已婚人数 女	已婚人数 共
一四	六	四	一〇		一	一
一五	二	四	六	一	三	四
一六	二	二	四	一	二	三
一七	六		六	一	二	三
一八	一		一			
一九	一		一	二	六	八
二〇	二		二	一	三	四
二一	二		二	三	五	八
二二	二		二	五	四	九
二三				三	一	四
二四				三	四	七
二五				二	三	五
二六	二		二	三	二	五
二七	二		二	五		五
二八				一	二	三
二九				二	三	五
三〇				一	二	三
三一					一	一
三二	一		一	一	三	四
三三					二	二
三四					一	一
三五				三	三	六
三六				二	二	四
三七				四	四	八
三八	一		一	一	二	三
三九				一	一	二
四〇				二	一	三

续表

年龄	未婚人数 男	未婚人数 女	未婚人数 共	已婚人数 男	已婚人数 女	已婚人数 共
四一	一		一	二	七	九
四二	一		一		一	一
四三	一		一	二	一	三
四四	一		一	三		三
四五				六	五	一一
四六	一		一	三	一	四
四七				三	一	四
四八				一		一
四九				四	一	五
五〇	一		一	一	一	二
五一				四		四
五二				二	一	三
五三	一		一	一	五	六
五四						
五五				二		二
五六						
五七					一	一
五八					一	一
五九						
六〇						
六一				一	一	二
六二						
六三						
六四				一	一	二
六五						
六六					一	一
六七						
六八						

续表

年龄	未婚人数			已婚人数		
	男	女	共	男	女	共
六九						
七〇				一	一	二
七一				一		一
七二						
七三					一	一
七四						
七五				一		一
七六						
七七						
七八						
七九					一	一
合计	三七	一〇	四七	九二	九三	一八五

自十四岁至七十九岁，未婚人数为四七，已婚人数为一八五，已婚人数实占五分之四，未婚人数实占五分之一。女子十四岁即有婚嫁的，男子十五岁即有婚娶的，可见早婚的风俗犹存。男子平均结婚年龄为三八·九，女子平均结婚年龄为三〇·一，也可证明女子结婚较早。再看该村男多于女，求婚的多，加以农村经济不振，女子婚嫁就早，所以一到十七岁，也就没有未嫁的了。

第八表　　**山西阳曲县西村二百四十个农家已婚及未婚男女数之比较表（二十三年）**

年龄	未婚人数			已婚人数		
	男	女	共	男	女	共
一二	五	五	一〇		一	一
一三	五	一四	一九			
一四	一三	六	一九		一	一

续表

年龄	未婚人数			已婚人数		
	男	女	共	男	女	共
一五	九	四	一三		三	三
一六	九	三	一二	二	六	八
一七	一一	二	一三	三	八	一一
一八	七	一	八	二	三	五
一九	九		九		六	六
二〇	四		四	一	六	七
二一	八		八	九	七	一六
二二	一〇		一〇	三	五	八
二三	八	一	九	二	一三	一五
二四	六		六	八	五	一三
二五	九		九	八	七	一五
二六	五		五	三	二	五
二七	一		一	七	七	一四
二八	五		五	七	一〇	一七
二九	二		二	三	三	六
三〇	二		二	九	一六	二五
三一	九		九	四	八	一二
三二	一		一	二	一一	一三
三三	三		三	六	九	一五
三四	三		三	八	七	一五
三五	二		二	六	五	一一
三六	一		一	七	二	九
三七	二		二	三	四	七
三八	六		六	七	五	一二
三九	一		一	五	二	七
四〇	七		七	六	八	一四
四一	二		二	七	四	一一
四二	二		二	六	五	一一

续表

年龄	未婚人数			已婚人数		
	男	女	共	男	女	共
四三	四		四	八	六	一四
四四	四		四	一一	三	一四
四五	四		四	一〇	一〇	二〇
四六				九	六	一五
四七				五	一一	一六
四八	一		一	二	一〇	一二
四九	六		六	一二	五	一七
五〇	三		三	八	四	一二
五一	三		三	九	一一	二〇
五二	一		一	八	一	九
五三	三		三	八	七	一五
五四	五		五	一一	一	一二
五五	一		一	三	二	五
五六				三	四	七
五七	二		二	四	一	五
五八	一		一	七		七
五九				三	二	五
六〇	三		三	五	三	八
六一				四	三	七
六二				二	四	六
六三				四	二	六
六四	二		二	四	二	六
六五				四	二	六
六六	一		一	二	三	五
六七	一		一	四	五	九
六八	一		一	三	四	七
六九				三	六	九
七〇				二	六	八

续表

年龄	未婚人数			已婚人数		
	男	女	共	男	女	共
七一					三	三
七二	一		一	一	二	三
七三	一		一	二	三	五
七四				二	三	五
七五				五	一	六
七六					一	一
七七				二		二
七八				一	一	二
七九					一	一
八〇					四	四
八二					二	二
八三					二	二
八四					一	一
八六				一		一
八七					一	一
九〇				一		一
合计	二一五	三六	二五一	三〇七	三二八	六三五

该村男子自十六岁即有婚娶的，女子婚期更早；十二岁即有婚嫁的，而且女子自十八岁以上除二十三岁年龄栏内有一未婚的外，其余各年龄全是已婚的，更可证明男多于女，而女子婚期又早了。

第九表　　　　　　　惠安玉塘村村民结婚年龄分配表

项别 年龄	男		女	
	人数	百分比	人数	百分比
一四	一	〇·三	二三	五·八
一五	二	〇·三	四三	一〇·九

续表

年龄＼项别	男 人数	男 百分比	女 人数	女 百分比
一六	六	一・六	八八	二二・四
一七	一一	二・九	七八	一九・八
一八	三一	七・九	七六	一九・二
一九	二〇	五・一	三三	八・四
二〇	四四	一一・一	二〇	五・二
二一	三二	八・一	一四	三・五
二二	三七	九・五	九	二・三
二三	二五	六・四	一	〇・二五
二四	三九	九・九	一	〇・二五
二五	二七	六・八	六	一・五
二六	二二	五・六	二	五
二七	二二	五・六		
二八	九	二・四		
二九	一〇	二・六		
三〇	一三	三・四		
三一	一二	三・一		
三二	七	一・八		
三三	八	二・〇		
三四	二	・六		
三五	一	・三		
三六	二	・九		
三七	三	・九		
三九	一	・三		
四〇	一	・三		
五〇	一	・三		
总计	三八九	一〇〇・〇	三九四	一〇〇・〇
年龄平均	二三・六		一七・四	

该村男子结婚平均年龄为二三·六，女子结婚平均年龄为一七·四，仍以女子较早。女子在十四岁已有很多出嫁的，也可证明是早了。

第十表　　　　山西霍县安乐村五十一个农家鳏寡人数之比较表

年龄	人数 鳏	人数 寡	年龄	人数 鳏	人数 寡	年龄	人数 鳏	人数 寡
一五		一	三五		一	三七	一	一
三八	一		三九	一		四〇		
四一		一	四三	二		四五	一	三
四七	一		五一			五二		
五三		四	五五	一		五八		一
六一		一	六二			六四	一	一
七〇	一		七一			七三		一
七四	一		七五			合计	一七	一八

该村寡妇较鳏夫为多，而且有十五岁就守寡的，鳏夫可以再娶，寡妇因旧礼教的缚束，不能轻易再醮，她的情况也就非常可怜了！

第十一表　　　山西阳曲县西村二百四十个农家鳏寡人数之比较表

年龄	人数 鳏	人数 寡	年龄	人数 鳏	人数 寡	年龄	人数 鳏	人数 寡
一七		一	二一	一		二六	一	
二八	一		三一		一	三三		二
三四	一	二	三五	一		三八		一
四〇	一		四一	三		四二	二	
四三	一		四四		一	四五	三	二
四六		二	四七		二	四八	一	三
四九	三	一	五〇		二	五一		
五二	二		五三	一		五四	三	
五五	一		五六	二	一	五七		一

续表

年龄	人数 鳏	人数 寡	年龄	人数 鳏	人数 寡	年龄	人数 鳏	人数 寡
五八	二		六〇		二	六一	一	
六二		一	六三	四	一	六四	二	一
六五	三	一	六六	一	三	六七		二
六八	一	四	六九	二	四	七〇	一	五
七一		三	七二		二	七三		三
七四		一	七五	四	一	七六		一
七七	二		七八		一	七九		一
八〇		四	八二		二	八四		一
八七		一	九〇	一		合计	五七	七七

鳏夫的总数是五七，寡妇的总数是七七，守寡的人数较多。

第十二表　　　　惠安玉塘村十五岁以上寡离人口分配表

年龄分配 \ 类别	一五至二〇	二一至三〇	三一至四〇	四一至五〇	五一以上	总计
寡妇		一〇	一八	四〇	一一三	一八一
鳏夫			一二	五	三七	五四
离婚			二	一	一	四
总合		一〇	三二	四六	一五一	二三九
百分比		四·二	一三·四	一九·二	六三·二	一〇〇·七

　　五十一岁以上的寡妇占最多数，计一一三人，这是自然趋势，但是二一至三〇岁守寡的，已有十人，鳏夫毫无，这也是早婚的害处啊！表中有离婚四人，乃是妻子被丈夫卖出的，并非出于双方的同意而离异的。

　　关于妻大夫小的情形，实在很多，因为手头无统计材料可作证明，觉得是件憾事！但是在乡村中流行的民歌中，还可以知道一点，权且引做证据吧！

（1）邹平民歌　说你是郎不是郎，说你是儿不叫娘。

（2）又　待说郎来郎又小，待说儿来不叫娘，你小我不嫌你小，我老你也别嫌我老。

（3）河南民歌　一个大姐正十七，过了四年二十一，寻个丈夫恰一十，她比丈夫大十一。一天井台去打水，一头高来一头低；不看公婆待我好，把你推到井里去。

（乙）天灾　最近二十多年来，我国常常有天灾流行，不是这几省大旱，就是那几省洪水。大旱以后，常常要闹霍乱和喉症；洪水以后，常常要闹腹泻或热病。因为政府的设施缺乏，救济力薄弱，屈死的或生病的也就非常的多。就拿民国二十年江淮两流域的大水来说，灾民非常的多，就是不死于水，也就要死于病，这是多么可惨的事！特地举几个调查表来证明：

第十三表　民国二十年江淮两流域被灾之八七县中二四五处一一·七九一农家自水灾发生以来死亡者之年龄与性别调查表

省名	男子在各级年龄中死亡者所占之百分率						女子在各级年龄中死亡者所占之百分率						死亡人数中男子之死亡者所占之百分率
	5岁以下	5—14	15—29	30—44	45—59	60岁以上者	5岁以下者	5—14	15—29	30—44	45—59	60岁以上者	
湖南	34	22	13	16	7	8	34	18	12	12	10	14	56
湖北	33	19	14	16	12	6	24	16	16	15	7	22	53
江西	29	18	19	17	6	11	29	19	10	16	12	14	59
安徽南部	32	29	18	10	4	7	20	33	21	10	4	12	53
江苏南部	19	19	24	15	7	6	33	16	18	9	15	9	51
安徽北部	42	15	12	11	10	10	26	20	12	10	14	18	59
江苏北部	24	12	3	6	18	37	28	6	3	13	3	47	51
各县平均	33	20	15	14	9	9	27	20	14	12	10	17	55

第十四表　民国二十年江淮两流域被灾之八六县中二四一处一一、
　　　　　五九〇农家自水灾发生以来死亡者之数目与死因调查表

省名	所调查人口之总数	死亡之总数	每千人中之死亡数	各种死因所占之百分率				
				淹死	病死	饿死	其余	未详
湖南	一一、八九七	三四一	二九	一三	八三	一	〇	三
湖北	九、九五二	三八七	三九	一九	七九	一	〇	一
江西	八、二五四	二一二	二六	三二	六七	一	一	一
安徽南部	一四、一五一	二五四	一八	三四	五〇	〇	一	一六
江苏南部	七、七〇三	九八	一三	三三	五七	〇	三	七
安徽北部	一八、六五一	三四四	一八	二四	六九	二	二	三
江苏北部	六、四二一	六五	一〇	三一	六九	〇	〇	〇
各县平均及总计	七七、〇二九	一、七〇一	二二	二四	七〇	一	一	四

死亡率是千分之二二，其中淹死的仅百分之二十四，而病死的有百分之七十。本可不死而竟死，就因为卫生设施的缺乏和救济力的薄弱啊！

第十五表　民国二十年江淮两流域被灾之八七县中二四五处一一、
　　　　　七九一农家每千人中染病者之数目调查表

省名	患热病者	患腹泻者	其他疾病	共计
湖南	四八	三二	五三	一三三
湖北	一〇七	三五	八二	二二四
江西	四二	二四	五五	一二一
安徽南部	三〇	三九	三七	一〇六
江苏南部	九	二八	三五	二
安徽北部	九〇	七四	八七	二五一
江苏北部	二三	一一九	六三	二〇五
各县平均	五七	五〇	六〇	一六七

染病人数多至千分之一六七，数目也算很大了，这还是卫生设施缺乏

和救济力薄弱的结果啊。

四　中国乡村卫生行政的历史

　　卫生行政，本有地方卫生行政、都市卫生行政、国家卫生行政和国际卫生行政四种。乡村卫生行政，就是地方卫生行政的一种，他的历史，在任何国家中都浅，在我国就更浅。因为我国对于卫生行政，向来漠视，在清末的时候，吏部中并没有什么管理全国卫生事宜的人员。民国元年，才在内政部中成立了一个卫生司，为我国中央卫生行政的唯一机关；因为各地方缺乏相当的地方行政机关，所以也就不能执行一切卫生事务。各地方的卫生事务，都叫警察去兼办。到了民国十七年，党国奠定，训政开始，中央便专设卫生部，各特别市设立卫生局，普通市则置卫生科，其他省、县、村、镇等处，皆将有相当卫生机关设立，卫生事业的进步，大有一跃千丈的形势。不幸施行未久，又因经济和别种关系，复于十九年裁卫生部，在内政部中设卫生署，一直到今年，听说要在七月起，改内政部卫生署直属行政院了，将来设施上或者可以顺利些。各特别市的卫生局，以广东成立最早，还在北伐未完成的时候，也是过不几年就裁撤了，此外如南京市、北平市、天津市、汉口市、杭州市各市的卫生局，均成立不久就裁撤的。关于乡村卫生行政，一向更无人过问。自从十四年平民教育促进会在定县施行四大教育，后来设有保健院，渐渐引起人民的注意，卫生署又极力提倡和奖助，从十八年起，乡村卫生事业，逐年的发达起来，乡村卫生行政机关，也逐年的增加了。二十二年，内政部又开了个第二次全国内政会议，议决要各县均设县立医院，要为乡民造福，近二三年来，设立的县立医院很是不少，这正是一种好的现象。我国乡村卫生行政的历史，也就只有最近六年多可说了。

五　中国乡村卫生行政的现状

　　我国乡村卫生行政的历史既然很浅，他的设施数量，当然不多，异常感觉缺乏；但是若能逐年的增加，也是好的现象。目前各省县已经设置的乡村卫生行政机关，依照各种报章杂志的记录，已有七十九处，分列于下：

南京市——（一）汤山卫生事务所

上海市——（一）吴淞（二）高桥（三）江湾等乡村卫生模范事务所

北平市——（一）西山乡村卫生实验区

江苏省——（一）萧县（二）盐城（三）泰县（四）句容（五）昆山（六）金坛（七）江宁（江宁镇诊疗所）等县立医院

浙江省——（一）吴兴（二）武康（三）海盐（四）德清（五）鄞县（六）衢县（七）诸暨等县立医院，又有（一）永嘉（二）寿昌（三）丽水（四）玉环（五）武康（莫干山诊疗所）（六）吴兴（县立第一乡村诊疗所）等县诊疗所

安徽省——（一）和县乌江农民医院（二）霍邱县卫生所

江西省——（一）设县立医院者十九县（二）设诊疗所者二十四县（县名不详根据各省高级行政人员奉召南昌集会记录所载）

湖南省——（一）长沙县卫生院

陕西省——（一）华县卫生院（二）三原县卫生院

甘肃省——（一）天水县卫生院

河北省——（一）宛平县清和卫生试验区（二）定县

山东省——（一）历城县龙山卫生实验区（二）邹平实验县医院（三）菏泽实验县医院

浙江省各县均设有卫生委员会，补助政府规划卫生事宜，对于乡村卫生行政上很有贡献，这是值得提出的。

六　乡村卫生行政设施的困难

我国上下为何忽视乡村卫生行政，自然有种种原因，乡村卫生行政机关一切设施，也就非常困难了。他的原因和困难是什么？不外五点：

ㄅ．经济奇窘　一切事业，非有充足经济，不能进行，乡村卫生行政当然也不能例外。所以乡村卫生行政设施，如无巨资，一定无一事可办。如办卫生教育，就要印刷图书单册，尽力散发，从事宣传。如要取缔饮食物，就先要化验，必须有充分设备方可。如做防疫工作，就要购备疫苗，

充实设备，绝不能徒手和毒菌相抗。再如实施环境卫生，就要建公厕，凿水井，设病院，修公路，又非大宗款项不办。在民穷财尽农村崩溃的今日，从那儿筹得巨资呢？所以也就不得不忽略过去了！

ㄆ．社会苛责　偶尔有几处设置卫生行政机关了，社会上便存了一种奢望，好像医院一开办，社会中就该没有病人，村容也就整洁了。孰知一月一月的过去，好像一事无成，随即交相诟责，说是办理不善，虚縻公款，束身自好的人，更是灰心短气，不愿再干了。

ㄇ．专才缺乏　卫生专才，必先拣有医学根底的人加以训练研究，才能成功。我国既无卫生学校的设备，卫生专才，更形缺乏，就拿稍懂医学的人来承乏，事业不能发展，行政不能周详，这也是一个大的原因。

ㄈ．民智浅陋　民智浅陋，也是阻碍乡村卫生行政进行的绝大原因。民众卫生习惯毫无，卫生常识也缺，公德心薄弱，旧思想牢守，随地便溺吐痰，任意践踏毁损，一任劝者谆谆，还是如同不闻，甚而认为多事，卫生行政上设施，怎么能不困难呢？

万．协助无人　卫生事业的创设，固当由乡村卫生当局，完全负责，但是也要当地的医学机关团体和医师的协助，才能收事半功倍之效。可是事实上多难做到，设施自然困难，又怎怪上下全加忽视呢？

七　乡村卫生行政的方针

乡村卫生行政，既是目前最切要的行政，那么他遭受的一切困难，应当抱奋斗精神，努力前干，事业总有进步的一日。不过方针要确定，积极去干，才不致东冲西撞，弄得一事无成。它的方针是什么？我以为不外三点：

ㄅ．破除迷信　古代的圣哲拿神道设教，不过是治理愚民的一种不得已的办法，不意神鬼印象，深印愚民脑筋，相传有几千年之久。一旦有病，不晓得用科学方法治疗，反而去拜土偶，求神方，吃香灰，吞蜡烛等等的妄举，每年不知枉送了多少生命。迷信不除，民众健康实在谈不到，所以谈乡村卫生行政设施的人，应该先抱着破除迷信的决心。

ㄆ．改良习惯　凡是有害健康的习惯，如随地便溺，饮酒赌博，斯斯文文的习惯，皆有害健康，一定要加革除，代以好运动，能活泼，喜清洁的习惯，自然有裨身体不浅。人人能这样做，公众幸福也就增加了。

７．灌输常识　乡民因无卫生常识，常常误中疾病以伤身，或是偶染小病，不知防范以致杀身的，也是非常的多，所以每年屈死的农民有五百一十万人，非常可惜！那么乡村卫生教育，更属重要！

第二章　中国乡村卫生行政机关的组织

一种事业进行的好坏，全看组织怎样而定，组织完善，行政效率增加，那种事业没有不发达的。乡村卫生行政机关的组织，倒不可不仔细的研究一下子。乡村卫生行政，应该以县城为卫生行政中心，如在特别市和普通市中，就以市为卫生行政中心，这些是毫无疑义的。在县城里——或者是市里——要设什么机关呢？有人主张在县府中设一科，大一点的县份设一卫生局；市政府里设一科或一卫生局来治理一切卫生事宜。在目前的经济条件下，设局的可能性是很少很少，设科只不过一种附属品样式的组织，仍被别种行政事业压迫着，不能有多大发展。所以又有人主张设保健院——河北定县就是实行这种制度的县份——因为名称太新，不能使乡民有深刻印象和彻底了解。更有人主张设县立医院，看到现在一般乡民，对于卫生知识，均尚浅薄，但是对于治疗疾病，全都认为急需，如若办理乡村卫生行政事宜，从治疗入手，同时加入卫生工作，进行就较顺利；这诚是目的实施乡村卫生行政的最好的组织。另外还有人主张利用各县旧有的救济院、平民产院、戒烟所、防疫处一类机关去兼做乡村卫生行政的工作，可是都不如县立医院来得名正言顺，果真各县一时不能筹设县立医院，而救济院一类的机关是已有的，那么不妨利用他来兼办乡村卫生行政的事宜了。还有许多县份，因为经费和专才的关系，一时实在不能设置县立医院，就先办了一个诊疗所或是卫生工作队，将来再扩充为县立医院，也是过渡期间的一种较好的办法。在县城中还要组织一个卫生委员会，主持全县卫生设施事宜。

县以下的组织是怎样呢？可就县境各行政区域的区公所所在地或是乡公所乡学所在地，设立卫生所，秉承县立医院掌理本区一切卫生行政事宜。如因经济的关系，单设诊疗处也可。

区以下的组织是怎样呢？可就各村庄中的小学校里设各区卫生分所，利用小学校长或教员在本村作急救、简单治疗、卫生教育等一切事宜。

总括起来说：乡村卫生行政机关的组织应该分成县立医院、各区卫生所、各区卫生分所三部，里面应用的人员，略说于下：

（一）县立医院

设院长一人由主任医师兼任，医师、技士、护士、事务员、卫生试察员、卫生宣传员各若干人。附设各种卫生训练班，临时戒烟所，防疫所，种痘处无定期。

（二）各区卫生所

设所长一人，由医师兼任，医师、护士、助理员、干事数人。

（三）各区卫生分所

设卫生助理员一人或二人，由小学校长或教员兼任。又在各村庄中设卫生督察员各一人，从各该村庄的闾邻长、保甲甲长或联庄会班长中遴选委任，加以训练，使负各督察该村庄卫生行为的责任。兹拟组织系统表如下：

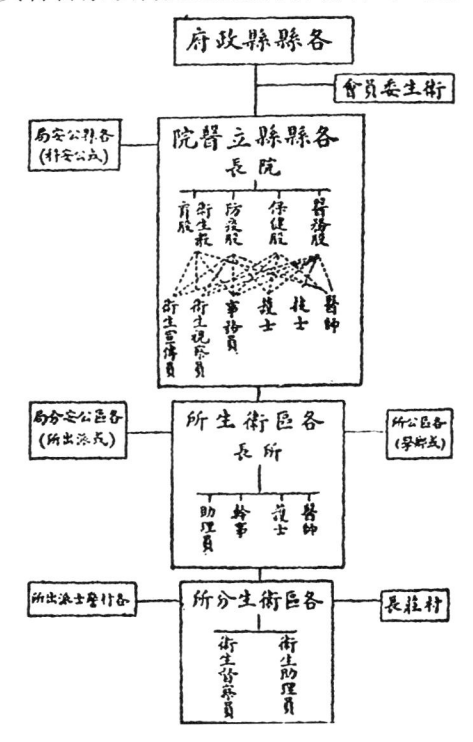

（说明一）各级卫生行政机关的设施必须得各级公务人员之协助，方可顺利进行，所以表中特将区公所公安局等机关或主事人列出，以明双方相互的关系，免生障碍。

（说明二）各级卫生行政人员的职务，未便列入，到第五章里再详说。

附录各地乡村卫生行政组织章程和组织系统表，几种以供参考。

附录一　内政部卫生署公布县立医院组织大纲

【注】按县立医院之组织系统及工作分配，须斟酌地方情形而定，如地方无戒烟事件，则戒烟股可不设。

（一）组织系统

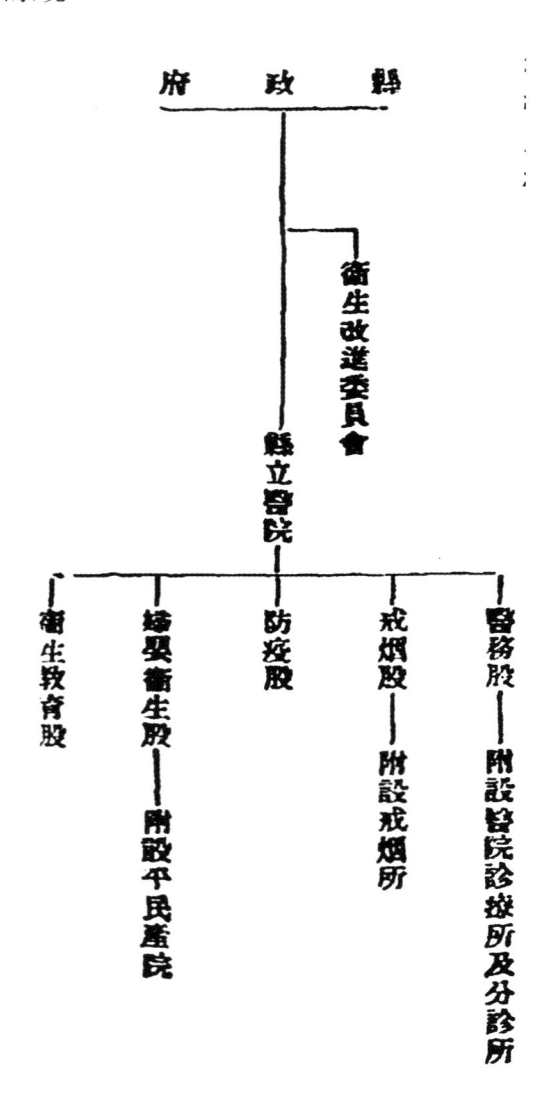

```
                        县政府
                          │
                     卫生改进委员会
                          │
                        县立医院
                          │
   ┌────────┬────────┬────┴────┬────────┐
 卫生教育股  妇婴卫生股  防疫股   戒烟股    医务股
           │                  │        │
         附设平民产院      附设戒烟所  附设医院诊疗所及分诊所
```

（二）组织方法

一、每县组织卫生改进委员会，主持一县之卫生防疫医药救济等设施事宜。

二、卫生改进委员会设委员五人，由县政府聘请；县长为主席委员，协助机关代表及医界名人或卫生专家二人，（如中央卫生主管机关专员一人，省立卫生机关专员一人）及当地士绅二人（最好有一人为当地著名医师）为委员。

三、县立医院为县政府所设立，县政府负监督管理之责，其卫生设计及医院办理事务，由卫生改进委员会指导审核之。

四、县立医院办理一县之卫生防疫及医药救济等事宜，设院长一人，掌理院务，由卫生改进委员会决议转请县政府任免之。

（三）工作分配

县立医院工作，可分五股分别办理之：

（A）医务股——治疗各科病症，住院，门诊，出诊及巡回诊疗等工作均属之。

（B）戒烟股——鉴别烟瘾，戒除烟瘾等工作均属之。

（C）防疫股——防止地方流行病，预防接种，促进饮水厕所及环境之改善，提倡扑灭蚊蝇，卫生调查，生命统计等工作均属之。

（D）妇婴卫生股——产前检查护理，接生，产后检查护理，妇婴卫生指导，及训练产婆等工作均属之。

（E）卫生教育股——学校卫生，卫生宣传，及训练卫生工作人员等务均属之。

附录二　湖南各县卫生院组织章程

第一条　本章程依据湖南卫生实验处暂行组织规程第十四条制定之。

第二条　县卫生院掌理各该县全县卫生事宜，隶属于各该县县政府。但关于技术事项，应受湖南卫生实验处之指挥监督。

第三条　县卫生院如有特殊情形者，得设院董会，审议一切重要事项，并补助业务之发展，其章程另定之。

第四条　县卫生院设院长一人，综理全院事务，由湖南省民政厅委任之。

第五条　县卫生院，设下列各股：

一、总务股；

二、保健股；

三、防疫检验股；

四、医疗股；

五、卫生教育股。

第六条　总务股，掌理总务及全县生命统计事宜。

第七条　保健股，掌理全县保健事宜。

第八条　防疫检验股，掌理全县防疫及卫生检验事宜。

第九条　医疗股，掌理全县医疗救济事宜。

第十条　卫生教育股，掌理全县社会及学校卫生教育，并训练各项卫生工作人员事宜。

第十一条　县卫生院，置股主任五人，护士长一人，医师若干人，护士若干人，卫生员若干人，卫生助理员若干人，办事员若干人，分理应办各事。

第十二条　县卫生院得于该县各区，每区组设卫生所一所，其组织章程另定之。

第十三条　县卫生院处置重要事项，应呈各该县政府核定行之，其普通事项，得以县卫生院名义行之。

第十四条　本章程如有未尽事宜，得随时提请湖南省政府委员会修改之。

第十五条　本章程经湖南省政府委员会议决，公布施行。

附录三　江西省特种教育处南丰实验区民众诊疗所简章

一、本所根据江西省特种教育处南丰实验区计划大纲第四项设立之。

二、本所以防治民众疾病，增进民众健康，并实施卫生教育为宗旨。

三、本所设主任一人，负主持全所重要事务及诊疗之责，助理二人，负看护及办理其他事项之责。

四、本所医药用品，概由区办事处置备。

五、本所诊疗时间，规定如下：

1. 门诊：每日上午八时起至十二时止，下午一时起至三时止。

2. 出诊：每日下午三时起至六时止。

3. 一切例假日，均不停诊。

六、在前项诊疗时间内，如遇有施行其他重要工作时，得临时变动之。

七、本所施诊，不取诊金及药费，仅收初诊挂号费铜元五枚。复诊免收。每初诊一次，得复诊一个月。

八、本所备有学生优待证，凡属各民众学校学生及其家属，得向各校校长处领取该证前来就诊者，准免收初诊挂号费，以示优待。

九、本所设有病室，以备病人疗养，惟一切应用器具及膳食，均由自备，并须遵守所中规则。

十、本所定每年春秋两季，免费布种牛痘。

十一、本所遇必要时，得举行免费防疫注射。

十二、本所随时举行通俗卫生讲演，其办法另定之。

十三、本所定每学期举行各民校所在地儿童健康检查各一次，其办法及时间另定之。

十四、本所于可能范围内，施行公共卫生环境，卫生各事项，其目标及办法，得临时商承实验区办事处确定之。

十五、本所联合各民校校长教员组织流通诊疗团，轮流出发本区各辖村，实施诊疗，其办法另定之。

十六、本简章经区务会议通过，呈经江西省特种教育处核准后施行。

附录四　临川试办县政实验区诊疗所简章

第一条　本所以改进本区卫生事项，谋民众健康幸福，并实施防疫急救诊治为目的。

第二条　本所设医士一人，护士一人，公丁二人。

第三条　本所诊治病症，门诊取号金百文，药资照原价出售，贫病施药，出诊时自愿致送酬金者听。

第四条　本所收取各费，除号金外，均给收据为证。
第五条　本所诊病时间，上午门诊，下午出诊，急症随请随到。
第六条　本所遇必要时，得设巡回诊疗组，输往各村诊治。
第七条　本所经费，由县政府就卫生经费项下支给之。
第八条　本简章如有未尽事宜，得随时增修，呈报专员公署备案。
第九条　本简章自呈奉专员公署核准后公布施行。

附录五　定县卫生工作试验之组织及人员表

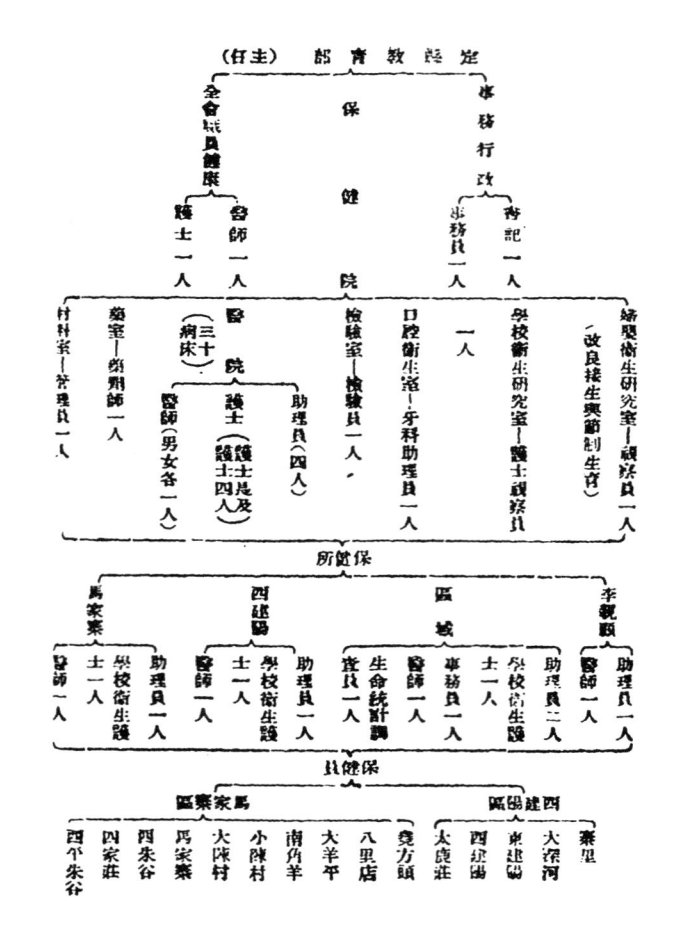

附录六　上海市政府卫生局高桥区事务所组织系统表

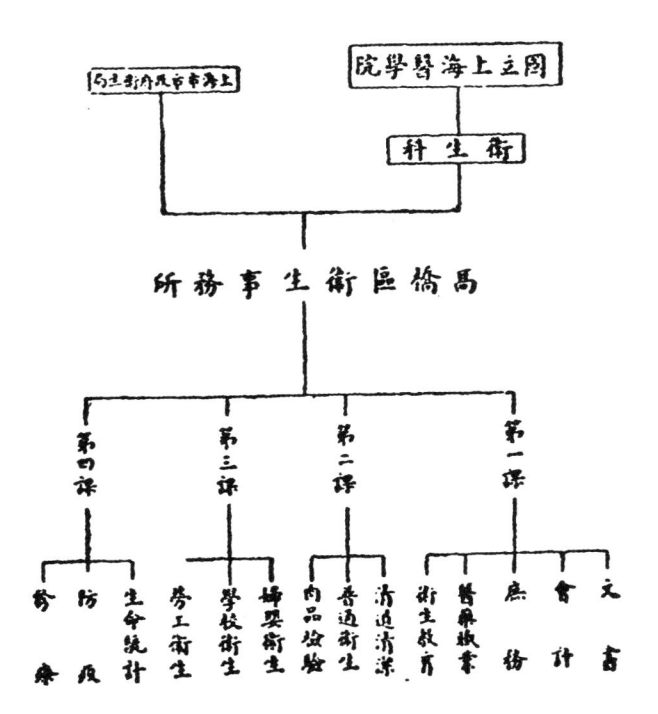

```
上海市政府卫生局          国立上海医学院
        │                     │
        │                   卫生科
        │                     │
        └──────────┬──────────┘
                   │
            高桥区卫生事务所
                   │
    ┌──────────┬───┴──────┬──────────┐
   第一课      第二课      第三课      第四课
    │          │           │           │
  ┌─┼─┐      ┌─┼─┐       ┌─┼─┐       ┌─┼─┐
  文 会 庶    清 普 肉     妇 学 劳    生 防 诊
  书 计 务    道 通 品     婴 校 工    命 疫 察
  　 　 及    清 卫 检     卫 卫 卫    统 及
  　 　 卫    洁 生 验     生 生 生    计
  　 　 生
  　 　 教
  　 　 育
```

359

第三章　中国乡村卫生行政机关的经费

凡是举办一种事业，必定要宽筹经费，经费从什么地方来呢？不用说是向地方人民收税，只要"取之于民，也用之于民"，人民也就乐意了。假定每亩地征银五分，每县至少有四十万亩，就应该收税两万元以上了，还嫌不够用么？经费的支配，可分作开办费和经常费两种，兹将第二次全国内政会议通过的预算标准录后，各县可按着标准参照地方实情斟酌增减。

预算标准

（一）县立医院开办费（视县境之大小及经济状况斟酌加减）

项目	银数
房屋修缮	银一千元
药品	银三百元
器械	银二百四十元
手术台	银七十元
消毒器	银三百四十元
玻璃器	银一百元
天秤	银二十元
沙滤缸	银三十元
木器及床（二十五张）	银四百元
被（二十五床）	银一百二十五元
褥（二十五床）	银七十五元
病人衣裤（五十套）	银一百五十元

续表

项目	银数
枕心（二十五个）	银十元
枕套（五十个）	银十五元
被单（六十张）	银一百二十元
手术表（十件）	银三十元
印刷	银五十元
运输关税	银六十元
杂支	银八十元
以上共计	银三千二百七十五元

（二）县立医院经常费

项目	甲种月支银数	乙种月支银数
院长兼主任医师	一百八十元	一百八十元
医师	一百元	
助理医师	八十元	五十元
助产士	四十五元	四十元
调剂生	三十元	
护士（男二人）	八十元	
护士（女二人）	七十元	二十五元
卫生稽查（二人）	五十元	二十五元
种痘员（二人）	四十元	十五元
事务员	二十五元	
伕役	四十五元	二十四元
女仆	十六元	八元
厨役	十六元	八元
印刷	三十元	二十元
纸张笔墨	十元	四元
邮电	十五元	二元

续表

项目	甲种月支银数	乙种月支银数
电话	四元	四元
旅费	六十元	二十五元
疫苗痘苗等	五十元	三十元
棉花纱布	三十元	二十元
药品器械	一百五十元	五十元
煤炭	四十元	二十元
煤油电灯	六十元	二十元
特别饭费（贫苦住院病人）	六十元	三十元
杂支	六十元	十元
修缮添置	七十元	十元
	以上（甲种）每月共支银一千四百三十元	以上（乙种）共支银五百六十元

说明　甲种预算，系为备有二十五床之医院所用，乙种之医院，系仅备传染病床，规模较小者。

（三）分区诊疗所（按即卫生所性质）开办费（视区域之大小及经济状况酌量加减）

项目	银数
房屋修缮	银二百元
药品	银一百五十元
器械	银一百元
消毒器	银一百元
玻璃器	银三十元
天秤	银二十元
沙滤缸	银三十元
木器	银一百元
印刷	银二十元
运输关税	银三十元

续表

项目	银数
纱布棉花	银三十元
杂支	银四十元
共计	银八百三十元

（四）分区卫生诊疗所经常费

项目	月支银数
所长兼护士男	四十元
护士兼助产士	三十五元
卫生稽查兼种痘员	二十五元
换药员	十三元
夫役兼厨役二人	二十四元
纸张印刷笔墨	六元
旅费	二十元
疫苗及痘苗	二十元
药品敷料及棉纱等	三十元
修缮购置	二十元
杂支	二十元
每月共支洋二百五十三元	

（五）各区卫生分所开办费（视村庄大小及经济状况斟酌增减）（著者自拟）

项目	银数
房屋修缮	二十元
药品	十五元
器械	十元
玻璃器	五元

续表

项目	银数
沙滤缸	三十元
木器	三十元
印刷	三元
杂支	五元
共计银一百十八元	

【注】如地方经济困难，房屋就因陋就简，器械，玻璃器，沙滤缸等只好不办，木器向民家借用，印刷和杂支也就省去，药品却不可不备，可向定县保健院购保健箱一只，内有药品十种，敷料器具十种，也就十分勉强地应用了。

（六）各区卫生分所经常费（著者自拟）

项目	月支银数
卫生助理员津贴	五元
添置药品	五元
旅费	四元
纸张印刷笔墨	一元
杂支	三元
每月共支银十八元	

【注】卫生助理员总该有些津贴，才觉得义务和权利均等，如果过唱高调，就不免流于敷衍门面了。各该村庄如果经济实在困难，至少要照上面的预算对折支用才不致影响事业。

第四章　中国乡村卫生行政机关的设备

乡村卫生行政机关的设备愈完备，事业便愈发展，可是因为经济的限制，设备大都简陋，这就不得不盼望地方行政当局努力充实设备了。究竟乡村卫生行政机关该有哪些设备呢？拟定如下，再由各地方行政当局尽量设法购办。

一　县立医院应有的设备

ㄅ．房屋

（1）挂号室	一间	（2）接诊室	二间
（3）诊疗室	二间	（4）药库	二间
（5）配药室	二间	（6）办公室	三间
（7）宿室	八间	（8）工役室	三间
（9）厨房	二间	（10）男厕所	一间
（11）女厕所	一间	（12）储藏室	二间
（13）娱乐室	二间	（14）讲演室	三间
（15）病房	五间	（16）盥洗室	二间

ㄆ．家具

（1）会议桌	一件	（2）书桌	三十件
（3）座椅	四十件	（4）长凳	五十件
（5）橱子	十件	（6）污水桶	五件
（7）大镜子	一面	（8）床	十五件

续表

（9）茶几	二十件	（10）记录匣	二件
（11）病床	三十件	（12）诊断床	二件
（13）药柜	五件	（14）书柜	二十件
（15）痰盂	四十件	（16）面盆	十件
（17）其他	不定		

丁．被服

（1）手术衣	二十件	（2）被	三十件
（3）褥	三十件	（4）病人衣裤	三十套
（5）枕芯	三十件	（6）枕套	六十件
（7）被单	六十件	（8）毛巾	四打

戊．量器表

（1）量□器	一件	（2）体高尺	一件
（3）坐高尺	一件	（4）胸围尺	一件
（5）握力器	一件	（6）检耳器	一件
（7）检鼻器	一件	（8）检眼镜	一件
（9）耳镜	一件	（10）鼻镜	一件
（11）喉镜	一件	（12）反射镜	一件
（13）木制压舌板	二盒	（14）目力表	二件
（15）耳力表	二件	（16）体温表	二件
（17）体重机	一件	（18）显微镜	一件

己．手术器

（1）注射针	八件	（2）听诊器	二具
（3）外科刀	八把	（4）剪刀	八把
（5）镊子	六件	（6）长镊子	二件
（7）长钳子	二件	（8）点眼瓶及照眼台	四件

续表

（9）软膏板及软膏刀	二套	（10）灌肠器	二件
（11）消毒气锅	四件	（12）小天秤	二件
（13）腰形器	四件	（14）量杯	二件
（15）火酒灯	二件	（16）滴管	二十件
（17）热水袋	四件	（18）玻璃杯	八件
（19）玻璃棍	二十件	（20）乳钵	二件
（21）探膜针	四件	（22）洗疮及洗耳水管	四件
（23）耳科长柄小弯刀	二件	（24）橡皮带	二丈
（25）橡皮管	三丈	（26）烧杯	四件
（27）试管	一打	（28）长方形盛器械盒	四件
（29）药匙	四件	（30）药杯	四件
（31）白纸盒	四十件	（32）硫酸铜	八枚
（33）纱布	五磅	（34）药棉花	五磅
（35）绊软膏	三卷	（36）牙杆	三盒

夕．装药器

（1）玻璃瓶	八件	（2）膏子药罐	十件
（3）一磅白瓶	六件	（4）三两白瓶	二十件
（5）六两瓶	六件	（6）一两膏子药罐	四件
（7）大口黄瓶	四件	（8）三两白瓶带塞子	二十件
（9）三两黄瓶带塞子	二十件	（10）四两白瓶	十件
（11）四两黑瓶	十件	（12）软膏盒	五十件
（13）胶囊	四件	（14）绷带卷	四卷
（15）明表（察脉搏用）	一件		

去．药膏

（1）硼酸软膏	二磅	（2）钯录软膏	一磅
（3）氧化锌抹膏	二磅	（4）怀非地软膏	二磅
（5）硫酸软膏	三磅	（6）炭匿酸软膏	一磅

续表

（7）薄荷抹膏	二磅	（8）枸橼酸膏	二磅
（9）衣比软膏	一磅	（10）亚铅华软膏	二磅
（11）拉沙软膏	二磅	（12）二百二十软膏	二磅
（13）钾汞膏	一磅	（14）白降汞膏	一磅
（15）沃芳膏	二磅	（16）柳酸膏	二磅

7. 丸片药

（1）止痢丸	二百粒	（2）止咳丸	三百粒
（3）加司拉杂丸	二百粒	（4）阿斯匹灵丸	五百粒
（5）钠轻炭□药片	二百粒	（6）灰线药片	二百粒
（7）甘草杂合药片	一百粒	（8）信罗拏药片	一百粒
（9）镁硫□	四磅	（10）芥辣末	一磅
（11）苏打片	五百粒	（12）甘汞片	二百粒
（13）山多年片	一百粒	（14）山多年及甘汞片	二百粒
（15）小苏打片	五百粒	（16）苏达明片	一千粒
（17）钠镍	一百粒	（18）沙乐尔	二百粒
（19）波浪氏杂剂	四百粒	（20）杜佛氏片	四百粒
（21）福纳西片	二百粒	（22）咖啡精	一磅
（23）毛地黄	一百粒	（24）磷酸寇加因	一百粒
（25）硫酸金鸡钠	五百粒	（26）皮奈米顿	一百粒
（27）乳酸钙	四百粒	（28）氯酸钾	五百粒
（29）盐酸莫非	一百粒	（30）柳酸钠	一百粒

8. 水剂药

（1）硫酸锌溶液	五百瓦	（2）硝酸银溶液	五百瓦
（3）碘酒	三千瓦	（4）酒精	五千瓦
（5）钾香酒精	三千瓦	（6）外用白调合剂	四百瓦
（7）□醇甘油	三千瓦	（8）纯来苏	一千瓦
（9）盖士林	三千瓦	（10）阿基溶消水	五百瓦

续表

（11）二百二十溶液	三千瓦	（12）龙胆大黄杂合剂	三千瓦
（13）新尼戛加钶合剂	三千瓦	（14）镁硫□白调合剂	三千瓦
（15）铁钶马前子调合剂	三千瓦	（16）钠硫□消水	三千瓦
（17）鸦片酒	八百瓦	（18）蓖麻油	五千瓦
（19）阿摩尼淮水	五百瓦	（20）卡仑油	五百瓦
（21）石碳酸	四桶	（22）泻盐	五磅
（23）奎宁	一磅	（24）灰锰氧	三磅
（25）胶布	三桶	（26）硼酸粉	三磅
（27）白兰地	五瓶	（28）玉树油	三磅
（29）汽油	一听	（30）吐根糖浆（催吐剂）	两磅
（31）盐化高铁液（止血）	两磅	（32）多败氏液（含漱治喉牙症）	五磅
（33）樟脑混合丁几	三磅	（34）龙胆丁几	二磅
（35）大黄丁几	二磅	（36）马前子丁几	一磅
（37）安息香丁几	一磅	（38）爱皮可克丁几	一磅
（39）远志丁几	一磅	（40）颠茄丁几	一磅
（41）桂皮丁几	一磅	（42）毛地黄丁几	一磅

二　各区卫生所应有的设备

ㄅ．房屋

（1）诊疗室	二间	（2）挂号室	一间
（3）待诊室	一间	（4）办公室	一间
（5）药室	一间	（6）宿室	二间
（7）厨房	一间	（8）伕役室	一间
（9）男厕所	一间	（10）女厕所	一间

ㄆ．家具

（1）书桌	四件	（2）座椅	十件
（3）长凳	二十件	（4）药柜	一件
（5）书橱	四件	（6）诊断床	一件

续表

(7) 记录匣	一件	(8) 床	四件
(9) 茶几	六件	(10) 大镜子	一件
(11) 痰盂	一件	(12) 面盆	二件

乙. 衣服

(1) 手术衣	四件	(2) 毛巾	半打

丙. 量器表

(1) 体高尺	一件	(2) 胸围尺	一件
(3) 反射镜	一件	(4) 木制压舌板	一盒
(5) 目力表	一件	(6) 耳力表	一件
(7) 体温表	一件		

丁. 手术器

(1) 注射针	二件	(2) 听诊器	一件
(3) 外耳刀	四把	(4) 剪刀	二把
(5) 镊子	二件	(6) 长镊子	一件
(7) 长钳子	一件	(8) 点眼瓶及点眼台	二件
(9) 软膏板及软膏刀	一套	(10) 消毒气锅	一件
(11) 小天秤	一件	(12) 腰形篮	二件
(13) 量杯	一件	(14) 火酒灯	一件
(15) 滴管	五件	(16) 药匙	二件
(17) 药杯	二件	(18) 玻璃杯	四件
(19) 玻璃棍	六件	(20) 乳钵	一件
(21) 橡皮带	二丈	(22) 橡皮管	二丈
(23) 烧杯	二件	(24) 试管	四件
(25) 纱布	二磅	(26) 药棉花	二磅

ㄅ．装药器

（1）玻璃瓶	四件	（2）膏子药罐	六件
（3）三两白瓶	二十件	（4）一两膏子药罐	二件
（5）大口黄瓶	二件	（6）软膏盒	二十件
（7）胶囊	二件	（8）绷带卷	二卷

ㄊ．药膏

（1）硼酸软膏	一磅	（2）硫酸软膏	一磅
（3）白降汞膏	半磅	（4）二百二十软膏	一磅
（5）薄荷抹膏	半磅	（8）枸橼酸膏	一磅

ㄋ．丸片药

（1）止痢丸	一百粒	（2）止咳丸	二百粒
（3）加司拉杂丸	一百粒	（4）阿斯匹灵丸	二百粒
（5）咖啡精	半磅	（6）杜佛氏片	一百粒
（7）苏打片	三百粒	（8）甘汞片	一百粒
（9）小苏打片	三百粒	（10）苏达明片	五百粒
（11）硫酸金鸡纳	三百粒	（12）氯酸钾	二百粒

ㄌ．水剂药

（1）碘酒	一千瓦	（2）酒精	二千瓦
（3）外用白调合剂	二百瓦	（4）盖士林	一千瓦
（5）□燉甘油	一千瓦	（6）纯来苏	五十瓦
（7）二百二十溶液	一千瓦	（8）蓖麻油	二千瓦
（9）硼酸粉	一磅	（10）白兰地	一瓶
（11）玉树油	一磅	（12）钠硫□消水	一千瓦

三　各区卫生分所应有的设备

ㄅ．农村救急药箱（卫生署出售，内备药品如后，各分所可按各地疾病情形，酌量增减）

（1）止痢片	主治痢疾	（2）止咳片	主治咳嗽
（3）金鸡纳霜片	主治疟疾	（4）阿司匹灵片	主治头痛伤风风湿痛
（5）止痛水	腹痛呕吐水泻时用之	（6）苏打片	胃痛吐酸水时用之
（7）山道年片	主治蛔虫	（8）泻盐	主治大便干结
（9）铔香酒	主治昏迷晕倒	（10）过锰酸钾	喉痛时用之
（11）枸橼酸铜膏	主治砂眼	（12）蛋白银	主治急性发眼
（13）硫黄膏	主治疥癣	（14）脚气水	主治脚气及干痒皮肤病
（15）湿疹药水	主治湿疹	（16）硼酸膏	灭菌生肌
（17）碘酒	消毒主治皮肤破伤	（18）火酒或中国烧酒	消毒

上列药品，须视量数多寡以定代价，估计每箱约在十数元之谱，如村庄经济困难，尚不能设备时，可向定县保健院购保健药箱，内有药品十种，敷料器具十种，价值仅仅三元，将来药品敷料的补充，每年也不过十二元。

夊．保健药箱
（甲）药品

（1）枸橼酸铜膏	主治砂眼	（2）蛋白银水	主治爆发眼
（3）硫酸锌水	主治眼泪多	（4）炭甘油	主治耳底子
（5）碘酒	主治皮肤红肿（有或无小脓头者）	（6）白降汞膏（用开白水洗后）	皮肤脓疮
（7）韦氏膏	头癣及身癣	（8）二锅头酒	皮肤有毒
（9）阿斯匹灵	伤风头痛	（10）苏打	胃痛吐酸水

（乙）器具

（1）绷带		（2）纱布	
（3）棉花球		（4）胶带	
（5）压舌板		（6）玻璃棍	
（7）滴管（两个）		（8）剪刀	
（9）镊子		（10）棉花棍	

二．小学卫生适用药箱　这是乡村小学应该常备的适用药品，价值一元，可向定县保健院购买。

药名	所治病名	用法	施用次数
（1）枸橼酸铜膏	砂眼	以棉花棒取油膏少许，置于眼帘内，然后用棉花球揉动眼球，一分钟即告竣。	每日一次
（2）凡士林	冻疮	天气渐寒，每个学生都用此油，擦手皮上，以预防冻疮。	每日一次
（3）韦氏膏	头癣	先用温水肥皂，将皮癣部洗洁，然后敷上油膏少许，用力擦揉。	每日换药一次
（4）碘酒	皮伤	先将皮肤伤处，用开水及酒精洗洁，后用棉花棒将碘酒少许，敷在伤处。轻伤不可用包布，较重者宜松加包裹。注意：不可用在眼内。	无定

第五章　中国乡村卫生行政人员的职务

乡村卫生行政人员，因为任职的不同，资历有深浅，学殖有厚薄，所以他们的职务，也就各不相同，分工合作，以促事业的进步。现在把他们的职务，约略的分说于下：

一　县立医院

ㄅ．院长　职务如下：
（1）计划全县卫生改进事宜；
（2）计划本院发展事宜；
（3）支配各股工作人员的工作；
（4）监督各股工作人员的工作；
（5）稽核经济；
（6）环境卫生的视导；
（7）处理往来一切的文牍；
（8）编制各种报告；
（9）对外作行政的接洽；
（10）联络家庭；
（11）联络社会；
（12）研究卫生问题；
（13）其他事项。

ㄆ．医师　职务如下：
（1）实施卫生教育；
（2）健康检查；

（3）缺点复查；

（4）缺点矫治；

（5）预防接种；

（6）传染病管理；

（7）疾病诊治；

（8）环境卫生视察；

（9）其他事项。

丙．技士　职务如下：

（1）实施卫生教育；

（2）化验饮食品；

（3）各种消毒计划与设施；

（4）配合药剂；

（5）协助医士施行手术；

（6）环境卫生的视察和指导；

（7）其他事项。

丁．护士　职务如下：

（1）协助医师办理全县各项卫生事宜。（如健康检查，预防接种，疾病诊治及缺点复查等）；

（2）缺点矫治；

（3）环境卫生视察；

（4）传染病视察及管理；

（5）实施健康教育；

（6）家庭访视；

（7）管理各项记录；

（8）全院的布置及用具保管；

（9）联络社会；

（10）其他事项。

戊．事务员　职务如下：

（1）保管往来文件；

（2）监督工役，清洁院中各处；

（3）购买一切药品或用品；

（4）缮写一切文件；
（5）作生命统计；
（6）其他事项。

ㄅ．卫生视察员　职务如下：
（1）视察全县环境卫生；
（2）视察各区卫生所、各区卫生分所的设施；
（3）调查女子裹足的情形；
（4）纠正乡民不卫生的习惯；
（5）其他事项。

去．卫生宣传员　职务如下：
（1）协助医师、技士实施卫生教育；
（2）讲演卫生的好处；
（3）劝导乡民革除不良习惯；
（4）演映幻灯影片，灌输民众卫生知识；
（5）编制印刷品，散发民众；
（6）其他事项。

二　各区卫生所

ㄅ．所长　职务如下：
（1）计划全区卫生改进事宜；
（2）计划本所发展事宜；
（3）支配本所工作人员的工作；
（4）监督本所工作人员的工作；
（5）稽核本所的经济；
（6）环境卫生的视导；
（7）实施卫生教育；
（8）联络家庭；
（9）联络社会；
（10）其他事项。

ㄆ．医师　职务如下：

(1) 实施卫生教育；
(2) 健康检查；
(3) 缺点复查；
(4) 缺点矫治；
(5) 预防接种；
(6) 传染病管理；
(7) 疾病诊治；
(8) 环境卫生视察；
(9) 其他事项。

ㄅ. 干事 职务如下：
(1) 治理本所杂务；
(2) 保管本所一切财产；
(3) 作各种社会调查；
(4) 编制本区各种卫生报告；
(5) 缮写并保管一切文件；
(6) 购买本所需用的药品和用物；
(7) 其他事项。

ㄈ. 助理员 职务如下：
(1) 帮助医师作健康检查；
(2) 帮助医师作预防接种；
(3) 帮助医师诊治疾病；
(4) 帮助医师复查缺点；
(5) 帮助医师矫治缺点；
(6) 帮助医师视察环境卫生；
(7) 帮助医师管理传染病；
(8) 帮助医师实施卫生教育；
(9) 其他事项。

三 各区卫生分所

ㄅ. 卫生助理员 职务如下：

（1）实施本村卫生教育；

（2）救急治疗；

（3）普及种痘；

（4）水井改良；

（5）报告生亡；

（6）介绍病人至卫生所诊病；

（7）其他事项。

攵．卫生督察员　　职务如下：

（1）矫正村民有碍卫生的行动；

（2）视察环境卫生；

（3）报告传染病；

（4）劝导村民作预防注射；

（5）其他事项。

第六章　乡村保健行政

现在科学进步，关于卫生事宜，已由治疗进到防御，更由防御进到保健了。因为有了病去治疗，病人的精神和肉体上，都不免大受痛苦，不如防御传染病，使得不生病为好；若对一切卫生事宜，均能时时注意，保持身体康健就更好，所以本章先说乡村保健行政。保健行政的意义，就是要保持增进国民健康，助长活动的一切事项。实施方法，可从学校和社会两方面去做。学校儿童是未来的国家主人翁，他们的健康，更是要紧，所以现在一般卫生行政机关，都积极的做学校儿童的保健工作。

一　乡村小学保健工作

乡村小学的保健工作，可按照卫生署颁布的《学校卫生实施方案》办理，分为四种工作：

ㄅ. 健康检查

（甲）定义　将儿童全身各部，逐一详细检查，以求诊察儿童发育及健康的程度，发觉早期疾病与危害健康之身体缺点的，叫做健康检查。

（乙）目的　健康检查的目的有五：

（1）诊察儿童的发育和健康状况；

（2）发觉儿童身体缺点和早期疾病，以谋矫治；

（3）养成儿童重视其身心健康的观念；

（4）促进家长对于儿童的健康，应有相当注意的觉悟；

（5）养成儿童和其家庭对于疾病预防的观念。

（丙）表格　可分入学前和入学后的二种：

子、入学前健康检查，在举行入学试验时加以检查，用表如下：

第十七表　　　　　　　　新生入学体格检查表

姓名	年龄		性别
	姿势		
	脊柱		
	胸围		
	眼		
	口腔		
	肺力		
	疾病		
	总评		
	检查员签名		
民国	年	月	日

丑、入学后健康检查；在入学后每年举行一次。

第十八表　　　　　　　　儿童健康检查表

校名　　　　　　**地址**　　　　**级数**

		姓名	年龄	性别	号数
	检查日期				
	身长				
	体重				
	营养				
	贫血				
眼	视力				
	疾病				
鼻耳	听力				
	疾病				
	皮肤				
	牙				
	扁桃腺				
	头				
	肺				

续表

姓名	年龄	性别	号数
心			
腹部			
生殖器			
筋骨			
淋巴腺			
神经系			
其他			

医师签名　　　　　医师签名

符号　○无缺点　＋不重要之缺点及不能矫治之缺点　卄重要而不急需矫治　卅须即刻矫治的

【注】（1）如砂眼　头癣　耳脓　疥疮等即用（＋）代×

（2）如患特殊疾病则书其病名。

寅、学生缺点统计：学生健康既经检查，所有的缺点，应统计出来。

第十九表　　　　　　　　学生缺点统计表

年岁	有缺点人数	缺点	人数	
			男	女
五岁				
六岁				
七岁				
八岁				
九岁				
十岁				
十一岁				
十二岁				
十三岁				
十四岁				
十五岁				

续表

年岁	有缺点人数	缺点	人数	
			男	女
十六岁				
十七岁				
十八岁				
总计				

攵．缺点矫治

（甲）定义　凡在健康检查时所发现各项有危害健康的生理变态，叫做身体缺点。

（乙）目的　缺点矫治的目的有八：

（1）可增进儿童发育的功能；

（2）可铲除传染病症；

（3）可预防各项因缺点而发生之疾病；

（4）可先期矫正各项残疾；

（5）可借以陶冶儿童之健康意识；

（6）可借以养成儿童卫生习惯；

（7）可借以灌输儿童各项可预防之疾病常识；

（8）可借以促成家长对于儿童健康之注意。

（丙）项目　儿童缺点，通常有下列各种：

（1）身长不增加：

子、原因　有结核病心病营养不良或其他疾病。

丑、矫治　消除原因，增进营养。

（2）体重减轻：

子、原因　有结核病心病营养不良或其他疾病。

丑、矫治　消除原因，增进营养。

（3）视力障碍屈光不正：（包括远视、近视或散光名屈光不正。）

子、原因　光线太强或太弱，看书距离不适；字迹过小。

丑、矫治　延眼科医师配置适宜眼镜。

（4）耳聋及其他耳病：

子、原因　中耳脓炎，耳鼓膜破裂，耳咽管闭塞、一切脑神经的病患遗传、受伤等。

丑、矫治　依照原因，及早延医诊治。

（5）砂眼：

子、原因　眼中吹入小砂粒。

丑、矫治　用百分之二或百分之五的枸橼酸铜软膏置眼内，每日一次，或硫酸铜棒轻轻擦结合膜，每周二次。

（6）其他眼病：

子、原因　斜视的因眼球生病；急性结合膜炎是因染菌。

丑、治疗　斜视的要施行外科手术；患急性结合膜炎的可用弱蛋白银滴眼，每日三次施用热敷。

（7）牙病：

子、原因　食物成分不适宜，牙齿不清洁，致齿龈受损而染菌。

丑、矫治　洗剔牙齿，拔除或镶补病牙。

（8）扁桃腺：

子、原因　染菌。

丑、矫治　急性扁桃腺炎，可用百分之五的硝酸银溶液擦咽部，用千分之一的过锰酸钾溶液漱口。慢性扁桃腺炎，可以割除。

（9）淋巴腺病：

子、原因　扁桃腺炎、龋齿、中耳炎、结核、梅毒、淋毒等。

丑、矫治　除去原因。

（10）营养不良：

子、原因　有（一）食物分量不足，配合不适宜或次数无定及多吃零食；（二）新鲜空气的供给不足；（三）日光不足；（四）睡眠不足；（五）体内有寄生虫；（六）患结核病、牙病扁桃腺肿大等原因。

丑、矫治　消除病原，增进营养。

（11）皮肤病：

子、原因　疥疮是因有疥虫；脓疱疮是因有脓球菌；癣是因有霉蕈。

丑、矫治　疥疮可于临睡前用热水洗浴，擦破疮痂，再用百分之十的硫酸软膏涂擦全身，将更换的内衣用开水煮沸十五分钟，每晚如法施行，约三次后将被褥拆洗，用开水煮沸十五分钟，切实照行，可望痊愈。脓疱疮可用百分之五的含铋□化高汞软膏涂患处，每日一次，至痊而止。癣可用百分之十五柳软酸膏，每日涂擦一次，至痊而止。

（12）呼吸系病常见者为肺结核：

子、原因　结核杆菌随灰尘吸入肺中或由口食入。

丑、矫治　停学疗养。卧床休息，服鱼肝油牛乳鸡蛋等食品。

（13）循环系病最常见者为二尖瓣缩窄或闭锁不全：

子、原因　扁桃炎或梅毒。

丑、矫治　停学休养，勿作剧烈运动，延医诊治。

（14）色盲：

子、原因　先天性。

丑、矫治　无法矫治。

（15）畸形：常见者为平跖足、驼背等。

子、原因　佝偻病，鞋过窄小，结核病，外伤等。

丑、矫治　用石膏整形，或施外科手术。

（16）鼻病：有鼻瘤及鼻息肉，鼻中隔偏差和窦炎等。

子、原因　窦炎系染菌，其余尚不明。

丑、矫治　鼻瘤及鼻息肉须延医割治，其余须行外科手术。

（17）甲状腺肿大：

子、原因　饮料中缺少碘质。

丑、矫治　割除，或用内科治法，服碘化钾，每次一公分，日服三次，多吃海带等含碘菜蔬。

（18）脾胀大：

子、原因　原因很多，最要者为卡拉阿萨，疟疾等。

丑、矫治　按原因矫治。

（19）疝气：

子、原因　腹壁肌松弛，及先天腹股沟管闭合不全等。

丑、矫治　用疝气带或施行外科手术。

（20）包茎：

子、原因　先天包茎。

丑、矫治　割除包皮。

（21）肠中的病：最常见者为痢阿米巴。

子、原因　痢阿米巴。

丑、矫治　口服或肛内注射药特灵，皮下注射厄米汀。

（丁）手续

（1）通知学生家庭　学生受健康检查毕，学校教员或医生应将学生缺点列表通知家长，予以注意。有少数家长，可自动负责延医诊治。

（2）约家长会谈　通知家长后，常因不明了缺点矫治的意义，置之不理。如能由学校通知请家长来校会谈，可收相当的效果。

（3）家庭访视　如作家庭访视，收效更大。

（4）缺点矫治　应在开学时与医士约定矫治缺点时间，到期按次矫治。

（戊）记录　家庭访视和缺点矫治，均应记录，以备查考，用表如下：

第二十表　　　　　　　　家庭访视情形记录表

号数　　　学生姓名　　　年级

时期	访视事由	劝导事项	访视者
年　月　日			
年　月　日			
年　月　日			
年　月　日			
年　月　日			

第二十一表　　　　　　　儿童缺点矫治记录表

姓名　　　年龄　　　缺点名称　　　查体日期

月 日	7	8	9	10	11	12	1	2	3	4	5
1											
2											
3											
4											
5											

续表

日＼月	7	8	9	10	11	12	1	2	3	4	5
6											
7											
8											
9											
10											
11											
12											
13											
14											
15											
16											
17											
18											
19											
20											
21											
22											
23											
24											
25											
26											
27											
28											
29											
30											
31											
备注											

┌┐. 缺点复查

（甲）定义　对于已施行缺点矫治的学生，将其矫治过的缺点，逐一检查，或局部检查，俾未痊愈者，得以继续矫治；已痊愈者，暂行停止矫治；其已减轻或更加重者，得知应该如何注意，此种检查，叫做缺点复查。

（乙）项目　缺点复查的项目，现在卫生署暂定为三种：

（1）砂眼复查；

（2）牙齿缺点复查；

（3）扁桃腺缺点复查；

└┘. 定期身长体重测量

（甲）意义　要借身长体重的改变，明了儿童身体的健康状态，倘发觉身长体重有不正常情事，即速行作详细健康检查，以期发觉早期缺点，施行治疗。

（乙）定期

（1）身长测量　每学期开始时测量一次。

（2）体重测量　每月一次，应在同日同时，并须在测量前，令儿童排泄小便。

（丙）比较　测量后应与前次结果比较，方为有用。

第二十二表　　　　　　　　　体重测量记录

号数　　姓名　　　　性别　　年龄

年 月	年	年	年	年	年	年	年	年
七月　日								
八月　日								
九月　日								
十月　日								
十一月　日								
十二月　日								
一月　日								

续表

月＼年	年	年	年	年	年	年	年	年
二月　日								
三月　日								
四月　日								
五月　日								
六月　日								

第二十三表　　　　　　　　　　身长测量记录

号数　　　　姓名　　　　性别　　　　年龄

时期	上学期	下学期
年　月　日		
年　月　日		
年　月　日		
年　月　日		
年　月　日		
年　月　日		
年　月　日		

以上是就卫生署所规定的办法，摘要叙述，现在再补充两点如下：

万．健康活动

（甲）意义　施行卫生教育时，使儿童作种种健康活动，从各种活动中，儿童可获得许多技能和知识，来帮助自己身体的健康。

（乙）方法　健康活动的方法很多，约举如下：

（1）健康比赛　比较全校儿童的体格，谁强谁弱。

（2）整洁比赛　分个人和团体两种。

（3）姿势比赛　将坐、立、行各种姿势，共同比赛。

（4）大扫除　全校师生一齐动手，一学期举行一次。

（5）旅行及远足　每学期要有一次旅行及远足，地点的远近，可视儿童年龄的长幼而定。

（6）团体操比赛　每学期举行一次。

（7）卫生展览会　陈列各种卫生药品、仪器、用具、挂图、模型以及儿童卫生成绩等。

（8）卫生宣传队　宣传方法有三种：（一）文字宣传，（二）口头宣传，（三）化装宣传等。

（9）卫生表演　可指导儿童组织卫生表演团，表演卫生故事、歌舞、评话、双簧、戏剧等，并可招待家长及来宾。

（10）音乐会　每学期可开一次。

（11）放映卫生电影　利用影片及幻灯的放映作卫生演讲。

（12）卫生演讲比赛　可分个人及团体两种。

（13）卫生辩论会　亦可分个人及团体两种。

（14）卫生文艺比赛　分级举行，以关于卫生方面的诗歌、新闻故事、论说等为题材。

（15）棋类比赛　如军棋、象棋、海陆空军棋、围棋等均可比赛。

九．健康教学

（甲）意义　乡村小学常因环境及经费关系，一切应有的卫生设施，多不能举办，在此情形下，惟有注意健康教学，或可稍有补救。

（乙）课程　不但于卫生科中应将健康材料加入，就是其他各学科，也应和它密切联络。若多说卫生故事，常作卫生测验，或励行早操及课后游戏，收效更大。

二　乡村小学卫生视察

我国人的通病，常把一切政令视同具文，不肯切实的遵行。乡村各小学保健工作是否紧张，主管机关应该加以考核，切实指导，才可以免去有名无实的毛病。怎样去考核呢？可以应用下页第二十四表：

第二十四表　　　　　　乡村学校卫生状况视察表

校名　　校址　　视察日期二十　　年度　　月　　日

项目			标准分数		应得分数		现状	改善意见
			分	共	分	共		
	1	校舍周围状况	5					
教室卫生室教员室	2	地面	4	39				
	3	墙及黑板	4					
	4	窗及采光	8					
	5	通风	8					
	6	桌椅	6					
	7	容积	4					
	8	清洁状况	5					
	9	清洁用具	4	10				
	10	医药用品	3					
	11	记录图表	3					
	12	容积	1	3				
	13	采光通气	1					
	14	整洁	1					
厨房膳堂饮料运动场	15	纱窗纱门	2	5				
	16	厨夫清洁	1					
	17	食品储藏	1					
	18	残料处置	1					
	19	纱窗纱门	2	5				
	20	采光通气	1					
	21	食具设备	1					
	22	清洁	1					
	23	沸水	3	8				
	24	饮水设备	5					
	25	面积	1	5				
	26	地面	2					
	27	设备	2					

续表

项目		标准分数		应得分数		现状	改善意见
		分	共	分	共		
厕所	28 纱窗纱门	3	15				
	29 排气装置	1					
	30 大便设备	3					
	31 小便设备	2					
	32 洗手设备	3					
	33 粪便处置	2					
	34 清洁	1					
	35 垃圾处置	5	5				
总计							

视察者

三　乡村社会保健工作

乡村社会的保健行政，要做的工作很多，实难一一做到；现在可把最重要的几件，约说于下：

ㄅ. 改善环境卫生　乡村人民对于环境卫生，最不讲究；譬如吃水地方，常常洗马桶，水井旁边，贮藏粪便，随地吐痰，随处便溺，窗户不开，屋中黑暗，屋外隙地不扫除，食物的渣子乱抛等，皆要改善和纠正。

ㄆ. 保持清洁　可分七方面说：

（甲）垃圾的处置　垃圾的产生量，每日每人是很多，要禁止乡民任意委弃，并不得倾倒水内，以免滋生病菌。应该堆在一处烧去，所烧的灰，可作肥料，这也是废物利用的一种方法。

（乙）食用水的安全　乡村中本来谈不到上水道，可是对于食用的水，千万要防止污秽，禁止在食用水内洗濯污秽物。掘井要在高亢的地方，厕所的距离至少要有六十尺远。取用时务用砂滤法，吃水务须煮沸。用水为什么也要注意清洁呢？因为吃水可以直接传染，用水却可以间接传染，为害是相同的。

（丙）下水的处置　一切污水，统叫做下水。下水所含毒菌最多，不加疏浚，易染疾病，所以下水务要处置。处置方法，唯有设置下水管或是阴沟，使污水流出村外，才能保持安全。

（丁）粪便的处置　每村应按人口多寡设置公坑若干，坑要深，日光不能晒到，粪要常出。最宜取缔的：一是随地便溺，二是露天粪坑。

（戊）食肉检查　食肉有无病菌，自应加以检查，如见败肉，即不准出售。

（己）浮尸露棺的取缔　浮尸露棺，很易滋生疫疠，应加取缔。处置的最好方法，各村速立公墓，可以永久安放；墓旁并建厝屋，以为尸棺暂厝之用。

（庚）空气的清洁　人的呼气，多为炭气，吸气则需氧气。所以道路宜宽，房屋建筑，宜多留隙地。路旁和房屋隙地，可多植树木，以便交换炭气，有所调节。

二．设置公共卫生场所　可分两方面说：

（甲）公共浴室　乡民因经济和习惯关系，大多不喜洗澡。其实清洁身体，为保持健康的最要方法，所以应该设立公共浴室。浴室必须普遍，取费要廉，使一般村民皆有洗澡机会。

（乙）乡村公园　凡满一百人的村庄，皆应有一乡村公园，以为乡民舒息之用。

三．卫生教育　可分四方面说：

（甲）讲演　由各村小学或附近的民众教育馆作定期及临时的讲演，（一）灌输卫生知识，（二）传播卫生方法。

（乙）幻灯表演　亦由各村小学或附近的民众教育馆多作幻灯表演。（一）使村民知道不卫生的害处，能有所警惕。（二）放映生理影片，使村民明了人体的构造和各种器官的相互关系与作用。

（丙）卫生展览　将各种卫生上图表、模型、公开展览，使村民认识卫生的重要。

（丁）卫生表演　表演较讲演尤易收效，应多作卫生表演，使村民潜移默化，注重卫生。

四．卫生运动　各地医院、卫生所、小学校、民教馆等机关，每年应作一二次卫生运动，以促村民的注意。这种运动的范围很大很多，最要的是夏令卫生运动、灭蝇运动、防疫运动、清洁运动等等。施行的步骤，约说于下：

（甲）确定目标　无论做一种什么运动，总要先定目标，照着目标施行，才有成效可见。例如汤山农民教育馆举行卫生运动时，拟定目标如下：

（1）使农民知道卫生的常识。

（2）使农民养成卫生的习惯。

（3）使农民知道身体健康是由卫生而来的。

（4）使农民自动戒除烟酒及其他不正当的嗜好。

（5）使农民信仰医生，破除求鬼拜神的迷信。

（6）使农民明了个人卫生与公共卫生的关系。

（7）使农民知道卫生与社会进步的关系。

（8）使农民知道卫生与民族盛衰的关系。

（乙）布置　布置卫生环境，张挂宣传图书和统计图表，陈列卫生模型和标本，张贴卫生标语等等。关于宣传图书一类，俟后再说，至于图表，不外下列各种：

（1）生理卫生挂图。

（2）呼吸器各种疾病表。

（3）神经系各种疾病表。

（4）皮肤各种疾病表。

（5）肠胃各种疾病表。

（6）耳目各种疾病表。

（7）口鼻喉牙各种疾病表。

（8）生殖器各种疾病表。

（9）各种传染病疾病表。

（10）各国人寿比较表。

（11）各国疾病率比较表。

（12）各国死亡率比较表。

陈列模型，不外下列各类：

（1）人体模型。

（2）胎儿生长模型。

（3）内脏各部疾病模型。

（4）内脏各部烟毒模型。

（5）各种传染病模型。

（6）梅毒模型。

（7）淋病模型。

（8）天花经过模型。

（9）痧眼模型。

（10）各种恶疮模型。

陈列标本，不外下列各种：

（1）各月胎儿标本。

（2）双生胎儿标本。

（3）梅毒遗传胎儿标本。

（4）各种动物标本。

张贴标语，随各种运动目标而定。通常的卫生运动，可用以下的几句话：

（1）粪便入井，喝了得病。

（2）预防眼病传染，必须各人用自己的毛巾面盆。

（3）一个人平日讲卫生，就能身体康健。

（4）有了健康的儿童，才有强盛的国家。

（5）要想小孩不得四六风，先要改良接生的方法。

（6）婴儿随时都能种痘，不必等待春天。

（7）如要减除痛苦，快快注意卫生。

（8）各家的门外要清洁。

（9）饮水的河中，不要洗秽物。

（10）实行新生活运动。

湖北省垣夏令卫生运动，曾有下列的标语：

（1）饮食务须清洁，有规律。

（2）睡眠须有定时。

（3）要注意屋内的空气，扫除一切污秽。

（4）手须勤洗，以免受疾病的传染。

（5）勿随意吐痰，勿随地小便。

（6）嚏咳时必须用手巾蒙着鼻口，以免传染他人。

（7）不洁之物，不宜食。

（8）不洁之茶水，不宜喝。

（9）不吃切售的瓜果。

（10）生冷食物不宜吃。

（11）衣服宜勤换洗。

（12）扑灭苍蝇臭虫蚊子等害虫。

（13）不宜露宿。

（14）不宜贪凉过度。

（15）打赤膊是顶不合卫生的。

（16）不勤洗澡，就不合卫生。

（17）注意卫生的人，才能得着人生幸福。

（18）注意卫生的人，身体才可强健。

（19）注意卫生的人，终可延年益寿。

（20）注意个人卫生，疾病自然减除。

（21）注意卫生，是民族独立的基本条件。

（22）人人注意卫生，国家自必强盛。

（23）卫生运动，就是救国运动。

（24）收复失地，须要国民健全，要国民健全，须要注意卫生。

（丙）宣传 可分三方面说：

（1）文字宣传 以文字说明卫生利益和方法，分散乡民，使之知悉。如陆军第十师司令部曾作卫生运动，有一篇文字宣传，特节录于下，以供参考：

清剿蚊蝇　　　　　征东君

蚊 传染疾病：（一）疟疾，（二）黄热病，（三）丝状虫病。

剿蚊之治本办法（一）勿贮秽水，（二）清洁沟穴，（三）铲除杂草，（四）火油杀孑孓（因为孑孓要到水上呼吸，如此可将空气隔断，必定塞死）（五）利用动物鸭、蛙、鱼，（六）用网打捞（晒死）。

剿蚊之治标办法（一）逐蚊捕蚊，（二）窗户门户上装置铁纱，（三）用蚊帐。

蝇 分家蝇、小家蝇、绿头蝇、红头蝇、食肉蝇各种。繁殖方法：由卵成蛆，由蛆成蛹，由蛹成蝇。

杀蝇第一步　不供给蝇食，使它本身不能生活，不能生殖，卵子也不能发育。

杀蝇第二步　杀蛆。

杀蝇第三步　灭蝇。

又如湖北省立实验民众教育馆第二次卫生运动，曾作疾病检查并有文字宣传，它的告同胞书如下：

古语说得好："无病是神仙"，李老子说人生有四苦："生、老、病、死"，可见病之害人，影响人的事业，影响人的幸福，是非常的大。中国向有"病夫"的耻名！一般民众，染病者十居七八。病重者须延医诊治，自不待言，病轻或有暗病而不自知者，若不及早防备，则拖延的日子一久，必然由轻而重，甚至缠绵病榻其危险将至不堪设想。本馆有鉴及此，特请名医多人，来替本市的同胞们，举行身体上的疾病检查，只要你们填写本馆所发的疾病检查登记单，就可持单来馆，不花分文的受检查，这是于你们多么有利益的事啊！同胞们，你们认为这桩事情很重要么？那么就请把你自己的名字或者全家人的名字，都填写在后面的单子上，照单上规定的时间从速来馆检查罢：

又如无锡教育学院在未改今名以前，曾于农民教育馆健康科中作卫生宣传，共有多种，每种的上半幅是图画，下半幅是文字。现在约录数种如下：

家庭卫生须知

一、多开窗户，使光线空气充足！

二、墙间屋脚要常洒石灰水！

三、蓄猫捕鼠！

四、厕所要有门窗！

五、天井和屋角要通阴沟，不要把秽水积起来！

六、多备痰盂，不可随地吐痰！

七、整齐清洁！

八、扫地先洒水！

九、扑杀臭虫蚤虱，苍蝇蚊蚋！

十、厨房要洁净！

十一、残羹冷菜，隔夜不能再吃！

十二、要用开水来洗碗盏！

十三、不要一天做到晚，应该休息！

十四、被褥衣服常常拿出来晒晒！

十五、家庭里宜快乐和好！

十六、有人患病，立刻送往医院！

起居卫生须知

一、吃东西不可吃得太饱！

二、睡觉总要有八小时！

三、室内常通空气，睡时要开窗户！

四、早眠早起！

五、夫妇子女须各分床睡！

六、冬日不宜用帐，夏日用粗眼蚊帐！

七、睡时不可用被盖住面部！

八、大便天天应该有一定的时间！

九、要常常洗浴！

十、指甲要常剪，甲污要随时挖剔！

十一、每天做些劳力的运动！

十二、衣服被褥要清洁，要常常洗晒！

十三、早起临睡必刷牙，每饭毕必热水漱口！

十四、饭前便后必洗手！

十五、嚏咳时用手巾掩住，免致传染他人！

十六、请你切勿随地吐痰，以免传染肺痨！

十七、人生世上要有兴趣，不可常寻烦恼！

十八、勿宿娼，免染花柳病！

十九、花柳病是遗毒给子孙的！

二十、定期种痘！

生病时须知

一、如有疾病速找正当医师！

二、千万不可祈佛吃香灰！

三、要听医生的说话！

四、不要一知半解的自信！

五、不要乱吃市上的药！

六、请医生来，要诚实地诉病情！

七、不可新旧医生杂请！

八、须要绝对服从医生的命令！

九、生病时心里不要惊怕！

十、病有一定的经过，不要过于心急！

女子卫生须知

一、穿小背心，为害勿轻，阻止发育，易成毛病！

二、穿小背心，为害勿轻，害了女人，生成痨病！

三、穿小背心，为害勿轻，将来哺乳，乳汁不盈！

四、穿小背心，为害勿轻，将来哺乳，乳头缩进！

生产卫生须知

一、如系头胎，应找可靠助产士来看！

二、千万不要去找那龌龊的稳婆！

三、产前产后要卫生！

四、产前产后不要生气！

五、生产不要惊怕，要去找产妇科专门医生！

六、生产不要求神拜佛，求神拜佛是没有用的！

七、生产时请助产士是万无一失的！

八、一切保护婴儿保护孕妇要听医生的指导！

九、生产后应好好的休养！

十、产妇的营养，宜十分注意！

（2）口头宣传　口头宣传，地点可以斟酌当地情形而定，讲演材料，不外下列各题：

一、公共卫生法；

二、居住卫生法；

三、食物的卫生；

四、行路卫生法；

五、暑天卫生法；

六、疟疾卫生法；

七、伤寒预防法；

八、消化器的卫生法；

九、耳目的疾病和卫生；

十、贪凉的害处；

十一、口、鼻、喉的卫生法；

十二、人体消化器的构造；

十三、大小便疾病和卫生；

十四、皮肤的疾病和卫生；

十五、梅毒的传染和预防；

十六、痢病预防法；

十七、天花预防法；

十八、可恶的蚊虫和苍蝇；

十九、饮不沸的水，食不洁的物的害处；

二十、随地便溺的害处。

（3）图画宣传　图画宣传的力量比较文字和演讲宣传的力量来得大，很易引起乡民的注意，现在略举几幅例子如下：

第一图　蝇之害

中国的乡村建设·下卷

第二图 蚊之害

第三图 不卫生的痛苦

中国乡村卫生行政

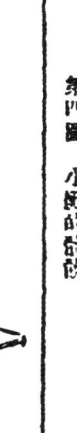

第四图　小贩的敬牌

第五图　你为什么不种牛痘呢

401

第六圖 我吃了不潔的食物

第七圖 夏天睡覺很容易得病

第八图 猪养堂屋里怎麽能清洁呢

第九图 在一個碼頭上洗菜刷便桶好不龌龊

第十圖 前面是井後面是澆缸這種井水怎能不髒

第十一圖 人已死了為還在求神拜佛愚得可憐

第十二图 掩尸入殓有些无利

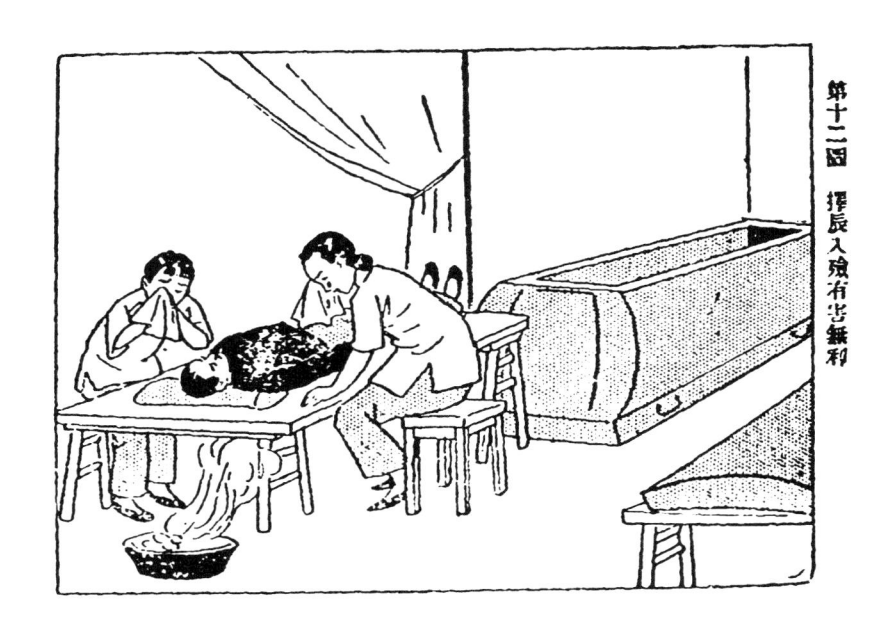

（丁）实施　宣传以后，即应实施卫生工作，如霍乱注射，散发暑期救济药品，种痘，身体检查等，依各机关的经济能力酌量举办。

（戊）统计　此次运动的结果，应加以统计，以供研究。

ㄌ．身体检查　每年至少应检查乡民身体一次，如发现病症，即应为之矫治。检查项目，可参看下表：

第二十五表　　　　　　　　身体检查表

姓名		籍贯		年龄		性别		住址	
家庭病历	有无传染病（　）有无肺病（　）有无心病（　）父母兄弟姊妹是否存在是否健康									
嗜好									
婚姻	曾否完婚（　）妻是否存在是否健康（　）有无子女（　）								
职业									
耳									
目									
喉									
鼻									

405

续表

姓名		籍贯		年龄		性别		住址	
肺									
皮肤									
肾									
直肠									
备注									

民国二十　　年　　　月　　　日　医师签名

说明：健康者用［√］符号

有病者用［×］符号

去．婴儿健康比赛　　婴儿为国家未来主人翁，他们体格的强弱，关系国家的盛衰很大，所以要常常举行婴儿健康比赛，藉此唤起民众改良育婴方法，增进儿童健康，并谋民族的复兴。实验的步骤，约述于下：

（甲）筹备　　可分七方面说：

（1）组织筹备委员会　　由主办机关组织筹备委员会，分任总务、文书、宣传各股事宜。

（2）拟定简章　　现举湖北省立实验民众教育馆婴儿健康比赛会简章为例。

第一条　本馆为增进婴儿的保育方法，及预防疾病起见，特举行婴儿健康比赛会。

第二条　凡满三月以上三岁以下之婴儿，均可报名与赛。

第三条　本会由本馆聘请武汉有名西医七人，担任检验员。

第四条　本会报名日期，自三月二十二日起，至四月三日止，凡愿报名者须到本馆填写报告单，并不取费。

第五条　比赛日期自四月五日上午九时起，至参加婴儿比赛完毕时止，入场以报名单为凭。

第六条　与赛婴儿，分为四组：自三个月至九个月之婴儿为第一组，满九个月以上至一岁三个月为第二组，满一岁三个月以上至二岁为第三组，满二岁以上至三岁为第四组。每组各选优等三名，于与赛后二日列榜公布。

第七条　本会定于四月十二日下午二时在本馆举行给奖仪式，凡录取之婴儿，由其家长携抱到馆领奖，并留影以资纪念。

第八条　本简章如有未尽事宜，得由馆务会议修改之。

第九条　本简章自馆务会议通过后施行。

（3）宣传　或印通告，或贴标语，或用演讲，使乡民明了婴儿健康比赛的重要。

（4）报名　定期报名，报名单式样，见第二十六表。

（5）征求奖品　分函各机关各药号及地方热心人士征求奖品。

（6）编制育婴须知　使一般乡民，了解科学育婴方法。

（7）成立检验委员会　聘请著名医士若干人，组织检验委员会。

第二十六表　　　　　　　　**婴儿健康比赛报名单**

某机关婴儿健康比赛会报名单

婴字第　　　号第　　　组

婴儿姓名		性别	
生年月日			
实际月日			
家长姓名			
备注	比赛时持此单入场		

婴字第　　　　　　号

某机关婴儿健康比赛会报名单存根

婴字第　　　号第　　　组

	姓名		性别	
婴儿	出生月日			
	实际年月			
	第几子			
营养方法	自然	生母哺乳		
		奶妈哺乳		
	人工	代乳粉		
		其他食物		

续表

婴儿之父母	姓名	父	
		母	
	年龄	父	
		母	
	籍贯		
	职业		
	家庭经济状况	月入	
		月出	
	住址		
	报名日期		
	登记人签名		

（乙）比赛　可分两方面说：

（1）掉换检验证　比赛时，前曾报名的婴儿，常因生病或家长有事而不到，所以与赛婴儿必须掉换检验证，固可确定比赛数目，且可按组编号，依号检验，不致紊乱秩序。

（2）检查　检查时，可依下表，逐项填载：

第二十七表　　　　　　　**婴儿健康比赛检查表**

某机关婴儿健康比赛会婴儿健康检查记录

婴字　第　　号　第　　组

婴儿姓名　　性别　　实足年龄　岁　月

1 营养物质：——母乳　奶妈　代乳粉　牛乳　米粉　杂食

2 身长：——　　　　　公分

3 体重：——　　　　　公斤

4 前脑门：——

5 坐，立，走：——

6 牙齿：——

7 皮肤及头皮：——

续表

某机关婴儿健康比赛会婴儿健康检查记录

8 眼：——

9 耳：——

10 鼻：——

11 喉：——

12 肺：——

13 心：——

14 腹：——

15 生殖器：——

16 淋巴：——

17 四肢：——

18 其他

19 清洁：——手——指甲——面——衣着——皮肤——

20 气色：——

21 姿态：——

22 活泼：——

23 曾否种痘：——　　　　何时

24 应注意者：——

总分
检查者
二十　　　年　　月　　日

（丙）统计　检验完毕后，应即根据医师所定分数，核算成绩，并制成各种统计：如（1）优胜婴儿一览表；（2）优胜婴儿之家庭职业比较表；（3）优胜婴儿营养方法统计表；（4）取录婴儿之月数统计表；（5）取录婴儿体重统计表；（6）取录婴儿身长统计表；（7）取录婴儿之皮肤健康比较表；（8）取录婴儿之耳目健康比较表；（9）取录婴儿之齿喉健康比较表；（10）取录婴儿之心肺健康比较表；（11）取录婴儿鼻部健康比较表；（12）取录婴儿之姿势优良比较表；（13）取录婴儿清洁状况比较表等等。又凡未录取婴儿的各种状况亦可制成统计，以供研究。

（丁）给奖　可分七方面说：

（1）各组分配奖品　各组录取名额一经决定，即应于给奖前将各项奖品，分配妥当。

（2）布置会场　场中陈列各项奖品，四壁张贴各种育婴常识图表及标语，以引起乡民的注意。

（3）维持秩序　推定人员，维持秩序。

（4）邀请来宾　预先邀请本乡或外乡较有声望之人，到会参加。

（5）给奖　各组应奖婴儿，依次发给奖品。

（6）留影纪念　可看经济状况而定。

（7）游艺表演　可由小学学生表演游艺，以助余兴。

3．订立公约　公共卫生决非少数人注意所能收效的，务须全体村民一致起来实行，才能使疾病减少，体格增强。所以负卫生行政责任的人，应订立卫生公约，使得全村乡民共同遵守。这种公约，或由上级官署颁发，或由自己与村民商定。现在举两个例子，以供参考：

河北省村卫生章程（十八年三月二十一日公布）

第一条　本章程以实行清洁，预防疫疠，注重公共卫生为宗旨。

第二条　凡村中住户均负扫除污物，实行清洁之义务。

前项义务，由村长，副闾邻长随时督率行之。

第三条　清洁之事项如下：

（1）凡公共饮水井蓄水池各地方，不得污秽。

（2）厕所不得安置通衢。

（3）疫死牲畜，不得任意抛弃或售卖。

（4）露厝柩椁，不得久停不葬。

（5）圈养牲畜，不得任意散放。

（6）粪土不得任意堆积。

（7）其他关于有碍卫生事项，均应取缔。

第四条　村中所有污物，应随时扫除，放置于指定公共旷野之地或土坑内。其放置地点或土坑，由村长副闾邻长公议指定之。

第五条　各住户对于卫生事项，有怠于履行者，由村长副闾邻长切实劝告，限期举办之。届期仍不举办，由村公所派人代为执行。

第六条　前条代执行应需费用，由村公所按所需实数，责令怠于履行者出之。

第七条　各住户对卫生事项有故意违犯者，得由村公所按村公约之规定议罚之。

第八条　里卫生亦适用于本章程之规定。

第九条　本章程自公布日施行。

江西临川试办县政实验区卫生公约

一、本实验区为促进民众公共卫生及家庭卫生起见，特订卫生公约六条，凡我区民，均须填写誓约，一律遵守。

二、关于公共卫生事项，规定如下：

（1）每日须将户外隙地洒扫清洁。

（2）举行大扫除时，每户须派一人参加。

（3）每届春秋，必须布种牛痘。

（4）遇有传染病发行时，应大家设法预防，并请医生注射防疫针。

（5）各户沟渠，应限期修理。

三、关于家庭卫生事项，规定如下：

（1）随时注意家庭之清洁。

（2）随时注意厕所之扫除。

（3）举行扑灭蚊蝇工作。

四、凡已填写誓约者，应绝对遵守本公约规定各项，如有违背，由保董会酌量处罚。

五、处罚之手续如下：

第一次　劝告；

第二次　警告；

第三次　罚金；

六、本公约制定后，呈报县政府备案。

附卫生誓约

保　甲住民　愿绝对遵守本实验区卫生公约，以谋公共卫生及家庭卫生之幸福，如有违背，愿受处罚，谨此誓约。

中华民国　年　月　日立誓约者

四　乡村社会卫生调查

现在一般谈公共卫生的人，常常忽略了卫生调查，关于乡村卫生调查，那是更谈不到了。其实要改善乡民卫生习惯，明了乡民卫生情形，增加乡民健康幸福，务须从卫生调查着手，那末，一切的卫生行政设施，才合实际需要。乡村中究竟需要哪几种卫生调查呢？我以为最重要的有四种：一是清洁调查，二是出生调查，三是死亡调查，四是一般卫生状况调查。关于这四种调查应用的表格，可参看第二十八表至第三十一表。

第二十八表　　　　　　　**农家清洁调查表**

村名＿＿＿＿　门牌＿＿＿＿　姓名＿＿＿＿

住舍	1 屋内清洁程度如何	4 一屋几间
	2 屋内光线如何	5 屋这四周有无污物
	3 窗是否每日开	6 有无排水沟
厕所	1 厕所有盖否	
	2 厕所距住舍——池塘——厨房——	
井水	1 井水深浅	5 井壁构造
	2 供饮人数	6 是否用于灌溉
	3 水中有无杂质	7 与厕所之距离
	4 污水是否流入	8 汲水器之清洁程度
池水	1 池水之来源	
	2 池干后水由何来	
	3 何时满　何时干	
	4 水之清洁程度	
	5 饮水与灌溉是否同用一池	
	6 池之四周有无污水沟	
其他		

民国　　年　　月　　日　　调查者＿＿＿＿＿＿

第二十九表　　　　　　　农村婴儿出生调查表
　　　　　　　　　村名　　　　　　　保健员

小儿父亲姓名	性别	生产日期	现在母亲好否	婴儿好否
		年　月　日		
		年　月　日		
		年　月　日		
		年　月　日		
		年　月　日		
		年　月　日		
		年　月　日		
		年　月　日		
		年　月　日		
		年　月　日		
		年　月　日		
		年　月　日		
		年　月　日		
		年　月　日		

第三十表　　　　　　　农村人民死亡调查表
　　　　　　　　　村名　　　　　　　保健员

死者姓名	性别	年龄	死亡日期	病状	病名
		岁　月　日	年　月　日		
		岁　月　日	年　月　日		
		岁　月　日	年　月　日		
		岁　月　日	年　月　日		
		岁　月　日	年　月　日		
		岁　月　日	年　月　日		
		岁　月　日	年　月　日		

第三十一表　　　　　　　　　**农家卫生调查表**

1. 家庭调查号数＿＿＿　2. 调查日期＿＿＿　3. 调查者＿＿＿
2. 调查地点＿＿＿省＿＿＿县＿＿＿乡或区＿＿＿村
3. 家长之姓名＿＿＿　居住约若干年＿＿＿　来自何处＿＿＿
4. 调查时家中共有若干人口＿＿＿

与家长之关系	现在住处	性别	年岁（上次生日年岁）	婚姻情形			职业					教育程度			医事		
				已婚	寡婚	鳏离未婚	何种职业	副业	工作处所	去年收入若干元	去年寄家若干元	若干年	能诵读	能书写	残疾	现时病患*	去年医药费若干

＊如□部颈之前部有瘤必须填入

7. 旧历去年一年内之人口变动

（a）生产：去年一年内出生小孩几人？男性＿＿＿女性＿＿＿

（b）疾病：曾有何人患下列之传染病症：天花、疟疾、赤痢、伤寒、霍乱、肺结核、眼疾、皮肤病。

	患病之月份	性别	年岁	病症	已愈或病死
(1)					
(2)					
(3)					
(4)					
(5)					
(6)					
(7)					
(8)					
(9)					
(10)					

（c）死亡

	(1)	(2)	(3)	(4)
性别				
死亡时年岁				

7（b）项下如有死亡亦应填入本表

8. 成方药品

	药品名称	所治病症	去年共买过多少	去年共费洋若干元
(1)				
(2)				
(3)				
(4)				
(5)				
(6)				

9. 房屋之情形：总共若干间

墙壁：砖的，泥的，石块的，石灰粉刷过的（屋内屋外）。

房顶：瓦顶，草顶，泥顶。

地面：砖的，泥的，灰的，较屋外地面为低为高。

（以上各项，如系何种，均划一横线于其下）

住屋：

	深宽高约计	作何用	窗户数目	窗户之大约尺寸	床或炕几个	除窗户外，有何种构造使流通空气
（1）						
（2）						
（3）						
（4）						
（5）						

蚊帐：家中共有蚊帐若干？

10. 用水来源及水井之构造

主要饮料之来源：塘水、河水、井水、渠水（如是某项即划横线于其下）。

公共水井：属于下列构造之井数，砖砌井____土井____

有石井圈者_____

有井台者____冬季通常井水有若干深_____春季天旱时井水有若干深_____

井水是淡（甜）水，还是咸（苦）水？____距离最近之厕所有若干远____

11. 厕所

式样：缸、砖砌、土砌（如系某种即划一横线于其下）。

隔若干时出粪一次？_____

12. 食物：

每日几餐平常时间_____农作时间_____

每年吃几次：肉____鱼____蛋____豆腐____

主要之食品_____

13. 农作肥料：

	种类	施用何种农田	施用之次数	施用之方法		价值
				鲜用	搁置若干日后使用	
（1）	人粪					
（2）	厩肥					
（3）	厩肥与人肥					
（4）						
（5）						
（6）						

14. 你知道有农民教育吗？_____你觉得那里有什么好或不好的地方？_____因为什么缘故？_____

15. 你知道有卫生所吗？_____你觉得那里有什么好或不好的地方？_____因为什么缘故？_____

16. 家庭的一般景况：

（a）经济：富足，中等，贫苦（如是某种即划横线于其下）

（b）旧历去年一年中全家收入之总数_____

（c）旧历去年一年中全家消费之总数_____

（d）卫生：清洁，平常，不洁（如是某种即划一横线于其下）。

在屋内豢养牲畜之种类及数目_____

17. 调查者附言_____

（a）如何获得上列各项报告____

（b）调查时有困难否？____如有，何故？_____

（c）准确程度：精确，尚可，较差（如是某项即划一横线于其下）。

第七章　乡村预防行政

乡民如能注意清洁，实行保健方法，似乎可以不必再谈预防疾病了，不过也有偶然例外的。例如对于清洁和保健注意很周到的地方，突然地也会发生疫病起来。疫病既发，那就很难收拾，所以还是要注意预防医学；负卫生行政的人们，更当注意到预防行政。预防行政的意义是：要避免疾病之痛苦，保持健康，富有活力，以增进社会工作与经济的一种政务。预防疾病的设施，大约说来有四种应特别注意。

一　铲除病原菌

凡是一种传染病，乃因有一种病原菌，在甲体中繁殖而发病，由甲传到乙，乙也发病，乙又传到丙丁，丙丁也发病，如此辗转传播，不可收拾。这种病原菌，在传染病流行时，随处都有，它侵入人体的门户，不外三处：第一是口腔，由口腔经食道和胃直达到肠。若是健康的人，可保无虞，因为他的体中有胃酸可以杀菌，有自然的抵抗力。如果暴饮暴食，胃酸必至减少，饮用液体过多，也使胃酸稀薄，胃病更易减少胃酸，均应加以注意。第二是鼻腔，鼻内原有鼻毛和黏液，可以保护，一遇尘埃及病菌侵入，喷嚏作用可以屏它出外。第三是皮肤，皮肤本有保护身体作用，不过在皮肤破伤之处，病菌即便乘隙而入。负行政责任的人，一方面应告知乡民以病原菌侵入的门户，令他们特别注意清洁，对于口、鼻腔和皮肤，更要保护周到，不接近病人，饮水食物均加防范，使病原菌无从侵入和繁殖；一方面施行轮埠车站津梁的检疫，使外地的传染病无由而入。

二　实施人工防疫法

人工防疫法是增加身体的免疫性，方法有二：一为自动的免疫方法，一为他动的免疫方法。自动的免疫方法，是把病菌杀死，制成液体，把这种菌液注射人身，使人身血液内，发生对于病菌的抵抗力，而后获得免疫性；霍乱预防注射液以及牛痘苗，就是根据此项原则。他动的免疫方法，是把细菌液注射在牛马身上，使血液内含有免疫体，然后在那血液里面，取出含有免疫体的血清，以血清再注射人身，人亦获得免疫性；一般治疗血清，就是根据此项原则。实施人工防疫法时，应由县立医院或小学校保健员等负责施行。

三　举行卫生运动

在本地或别处有传染病发生时，各村保健员就该领导乡民举行清洁运动，如捕鼠可防鼠疫，扑蝇可防霍乱，灭蚊可防疟疾等等。实施方法可参阅上章，不再赘述。

四　努力防疫宣传

传染病一经发现，各村保健员即应努力防疫宣传，以促乡民的注意。兹举种急性传染病预防方法于下：

子．预防霍乱　可分医学与一般两种预防：

（甲）医学预防　施行预防疫菌注射，每年在四五月时注射二次，六月时即可免疫。

（乙）一般预防　再分个人与环境两方面：

个人方面：

（1）吃开水。

（2）多吃含酸性的饮食料。

（3）勿吃未曾用生水浸洒过的水果。

（4）有苍蝇爬过的水果吃不得。

（5）在大小便以后及吃饭以前，最好要洗一次手。

（6）不要和患此病的人接触。

环境方面：

（1）不使粪便染污饮水。

（2）不使粪便暴露在地面上。

（3）垃圾要烧去，不要堆积或暴露。

（4）食物的渣余不要任意抛弃。

（5）居地、仓舍、厨房、厕所都要收拾清洁。

（6）不要使腹部受凉。

戊．预防痢疾　痢疾菌种甚多，最著者有两种：一为杆菌痢疾，又名细菌的赤痢；一为阿米巴痢疾，又名原虫性赤痢。预防方法，也分医学与一般两种：

（甲）医学预防：

（1）杆菌痢疾，用菌液注射，惟免疫期甚短。

（2）阿米巴痢疾，无特效预防法。

（乙）一般预防：

（1）杆菌痢疾预防法与霍乱预防法相同。

（2）病人不可作厨役。

（3）生食之物先须消毒。

（4）使肠胃健全。

己．预防疟疾　也分医学与一般两种：

（甲）医学预防　预服金鸡纳霜，可免传染。

（乙）一般预防

（1）努力灭蚊，尤当注意蚊的幼虫（孑孓）。

（2）晚间用蚊帐睡眠。

（3）窗门等处均张铁丝网。

（4）排除污水。

（5）多植除虫菊。

庚．预防猩红热　也分医学与一般两种：

（甲）医学预防　用菌液注射，可以预防，不过免疫期甚短，且无十分把握。

（乙）一般预防：

（1）隔离病人。

（2）病人排泄物要消毒。

（3）此病流行，少到公共场所。

（4）戴用防毒面罩。

五．预防白喉 也分医学与一般两种：

（甲）医学预防　施行白喉预防注射。

（乙）一般预防：

（1）与病者和带菌者隔离。

（2）病者分泌物要消毒。

（3）病室的一切衣服器具等，也要严重消毒。

六．预防伤寒 也分医学与一般两种：

（甲）医学预防　注射伤寒菌液，可以预防。注射处多在手臂之外旁，左右手也可。注射时间应在下午，则发生反应时适在睡眠时间，可免受痛苦。注射至少须三次，四次尤佳，每隔一星期注射一次。免疫力的保持年限，大概为三年，最好是隔二年注射一次。

（乙）一般预防：

（1）粪便消毒。

（2）改良厕所。

（3）扑灭蝇类。

（4）整理水沟，填塞污池。

（5）注意饮食卫生。不饮生水，不食生物。

（6）病者须隔离。

七．预防天花 也分医学与一般两种：

（甲）医学预防　种牛痘。

（乙）一般预防：

（1）病者须速隔离。

（2）病室用具衣服等须严重消毒。

八．预防钩虫病 患这种病的人，多数为农夫。负乡村卫生行政责任的人们，应特别注意，好替农民解除痛苦。预防方法也分医学与一般两种：

（甲）医学预防　目前尚无可靠的预防法。

（乙）一般预防：

（1）不赤足，这是根本办法。

（2）粪便消毒。

分．预防鼠疫　也分医学与一般两种：

（甲）医学预防　菌液注射可预防本病，成绩至佳。

（乙）一般预防：

（1）病人须绝对隔离。

（2）病人的分泌物和污染品须严重消毒。

（3）努力捕鼠。

（4）设法灭蚤。

以上仅就急性传染病略说。关于其他急性传染病及慢性传染病发生，乡村保健员应随时向县立医院报告，设法作适当的预防，以免酿成大疫。

第八章　乡村治疗行政

治疗行政是一种制定治疗制度（即开业医师制度）及管理治疗药品的政务，范围和责任均大，应由中央卫生署负责处理。县立医院以下的卫生行政机关，本无若何设施，可是就他们权力所及的地方，也有几件事要他们管理或取缔的，现在略说于下。

一　医师登记

无论中医或西医，应先向中央卫生署或各省市医师检定委员会登记，受有试验或无试验检定，由中央卫生署或各省市医师检定委员会发给医师证书。各医师领得医师证书，欲在各县区开业时，应再向县立医院登记，发给登记证。凡未登记者，概不准开业。县立医院行政人员及各区保健员均得随时向开业医生检查医师证书，不得拒绝。开业医师登记表，拟定如下：

第三十二表　　　　　　　开业医师登记表

姓名	性别	年龄	籍贯	资格	经历	曾受何种检定	医师证号数	开业地点	登记日期	备注

二　药师登记

无论中西药剂师，也应先向中央卫生署或各省市药师检定委员会登记，受有试验或无试验检定，由中央卫生署或各省市药师检定委员会发给药师证书。各药师领得证书后，欲在各县区执行职务时，应再向县立医院登记，发给登记证。凡未领得登记证者，概不准执行职务。县立医院行政人员及各区保健员均得随时向开业药师检查药师证书，不得拒绝。开业药师登记表，与开业医师登记表大体相同，不再举例。

三　药商登记

凡在县境内经售药品的，均须向县立医院登记，领取登记证。凡未领登记证者，概不准营业。药商登记表，拟定如下：

第三十三表　　　　　　　　　　药商登记表

牌号	地址	药商姓名	性别	年龄	籍贯	住址	营业种类	专营或兼营	资本	备注

说明：

一、药商姓名栏内，如系公司，书其代表人姓名。

二、营业种类栏内，可分别注明中药、西药、批发、门售、制药、调剂等。

四　训练接生婆

乡间妇女生产，多用接生婆，此种接生婆，毫无卫生知识，影响产妇和婴儿的安全很大，应该严加甄别。凡做接生婆的人，应该先向县立医院请领接生婆执照。未领执照前，不得开始营业。请领执照时，应行登记事项如下表：

第三十四表　　　　　　　　接生婆登记表

姓名	年龄	籍贯	接生年限	营业地点	备注

县立医院每年应设临时助产讲习所二次，训练期为两个月。令核准登记的接生婆，分班入所练习。教以接生上必要的知识。如：

（1）清洁消毒法；
（2）接生法；
（3）脐带扎切法；
（4）假死初生儿苏生法；
（5）产蓐妇看护法。

五　取缔郎中

常有游民，略知数种药草，便到乡村为人治病，乡人贪图不收诊金只取药资的便宜，纷纷求医，因而常常发生危险，县立医院应当严加考核，认为有相当技能的，便发给执照，准许本境内各乡行医；如认为不合标准，绝对禁止他们替人治病，各村的保健员，见有郎中到来，应即检查他的执照，如果没有执照，应即驱逐出境。

六　取缔药摊

集镇路边，常有药摊，出售各种药品。县立医院也应先令登记，发给执照，方准营业。如无执照，绝对禁止售药，以免危害乡民生命。即持有执照的药摊，各村保健员也应常常加以检查，如发现霉药，应即令他焚去，不得售卖，以免影响病势。

七　取缔巫婆

乡民知识幼稚，迷信鬼神，遇有疾病，不向医生求治，常向巫婆拜求仙方，以致误送性命的很多。各村保健员应特别留意，遇有巫婆，即行驱逐，不许惑人。

八　诊治疾病

各村保健员对于村民轻微的疾病，应免费代为诊治。诊治时应填诊治记录表和用药记录表，以资考核和统计。表式如下：

第三十五表　　　　　　　　保健员诊治记录表
村名

姓名　　性别　　籍贯　　年龄　　号数

日期	病状	病名			治法	签名
		新病	旧病	复诊		
年　月　日						
年　月　日						
年　月　日						

续表

日期	病状	病名			治法	签名
		新病	旧病	复诊		
年　月　日						
年　月　日						
年　月　日						
年　月　日						
年　月　日						
年　月　日						
年　月　日						
年　月　日						
年　月　日						

第三十六表　　　　　　　　保健员用药记录表

村名

日期	病人姓名	病状	用药
年　月　日			
年　月　日			
年　月　日			
年　月　日			
年　月　日			
年　月　日			
年　月　日			
年　月　日			
年　月　日			

保健员姓名

乡民如患重症，保健员不能治疗时，可介绍至卫生所医治。介绍单式如下：

第三十七表　　　　　　保健员介绍病人单

存根	介绍单
介字第　　　号	
今有本村病人 阁下诊治请给以半费挂号之权利为荷 保健员启 年　月　日 须	卫生所医师大鉴 今有本村病人 阁下诊治请给以半费挂号之权利为荷 村保健员 启　年　月　月 须

第九章　乡村生命统计

凡是要明白一个民族的盛衰和人民健康程度怎样，不可不从办理生命统计入手。犹如经营商业，必须有出入簿记可资稽考，方才晓得营业上的盈亏；生命统计就是人生健康程度的簿记，也就是国家民族的生命簿记。所以生命统计的功用很大，是负乡村卫生行政责任的人万不能忽略的工作。因为一做统计，那末这个乡村中男女人口究有多少，死亡率大小，疾病的多少，都可一目了然，而且这个乡村的健康状况怎样，也就知道；还可以和其他乡村比较，知道缺点何在，然后对症发药，定施行的方针，才易成功。乡村生命统计，至少应有下列五种。

一　人口统计

凡是一个卫生行政机关，对于所在地的人口数，一定要知道得十分详细，并要十分正确，所以先要有精密调查，不可有复计和漏计。然后再加以统计，统计表的式样如下：

第三十八表　　　　　　乡村人口统计表

职业	农业	工业	商业	渔业	教师	律师	医师	军人	公务员	学徒	雇工	车夫	其他	无职业	未详	总计
男																
女																
男女合计																

续表

职业		农业	工业	商业	渔业	教师	律师	医师	军人	公务员	学徒	雇工	车夫	其他	无职业	未详	总计
百分率	男																
	女																
	男女合计																

某某机关编制　　　年　　月　　日

二　生产统计

生产统计是一种很要紧的工作。在世界各国，都有生产报告的规定。在婴儿生产若干小时内（大都为二十四小时），即须报告主管机关。逾时不报，即处以罚金。我国目前尚谈不到如此做法。不过如能限令接生婆负责报告，也是一种易行的办法。举办生产统计有许多好处：（一）可以知道婴儿的死亡情形，（二）可以知道妇女生育力的强弱，（三）可以知道儿童的实在年龄，（四）便于卫生行政的措施。婴儿生产统计表，举例于下：

第三十九表　　　　　　　**婴儿生产统计表**

父之职业＼儿童性别	男孩	女孩	合计	备注
农业				
工业				
商业				
渔业				
雇工				

续表

父之职业＼儿童性别	男孩	女孩	合计	备注
车夫				
教师				
医师				
律师				
军警				
交通				
公务员				
其他				
无职业				
未详				
总计				

某某机关编制　　年　　月　　日

三　疾病统计

疾病统计，可知道民众患疾病的人数和趋向。有些地方，某种病特别多，就可证明那个地方有特别病原存在，办理卫生行政的人，就可知道制止的方法。要做疾病统计，先要有疾病报告的工作。什么人负报告的责任呢？当然是当地的医生们。究竟什么病需乎报告，什么病不需乎报告，世界各国都有规定，厉害的传染病，是必须报告的。报告单的样式，可看下表：

第四十表　　　　　　　　疾病报告单

某某医师：遇有下列各种疾病请报告本处为盼　某某机关分发

（1）天花＊　（2）结核病　（3）白喉＊　（4）猩红热＊　（5）霍乱＊　（6）花柳病　（7）伤寒　（8）流行性脑脊髓炎＊　（9）麻疹　（10）鼠疫＊　（11）赤痢　（12）狂犬病＊　（13）肺炎　（14）破伤风　（15）产褥热　（16）其他传染病

病名	病人				
	姓名	性别	年龄	住址	初次来诊日期
报告日期					
医师签名盖章					
注意	（1）遇有＊记号之传染病，请立即报告本处。 （2）此表每月月底报告一次，千万勿忘。				

各级乡村卫生行政机关，每月根据疾病报告单，制成疾病统计表，式样如下：

第四十一表　　　　　　　　疾病统计表

病名	男子人数	女子人数	共计人数	备注
伤寒				
天花				
赤痢				
麻疹				
肺痨				
合计				

四　死亡统计

死亡统计的作用很多：（一）可以知道人口的增减，（二）可以知道境内民众的平均寿命，（三）可以知道死亡的原因，先事预防，（四）以死亡统计告诉民众，使之警惕，注意健康。关于死亡的调查，可由保健员负责。根据调查事实，作成统计。式样如下：

第四十二表　　　　　　　　死亡统计表

年龄 \ 死亡原因·性别	伤寒 男/女	赤痢 男/女	天花 男/女	霍乱 男/女	白喉 男/女	麻疹 男/女	肺痨 男/女	男/女	男/女	男/女	男/女	其他原因 男/女	总计 男/女/合计
○——一													
二——四													
五——一四													
一五——一九													
二○——三九													
四○——五九													
六○——													
不详													
合计													

五　婚姻统计

婚姻统计的目的，在调查乡民组织家庭的状况，并可调查男女两方结婚的年龄和户口的增加。此种统计，在乡村中甚易调查，可由保健员负责办理。调查表式，可参阅第四十三表：

第四十三表　　　　　　　　婚姻统计表

姓名	别字	性别	年龄	籍贯	教育程度	职业	生活能力	备注

上表既经填好，每半年或一年可统计一次。统计表式甚多，兹举一结婚年龄统计表如下：

第四十四表　　　　　　　　结婚年龄统计表

年龄＼性别人数	男	女	合计
13			
14			
15			
16			
17			
18			
19			
20			
21			
22			
23			
24			
25			

续表

年龄＼人数＼性别	男	女	合计
26			
27			
28			
29			
30			
31—35			
36—40			
41—45			
46—50			
51—55			
56—60			
61—65			
66—70			
合计			

六　生死率之计算法

生死率之计算法，为作生命统计的所不可不知的方法，特录于下，以供参考。

（甲）出生率：

某地某年每千人中的出生数，叫做出生率。

$$\frac{全年出生人数}{人口总数} \times 1000 = 每千人口之普通出生率$$

（乙）死亡率：

某地某年每千人中的死亡数，叫做死亡率。

$$\frac{全年死亡人数}{人口总数} \times 1000 = 每千人口之普通死亡率$$

（丙）特别死亡率：

$$\frac{某种死因之全年死亡人数}{人口总数} \times 100000 = 某种死因特别死亡率$$

（丁）婴儿死亡率：

$$\frac{一岁以下婴儿死亡人数}{全年婴儿出生数} \times 1000 = 婴儿死亡率$$

附录　卫生法令

自从卫生署成立后，已经颁布了许多种卫生法令，负卫生行政责任的人，不可不遵照奉行。为特附录于下，以供检查。

一　医药

ㄅ．修正医师暂行条例（十七年十二月二十四日卫生部呈行政院呈准公布）

第一章　总纲

第一条　在医师法未颁布以前，关于医师之认许，依本条例之规定行之。

第二条　凡具有医师资格者，由卫生部审查后，给予医师证书，其未经核准给证者，不得执行医师之业务。

卫生部审查医师资格，得组织审查委员会，其章程另定之。

第二章　资格

第三条　凡年在二十岁以上，具有下列资格之一者，得呈请给予医师证书：

一、在国立或政府有案之公立私立医学专门学校以上毕业，领有毕业证书者；

二、在国外官立或政府有案之私立医学专门学校以上毕业，领有毕业证书或在外国政府领有医师证者；

三、外国人曾在各该国政府，领有医师证书，经外交部证明者；

四、经医师考试及格，领有证书者。

第四条　有下列各款情事之一者，虽具有前条资格，仍不得给予医师证书：

一、非因从事国民革命，而曾判处三年以上之徒刑者；

二、禁治产者；

三、心神丧失者。

其给证在前，事发在后者，应随时将证书撤销。但二三两款之原因消灭时，得再发给此项证书。

第三章　领证程序

第五条　凡请领医师证书者，应备证书费五元，印花费五元，半身二寸相片两张，履历书一纸，连同毕业证书，证明资格文件，缴由所在地该管官署，转报卫生部验收后，核给证书。

前项转报程序，设有卫生局地方，由卫生局呈由主管机关；未设卫生局地方，由公安局呈由主管机关；未设卫生局及公安局地方，由其他行政官署，呈由主管机关，按月呈报卫生部。

第六条　已领之证书，如有损坏遗失等情，呈请补领时，应补缴证书费二元，印花费二元。

第七条　在本条例施行前，已领有部颁执照，并与第三条所定资格相符者，准其缴纳换证费二元，印花费二元，呈请换领新证。其仅在地方官署注册领照，未经领有部照者，仍须依照本条例第五条之规定，领补部颁证书。

第八条　本条例施行后，凡现在开业之医师，未经领有部照者，应由该管官署，限期令其呈领。

前项开业之医师，已遵令请领部证，未奉颁给前，该管官署，得酌量情形，发给临时证书，准其继续执行业务。

第四章　义务

第九条　凡医师欲在某处开业，须向该管官署呈验部颁证书，请求注册。

第十条　医师之开业、歇业、复业或移转、死亡等等，应于十日内，由本人或其关系人，向该管官署报告。

第十一条　医师非亲自诊察，不得施行治疗，或开给方剂，及交付诊断书。其非亲自检验身体者，亦不得交付死亡诊断书或死产证书。

死亡诊断书、死产证书之程式，另定之。

第十二条　医生执行业务时，应备治疗簿，记载病人姓名、年龄、性别、职业、病名、病历、医法。

前项治疗簿，应保存五年。

第十三条　医师处方时，应记明下列事项：

一、自己姓名、证书及注册号数，并加盖私章；

二、病人姓名、年龄、药品、药量、用法、年月日。

第十四条　医师对于诊治之病人，交付药剂时，应于空器或纸包上，将用法、病人姓名及自己姓名或诊治所，逐一注明。

第十五条　医师为诊断传染病人或检验传染病之死体时，应指示消毒方法，并应向该管官署，据实报告。

第十六条　医师当检查死体或妊娠之死产儿，如认为有犯罪之嫌疑时，应于二十四小时内，向该管官署报告。

第十七条　医师如无法令所规定之正当理由，不得拒绝诊断书，检案书或死产证书之交付。

第十八条　医师关于其业务，不得登载及散布虚伪夸张之广告。

第十九条　医师除关于正当之治疗外，不得滥用鸦片、吗啡等毒剧药品。

第二十条　医师关于审判上、公安上及预防等事，有应遵从该管法院，公安局所或行政官署指挥之义务。

第五章　惩戒

第二十一条　医师业务上，如有不正当行为或精神有异状，不能执行业务时，应由该管官署，交由地方医师会审议后，暂令停止营业。

第二十二条　本条例施行后，凡未领部颁证书，或证书撤销，与停止营业者，概不得擅自执行业务。违者得由该管行政官署，处三百元以下之罚金。

第二十三条　医师受撤销之处分时，应于三日内，将证书向该管官署缴销。其受停业之处分者，应将证书送由该管官署，将停业理由及期限，记载于该证书里面后，仍交由本人收执。

第二十四条　医师违反本条例之规定时，除他条已有制裁者外，得由该管行政官署，处五十元以下之罚金。其因业务触犯刑法时，应依刑事法规之规定，送由法院办理。

第六章　附则

第二十五条　本条例自呈经国民政府核准备之日施行。

攵. 西医条例（民国十九年五月廿七日国民政府公布）

第一条　凡年在二十五岁以上，具有下列资格之一者，经考试或检定合格，给予证书后，得执行西医业务。

一、国立或经立案之公私立医学专门学校以上毕业，得有证书者；

二、教育部承认之国外医学专门学校以上毕业，得有证书者；

三、外国人在各该国政府，得有医生证书，经外交部证明者。

第二条　凡现在执行业务之西医，合于第一条各款之一者，在考试或检定未举行时，得继续执行业务。

第三条　在考试或检定举行后，凡西医欲在某处执行业务，应向该管官署，呈验证书，请求登记。

第四条　西医之开业、歇业、复业或移转、死亡等事，应于十日内，由本人或其关系人，向该管官署报告。

第五条　西医非亲自诊察，不得施行治疗，开给方剂或交付诊断书；非亲自检验尸体，不得交付死亡诊断书或死产证明书。

前项死亡诊断书及死产证明书之程式，由卫生部定之。

第六条　西医执行业务时，应备治疗记录，记载病人年龄、姓名、性别、职业、病名、病历及医法。

前项治疗记录，应保存三年。

第七条　西医处方时，应记明下列事项：

一、自己姓名、地址，并盖章或签字；

二、病人姓名、年龄、药名、药量、用法及年月日。

第八条　西医交付药剂时，应于容器或纸包上，将用法、病人姓名及自己姓名或诊治所，逐一注明。

第九条　西医如诊断传染病人或检查传染病之死体时，应指示消毒方法；并应向主管官署，据实报告。应报告之传染病种类，依传染病预防条例之规定。

第十条　西医当检查死体或死产，认为有犯罪行为之嫌疑时，应于四十八小时内，向该管官署报告。

第十一条　西医应负填具诊断书、检案书或死产证明书之义务；但有正当理由得拒绝之。

第十二条　西医关于其业务，不得登载或散布虚伪夸张之广告。

第十三条　西医除关于正当治疗外，不得滥用鸦片、吗啡等毒质药品。

第十四条　西医关于审判上、公安上及预防疾病等事，有接受该管法院、公安局所或行政官署委托，负责协助之义务。

第十五条　西医于业务上行为不正当或精神有异状时，该管官署得停止其业务。

第十六条　本条例施行后，凡未领证书或停止业务者，概不得擅自执行业务；违者得由该管官署，处以三百元以下之罚金。

第十七条　西医受停止执行业务之处分者，应将证书，送由该管官署，记载停止理由及期限于该证书背面。

该管官署于前项记载完毕后，仍将证书交还。

第十八条　西医违反本条例之规定时，除已定有制裁者外，得由该管官署，处以五十元以下之罚金。其因业务触犯刑法时，应交法院办理。

第十九条　凡毕业于不合第一条第一第二两款规定之学校，或由医院出身，在同一地方执行业务三年以上，经卫生部审核其学术经验，认为足胜西医之任，给予证书者，得应西医考试或检定。在考试或检定未举行时，准用第二条之规定。

第二十条　本条例施行日期，以命令定之。

二．药师暂行条例（民国十八年一月十五日卫生部公布同日施行）

第一章　总纲

第一条　在药师法未颁布以前，关于药师之认许，依本条例之规定行之。

第二条　凡具有药师之资格者，由卫生部审查后，给予药师证书；其未经核准给证者，不得执行药师业务。药师除配发医师之药方外，得制造贩卖或管理药品。

第二章　资格

第三条　凡年在二十岁以上，具有下列资格之一者，得呈请给予药师证书。

一、在国立或政府有案之公立私立专门以上学校药科毕业，领有毕业证书者。

二、在外国官立或政府有案之私立专门以上学校药科毕业，领有毕业证书者。

三、在国外得有药师证书者。

四、经药师考试及格者。

第四条　有下列情事之一者，虽具有前条资格，仍不得给予药师证书。

一、非因从事国民革命，而曾判处三年以上之徒刑者。

二、禁治产者。

三、心神丧失者。

其给证在前，事发在后者，应随时将证书撤销；但二三两款之原因消灭时，得再发给此项证书。

第三章　领证程序

第五条　凡请领药师证书者，应备证书费五元，印花税二元，半身二寸像片两张，履历书一纸，连同毕业证书证明资格文件，缴由所在地该管官署，转报卫生部验收后，核给证书。前项转报程序：设有卫生局地方，由卫生局呈由主管机关；未设卫生局地方，由公安局呈由主管机关；未设卫生局及公安局地方，由其他行政官署呈由主管机关，按月汇报卫生部。

第六条　已领之证书，如有损坏遗失等情，呈请补领时，应缴证书费二元，印花税二元。

第七条　本条例施行以前，在地方官署注册领照者，仍须依照本条例第五条之规定，补领部颁证书。

第八条　本条例施行后，凡现在执业之药师，未经领有部证者，应由该管官署，限期令其呈领。

前项执业之药师，已遵令请领部证，未奉颁给前，该管官署得酌量情形，发给临时证书，准其继续执行业务。

第四章　义务

第九条　凡药师欲在某处开业，须向该管官署，呈验部颁证书，请求注册。

第十条　药师一人，不得执行两处药房之业务，如开设支店时，须另聘药师担任之。

第十一条　药师无论何时，不得拒绝药方之调剂。

第十二条　药师接受药方时，应注意药方上之年月日、病人姓名、年龄、药名、药量、用法、医师署名盖章各项，如有可疑之处，应询明开方医师方得调剂。

第十三条　凡调剂均须按照药方，不得有错误情事，如药品未备或缺乏时，应即通知开方医师，请其更换，不得任意省略或代以他药。

第十四条　药师对于有毒剧药之药方，非有医师通知，只许配卖一次，其药方须由药师加盖印章，添记调剂年月日，保存三年。

第十五条　药房应备调剂簿记，载下列各项：

一、药方上所载各项；

二、调剂年月日；

三、调剂者姓名；

四、依第十二条第十三条规定询问或请医师更换之颠末。

第十六条　药师于药剂之容器上，须记明下列各项：

一、药方上记载之病人姓名及药之用法；

二、药房之地点名称或调剂者姓名；

三、调剂年月日。

第十七条　药师之开业、歇业、复业或移转、死亡等事，应于十日内，由本人或其关系人，向该管官署报告。

第五章　惩戒

第十八条　药师于业务上有不正当之行为时，得由该管官署，酌定期限，令其停业；但不得逾一年。其因业务而触犯刑法时，除依刑事法规定，送由法院办理外，并撤销其药师证书。

第十九条　药师受撤销证书之处分时，应于三日内，将证书向该管官署缴销；其受停业之处分者，应将证书送由该管官署，将停业理由及期限，记载于证书里面，仍交由本人收执。

第二十条　凡未领部颁证书或受撤销证书及停业之处分，而执行药师之业务者，由该管行政官署处三百元以下之罚金。

第二十一条　药师违反第四章各条之规定时，由该管行政官署，处五十元以下之罚金，违反第十九条之规定者亦同。

附则

第二十二条　凡不具第三条所列资格，而曾在医院或药房执行调剂业务三年以上，经该管官署查考合格，得由该管官署转请卫生部，发给药剂生执照；其在本条例施行前，业经行政官署注册执行业务者，得由该管官署，转请卫生部，补给药剂生执照。

核发药剂生执照，以五年为限，自本条例施行之日起算。

第二十三条　药剂生除配合医师之药方外，不得自行制造毒剧药品及零卖配方以外之毒药剧药。

本条例关于药师之规定除各别规定外，于药剂生准用之。

第二十四条　医师得自行调剂药品，以为诊疗之用，无须请领药师证书，但关于调剂义务及惩戒，仍适用本条例之规定。

第二十五条　本条例自呈经国民政府核准之日施行。

亡. 管理医院规则（十八年四月十六日卫生部令公布）

第一条　凡以治疗为目的，设置病床，收容病人者，为医院，依本规则之规定管理之。

第二条　经营医院者，须将下列事项，呈经该管官署核准后，方得开业。

一、经营者姓名、年龄、籍贯、住所。

经营者如系法人，则其法人之名称，事务所、代表者之姓名、年龄、籍贯、住所。

二、医院之名称、位置。

三、医院各项规章。

四、建筑物略图。

五、病室间数，及每间所占面积。

六、病室区别及病床数目。

七、火灾及其他非常设备。

第三条　前条所列各款，如有变更，须随时呈报该管官署查核。

第四条　医院应将所用之医师及其助手，与看护士之姓名、年龄、籍贯、资格、证书呈报该管官署查核；其人员有变更时亦同。

第五条　各医院至少须置合格之医师二人，药师或药剂生一人。在非诊察时间，亦须以医员一人当值。

第六条　该管官署，对于医院之建筑物，认有预防危险或适合卫生之必要，得命其修缮或停止使用，及为其他之必要处分。

第七条　医院如有迁移或休业情事，应随时呈报该管官署。

第八条　医院所用之挂号簿、入院簿，须将病人之姓名、性别、年龄、住所详细记入。

第九条　医院不得以其疗法及经历，为虚伪夸张之广告。其从事治疗之医员，除学位称号，专门科名外，亦不得有其他之广告。

第十条　各医院非设有隔离之传染病室，不得收容急性之传染病人。非同一病名之人，并不得收容于同一传染病室。

第十一条　传染病室，须备传染病人专用之什器、卧具、便器及医药器具。

第十二条　传染病人使用之什器、卧具及排泄物、残余饮食物，并其他污染病毒，或有污染嫌疑之物品，须施行适当之消毒方法。

第十三条　传染病室内之物品，除因施行消毒搬出外，非经适当之消毒后，不得移置他处。

第十四条　传染病室之污水及排泄物等，非经适当之消毒后，不得搬置或排出于他处。

第十五条　传染病人退出病室以后，其室中须施行适当之消毒方法。

第十六条　医院收容传染病人，在病名诊定四十八小时以内，须将病人姓名、年龄、住所、病名、发病地点、年月日及入院诊定之年月日，详细呈报该管官署及检疫委员。但鼠疫、霍乱虽近在疑似，尚未诊定病名以前，亦应呈报。

前项之病人死亡或治愈，及其他事故退院时，须将姓名、事由及年月日时，速报该管官署及检疫委员。

第十七条　各医院治疗病人人数，每年须分上下两期。上期于七月十五日以前，下期于翌年一月十五日以前，依下列表式，呈报该管官署。

医院治疗病人表	（一月一日起至六月三十日止）（七月一日起至十二月三十日止）						
事别 性别	入院		退院			现在院	门诊	
	前期继续	本期入院	完愈	死亡	事故退院	治疗中	前期继续	本期持号
男								
女								
合计								
备考								

中华民国　年　月　日　省
市　　　　　　　　　医院院长　　具

第十八条　医院于治疗上，需用大手术时，须取得病人及其关系人之同意，签立字据后，始得施用。但未成年之病人或病人已失知觉时，得不取病人之同意。病人并无关系人时，得不取关系人之同意。

第十九条　医院解剖尸体，须依解剖尸体规则之所定。

第二十条　该管官署，得随时派员检查各医院。

第二十一条　医院经管辖官署之核准，得附设助产士及看护士学校。

第二十二条　医院得受政府之委托，协助办理关于公共卫生事宜。

第二十三条　违反第二条，第十条，第十八条，第十九条之规定者，处三百元以下之罚锾。不遵第六条之命令者，亦同。

第二十四条　违反第九条至第十五条，第十六条第一项之规定者，处五十元以下之罚锾。

第二十五条　违反第三条，第四条，第七条，第十六条第二项，第十七条之规定者，处二十元以下之罚锾。

第二十六条　医院经营者之代理人，雇人或其他从业者，关于其业务上触犯本规则之行为，由经营者负其责。

营业者系法人时，以法人之代表者负其责。

第二十七条　本规则施行前已成立之医院，须于三个月内，依本规则第二条之规定，补行呈报。逾期不呈报者，由该管官署，勒令停止营业。

第二十八条　本规则自公布之日施行。

万．管理药商规则（十八年八月二十四日卫生部令公布）

第一条　凡以药品营业者，为药商。除遵守普通营业各规定外，应依本规则之规定办理。

第二条　本规则所称之药商，包括中西各药之批发、门售及制药或调剂者而言；但沿途或设摊零售者，不在此限。

沿途或设摊零售之管理规则，由各省市卫生官署注册，给予执照，始准营业。

第三条　凡为药商者，须开具下列事项，呈请该管卫生官署注册，给予执照，始准营业。

一、牌号，如系公司，其公司之名称地址。

二、药商姓名（如系公司，其代表人姓名）、年龄、籍贯、住址。

三、营业种类（中药或西药、批发、门售、制药、调剂）之专营兼营等。

四、资本若干。

中药商不得兼售西药，但其药虽产在外国，向系供中药之用者，不在此限。

第四条　药商呈请给照时，应缴纳执照费二元，并照章贴用印花。在本规则施行前，曾领有营业执照者，应于本规则到达当地一个月以内，将旧照缴验，另换新照，缴纳半费。其未领照者，应于同一期间内，呈请补领。

第五条　药商所用店伙，须熟谙药性。其营西药业者，并须以领有部证之药师，管理药品，但不另售麻醉及其他毒剧药品之西药商，得以领有部照之药剂生代之。

未成年者，及禁治产者，不得用以管理药品。

第六条　西药商购存麻醉及毒剧各医，须将品目、数量，详载簿册，以备该管官署之检查。

麻醉及毒剧各药，应与他种药品分别贮藏，标明麻醉药或毒药、剧药字样，外加锁□，以防不测。

第七条　麻醉及毒剧各药，非有医师署名盖章之处方笺，不得售出。其经手售出之药师，须依医师暂行条例第十四条之规定办理。

虽持有医师之处方笺，而其人年龄幼稚或形迹可疑时，仍不得售予。其为同业及医师购为业务上用，学术机关购为科学上用，或职司试验及制医之公署，购为职务上用时，须将购者姓名、职业、住址及其所购量数，详录簿册，连同购者亲笔署名盖章之单据，保存三年，以备查考。

第八条　各公署因其职业，购买麻醉及毒剧各药，以为医药之用时，除依前条第二项后半段之规定外，并须取具该负责医务人员署名盖章之单据。

第九条　制药者所制之毒剧各药，须按月将所出数量，呈报该管官署查核；但麻醉药品，在制造药品条例未颁布以前，暂行禁止制造。

第十条　中药商买卖有毒剧性之中药时，准用第六条之规定。

第十一条　麻醉药及毒药、剧药之品目，由卫生部以部令定之。

第十二条　各种医品，均须按法贮藏；倘性味已失或变质者，不得售卖。

第十三条　药商专营批发或制造者，不得为人调剂处方。

第十四条　药商接受药方调剂时，于药名、分量、用法、年月日、病人姓名、年龄、性别及医师或中医师之姓名、钤章均须注意。如有可疑之点，应询明处方之医师或中医士，得其证明，方得调剂。

第十五条　配发药剂，中药商须于包纸中容器上，将药品、药性逐一记载。西药商须将内用外用用法、用量、年月日，服用者之姓名各项，分别注明于容器之纸签上，或包裹之表面。

药商除专营批发，或制造者外，无论何时，不得无故拒绝处方之调剂。

第十六条　中华民国药典所记载之药品，其性状、品质、制法非适合于药典之所定，药商不得制造买卖或贮藏。

其为中华民国药典所不载者，以各药品所依据之外国药典为标准。

在中华民国药典未颁行以前，第一项之规定，得暂以各药品所依据之外国药典为标准。

第十七条　中外药典所未载之新发明之药品，非预将性状、品质、制法之要旨并附样品，呈请卫生部查验后，不得制造贩卖或输入。

第十八条　药品名称、用量、药性依据何国药典，须以中文注明于容器或包纸上，但得以各该国文字并记。

第十九条　地方卫生官署，得随时派员检查药商之药品及簿册，该药商须逐一导观，不得借故推诿或有意违抗。

检查规则，由各省市卫生官署拟订，呈部核定。

第二十条　药品经检查人员查验，认为有害卫生或伤风谷或作伪者，该管官署得禁止其制造售卖或贮藏，并得将该项药品销毁。

第二十一条　药师自营药商业或医师、中医士兼营药商业者，仍应请领药商营业执照，遵守本规则之各规定。

第二十二条　药商有下列各款情事之一者，处三百元以下之罚锾：

一、未领营业执照，而营各项药商之业者。

二、中药商雇用不识药性之店伙，西药商不雇用药师或药剂生，或虽雇用而为未领有部颁证照者。

三、不遵管辖官署派员查验者。

四、药品之容器或包纸上，记载错误或虚伪者。

五、违反第三条第二项、第六条第一项、第七条、第八条、第九条、

第十四条第二项、第十六条，第十七条之规定者。

六、违反第二十条前半段，而未达犯罪程度者。

第二十三条　违反第四条第二项前半段、第五条第二项、第六条第二项、第十三条之规定者，处百元以下之罚锾。

第二十四条　违反第十二条、第十四条第一项、第十五条第二项之规定者，处五十元以下之罚锾。

第二十五条　一次违反两条以上之规定者，得并罚之。

第二十六条　所犯涉及刑事范围时，依刑事法规之规定办理，并撤销其营业执照。

第二十七条　营业者系未成年或禁治产者时，本规则所定之罚则，适用于其法定代理人，但虽未成年，而关于业务行为，与成年者有同等能力时，不在此限。

代表人、雇人或其他从业者，关于业务上触犯本规则所定罚则时，由药商本人负其责。营业者系法人时，以法人之代表者负其责。

第二十八条　卫生检查人员，稽查药品簿册，如有舞弊及要索或收受贿赂情事，以刑法渎职罪处断。

第二十九条　本规则自公布之日施行。如有未尽事宜，得随时修正之。

勹．管理成药规则（民国十九年四月二十六日卫生部公布同日施行）

第一条　凡用两种以上之药料，加工配合，另立名称，或以一种药料，加工调制，不用其原有名称，不待医师指示，即供服用者为成药。其调制或输入，以供营业之用及贩卖者，应依本规则之规定。

其根据中国固有成方，配制之丸散膏丹等不在此限；但无方案，可资依据或新出之药剂，仍以成药论。

第二条　调制或输入成药者，须将该成药名称、原料、品名、分量、用法、用量、效能、容器种类并容量及其仿单印刷品等各事项，依照规定格式，详细填明，连同样品，呈请卫生部查验核准后，给予成药许可证，始准营业；各该事项有变更时亦同。

第三条　呈请查验给予许可证时，每种成药，应缴证书费二元，并照章缴纳试验费及印花税。

呈验成药，经部核验时，前项预缴费用，仍予发还；但在化验后核验者，其预缴试验费不发还。

第四条　调制或输入成药者，领得许可证营业时，应向营业所在地该管官署，呈请注册；其开设两处以上之营业所者，应各于所在地，呈请注册。

第五条　在规则施行前，已发卖之各种成药，须于施行后六个月内，依第二条规定补请查验，给予许可证。

第六条　调制或输入成药者，限于药商；其调制成药之西药商，并须任用药师。

第七条　成药中不得掺用麻醉药品。

第八条　成药中掺用毒剧药品之限制如下：

（甲）内用

一、部颁毒药品目表第一类及剧药品目表第二类之药品，不得掺用。

二、掺用部颁药品第二类及剧药品目表第一类药品时，其每二十四小时之用量，不得过各表中所列该药品之一日极量。

（乙）外用

一、部颁毒药品目表第一类之药品，不得掺用。

二、掺用部颁毒药品目表第二类，剧药品目表第一第二两类之药品时，其分量以用者不受毒害为限。

第九条　外用成药，须用蓝色容器，标明外用，不可吞服字样；其掺用毒剧药品者，并须标明毒剧二字。

第十条　凡核准之成药，预将所含主要药料名称及其用量，并许可证号数，以国文明载于容器标签或包裹仿单上，方得陈列销售。前项主要药料，由部于核准给证时，指定之。

第十一条　凡成药之广告仿单及附加于容器包纸之记载，不得有下列情事：

一、涉及猥亵或壮阳种子之文字及图画。

二、暗示避孕或堕胎等之语句。

三、虚伪夸张，及以他人名义，保证效能，使人易生误解之记载。

四、暗示医药之无效或含有讥谤医者之辞意。

五、用量不当之指示。

第十二条　欲以曾颁许可证，表示其营业之适法，或中央卫生试验所，试验成绩，表示其药品之性质功用者，得照录许可证或成绩报告书，原文不得增减变更，并不得用卫生部或试验所保证等字样。

第十三条　该管官署，得随时派遣检查员，赴调制输入或贩卖成药场所，实地检查。

卫生部于必要时，得直接派员检查之。

第十四条　检查时于试验之必要分量上，得以无代价提取其成药或原料品之一部，以供试验之用，但须给以收据。

第十五条　调制或输入成药者，违反本规则及依据本规则所发之命令或处分时，除合于他条所定罚则者，适用其罚则外，该管官署得将其成药销毁或施行其他适宜之处分；并得呈请卫生部，撤销该项许可证。

第十六条　未依第二条第五条请领或补领许可证，而擅自营业或违反第七条、第八条之规定者，处五百元以下之罚锾。

第十七条　违反第六条、第十条至第十二条之规定及拒绝第十三条之检查者，处二百元以下之罚锾。

第十八条　第二条所载事项变更，而不另行呈报或违反第四条、第九条之规定者，处百元以下之罚锾。

第十九条　关于成药营业，本规则已有特别规定者外，余依管理药商规则之规定。成药检查人员，并准用管理药商规则第二十八条之规定。

第二十条　本规则自公布日施行。如有未尽事宜，得随时修正之。

二　助产

勹．助产士条例（十七年六月十九日内政部公布）

第一条　以助产士为业务者，须经卫生部核准，给予助产士证书，未经核准给证者，不得执行助产业务。

在本条例施行前开业者，限于六月内，依本条例之规定，补请核发助产士证书。

第二条　年在二十岁以上之中华民国女子，有下列资格之一者，得请给助产士证书：

一、在本部认可之本国助产学校，产科学校或产科讲习所，二年以上毕业，领有证书者。

二、在外国助产学校，二年以上毕业，领有证书者。

三、修学不满二年，在本条例施行前，已执行助产业，满三年以上者。

四、经助产士考试及格，领有证书者。

第三条　有下列情事之一者，不得给予助产士证书：

一、曾犯堕胎罪者；

二、五年以内，曾受徒刑之执行者；

三、禁治产者；

四、心神丧失者。

其给证在前，事发在后者，应随时将证书撤销；但二、三、四款原因消失时，得再发给此项证书。

第四条　请领助产证书者，应备证书费四元，印花税一元，半身二寸相片二张，履历书二纸，连同毕业证书及其他证明资格文件，缴由驻在该管地方官署，经民政厅或特别市政府，转报卫生部核办。

第五条　所领证书，如有遗失毁坏等情，得依前条程序，呈请补发。但证书费，改为二元。

第六条　助产士欲在某处开业，须检同部给证书及半身四寸相片二张，呈请该管地方官署注册。未经核准注册前，不得开始营业。

如有歇夏、复业或迁移、死亡等情，应于十日内，由本人或其关系人，向该管地方官署报告。

第七条　助产士若认为妊妇、产妇、蓐妇或胎儿、生儿有异状时，应告其家族，延医诊治，不得自行处理，但临时救急处置，不在此例。

第八条　助产士对于妊妇、产妇、蓐妇或胎儿、生儿不得施行外科产科手术；但施行消毒、灌肠及剪脐带之类，不在此例。

第九条　助产士应备接生簿，载明产妇姓名、年龄、住址、生产次数、生儿性别等，并保存五年，以备查考。

第十条　助产士应于每月十日前，将前月份助产人数，列表报告该管地方官署，经民政厅或特别市政府汇转卫生部备案。

前项报告表式另定之。

第十一条　助产士于业务上，如有不正当行为或重大过失，除触犯刑法者，应受刑事处分外，由该管地方官署，予以撤销证书或停止营业处分。

第十二条 助产士依本条例第三条第二项及第十一条受撤销证书处分者，应于三日内，将证书向该管地方官署缴销。受停止营业处分者，应将证书送由该管官署，将停止理由及期限，注明于该证书背面，仍交由本人收执。期满后，方准复业。

第十三条 凡未经领有部给证书，以助产为业，及受撤销证书或停止营业之处分，仍执行助产业务者，由该管地方官署，处以一百元以下之罚金。

第十四条 本条例自公布日施行。如有未尽事宜，得随时修正之。

㐅. 管理接生婆规则（十七年七月三十日内政部公布）

第一条 凡中华民国女子，非医学校或助产学校毕业，以接生为业务者，统称之为接生婆。

第二条 接生婆须向营业地该管官署，请领接生婆执照。未领执照前，不得开始营业。在本规则施行前开业者，限于六个月内，补领执照。

第三条 接生婆须年在三十岁以上，六十岁以下，耳目肢体及精神状态均健全，并无传染病者，始得请领执照。

第四条 请领执照时，应开具姓名、年龄、籍贯及接生年限、营业地点，连同半身四寸像片一张，呈请核发。但在无照相馆地方，得免缴像片。领得之执照，如有遗失毁损等情，得呈请补发。

第五条 地方官署，应设临时助产讲习所，令核准注册之接生婆，分班入所练习，教以下列接生上必要之知识：

一、清洁消毒法；

二、接生法；

三、脐带扎切法；

四、假死初生儿苏生法；

五、产蓐妇看护法。

前项传习所，得委托医院或医学校、助产学校办理，经费由地方税项下拨充之。

第六条 接生婆练习期，定为两个月。授课时对于不识字者，应注意口头讲授。

第七条 练习期满，成绩优良者，由各该地方官署，核给证明书。毫无成绩者，撤销其营业执照。

第八条　接生婆开业、歇业、复业及迁移、死亡等事，应于十日内，由本人或其关系人，向该管地方官署报告。

第九条　接生婆应于门首悬牌，标明接生婆某氏字样，不得称医生或其他名目。

第十条　接生婆对于妊妇、产妇、蓐妇或胎儿、生儿不能施行外科产科手术；但施行消毒及剪脐带之类，不在此限。

第十一条　接生婆应备接生簿，载明产妇姓名、年龄、住址、生产次数、生儿性别；并保存五年，以备查考。

第十二条　接生婆应于每月十日前，依部定格式，将前月份接生人数，列表报告该管地方官署，经民政厅或特别市政府，汇转卫生部备案。

第十三条　接生婆如违反本规则，或于业务上有不正当之行为及重大过失，除触犯刑法者，应受刑事处分外，由该管地方官署，予以撤销执照或停止营业处分。

第十四条　接生婆依规则第七条、第十三条，受撤销执照处分者，应于三日内，将执照向该管地方官署缴销。受停止营业处分者，应将执照送由该管官署，将停止理由及期限，注明于该执照之背面，仍交由本人收执。期满后，方准复业。

第十五条　凡未领执照，以接生为业，及受撤销执照或停止营业之处分，仍执行接生业务者，由该管地方官署，处以二十元以下之罚金。其以接生执照借予他人营业者，除撤销其执照外，并处以二十元以下之罚金；借照营业者亦同。

第十六条　各地方官署核发接生婆执照，限于中华民国二十年十二月三十一日为止。

第十七条　本规则自公布日施行。如有未尽事宜，得随时修正之。

三　禁止

ㄅ．禁烟法（十八年七月二十五日国民政府公布）

第一章　总纲

第一条　本法称"烟"者，指鸦片及其代用品。

前项代用品，指吗啡、高根、安洛因及其同类毒性物或代合物。

第二条　本法施行期间，关于违反烟禁者之科刑，应依本法之规定。本法所未规定者，依刑法之规定。

第二章　禁烟机关

第三条　禁烟机关及其职务如下：

一、全国禁烟会议　建议及审议一切禁烟事宜

二、行政院禁烟委员会　督理全国禁烟事宜

三、省政府或其他禁烟机关　督理全国禁烟事宜

四、特别市政府市政府县政府　执行各该市县禁烟事务

五、水陆公安机关　办理该管区域禁烟事务

六、地方自治团体　协助县市政府执行各该地方禁烟事务

第四条　禁烟机关，应随时查禁烟之栽种、制造、运输、贩卖、持有或吸用及一切专供制烟吸烟之器具。查禁方法，于本法施行规则中定之。

第五条　对于禁烟机关人员之奖惩，应照禁烟考绩条例所规定。

前项禁烟考绩条例，由行政院定之。

第三章　科刑

第六条　制造鸦片或其代用品，贩卖或意图贩卖而持有或运输者，处一年以上，五年以下有期徒刑，得并科五千元以下之罚金。

第七条　制造专供吸食鸦片之器具或贩卖或意图贩卖，而持有或运输者，处三年以下有期徒刑，得并科五百元以下罚金。

第八条　意图供制造鸦片或其代用品之用，而栽种罂粟或鸦片代用品之种子者，处五年以下有期徒刑，得并科三千元以下罚金。

第九条　意图供制造鸦片或其代用品之用，而贩卖或运输罂粟或鸦片代用品之种子者，处三年以下有期徒刑，得并科一千元以下罚金。

第十条　意图营利，为人施打吗啡针或以馆舍供人吸用鸦片或其代用品者，处一年以上，五年以下有期徒刑，得并科一千元以下罚金。

第十一条　吸食鸦片，施打吗啡或使用鸦片之代用品者，处一年以下有期徒刑，得并科一千元以下罚金。有瘾者，并应令其戒绝。

第十二条　第六条至第十一条之未遂罪罚之。

第十三条　意图供犯本法各罪之用，而持有鸦片或其代用品或专供鸦片吸食之器具者，处五百元以下罚金。

第十四条　凡查获之鸦片及其代用品或专供制造或吸食鸦片之器具，不问属于犯人与否，均没收焚毁之。

第十五条　公务员犯本法第六条至第十三条之罪者，依各本条，加倍处罚。

第十六条　公务员庇护他人犯本法第六条至第十一条之罪者，处二年以上，十年以下有期徒刑，得并科五千元以下之罚金。其有要求期约或收受贿赂情事者，处无期徒刑。

第十七条　公务员利用权力，强迫他人犯本法第八条之罪者，处死刑。

第十八条　负有禁烟责任之公务员，有要求期约，收受贿赂，从容他人犯本法第六条至第十一条之罪者，依第十六条最高刑处断。

第四章　附则

第十九条　关于医药用科学用之鸦片及其代用品，由国民政府指定机关办理之。

第二十条　公务员有吸用鸦片，及其代用品之嫌疑者，应依照公务员调验规则调验之。

前项之调验规则，由行政院定之。

第二十一条　本法施行规则，由行政院定之。

第二十二条　本法自公布日施行。

乂. 修正麻醉药品管理条例（民国二十年十一月七日国民政府公布同日施行）

第一条　麻醉药品之输入销售，依本条例管理之。

第二条　本条例称麻醉药品者，指供医药用及科学用之鸦片、吗啡、高根、安洛因及其同类毒性物或化合物。

第三条　麻醉药品之输入及分销，由内政部指定总经理机关，负责办理。

麻醉药品之输入数量，每年由国务会议决定。

麻醉药品之制造，在未有特许制造之法规以前，概行禁止。

第四条　各省或隶属于行政院各市，需用麻醉药品，由该省政府或该市政府，指定药房，经管分销事宜。

第五条　总经理机关，自外国输入麻醉药品时，应由内政部发给凭照。

前项凭照内，应载明种类、数量、用途及采买经过地点。

第六条 麻醉药品之输入口岸，限定上海一处。

第七条 分销机关，向总经理机关，购运麻醉药品时，每次应由省政府或隶属于行政院之市政府，发给凭照，其凭照内，载明之事项，依第五条第二项之规定。

前项凭照，应由领照人，送经内政部盖印。

第八条 麻醉药品之输入数量，及分销情形，应由内政部每年至少公告一次。

第九条 各地医院、医师、牙医师、兽医药师或医学校需用麻醉药品时，应以书面叙明理由，签字盖章，向分销机关购用。但医院、药师、医学校每次购用，其重量不得逾五十克；医师、牙医师、兽医每次不得逾十克。

第十条 总经理机关，于运到麻醉药品时，应按照前条限制数量，分别包装，并制定式包封及封签，载明品名、重量及定价，分别黏贴严密；分销机关，除于调剂时启封外，不得拆改包装。

第十一条 分销机关，出售麻醉药品，应按包封或封签上所定之价格，不得任意抬高。

第十二条 内政部及禁烟委员会，得随时派员稽查总经理机关，各分销机关之运销情形及现存品量。

省市县政府，得随时派员稽查所属分销机关及医院、医师、牙医师、兽医、药师、医学校之运售使用情形及现在品量，报告上级机关。分别汇转内政部及禁烟委员会。

第十三条 总经理机关、分销机关及医院、医师、牙医师、兽医、药师、医学校，倘有违法舞弊情事，应依法严惩，如系分销机关，违法舞弊，并应将该药房勒令停业。

第十四条 内政部所发之凭照，为四联式，一联存根，一联寄交采办地点之中国领事署，二联掣给购运人收执；除于输运入口时，由海关掣留一联外，其他一联于运到总经理机关后，缴还内政部核销。

第十五条 省政府或隶属于行政院之市政府，所发之凭照，为四联式，一联存根，一联寄交内政部，二联掣给购运人收执；除于购得药品时，由总经理机关掣留一联外，其他一联于运到分销机关后，缴还原发凭照之政府核销。

第十六条　总经理机关，每届月终，应将麻醉药品之购入售出及现存数目，列表报告内政部。

各分销机关，每届月终，应将麻醉药品之购入、售出及现存数目，列表报告该管地方政府，查核转内政部。

各医院、医师、牙医师、兽医、药师、医学校等，凡购用麻醉药品者，每届月终，应将麻醉药品之购入、售出、使用及现存数目，列表报告该管地方政府，查核转内政部。

第十七条　内政部据总经理机关及各分销机关造送之统计报告，应按期列表，呈报行政院，转呈国民政府查核，并分函禁烟委员会。

第十八条　凭照包封封签及统计报告格式，由内政部订定之。

第十九条　本条例施行前，任何机关，所发之购运麻醉药品凭照，一概无效。

第二十条　职司试验及制药之公署，其职务需用麻醉药品时，应开列品名及量数，经内政部核准，径向总经理机关购用。

第二十一条　关于医药用及科学用之司替尼药品，取缔方法，准用本条例之规定。

第二十二条　本条例自公布日施行。

◪ 禁止妇女缠足条例（十七年五月十日内政部令公布）

第一条　各地方妇女之缠足者，依条例之规定解放之。

第二条　本条例由各省区民政厅，督饬各市县政府执行之，特别市由市政府执行之。

第三条　解放妇女缠足，应分期办理，以三个月为劝导期，三个月为解放期。

第四条　未满十五岁之幼女，已缠足者，应立即解放，未缠足者，禁止再缠。

第五条　十五岁以上，三十岁未满之妇女缠足者，应依第三条所定之期限，一律解放。

第六条　三十岁以上之妇女缠足者，勒令解放，不加强制。

第七条　在劝导期内，各市县政府，应设置劝导员，饬由村长或街长，会同警察引导，按户劝导。各法团，各学校，得组织放足会，辅助进行。

第八条　于劝导期届满后，各市县政府应派女检查员，协同警察及村长或街长，施行严密之检查。

第九条　未满十五岁之缠足幼女，于劝导期满后，仍未解放者，由县市政府，处罚其家长，一元以上、十元以下之罚金；仍限于一月内劝令解放。前项罚金，均作为禁止妇女缠足办公之用，由市县政府，每月将收支数目，列表公告一次。

第十条　十五岁以上，三十岁未满之缠足妇女，于解放期满，仍未解放者，由市县政府，处罚其家长或本人，一元以上、五元以下之罚金；仍限期劝令解放。前项限期，不得过两个月。

第十一条　前二条限期届满后，仍不解放者，应依第九条、第十条之规定，加倍处罚，并由女检查员，强制解放之。

第十二条　各省区县政府，应将每月劝导解决办理情形，呈由民政厅汇核，分呈省政府内政部备案。特别市政府，应将每月办理情形，迳报内政部备查。

第十三条　劝导检查各员及村长或街长，有下列情事之一者，由市县政府，予以惩戒处分：

一、劝导不力；

二、检查不实；

三、措置乖方。

其有骚扰索诈等行为，除惩戒外，应受刑事处分者，依刑事法规之规定。

第十四条　劝导检查各员及村街长办事确有成绩者，各省区由市县政府，呈请民政厅，核予奖励；特别市由市政府，核予奖励。

第十五条　各省市县长市长及其所属各员，有奉行不力者，一经查明，由民政厅酌量情节轻重，予以记过、罚俸、免职之处分。其成绩卓著者，由民政厅予以记功、加俸或晋级之奖励。

第十六条　本条例自公布之日施行。

匸．禁蓄发辫条例（十七年五月十日内政部令公布）

第一条　各地方男子之蓄有发辫者，依本条例之规定禁制之。

第二条　本条例由各省区民政厅，督饬市县政府执行之。特别市，由

459

市政府执行之。

第三条　本条例到达各地方后，各该主管机关，须广为揭示，并派员宣传。

第四条　凡蓄发辫之男子，须于本条例到达揭示后三个月内，一律将发辫剪除。

第五条　逾前条期限，仍未剪除者，依下列各款行之：

一、城市主管机关，指派专员，会同警察剪除之。

二、乡村由主管机关，督饬村长或街长，会同邻右剪除之。

第六条　抗拒前条之剪除者，由各执行人员报告主管机关，处以一元以上，十元以下之罚金，仍强制剪除之。

前项罚金，作为禁蓄发辫办公之用，由市县政府，每月将收支数目，列表公告一次。

第七条　各市县政府，应于每月终，将剪除发辫经过情形，呈报民政厅汇核，分呈省政府及内政部备案。特别市，由市政府迳报内政部备案。

第八条　各执行人员，办理确有成绩者，由该主管机关，酌予奖励。

第九条　各执行人员，如办理不力或措置乖方者，由该主管机关，酌予惩戒。其涉及刑事范围者，并依刑事法规之规定。

第十条　本条例自公布日施行。

万　禁止未成年者吸纸烟饮酒规则（十七年六月三十日内政部令公布）

第一条　凡年龄未满二十岁之男女，一律禁吸纸烟并禁饮酒，但经医士证明，确为治病饮酒者，不在此限。

第二条　违犯前条规定者，处五元以下之罚金。但未满十三岁人，免除之，仍告知其行使亲权人或监督人，令其自行管束。其所持之烟或酒及烟具酒具，均没收之。

第三条　行使亲权人或监督人，对未成年者吸烟饮酒，而不加制止者，处五元以下之罚金。

第四条　明知未成年者系供自用，而以烟或酒及烟具酒具卖与者，处二十元以下之罚金。

第五条　本规则执行机关，为市县公安局或县政府。区村自治机关，并负协助查禁之责。

第六条　本规则自公布日施行。如有未尽事宜，得随时修正之。

四 防疫

ㄆ．种痘条例（民国十七年八月十九日卫生部公布同日施行）

第一条　凡施行种痘，依本条例行之。

第二条　种痘分两期如下：

第一期　出生满三月后一年以内。

第二期　六岁至七岁。

第三条　每年三月至五月，九月至十一月，为施行种痘时期。

但遇必要时，得于其他时期内施行之。

第四条　逾期未种痘者，得限期令其补种，种痘未出者亦同。

第五条　每届种痘时期，由各市县主管卫生行政之机关，依其管辖区域之广狭，人口之多寡，分设种痘局，并应将关于种痘之必要事项，于定期十日前公布之。

第六条　因防止天花，应行特别种痘时，得由各市县主管卫生行政机关，指定受种者之范围及日期施行之。

第七条　种痘局，对于受种痘者，应填给种痘证书。

第八条　别经医师种痘者，由医师填给种痘证书。

领有前项种痘证书者，与已受种痘局之种痘同。

第九条　非因疾病或其他正当事由，不于种痘期内种痘者，除依第四条补种外，得科其父母监护人或其他有保育责任之人，以十元以下之罚金。

第十条　种痘局及医师，应备种痘记录簿，详载种痘情形，以备参考。

第十一条　种痘局及医师，应于每年六月及十二月，将其种痘之人名、性别、年龄、籍贯、住址及其他关系事项，报告各市县主管卫生行政机关查核，并由该行政机关，汇报民政厅及卫生部备案。

第十二条　种痘证书及种痘报告表等格式，由卫生部另定之。

第十三条　本条例自公布日施行。

ㄆ．传染病预防条例（十七年九月十八日内政部令公布）

第一条　本条例所称传染病，指下列急性各症：

一、伤寒或类伤风；

二、斑疹伤风；

三、赤痢；

四、天花；

五、鼠疫；

六、霍乱；

七、白喉；

八、流行性脑脊髓膜炎；

九、猩红热。

前项以外之传染病，有认为应依本条例，施预防方法之必要时，得由卫生部临时指定之。

第二条 地方行政长官，认为有传染病预防上之必要时，得于一定之区域内，指示该区域之住民，施行清洁及消毒方法。其已办自治地方，应指示自治机关行之。

前项清洁及消毒方法，由卫生部定之。

第三条 人口稠密各地方，应设立传染医院或隔离病舍。

前项设备及管理方法，由地方行政长官，以单行章程定之。

第四条 当传染病流行或有流行之虞时，地方行政长官得随检疫委员，使任各种检疫预防事宜。于舟车执行检疫时，凡乘客及其执役人等，有患传染病之嫌疑者，得定相当之时日扣留之。

于舟车执行检疫时，发现传染病人，得就使附近各地方设立之传染病院，或隔离病舍治疗。其有感染之嫌疑者，亦同。该院若无正当理由，不得拒绝。

未施行检疫之舟车，若发现传染病人或有感染之嫌疑者，准用前二项之规定。若在监人出狱患传染病或疑似传染病者亦同。检疫官吏及医士，得用免票乘坐舟车，但以持有执照者为凭。

第五条 地方行政长官认为有传染病预防上之必要时，得施行下列各事项之全部或一部：

一、施行健康诊断及检查尸体之事。

二、隔绝市街村落之全部或一部之交通。

三、集会演剧及一切人民集会之事，得限制或禁止之。

四、衣履被服及一切能传播病毒之物件，得限制或停止其使用、授受、搬移或迳废弃其物件。

五、凡能为传染病毒媒介之饮食物或病死禽兽等肉，得禁止其贩卖、授受，并得废弃之。

六、凡船舶、火车、工场及其他多数人集合之处，得命其延聘医士及为其他预防之设备。

七、凡施行清洁及消毒方法时，对于自来水源、井泉、沟渠、河道、厕所、污物及渣滓、堆积物，得命其新设或改建或废弃或停止使用。

八、传染病流行区域内，得以一定之时日，禁止其附近之捕鱼、游泳、汲水等事。

九、施行驱除鼠蝇方法及关于驱鼠，除蝇之设备。

第六条　依前条第二款第八款，对于市街村落之全部或一部，停止其所用之水，或禁止汲水时，于停止或禁止期间内，须由他处供给其用水。

第七条　医士诊断传染病人或检查其尸体后，应将消毒方法指示其家属；并须于十二小时以内，报告于病者或死者所在地之管辖区域。

第八条　患传染病及疑似传染病或因此等病症致死者之家宅及其他处所，应即延聘医士诊断或检查，并须于二十四小时以内，报告于其所在地之管辖区域。

前项报告义务人如下：

一、病者或死者之家属或其同居人；

二、旅舍、店肆或舟车主人或管理人；

三、学校、寺院、工场、公司及一切公共处所之监督人或管理人；

四、感化院、救急院、监狱及与此相类处所之监督人或管理人。

第九条　凡传染病人之家宅及他处，其病人以外之人，无论已否传染，均应服从医士或检疫防疫官吏之指示，施行清洁并消毒方法。

第十条　凡经该管官署认为传染预防上之必要，得使患传染病者，入传染病院或隔离病舍。

第十一条　凡经该管官署认为传染预防上之必要，得以一定期间，使患传染病者或疑似传染者之家属及其近邻，隔绝交通。

第十二条　患传染者及其尸体，非经该管官署之许可，不得移至他处。

第十三条　对于传染病人之尸体，所施消毒方法，经医士检查及该管官吏认可后，须于二十四小时内成殓并埋葬之。

第十四条　死者尸体之埋葬，须于距离城市及人口稠密之处三里以外之地行之。掘土须深至七尺以上。埋葬后非经过三年，不得改葬。尸体受毒较重者，该管官署认为预防上确有必要时，得命其火葬。其家属怠于实行时，得代执行之。

第十五条　已殓葬及将殓葬之尸体，如有传染病嫌疑，该管官吏就其尸体及家宅，并一切物件，得依本条例之规定，执行相当处分。

第十六条　地方行政长官，认为有传染病预防上之必要时，得将其事由通知第八条之报告义务人，执行检查。但检查员须持有执照为凭。

第十七条　各地方防疫用费，得斟酌情形，分别由地方收入项下，或国库支出之。已办自治地方之防疫用费，由自由经费中支出之。但由自治会议议决，经地方最高行政长官核准，得由国府酌予补助。地方行政长官，为前项之核准后，须函报卫生部及财政部。

第十八条　凡不依本条例所规定或该管官署所指定之期限内，奉行应办事项者，处五元以下之罚锾。

第十九条　医士诊断传染病人或检查其尸体后，不依本条例报告或报告不实者，处五十元以下之罚金。

第二十条　对于该管官署或医士，依本条例之处分或指示不遵行，或依本条例应行报告事项，并不报告或报告不实或妨害他人之报告者，处二十元以下，二元以上之罚款。

第二十一条　边僻地方，因特别情事，有必须于条例规定以外，变通其预防方法时，得由各该地方最高行政长官，变通办理，但须函报卫生部备案。

第二十二条　对于由国外入境之舟车，得施行检疫。

前项检疫规则，另定之。

第二十三条　关于施行本条例各种规则，以部令定之。

第二十四条　本条例施行区域及日期，以部令定之。

五　取缔

勹．饮食物及其用品取缔条例（民国十七年十月二十日卫生部公布，十八年九月一日施行）

第一条　凡贩卖之饮食物、饮食器及以饮食物营业者使用之饮食器、割烹具等，认为于卫生上有危害时，该管官署得禁止制造、采取、贩卖、赠与、使用；并得禁止或停止其营业。

该管官署施行前项职权时，得令所有者或持有者，废弃其物品，并得直接废弃，及为其他之必要处分。但所有者或持有者请求依卫生上不生危害之方法处置其物品时，得许可之。

第二条　检查前条物品，应根据理化学或细菌学上检验结果判断之。检查人员，得于营业者营业时间，入其营业场所，无代价征取其物品之一部，以供试验之用；但须给以收据。

第三条　检查人员行使职权时，须着用制服，并佩带检查证票。证票式如下：

"某地方某官署饮食物及其用品检查员之证　中华民国（署印）年月日"

第四条　营业者受检查员之命，而不于指定之期间内履行其事项时，处二十元以下之罚锾。其有抗拒情事者，由法院处一月以下之拘役，并科十元以下之罚金。

第五条　检查人员执行本条例而为不正之行为者，除构成渎职时依刑法处断外，送由法院处六月以下之徒刑，并科四十元以下之罚金。

第六条　本条例施行日期及地方，以内政部令定之。

乂．饮食物用器具取缔规则（民国十七年十月二十日卫生部公布，十八年九月一日施行）

第一条　本规则所称之饮食物用器具，系指饮食器、割烹具及其他调制器、容器、量器、贮藏器而言。

第二条　营业者不得以钝铅或含铅至百分之十以上之合金，制造或修缮饮食物用器具。

第三条　饮食物用器具接触饮食物部分，不得以含铅至百分之二十以上之合金镶镂，及以含铅至百分之五以上之锡合金镀布。镶着于罐头外部之合金，其含铅不得至百分之五十以上。

第四条　施用珐琅或釉药之饮食物用器具，以含醋酸百分之四之水，经三十分时间，煮沸能溶出砒素或铅者，营业者不得制造或修缮之。

第五条　营业者不得以含铅或锌之橡皮，制造哺乳器具。

第六条　以铜或铜合金制造之饮食物用器具，其接触饮食物部分之镀金属剥脱，或失其固有光泽者，营业者不得使用。

第七条　营业者应于其所制造或输入之金属性饮食物用器具，以印记或他种不易剥落之方法，表示其商号或符号，以资识别。

无前项商号或符号者，不得贩卖或以贩卖之目的贮藏陈列。

第八条　违反第二条至第五条而制造与修缮之饮食物用器具，不得贩卖或以贩卖之目的贮藏陈列，及供营业上之使用。

第九条　该管官署，于违反第二条至第七条而制造或修缮之饮食物用器具，及其器具内之饮食物，得依饮食物及其用品取缔条例第一条之规定处分之。违反本规则之营业者亦同。

第十条　该管官署执行本规则时，得依饮食物及其用品取缔条例第二条第二项之规定，行其职权。

第十一条　违反第二条至第八条者，处三十元以下之罚锾。

第十二条　营业者系未成年或禁治产者时，本规则所定之罚则，适用于其法定代理人。但虽未成年而关于其营业与成年者有同等能力时，不在此限。代理人、雇人或其他从业者，关于业务上之触犯罚则行为，由营业者负其责。营业者系法人时，以法人之代表为被告人。

第十三条　本规则施行日期及地方，以内政部部令定之。

〇. 清凉饮料水营养者取缔规则（民国十七年十月二十日卫生部公布，十八年九月一日施行）

第一条　本规则所称之清凉饮料水，系指供贩卖用之汽水、果实水、曹达水及其他含有碳酸之饮料水而言。所称之清凉饮料水营业者，系指以清凉饮料水之制造，汲取矿泉（以供清凉饮料水之用者，包含在内）或贩卖为业者而言。

第二条　欲以制造清凉饮料水为业者，须受该管官署之认可。该管官署于认可时，须派卫生技术员检查该制造场之设备构造及其用水。

第三条　调制器、容器、量器，其接触饮料水部分，如系铜或铅及其合金所制者，营业者不得使用。但经镀锡或施行不害卫生之其他方法时，不在此限。

第四条　清凉饮料水之制造或贮藏，不得使用有害性色素、有害性芳香质或防腐剂。

第五条　下列清凉饮料水，营业者不得贩卖，并不得以贩卖之目的陈列或贮藏：

一、水质混浊或变败者。

二、有沉淀物或固形之夹杂物者。

三、含盐酸、硝酸、硫酸及其他游离矿酸者。

四、含砒素、铅、亚锌、铜、锡、锑者。

五、含有害性色素、有害性芳香质或防腐剂者。

果实汁及供饮用之类似制品，其于前项一二两款规定，基因于其原料植物之组织及成分者，不适用之。但变败时，不在此限。

第六条　清凉饮料水制造者，应将其姓名、公司名称、营业所在地并制造之年月日，记明于容器之封缄纸上。含有色素之清凉饮料水制造或输入之者，于其容器上须以人工着色字样表明之。

第七条　清凉饮料水营业者，应将清凉饮料水之调制器、容器、量器及制造或处理之场所，保持清洁。

第八条　清凉饮料水营业者，不得任患痨瘵、癫病、梅毒及传染病人，调制清凉饮料水及出入于其制造场所。

第九条　该管官署对于第三条之器具，第五条之清凉饮料水，得依饮食物及其用品取缔条例第一条规定处分之。违反本规则营业者亦同。

第十条　该管官署执行本规则时，得依饮食物及其用品取缔条例第二条第二项之规定，行其职权。

第十一条　清凉饮料水营业者，贴用记载虚伪之封缄纸或改窜之或使人贴用改窜之者，处二十日以下之拘留。

第十二条　有下列情事之一者，处二十元以下之罚锾：

一、未受第二条之认可而营业者；

二、违反第三条至第五条者。

第十三条　违反第六条至第八条者，处十元以下之罚锾。

第十四条　清凉饮料水营业者，系未成年或禁治产者时，本规则所定之罚则，适用于其法定代理人，但虽未成年而关于其营业与成年者有同等能力时，不在此限。代理人、雇人或其他从业者，关于业务上之触犯罚则行为，由营业者负其责。营业者系法人时，以法人之代表者为被告人。

第十五条　本规则施行日期及地方，以内政部部令定之。

匚.饮食物防腐剂取缔规则（民国十七年十月二十日卫生部公布，十

八年九月一日施行）

第一条　本规则所称之防腐剂，系指下列物质及其化合物，并含有之者而言；

一、那夫脱儿 Naptholum，

二、来曹儿精 Resorcinum，

三、知莫儿 Thymolum，

四、发儿谟儿台希得 Formaldehylium，

五、希诺曹儿 Hynosol，

六、蚁酸弗阿儿 Finornm，

七、水素，水扬酸 Acidum Salicylicum，

八、盐素酸，

九、硼酸，

十、安息香酸，

十一、昇汞，

十二、亚硫酸，

十三、次亚硫酸，

十四、亚硝酸。

第二条　以贩卖为目的之饮食物，其制造或贮藏不得使用防腐剂。已使用防腐剂之饮食物，不得贩卖或以贩卖之目的陈列，贮藏。

第三条　第一条所列各物，不得以供给饮食物防腐用之目的，而贩卖，制造，贮藏。

第四条　该管官署对于第二条第三条之物品，得依饮食物及其用品取缔条例第一条之规定处分之，违反本规则之营业者亦同。

第五条　该管官署执行本规则时，得依饮食物及其用品取缔条例第二条第二项之规定，行其职权。

第六条　违反第二条，第三条者，处二十元以下之罚锾。

第七条　营业者系未成年或禁治产者时，本规则所定之罚则，适用于其法定代理人。但虽未成年，而关于其营业与成年者有同等能力时，不在此限。代理人、雇人或其他从业者，关于业务上之触犯罚则行为，由营业者负其责。营业者系法人时，以法人之代表者为被告人。

第八条　本规则施行日期及地方，以内政部部令定之。

万．牛乳营业取缔规则（民国十七年十月三十日卫生部公布，十八年九月　日施行）

第一条　本规则所称之牛乳，系指供贩卖用之全乳及脱脂乳而言。所称之乳制品，系指贩卖用之炼乳、脱脂炼乳及乳粉而言。所称之牛乳营业者，系指以牛乳及乳制品之榨取，制造，贩卖为业者而言。

第二条　牛乳之比重，全乳应于摄氏十五度之温度为一·零二八至一·零二四；脱脂乳应于摄氏十五度之温度为一·三二至一·零三八。全乳之脂肪量，百分中应为三·零分以上；脱脂乳之干燥物质，百分中应为八·五分以上。

第三条　炼乳之脂肪量，百分中应为八·零分以上。和在炼乳或脱脂炼乳中之蔗糖量与乳糖，合计百分中应为五五·零以下。

第四条　以榨取牛乳及制造乳制品为营业者，应受该管官署之认可。该管官署于认可时，应派卫生技术员检查其场所之设备及构造。

第五条　营业者不得由下列之牛榨取牛乳：

一、疫病、炭疽、传染性胸腹膜炎、流行性鹅口疮、狂犬病、痘疮、黄疸、结核、气肿疽、赤痢、乳腺病、脓毒症、尿毒症、败血症、中毒、亚布答、腐败性子宫炎、罹热性病之牛、放腺状菌病。

二、现服毒药剧药，而其药性可传入乳中之牛。

三、分娩后七日以内之牛。

第六条　营业者处理牛乳及乳制品，不得使用锌铜器、荡磁器及涂有害性釉药之陶器。

第七条　下列牛乳，营业者不得贩卖或以贩卖之目的运输收藏：

一、已腐败者，

二、有他物混合者，

三、黏稠或变色及带苦味者，

四、由第五条之牛榨取者，

五、不适合于第二条之规定者。

第八条　前条第一款至第四款之牛乳营业者，不得用作乳制品之原料。

第九条　下列乳制品，营业者不得贩卖或以贩卖之目的陈列贮藏：

一、已腐败者，

二、有他物混合者，

三、用第六条之容器者，

四、以第七条第一款至第四款之牛乳为原料者，

五、不适合第三条所规定之炼乳及脱脂炼乳。

第十条　营业者对于牛乳之容器上，分别记明其为全乳、脱脂乳、炼乳、脱脂炼乳，不得彼此混淆冒充。

第十一条　营业者应将牛乳或乳制品之容器、量器及其处理场所，保持清洁。

第十二条　营业者不得任患痨瘵、癞病、梅毒及传染病人，处理牛乳、乳制品及其容器、量器或出入于其出入之场所。

第十三条　营业者对于罹传染性病之牛，应严行隔离。

第十四条　该管官署，派卫生技术员检视牛乳营业者之牛，如系病牛，得于其角上烙记号码或符号，或以耳环记载之，系于牛耳。前项号码符号，非得该管官署之许可，不得除去。

第十五条　该管官署对于第五条之牛，第六条容器内之牛乳乳制品，第七条各款之牛乳，第九条各款之乳制品，得依饮食物及其用品取缔条例第一条之规定处分之。违反本规则之营业者亦同。

第十六条　该管官署执行本规则时，得依饮食物及其用品取缔条例第三条第二项之规定，行其职权。

第十七条　违反第十四条第二项者，处百元以下之罚锾。

第十八条　有下列情事之一者，处百元以下之罚锾：

一、未受第四条之认可而营业者，

二、违反第五条至第九条者。

第十九条　违反第十条至第十三条者，处五十元以下之罚锾。

第二十条　牛乳营业者，系未成年或禁治产者时，本规则所定之罚则，适用于其法定代理人。但虽未成年，而关于其营业与成年者有同等之能力时，不在此限。代理人，雇人或其他从业者，关于业务上之触犯罚则行为，由营业者负其责。

第二十一条　本规则施行日期及地方，以内政部部令定之。

力. 取缔停柩暂行章程（十八年四月十九日卫生部令公布）

第一条　停搁待葬之柩，除法令别有规定外，依本章程取缔之。

第二条　停搁待葬期间，至多不得逾六十日；但遇特别事故，得呈请

该管地方官署核准，展限三十日。

其因葬地过远，请求展限者，得视搬运程度之远近，酌定限期。

第三条　该管地方官署，得参照公墓条例之规定，择定适宜地点，为公共停柩之场所。

第四条　停搁待葬之柩，如有下列各项情事，该管地方官署，得限令于二十四小时内迁葬之。

一、棺木质料单薄者。

二、尸水渗漏者。

第五条　在本章程施行前之停柩，该管地方官署，应自本章程到达之日起，责令各区警察自治人员及殡舍代葬局等，通知该亲属或关系人，于两个月内一律迁葬。

第六条　逾期未葬之停柩，应由该管地方官署，通知该家属或关系人，限期迁葬；其限期之长短，得视其家属距离之远近定之，但至长不得逾两月。

第七条　不依前条通知之限期迁葬者，该管地方官署，得令慈善团体代葬或强制执行之；仍得处以十元以下之罚锾。

前项代葬之费用，得向该亲属或关系人，如数征收之。

第八条　各地方殡舍代葬局及各区警察自治人员等，应于死者之亲属，为死亡报告时，告以某月某日以前，为该柩法定应葬之限期。

第九条　违反本章程第二条，第四条之规定者，得处以二十元以下之罚锾。

第十条　本章程自公布之日施行。

六　其他

ク．捐资兴办卫生事业褒奖条例（民国十八年二月四日国民政府公布同日施行）

第一条　凡捐助私财办理公共卫生及医疗救济事业，而不以营利为目的者，得由主管卫生行政机关，开列事实表册，呈请卫生部给奖。

其直接向卫生部捐资者，应给之褒奖，由卫生部酌核办理。

华侨应给之褒奖，由驻在领事馆，报部核办。

第二条　褒奖之等差如下：

一、捐资至一千元以上者，奖给金质三等褒章。

二、捐资至五千元以上者，奖给金质二等褒章。

三、捐资至一万元以上者，奖给金质一等褒章。

四、捐资至三万元以上者，除奖给金质一等褒章外，并加奖匾额一方。

五、捐资至五万元以上者，由卫生部提由行政院，呈请国民政府特别褒奖之。

第三条　私人结合之团体，捐资至一千元以上者，得比照前条各款之规定，分别给予褒奖，但褒章改用一、二、三等褒状。

第四条　遗嘱捐资或捐资者未得褒奖，而身故时，其款至一千元以上者，依前条之规定办理。

第五条　以动产或不动产捐助者，应折合银元计算。

第六条　授与褒章，应填明执照，附同褒章一并授与；其褒章模型及执照式另定之。

第七条　授与褒状，应于状内填明等第，其状式另定之。

第八条　授与匾额，应并填给执照；由捐资者，按照执照所定书式自制；其执照式另定之。

第九条　凡授与第二条一二两款之褒奖，卫生部应汇案呈由行政院，呈明国民政府备案，授与第二条三、四两款之褒奖，应专案呈明。

第十条　本条例自公布之日施行。

攵．内政部捐资兴办卫生事业褒奖给与规则（民国二十一年二月十三日内政部公布同日施行）

第一条　凡依捐资兴办卫生事业褒奖条例，应给褒奖者，均依本规则给与之。

第二条　捐资兴办卫生事业褒章，分下列三种：

（甲）金质一等褒章。

（乙）金质二等褒章。

（丙）金质三等褒章。

前项褒章其样式及授制，依附图定之。

第三条　捐资兴办卫生事业褒章，由内政部或各省市政府，咨请内政部，依照捐资兴办卫生事业褒奖条例第二条事实，分别酌核给与；但金质一等褒章者，应专案呈由行政院转呈国民政府，核准行之。

第四条　给与捐资兴办卫生事业褒章或褒状匾额，并附给执照，其样式如下：

(一)
内政部兴办卫生事业一等褒章执照式

(二)
内政部兴办卫生事业二三等褒章执照式

(三) 内政部捐资与办卫生事业褒状状式

内　政　部　为

發給褒狀事茲有

　　捐資　　　元創辦

依照捐資與辦衛生事業褒獎條例第二條

　　等規定特予獎給　　等褒狀以昭激勸

此狀

　　　　　　　　　　内政部部長

　　　　　　　　　　衛生署署長

中華民國　　年　　月　　日

(四) 褒额奖照式

内　政　部　為

發給獎照事今因

　　捐資　　　元創辦

按照捐資與辦衛生事業褒獎條例第　條

　　等規定除獎給金質一等褒章外並加獎匾額一

方合給獎照以資證明

　　　　　　　　　　内政部部長

　　　　　　　　　　衛生署署長

中華民國　　年　　月　　日　　字第　　號

第五条　凡受捐资兴办卫生事业褒章者，得终身佩带之。

第六条　捐资兴办卫生事业褒章，应于着礼服或制服时，佩带于左襟；但遇必要情形，亦得于使服上佩带之。

第七条　已受捐资兴办卫生事业褒章者，因刑事处分，受褫夺公权之宣告时，应将褒章及执照，一并追缴。

第八条　捐资兴办卫生事业褒章，如有遗失，得由原受奖人，请求补给，但须按下列各等缴费：

金质一等褒章一百元；

金质二等褒章八十元；

金质三等褒章六十元。

第九条　依捐资兴办卫生事业褒奖条例第三条及第四条，应给褒状者，适用本规则第三条之规定。

第十条　本规则自呈准公布之日施行。

二. 公墓条例（民国十七年十月　日内政部公布同日施行）

第一条　各市县政府，应于市村附近，选择适宜地点，设立公共墓地。

第二条　私人或私人团体，设立公共墓地者，须呈经市县政府之许可。

第三条　公墓须设于土性高燥地方，并须于下列各地，保持相当之距离：

一、工厂、学校及各公共处所；

二、住户；

三、饮水井及上下水道；

四、铁路大道；

五、河塘沟渠，距离限度，由各市县政府酌量当地情形定之。

第四条　公共墓地，须划分地段，建筑公路，栽植花木，并于其周围，建筑坚固围墙。

第五条　公共墓地之图案及墓与碑碣之式样，由市县政府定之。

第六条　各墓面积及深度，由市县政府，斟酌当地情形定之。

第七条　各墓之距离，左右不得过六尺，前后不得过十尺，欲于墓之四周，建设垣围者，其垣围所占地面，不得超过前项距离二分之一。

第八条　公共墓地，得划分收费区与免费区两种。但收费区面积不得超过全墓地三分之一。收费区征收地价，应按面积计算，其价额由市县政府定之。

第九条　公共墓地，由市县设立者，须由市县政府，按墓编号，派员管理。由私人或私人团体呈请设立者，须由呈请人编号管理。管理规则，由市县政府拟定；但须呈报该管民政厅备案。

第十条　葬者之姓名、籍贯及殁葬年月日，须刊载于墓碑，墓碑如有损坏，管理人须通知墓主，自行修理。通知后逾年仍不修理，认为有防碍时，得撤除之。

第十一条　各墓除由墓主，自行扫除外，每年秋冬间，应由管理人扫除一次。

第十二条　墓及墓碑，并墓所植花木，不得践踏拆毁。公墓地内，不得狩猎及放牧牲畜。

第十三条　凡公墓，非墓主自愿，并呈准该管市县政府，不得起掘。

第十四条　公墓由私人或私人团体设立者，关于第五条、第六条、第八条第二项、第九条第二项规定各事项，须由原呈请人，呈经该管市县政府核定之。

第十五条　各特市地方，设立公共墓地，由特别市政府，准用本条例各规定行之。

第十六条　本条例，自公布日施行。

亡．污物扫除条例（民国十七年五月三十日内政部公布同日施行）

第一条　本条例，于城市及经地方长官指定之区村地方行之。

第二条　土地房屋之所有者、使用者或占有者，于其地域内，负扫除污物，保持清洁之义务。

凡不属前项之土地或房屋，由管理市政机关，负责扫除之。

第三条　扫除之污物，应集置于管理市政机关所定之地点或容器内，不准任意弃置。

第四条　集置之污物，由管理市政机关处分之。处分方法，除依法令所定外，得酌订细则，呈由监督机关，核准施行。特别市所订细则，应报内政部备案。

第五条　处分上所得之收入及应需费用，由管理市政机关，核实造报，收不抵支时，得由地方税内补充之。

第六条　该管官吏，为监查扫除之施行及实况，得入私人之土地或房屋内查视。

第七条　私人不履行扫除之义务时，应由该管官吏，切实劝告，限期扫除；届时如仍不履行其义务，得由该管官吏，代为执行；其费用向义务者征收之。

第八条　每年五月十五日，十二月十五日，各举行大扫除一次，由内政部及各省民政厅，特别市县政府联合各机关，各团体及各民众行之。

第九条　污物之种类，及扫除之方法，并设备，由内政部定之。

第十条　本条例自公布日施行。

万．管理饮水井规则（民国十七年六月　日内政部公布同日施行）

第一条　凡凿井取饮料者，应将地点、方法、图样，呈报该管卫生局或公安局所核准后，方准开凿。

第二条　凿井竣工后，应报告该卫生局或公安局所，派员检查，并化验之。

第三条　井之构造，应依照下列各规定：

一、井壁须以紧密，不透水物质建筑，以防污水渗入井内。

二、井之深度，至少应达营造尺三十尺以上，深井应达二十尺以上。

三、井口须加盖，以防秽物入井。

四、井栏须高出地面二尺以上，以防地面污水入井。

第四条　凡凿井地点，应离开厕所沟渠，在营造尺一百五十尺以外，但因土地状况，有不得已情形，经该管卫生局或公安局所核准者，不在此限。

第五条　凡已凿之井，系供饮料之用者，该管卫生局或公安局所，认为必要时，得令所有者，按第三条各项规定修改之；但该条一二两项，得酌量情形，展期施行。公井由该管卫生局或公安局所修改之。

第六条　凡已凿之井，系供饮料之用者，该管卫生局或公安局所，认为水质不良，无法修改时，得严令改凿或封闭之。

第七条　井水之清洁方法，另定之。

第八条　井主不履行修改义务时，该管卫生局或公安局所，得代为执行，所须费用，令井主负担之。修改公井费用，由用户负担之。

第九条　违犯本规则者，处以十日以下之拘留或十元以下之罚金。

第十条　本规则如有未尽事宜，得随时修正之。

第十一条　本规则自公布日施行。

参考及引用书目

一　胡定安：《中国卫生行政设施计划》

二　《县单位卫生建设初步方案》（河北省县政建设研究院出版）

三　《村里办公人员须知》（河北省民政厅出版）

四　金宝善：《关于卫生行政之研究》（《社会学界》第二卷燕京大学社会学系出版）

五　易川：《中国卫生行政之观察及今后施政方针》（《华光报》第二期）

六　《医药评论》第七卷一至五期（上海医药评论社出版）

七　伍连德讲：《公共卫生与民族复兴》（《教育旬刊》第十一卷二期江西教育厅出版）

八　《市民周报》第二卷十七八期卫生专号（河南省立民众教育馆出版）

九　北平市公安局第一卫生区事务所第六年《年报》

一〇　王兆丰：《关于民众健康教育实施的通信》（《河北省立民众教育实验学校周刊》第三卷第二三期合刊）

一一　《湖北省立实验民众教育馆半年来工作概况》第二册

一二　《防痨》（第一卷一至五期上海中国防痨协会出版）

一三　孙仲基：《玉塘村人口之研究》

一四　刘容亭：山西霍县安乐村《五十一个农家之调查》（《新农村》第十五期太原农村教育改进社出版）

一五　刘容亭：山西阳曲县西村《二百四十个农家调查之研究》（又第十九期）

一六　金陵大学农学院经济系编：《中华民国二十年水灾区域之经济

调查》

一七　开封城厢小学及民众教育实验区卫生教育委员会：《卫生教育实施计划》（开封教育旬刊第十三十四期合刊）

一八　国立上海医学院卫生科暨上海市卫生局高桥卫生事务所民国二十二年二十三年年报

一九　《遗族校刊》第二卷第一二期（国民革命军遗族校刊编辑委员会出版）

二〇　中央大学区立民众教育院《民众教育实验报告》第二次三次

二一　《农民教育》第二卷第四五六期合刊（江苏省立汤山农民教育馆出版）

二二　任碧魂：《乡村卫生谈话》（金大农专第三卷第一二期合订本金陵大学农业专修科出版）

二三　张爱棠：《怎样实施乡村卫生》（乡村改造第一卷第二期河南辉县百泉省立乡村师范出版）

二四　张爱棠：《一年来之乡村医院》（又第五期）

二五　陈志潜：《如何敲击农民的健康问题》（教育与民众四卷八期）

二六　内政部卫生署编《卫生半月刊》第一卷全期第二卷一至八期

二七　《第二次全国内政会议报告书》（内政部出版）

二八　《农民旬刊》（第六年合订本中华平民教育促进会出版）

二九　《乡村改造》（第二卷全期河南辉县百泉省立乡村师范出版）

三〇　东征君：《清剿蚊蝇》（力行第二卷八期陆军第十师司令部出版）

三一　应元岳讲：《救国图存与健康运动》（《大夏周报》第十一卷第廿一期上海大夏大学大夏周刊社出版）

三二　《新民众》第二卷第二十期夏令卫生专号（江苏省立教育学院出版）

三三　《临川试办县政实验区一个月工作的实况》

三四　黄石岑译：《卫生行政》（《警声月刊创刊号》第二号山东警官学校校友会出版）

三五　黄子方：《中国卫生刍议》（《社会学界》第一卷燕京大学社会学会出版）

三六　胡定安：《地方卫生行政泛论》（《建国月刊》三卷三期上海建国月刊社出版）

三七　龚剑噓：《民众健康教育之理论与实施》（《民众教育月刊》第三卷第十一二期合刊江苏省立南京民众教育馆出版）

三八　李景汉：《华北农民之健康与卫生状况》（《教育与民众》四卷六期江苏省立教育学院出版）

三九　《公共卫生》（《中华医学杂志》第十九卷各期）

四〇　《区务月刊》第一卷第二期（江西省特种教育处南丰实验区出版）

四一　《内政消息》（第一至第八号内政部内政消息社出版）

四二　卫生署：《公共卫生讲演集》（江西省特种教育处研究部）

四三　《鄂北民众》第五六期合刊（湖北省立襄阳民众教育馆）

四四　《教育周刊》第二百期《健康教育专号》（福建省政府教育厅）

四五　《卫生杂志》一至二十期（卫生杂志社）